Ferry Stocker
Moderne Volkswirtschaftslehre

Ferry Stocker

Moderne Volkswirtschaftslehre

Logik der Marktwirtschaft

7., überarbeitete Auflage

ISBN 978-3-486-76380-5

Library of Congress Cataloging-in-Publication Data
A CIP catalog record for this book has been applied for at the Library of Congress.

Bibliografische Information der Deutschen Nationalbibliothek
Die Deutsche Nationalbibliothek verzeichnet diese Publikation in der Deutschen Nationalbibliografie;
detaillierte bibliografische Daten sind im Internet über http://dnb.dnb.de abrufbar.

© 2014 Oldenbourg Wissenschaftsverlag GmbH, München
Ein Unternehmen von Walter De Gruyter GmbH, Berlin/Boston

Lektorat: Dr. Stefan Giesen
Satz: PTP-Berlin, Protago-TEX-Production GmbH, Berlin
Herstellung:Tina Bonertz
Titelbild: thinkstockphotos.de
Druck und Bindung: CPI books GmbH, Leck
♾ Gedruckt auf säurefreiem Papier
Printed in Germany

www.degruyter.com

Vorwort zur 7. Auflage

Die 7. Auflage wurde erneut überarbeitet und aktualisiert. Vor allem der makroökonomische Teil wurde um die umfassenden Krisenerfahrungen der letzten Jahre ‚berei-
chert', was eine verstärkte Betrachtung der Zusammenhänge auf den Finanzmärkten
wie auch ihrer Akteure, der Banken und der Zentralbanken, im Kontext der Problematik der Finanzmarktstabilität erlaubt. Ebenso wird der Frage nach der Tragfähigkeit der Staatsverschuldung wie dem oftmals bedenklicherweise nicht thematisierten
Zusammenhang zwischen Geld- und Fiskalpolitik mehr Beachtung geschenkt.

Aktualität und Relevanz kennzeichnen damit diese ‚Moderne Volkswirtschaftslehre'. Die zeitlose ‚Logik der Marktwirtschaft' wird damit nicht nur an aktuellen Problemen lebendig. Es zeigt sich zugleich auch deren grundlegende Bedeutung für das
Verständnis der Ursachen mikro- und makroökonomischer Probleme wie für deren
Lösung.

Auch bei dieser Neuauflage haben mich Nicole Lindner und Kerstin M. Strobach
unterstützt. Für diese äußerst fruchtbare Arbeitsteilung möchte ich mich auch an dieser Stelle herzlich bedanken.

Kienburg, im Juni 2014

Vorwort zur 1. Auflage

Dieses Buch richtet sich an zwei Personengruppen: An Studierende der Sozial- und
Wirtschaftswissenschaften, die nach oft eingehendem Studium der Mikroökonomik
zwar unter anderem die Grenzrate der Substitution definieren können, aber die ihr
zugrundeliegende Logik – *‚There's no such thing as a free lunch!'* – nicht verstehen!
Zurecht besteht deshalb ein Bedarf an einer Darstellung, die die wesentlichen Zusammenhänge, die *Essenz der Marktwirtschaft*, ausgehend von einem intuitiven Ansatz,
möglichst knapp und klar darlegt. Eben deshalb sind mit ‚Logik der Marktwirtschaft'
auch all jene angesprochen, die – ohne weitere Vorkenntnisse – an einem Verständnis
der Funktionsweise der Marktwirtschaft interessiert sind.

Dafür ist zweifellos ein bestimmtes Bemühen seitens des Lesers gefordert: Es gibt
eben nichts umsonst: *‚There's no such thing as a free lunch!'* Im Wissen um das knappe
Zeitbudget des Lesers sollten aber die Kosten der Erlangung dieses Wissens so gering
wie möglich gehalten werden, weshalb insbesondere die Verwendung von Mathematik auf ein absolutes Mindestmaß reduziert wurde. Dem diesbezüglich nicht interes-
sierten Leser bleibt die Mathematik überhaupt erspart. Auch können die mit einem
Stern (*) gekennzeichneten Kapitel ohne Verständnisverlust übersprungen werden.

Mit Inhalt und Form von ‚Logik der Marktwirtschaft' hofft der Autor, dem Leser
ein lohnendes Investitionsprojekt, eine – angesichts des Nutzens und der Kosten des
zu erwerbenden Wissens – hoch rentable alternative Zeitverwendung vorzulegen. Bei

diesem Projekt haben mich meine Kollegen Engelbert Dockner, Hansjörg Klausinger, Alfred Sitz und vor allem Maria Stückler unterstützt, denen ich zu Dank verpflichtet bin. Die Verantwortung für die inhaltliche Komposition und formale Präsentation der Materie liegt freilich beim Autor allein.

Wien, im Juli 1994

Inhalt

1   **Entscheiden(d): Wer? Worüber? Wozu?** —— **1**

2   **Die marktwirtschaftliche ‚Wohlfahrtsautomatik'** —— **5**
2.1   Von Knappheit zu Wohlstand —— **5**
2.2   Das Thema der Volkswirtschaftslehre —— **11**
2.2.1   Produktion, Konsumtion und Tausch: Mikroökonomik —— **12**
2.2.2   Beschäftigung, Preis- und Finanzmarktstabilität: Makroökonomik —— **16**

3   **Entscheidungslogik und Spielregeln** —— **21**
3.1   Die Triebkraft des Wirtschaftens —— **21**
3.2   Die grundlegende Entscheidungslogik —— **22**
3.3   Die Spielregeln —— **26**

4   **Entscheidungsträger: Haushalt, Unternehmen und Unternehmer, Politiker und Bürokraten** —— **31**
4.1   Der Haushalt: Definition und Problemstellung —— **32**
4.1.1   Gesamtnutzen und Grenznutzen —— **33**
4.1.2   Ausgleich der gewichteten Grenznutzen* —— **36**
4.2   Unternehmen und Unternehmer: Definition und Problemstellung —— **39**
4.2.1   Zentrale unternehmerische Fragestellungen —— **42**
4.2.2   Aspekte der Betriebsgröße —— **44**
4.2.3   Das unternehmensspezifische Entscheidungskalkül* —— **47**

5   **Die Schlüsselfaktoren: Unternehmer und Wettbewerb: ‚Zuckerbrot und Peitsche'** —— **60**
5.1   Was ist und was bedeutet ein Monopol? —— **60**
5.2   Warum Monopole existieren —— **62**
5.2.1   Findigkeit und Tatkraft —— **62**
5.2.2   Wettbewerbsbeschränkungen —— **66**
5.2.3   Spezifische Knappheiten —— **67**
5.2.4   ‚Natürliche' Monopole —— **67**
5.3   Der Monopolgewinn* —— **69**
5.4   Monopolistische Konkurrenz —— **73**
5.5   Die Wachstumsdynamik der Marktwirtschaft —— **76**
5.6   Resümee —— **83**
5.7   Einige Anmerkungen zum Oligopol* —— **84**

6 **Angebot und Nachfrage: Information und Koordination** —— **88**

6.1 Koordination der arbeitsteiligen Produktion über Märkte —— **88**

6.2 Die Marktnachfrage —— **90**

6.2.1 Gesetz der Nachfrage —— **91**

6.2.2 Preiselastizität der Nachfrage* —— **93**

6.2.3 Nicht-Preis-Einflussfaktoren der Nachfrage —— **96**

6.3 Das Marktangebot —— **97**

6.3.1 Gesetz des Angebots —— **97**

6.3.2 Nicht-Preis-Einflussfaktoren des Angebots —— **98**

6.4 Angebot und Nachfrage = Markt, Preisbildung und Koordination —— **99**

6.4.1 Die einfachste formale Darstellung von Angebot und Nachfrage* —— **100**

6.4.2 Der Prozess zum Gleichgewicht —— **102**

6.5 Realität der Marktwirtschaft: Ständige Veränderungen von Angebot und Nachfrage —— **105**

6.6 Bestimmungsgrößen von Angebot und Nachfrage —— **108**

6.7 Das Marktangebot im Zeitablauf —— **113**

6.8 Das ‚Wunder' des marktwirtschaftlichen Allokationsergebnisses —— **115**

6.9 Zusammenfassende Beurteilung —— **117**

7 **Marktergebnis: Beurteilung und Voraussetzungen des Wettbewerbsprozesses** —— **120**

7.1 Eine kurze Rückschau —— **120**

7.2 Marktgleichgewicht auf Wettbewerbsmärkten und Wohlfahrtsmaximierung* —— **123**

7.2.1 Konsumentenrente* —— **125**

7.2.2 Produzentenrente* —— **126**

7.2.3 Bewertung des Wettbewerbsgleichgewichts* —— **127**

7.3 Wohlfahrtsverlust beim statischen Monopol* —— **131**

7.4 Wohlfahrtsverlust durch monopolistische Konkurrenz?* —— **133**

7.5 Die Voraussetzungen eines funktionsfähigen Wettbewerbs —— **135**

8 **Vorteile, Hindernisse und Probleme des Tauschens** —— **141**

8.1 Zur grundsätzlichen Logik des Tauschens —— **141**

8.2 Das Theorem der komparativen Kostenvorteile von David Ricardo —— **143**

8.3 Die Bedeutung der Transaktionskosten —— **147**

8.4 Probleme aufgrund asymmetrischer Informationsverteilung —— **153**

8.4.1 Moral Hazard —— **156**

8.4.2 Falsche Auslese (Adverse Selection) —— **159**

9   Logik des staatlichen Handelns: Der Staat als Spielleiter —— 162
9.1   Die Informationsleistung der Marktwirtschaft —— 162
9.2   Voraussetzungen des Wirtschaftens als staatliche
         Verantwortung —— 166
9.2.1   Monetäre Stabilität und Finanzmarktstabilität —— 167
9.2.2   Definition handelbarer Eigentumsrechte —— 171
9.2.3   Herstellung von Kostentransparenz —— 184
9.2.4   Sicherung des Wettbewerbs —— 185
9.2.5   Bildungspolitik: Hilfe zur Selbsthilfe —— 187

10   Unlogik des staatlichen Handelns: Der Staat als Spielverderber —— 190
10.1   Zur Logik der Partikularinteressen: Rent-Seeking —— 190
10.2   Eroberung von Regierung und Bürokratie —— 194
10.3   Folgewirkungen von Staatseingriffen in das Marktgeschehen —— 196
10.4   Schlussfolgerungen —— 204

11   Wozu überhaupt eine eigene Makroökonomik? —— 209
11.1   Ein Caveat vorweg —— 209
11.2   Zur Bedeutung der Erwartungen —— 211
11.3   Aggregationsparadoxa —— 213

12   Wichtige makroökonomische Größen —— 216
12.1   Von der Wertschöpfung zum Bruttoinlandsprodukt —— 216
12.2   Entstehung – Verteilung – Verwendung —— 220
12.3   Internationale Verflechtungen: Zahlungs- und Leistungsbilanz —— 225
12.4   Country Profile: Zentrale makroökonomische Indikatoren einer
         Volkswirtschaft —— 228
12.4.1   Realer Sektor —— 228
12.4.2   Monetärer Sektor —— 231
12.4.3   Öffentlicher Sektor —— 234

13   Konjunktur und Krise —— 238
13.1   Der idealtypische Konjunkturzyklus —— 239
13.2   Krisen und Krisenursachen —— 242
13.3   Stabilisierungs- und Wachstumspolitik —— 245

14   Makroökonomische Standpunkte —— 247
14.1   Das Say'sche Gesetz —— 248
14.2   Die Rolle des Geldes —— 250
14.3   Stabilität oder Instabilität des privaten Sektors? —— 253

15   Das Kreislaufmodell —— **257**
15.1   Die klassische Sicht —— **258**
15.2   Die keynesianische Sicht —— **260**
15.3   Erweiterungen des einfachen Modells —— **262**

16   Geld und Geldpolitik, Banken und Finanzmarktstabilität —— **264**
16.1   Geld: Definition und Funktionen —— **264**
16.2   Geldnachfrage und spekulative Geldhaltung —— **265**
16.2.1   Transaktionsmotiv —— **265**
16.2.2   Vorsichtsmotiv —— **266**
16.2.3   Spekulationsmotiv —— **266**
16.3   Geldangebot und Geldschöpfung —— **268**
16.3.1   Geldmengenaggregate —— **268**
16.3.2   Bargeld, Giralgeld und Kredit —— **269**
16.3.3   Giralgeldschöpfung —— **270**
16.3.4   Geldpolitik und geldpolitische Instrumente —— **271**
16.4   Banken und Finanzmarktstabilität —— **274**

17   Stabilisierungspolitik: Das AS-AD-Modell —— **279**
17.1   Die gesamtwirtschaftliche Nachfrage —— **279**
17.1.1   Die Komponenten der gesamtwirtschaftlichen Nachfrage —— **279**
17.1.2   Die aggregierte Nachfragekurve —— **280**
17.2   Die aggregierte Angebotskurve —— **281**
17.3   Gleichgewichte im AS-AD-Modell —— **282**
17.4   Expansive Fiskal- und Geldpolitik im AS-AD-Modell —— **284**
17.5   Fiskalische Austerität und staatliche Budgetlogik —— **286**
17.6   Tragfähigkeit der öffentlichen Finanzen und Staatspleite —— **291**
17.7   Nachfrage- und Angebotsschocks —— **293**

**18   Volkswirtschaft und Weltwirtschaft: Makropolitik bei
        Globalisierung** —— **297**
18.1   Fiskalpolitik bei Globalisierung —— **298**
18.2   Geldpolitik bei Globalisierung —— **300**
18.3   Angebotspolitik und Standortwettbewerb —— **302**

Anhang —— **308**
1   Einfache Ökonomie ohne Staat und Außenhandel:
     Elementarer Multiplikator —— **308**
2   Offene Volkswirtschaft mit Staatssektor:
     Erweiterter Multiplikator —— **310**

Stichwortverzeichnis —— **313**

1 Entscheiden(d): Wer? Worüber? Wozu?

Sich in der heutigen Zeit zurechtzufinden, ist keine einfache Angelegenheit. Wie nie zuvor erscheint uns die Welt von enormer Komplexität und Vernetztheit, gerade im sozialen und wirtschaftlichen Bereich. Die fundamentale Erschütterung der Weltwirtschaft in Folge einer von den USA ausgehenden Finanzkrise knapp zwanzig Jahre nach dem Zusammenbruch der ehemals nach planwirtschaftlichen Gesichtspunkten organisierten Staaten Osteuropas, die allgegenwärtige Globalisierung und der damit verbundene und stets zunehmende Wettbewerbsdruck in immer mehr Bereichen, eine sich deutlich verschlechternde Demographie (Überalterung der Gesellschaft), Finanzierungsprobleme öffentlicher Haushalte wie nicht zuletzt die Entwicklungs-, Ressourcen- und Umweltproblematik zählen zweifellos zu den drängendsten gegenwärtigen und zukünftigen Wirtschaftsproblemen. Allein ihre Aufzählung – ohne jeden Anspruch auf Vollständigkeit – nährt Zweifel, ob die Priorisierung der Probleme gelingt, Lösungsansätze oder gar -konzepte existieren und Kapazitäten für eine Lösung dieser Probleme überhaupt vorhanden sind.

Das schier unablässig durch kommerzielle wie politische Werbebotschaften bombardierte Alltagsleben des Normalverbrauchers wird von einer bereits unüberblickbaren und dennoch weiter wachsenden ‚Gütermenge‘, zunehmendem Wettbewerbsdruck, auch am Arbeitsmarkt, Stichwort ‚Flexibilisierung‘, einer nach wie vor sehr hohen ‚Bürokratisierungslast‘ seitens der öffentlichen Verwaltung sowie von ebenso hohen Abgaben- und Steuerleistungen bedrängt. Angesichts dessen nimmt der weit verbreitete Eindruck zunehmender Überforderung nicht wunder.

Vor diesem Hintergrund wird zunächst *Orientierung* unverzichtbar, gerade im wirtschaftlichen Bereich und insbesondere dann, wenn man seine Position halten oder verbessern will. Angesichts der gegebenen Komplexität der Probleme mag es umso verwunderlicher erscheinen, dass die moderne ökonomische Theorie der Marktwirtschaft einen relativ einfachen Erklärungsansatz und gleichzeitig damit eine verlässliche Orientierung und Richtschnur für wirtschaftliche Entscheidungen anbietet. Erfolgreiche Unternehmer und Manager haben ein intuitives Verständnis für die Funktionsweise marktwirtschaftlicher Systeme und können diese entsprechend nutzen. Hier stellt sich die Aufgabe, die *entscheidenden Zusammenhänge im marktwirtschaftlichen System in einfachen Worten Schritt für Schritt zu entwickeln* und darzustellen. Damit wird neben dem *intuitiven Verständnis* ein *systematisches Durchschauen wirtschaftlicher Abläufe* gewonnen, eine unabdingbare Voraussetzung für das erfolgreiche Zurechtfinden im wirtschaftlichen Leben der heutigen Zeit, aber auch für die Beurteilung wirtschaftspolitischer Vorschläge und Maßnahmen.

Ausgangspunkt der Überlegungen bildet dabei die Tatsache, dass sich alle (wirtschaftlichen) Phänomene, wie beispielsweise ein Haus- oder ein Straßenbau, aber auch Arbeitslosigkeit und Inflation letztlich auf *individuelle Entscheidungen* zurückführen lassen, seien es jene von Haushalten oder Unternehmen, oder auf jene von

,kollektiven Institutionen' wie Regierungen und Bürokratien, die ihrerseits wiederum aus handelnden Individuen bestehen.[1]

Entscheidungen sind also der Ausgangspunkt der ökonomischen Analyse. Die Notwendigkeit zur Entscheidung, die Tatsache, dass man ständig entscheiden *muss*, ergibt sich aufgrund der *Knappheit, der Beschränktheit der Mittel,* einerseits und der *unterschiedlichen Verwendungs-* bzw. *Handlungsmöglichkeiten* andererseits. So muss man sich für *einen* Beruf entscheiden, weil für mehrere regelmäßig die Zeit nicht ausreicht und weil mehrere – in der Regel sehr viele – Berufsausbildungsmöglichkeiten und Berufe zur Wahl stehen.

Die Knappheit der Mittel und die Möglichkeit, diese verschieden einzusetzen, zwingen also zum Entscheiden:

> Ökonomische Entscheidungen sind Entscheidungen über die Verwendung knapper Mittel.

Somit geht es zum einen um

- die *Entscheidungsträger* und ihre *Motivation,* damit um das *,Wer entscheidet?'* und das *,Wozu?',* um die Frage, *,Welche Ziele werden bei einer Entscheidung verfolgt?'* Dass jeder Entscheidungsträger grundsätzlich bemüht ist, seine *eigene Situation bzw. die der Gruppe, der er angehört, zu verbessern,* ist der Blickwinkel, aus dem heraus ökonomisches Geschehen am besten zu durchleuchten und zu verstehen ist. Dieses einem Entscheidungsträger unterstellte Streben nach der Verbesserung der eigenen Situation darf nun keineswegs zu eng ausgelegt und als reine und rücksichtslose Egozentrik denunziert werden. Ein Entscheidungsträger wird sowohl bei der Konkretisierung seiner individuellen Ziele wie auch bei der Wahl der Mittel zu ihrer Erreichung – beide Aspekte sind durch die Gesellschaft und ihre Kultur, also durch *Normen,* wesentlich geprägt – in der Regel sowohl die (Eigentums-)Rechte Dritter, wie auch das Wohl ,seiner Umgebung', beispielsweise seiner Familie oder seiner ,Nachbarschaft' im weitesten Sinne im Auge haben. Aber eben *seiner* Familie, *seiner* ,Umgebung'; er verfolgt dabei also stets *eigene* Ziele.

Auch ist damit keineswegs eine kurzfristige Sichtweise gemeint, sondern gerade im Gegenteil: Es zeigt sich ganz deutlich, dass das ,richtige' Verbessern der eigenen Situation nur vor dem Hintergrund eines langfristigen Planungshorizonts möglich ist. Nicht der im Moment sich bietende Gewinn ohne Rücksicht auf langfristige Folgen steht im Mittelpunkt der Entscheidungen des in aufgeklärter Weise seinen Vorteil suchenden Individuums, man spricht hier auch von ,*enlightened self interest',* sondern das Abwägen aller Vor- und Nachteile, die eine bestimmte

---

[1] Man nennt diesen Analyseansatz deshalb *methodologischen Individualismus.*

Entscheidung, den Erwartungen des Entscheidenden zufolge, langfristig mit sich bringt.

Dabei darf auch die zentrale Frage nicht übersehen werden, *woher die Entscheidungsträger die für ihre Entscheidungen notwendige Information* beziehen. Da diese überwiegend bei den einzelnen Personen selbst liegt, also nicht *zentral* (z. B. in einem Ministerium) verfügbar ist, macht es so weit als möglich Sinn, den Einzelnen auch selbst entscheiden zu lassen. Gerade weil die Individuen selbst am besten wissen, was sie tun wollen und tun können, sollte man sie über den Einsatz ihrer Ressourcen auch selbst entscheiden lassen. Freilich setzt das voraus, dass die Individuen, die einzelnen Entscheidungsträger, entsprechend gebildet sind, also den Raum der Möglichkeiten ebenso zu entdecken imstande sind wie sie die Konsequenzen ihrer Entscheidungen einschätzen können sollten. Die zentrale Rolle der Bildung und der Bildungspolitik wird damit evident.

– Bei Entscheidungen geht es zum anderen um den *Inhalt* der Entscheidung, das ,*Worüber wird entschieden?'* Man unterscheidet hier drei zentrale ökonomische Fragen, die sich bei *arbeitsteiligem* Wirtschaften auf *individueller* Ebene stellen:

1. *Was* soll produziert werden?
2. *Wie* soll produziert werden?
3. *Für wen* soll produziert werden?

sowie eine zentrale ökonomische Frage, die sich vor allem auf *kollektiver* Ebene, auf Regierungsebene, stellt, weil sie für die Wirtschaftspolitik zentral ist, nämlich:

Was ist für eine umfassende und nachhaltige, also umweltverträgliche Wohlstandserhöhung möglichst aller Gesellschaftsmitglieder zu tun?

Schließlich geht es
– um das *Ergebnis*, das sich aus dem *Zusammenspiel von Millionen von individuellen Entscheidungsträgern* ergibt.

Auch letzteres macht deutlich, dass das Ausmaß, in dem eine individuelle Entscheidung zum gewünschten Ergebnis beiträgt, *entscheidend* davon abhängig ist, inwiefern der einzelne Entscheidungsträger das *Zusammenspiel der Vielen* in seine eigenen Überlegungen miteinbezieht, also über den oft ziemlich eng gezogenen eigenen Umkreis *hinauszudenken* vermag.

Es wurde schon erwähnt, dass sich die Notwendigkeit zur Entscheidung aus dem Grundtatbestand der *Knappheit*, also aus der Unmöglichkeit, alle zur Wahl stehenden Alternativen zu verwirklichen, ergibt. Damit bedeutet das Entscheiden *für* eine Alternative, etwa für einen bestimmten Beruf, leider auch regelmäßig den *Verzicht* auf die anderen. Gerade dieses Beispiel zeigt, wie wichtig das *Ausmaß* der zur Wahl stehenden Alternativen einerseits und das *Entscheidungsvermögen* des Entscheidungsträgers andererseits sind. So ist es für einen Arbeitnehmer nicht nur entscheidend, wie viele unterschiedliche Arbeitsplätze zur Auswahl stehen und für einen Konsumenten, wie groß die Auswahl und wie gut die Qualität der Güter sind, sondern auch, wie er sich Zugang zu Arbeitsplätzen und Konsumgütern *nachhaltig sichert* und angesichts der bestehenden Wahlmöglichkeiten dann auch optimal entscheidet.

Sowohl in Bezug auf die kontinuierliche *Ausweitung der zugänglichen Alternativen* wie auf die *Verbesserung der individuellen Entscheidungsfähigkeit* erweisen sich die Einsichten der ökonomischen Theorie der Marktwirtschaft als äußerst dienlich. So wird die ökonomische Theorie für die optimale Bewältigung von Knappheitssituationen und das heißt, anders herum, nichts anderes als für den Prozess der individuellen wie gesellschaftlichen Wohlstandserhaltung und Wohlstandsschaffung *entscheidend*!

Ein Ziel des Studiums der Volkswirtschaftslehre ist die Verbesserung der individuellen Entscheidungskompetenz. Diese ist aber zentral von der zugänglichen Information sowie von der individuellen Informationsverarbeitung abhängig. Hier soll gezeigt werden, wie Informationsvermittlung und -verarbeitung in einer Marktwirtschaft funktioniert und wie dies gleichzeitig besseres individuelles Entscheiden erlaubt, damit aber gleichzeitig die zentrale Voraussetzung zur Verbesserung der eigenen Situation darstellt.

2 Die marktwirtschaftliche ‚Wohlfahrtsautomatik'

2.1 Von Knappheit zu Wohlstand

Die zentrale ökonomische Fragestellung ist die nach dem *Wohlstand* des Einzelnen oder einer Gesellschaft, genauer: nach den Faktoren, den *Bestimmungsgründen der Wohlstandsschaffung*. Wohlstand, individueller und gesellschaftlicher ist das Ziel, *Knappheit* der Ausgangspunkt bzw. die Bedingung des Wirtschaftens. Die Volkswirtschaftslehre befasst sich mit den zentralen Fragen: Wie wird der Einzelne oder die Gesellschaft insgesamt reicher, wohlhabender? Und: Welche Faktoren begünstigen bzw. beeinträchtigen die allgemeine Wohlstandsschaffung?

Das ökonomische Grundproblem ist das der *Knappheit*. Knappheit bedeutet, dass von bestimmten *Gütern*, d. s. *Mittel der Bedürfnisbefriedigung* weniger verfügbar ist, als man davon haben möchte. Im Verhältnis zu den *Bedürfnissen* der Menschen sind also zuwenig Güter da. Güter sind dabei ganz allgemein all jene ‚Dinge', die als ‚gut' eingeschätzt werden – was freilich individuell ganz unterschiedlich gesehen werden kann. Dazu zählen nicht nur *materielle* Güter wie beispielsweise (nach individuellen Vorlieben ganz unterschiedliche) Nahrungsmittel, Bekleidungsartikel, Möbel, Fernseh- und Audiogeräte und vieles andere mehr, sondern auch *immaterielle Güter*, das sind *Dienstleistungen* im weitesten Sinne wie Service- und Beratungsleistungen, Fernsehshows, medizinische Behandlungen u.ä.m. sowie unterschiedlichste Rechte. Zu den immateriellen Gütern zählen aber auch ein angenehmes Gespräch, eine erfüllende Freundschaft, das Wissen um Sicherheit und Geborgenheit oder um eine ‚heile' Umwelt und ähnliches.

Güter, die unmittelbar für den Konsum bestimmt sind, werden *Konsumgüter* genannt. Sie müssen hergestellt, *produziert* werden. Dazu benötigt man *Produktionsfaktoren/Ressourcen*. Auch und vor allem die Ressourcen sind knapp. *Ressourcen* sind ganz allgemein all jene ‚Dinge', die zur *Produktion* von Gütern erforderlich sind, also üblicherweise: menschliche Arbeit (im umfassenden Sinn), Kapital und Grund und Boden. Man spricht hier von den *drei klassischen Produktionsfaktoren*. Freilich sollte diese primär quantitative Sicht auf die Ressourcen nicht den Blick darauf verstellen, dass vor allem das *Wissen* entscheidend ist, *wie man die Produktionsfaktoren einsetzt bzw. kombiniert*. Wissen, also Know-how im weitesten Sinne ist der zentrale Produktionsfaktor.

Bei *Investitionsgütern* schließlich, wie beispielsweise Maschinen und Produktionshallen bzw. Produktionsanlagen generell, handelt es sich bereits um mit den Ressourcen hergestellte Mittel, mit Hilfe derer Güter besser und leichter produziert werden können.

Weil die Ressourcen knapp sind, muss entschieden werden, *wofür* man sie einsetzen soll, *welche* von unzählig vielen möglichen *Gütern damit produziert werden sollen*. Sollen beispielsweise mit einer bestimmten Menge an Kapital und Arbeit Wohnungen gebaut oder aber soll damit Stahl gekocht werden? Soll ein bestimmtes Grundstück landwirtschaftlich genutzt, soll es für Wohn-, Straßenbau oder anders verwendet werden?

Entscheidend dabei ist, dass *eine bestimmte Verwendung knapper Ressourcen andere Verwendungen stets ausschließt.*

Das, worauf man durch eine spezifische Mittelverwendung verzichten muss, nennt man *Opportunitätskosten.* Sie sind die logische Folge von Knappheit. Der Einsatz einer bestimmten Menge an Kapital und Arbeit in der Stahlproduktion bedeutet damit den Verzicht auf eine bestimmte Menge an Wohnungen.

Doch wer trifft diese Entscheidungen? In marktwirtschaftlichen Systemen entscheiden diese Fragen letztlich die *Konsumenten* durch ihre *Kaufentscheidung.* Sie bestimmen damit, was produziert werden soll, also wofür die knappen Ressourcen einzusetzen sind. Das ist nur folgerichtig. Denn beim Wirtschaften, beim Einsatz knapper Mittel, geht es ja schließlich um die bestmögliche Befriedigung ihrer Bedürfnisse.[1]

> Weil Ressourcen knapp sind, ist es vernünftig, mit ihnen zu wirtschaften, d. h. möglichst sparsam mit ihnen umzugehen und sie so einzusetzen, dass damit ein Maximum an Bedürfnisbefriedigung erreicht wird.

Wie gehen nun Menschen mit der Knappheit von Gütern und Ressourcen um? Wie versuchen sie, das Knappheitsproblem zu ‚lösen' bzw. zu lindern? Wie (re-)agieren Individuen in Knappheitssituationen, die sie überwinden bzw. lindern möchten? Die ‚Lösung' des Knappheitsproblems ist einfach und lautet: *Arbeitsteilung* und *Spezialisierung.* Denn das erhöht die *Produktivität:*

> Unter Produktivität versteht man ganz allgemein das Verhältnis zwischen Output und Input:
>
> $$\text{Produktivität} = \frac{\text{Output}}{\text{Input}}$$

Bezeichnet man das Produktionsergebnis, den Output, mit Q, den Arbeitseinsatz mit A – bei beiden handelt es sich um *physische* Größen, um *Mengengrößen* – so lässt sich Produktivität als Quotient

$$\frac{Q}{A} = \text{Arbeitsproduktivität}$$

also als *Output pro Arbeitseinheit,* anschreiben.

---

1 Oder wie *Adam Smith*, der Ahnherr der Ökonomik als Wissenschaft, es ausdrückte: ‚*Consumption is the sole end and purpose of all production!'*

Output und Input sind sogenannte *Strom-* bzw. *Flussgrößen,* (in Englisch: ,*flows*') sodass stets spezifiziert werden muss, auf welchen Zeitraum man Bezug nimmt (z. B. Output pro Stunde, Tag, Woche, Monat, Jahr).[2]

Produktivitätsfortschritte und damit Wirtschaftswachstum lassen sich am deutlichsten erfassen, wenn man auf die *Produktivität pro Personenstunde* abstellt. Man bedenke, dass allein seit Beginn des 20. Jahrhunderts in den westlichen Industriestaaten die Arbeitswoche um mindestens zehn Stunden (in einigen Ländern wesentlich stärker, etwa von 60 auf 38 Stunden) gefallen ist, gleichzeitig aber wesentlich mehr produziert wird.

Die Produktivität zählt zu den wichtigsten ökonomischen Kennzahlen überhaupt. Sie bestimmt wesentlich die Kosten und damit, was die Haushalte sich leisten können. Sie bestimmt wesentlich das Verhältnis zur Konkurrenz und damit, ob ein Unternehmen am Markt überleben kann.

Übersicht 2.1: Wirtschaften bedeutet: Rationaler Umgang mit Knappheiten

---

Ausgangspunkt ist die Knappheit an Gütern im Verhältnis zu der Unbegrenztheit der Bedürfnisse.

↓ ↓ ↓

Der Einsatz knapper Ressourcen (Produktionsmittel) ist immer mit Opportunitätskosten verbunden.

↓ ↓ ↓

Ziel des Wirtschaftens ist der bestmögliche Einsatz der knappen Ressourcen = Effizienz!

Man stelle sich bloß vor, man wollte all jene Güter, die man konsumieren möchte, auch selbst produzieren. Dann wäre das dadurch erzielbare Wohlstandsniveau, also die zur Verfügung stehende Menge an Gütern äußerst bescheiden. In einer solchen Situation wäre eigentlich keine Rede von Wohlstand, das bloße Überleben würde zum Problem!

Durch Arbeitsteilung und Spezialisierung ändert sich das grundlegend. Arbeitsteilung bedeutet zunächst, dass sich die einzelnen Individuen jenen Tätigkeitsbereichen widmen, für die sie eine natürliche oder erlernte Begabung bzw. Vorliebe aufweisen. Talentierte Jäger und Bauern besorgen das Fleisch und die Beilagen, andere fabrizieren die Jagdwaffen und Ackergeräte, andere die Kleidung, wieder andere das Schuhwerk. Währenddessen kümmern sich wiederum andere um die Erziehung der Kinder. Gerade auch die Schule bzw. ihre Organisation haben also eine ökonomische Ursache!

Die Arbeitsteilung ermöglicht schließlich die weiterführende *Spezialisierung.* Der Produktionsprozess wird dabei in eine immer größere Anzahl von einzelnen Arbeits-

---

2 Demgegenüber beziehen sich *Bestandsgrößen*, auch *Stocks* genannt, stets auf einen Zeitpunkt. z. B. muss bei Vorräten, dem Lagerbestand, dem Sparguthaben ein Zeitpunkt, ein Datum, z. B. der 31.12. angegeben werden.

schritten bzw. Arbeitsaufgaben zerlegt – damit können verstärkt Maschinen eingesetzt werden –, und jeder einzelne befasst sich nur mit ganz wenigen oder vielleicht
nur einem einzigen Aufgabenbereich. In diesem Aufgabenbereich ist nun jeder um ein
Vielfaches produktiver, als wenn man den gesamten Produktionsprozess Schritt für
Schritt selbst durchgeführt hätte. Jeder wird so zum hoch produktiven Spezialisten,
beispielsweise zu einem Fachmann für ein bestimmtes Computersystem. Arbeitsteilung und Spezialisierung erhöhen also die individuelle Produktivität, was insgesamt
zu einem steigenden Output führt.

Die individuelle Arbeitsleistung oder ihr Produkt wird über *Märkte* verkauft und
mit dem Erlös wird – nach Abzug der Kosten – all das eingekauft, was man selbst konsumieren möchte. *Voraussetzung* dafür, dass überhaupt arbeitsteilig produziert werden kann, ist also, dass man den Überschuss der eigenen Produktion gegen andere
Güter bzw. die eigene (Arbeits-)Leistung gegen andere Leistungen (Güter) *eintauschen*
kann. Der *Tausch* ist also eine zentrale Voraussetzung für Arbeitsteilung und Spezialisierung, deren hohe Produktivitätsgewinne letztlich *allen Gesellschaftsmitgliedern* in
Form von mehr Gütern zu niedrigeren Preisen zugute kommen.

Übersicht 2.2: Wohlstand durch Arbeitsteilung

Ausgangspunkt: Knappheit

↓ ↓ ↓

‚Überwindung' durch Arbeitsteilung, die weitergehende Spezialisierung ermöglicht.

↓ ↓ ↓

Erhöhung der Produktivität

↓ ↓ ↓

Mehr Güter zu günstigeren Preisen = Erhöhung des allgemeinen Wohlstands

---

Die Erhöhung der Produktivität wird schließlich noch dadurch gesteigert, dass die *Kapitalausstattung pro Arbeitskraft* heute um ein Vielfaches höher ist als früher. Welches
Kapital bewegt heute ein LKW-Fahrer, welche Kapitalausstattung hat ein Tischler zur
Verfügung, und auch eine Sekretärin des 21. Jahrhunderts ist von Maschinen (Rech-
nern etc.) umgeben, wohingegen vor 30 Jahren eine Stenotypistin mit einem Bleistift,
Papier und einer mechanischen Schreibmaschine das Auslangen fand. Eine wesent-
lich höhere Kapitalausstattung und zwar sowohl hinsichtlich von *Real-* wie auch von
Humankapital macht uns also ebenfalls wesentlich produktiver. Die Verfügbarkeit von
Kapital ist damit der entscheidende Bestimmungsgrund für Wohlstand.

---

3 Nicht nur im alltäglichen Sprachgebrauch, vor allem im finanzwirtschaftlichen Kontext, wird der
Begriff ‚Investition' anders gebraucht. Dort ist immer wieder davon die Rede, z.B. in Aktien oder in
Anleihen zu investieren. Ökonomisch gesehen liegt hier freilich keine Investition vor, sondern nur ein
Aktivtausch, eine Änderung in der Zusammensetzung des Vermögens einer Wirtschaftseinheit: Der

Übersicht 2.3: Zusammenhang Wohlstand – Kapital

Wohlstand liegt im Umfang zugänglicher Wahlmöglichkeiten: Je mehr Wahlmöglichkeiten zur Verfügung stehen, desto besser, desto höher ist der Wohlstand.

↓ ↓ ↓

Der Umfang zugänglicher Wahlmöglichkeiten, also Wohlstand, hängt von der Verfügbarkeit von Kapital im weitesten Sinne ab.

↓ ↓ ↓

Kapital ist eine Bestandsgröße und kann im weitesten Sinne salopp definiert werden als ‚alles, was etwas abwirft'. Unter Kapital versteht man also Vermögensgüter, denen jeweils ein spezifischer Ertrag (eine Stromgröße) zugeordnet werden kann.

↓ ↓ ↓

Es gibt unterschiedliche Arten von Kapital:
- Realkapital, d. i. tangibles Kapital wie z. B. ein Haus oder eine Maschine, ergibt Nutzen- bzw. Ertragsströme,
- Finanzkapital (wie z. B. Anleihen und Aktien) wirft Zinsen bzw. Dividenden (Profite) ab,
- Humankapital (menschliche Kenntnisse und Fähigkeiten) führt zu diesbezüglichem Einkommen,
- Sozialkapital, ganz allgemein beschrieben als die Regeln des Umgangs untereinander wie z. B. die Respektierung des Eigentums anderer), wirft Nutzenströme (Sicherheit, Anerkennung, etc.) ab,

und schließlich
- Umweltkapital, die Quantität der natürlichen Ressourcen und der Zustand der natürlichen Umwelt, was für die Lebensqualität (Nutzen) eine zentrale Rolle spielt (obwohl es diesbezüglich kaum oder gar keine zahlenmäßige Erfassung gibt).

↓ ↓ ↓

Investition im ökonomischen Sinne bedeutet die Erhöhung des Kapitals (bzw. Kapitalstocks). Da sich dies stets auf einen Zeitraum bezieht, handelt es sich um eine Stromgröße.[3]

↓ ↓ ↓

Mehr Kapital, ein höherer Kapitalstock wirft nicht nur mehr Einkommen ab, er macht uns in der Regel auch produktiver!

↓ ↓ ↓

= Ohne Investition, ohne die Neuschaffung von Kapital, ist damit keine Erhöhung des Wohlstands möglich.

Die spezialisierte und kapitalintensive und deshalb hoch produktive arbeitsteilige Produktion führt indes zum Problem der *Koordination der mittlerweile weltweiten Arbeitsteilung.* Man denke an ein Großunternehmen: Auch hier, *in einem Unternehmen*, wird arbeitsteilig produziert. Die Generaldirektorin liefert eben nicht die Waren, die ein Reisender einem Kunden verkauft hat, mit dem Lieferwagen aus. Auch gibt sie nicht selbst die Briefe zur Post. Sie ist vor allem mit der *Strategieformulierung, der strategischen Planung der Aktivitäten* des Unternehmens und mit seiner *Organisation* und

---

Geldbestand nimmt ab, der Bestand an Aktien oder Anleihen nimmt zu. Es gibt aber nichts Neues, Zusätzliches!

der *Koordination aller im Unternehmen eingesetzten Ressourcen* befasst. Wenn hier etwas schief läuft, kann das den Bestand des Unternehmens gefährden. Es braucht deshalb dafür die hellsten Köpfe, also neben dem Generaldirektor noch eine ganze Menge anderer hochqualifizierter Leute, die diese unternehmensinternen Koordinationsaufgaben bewältigen. Entsprechend teuer kommt die Angelegenheit.

‚Wer' koordiniert jedoch die arbeitsteilige Produktion in einer Volkswirtschaft bzw. in der Weltwirtschaft mit Tausenden von Betrieben und Millionen von Beschäftigten? Wer entscheidet hier, wer was produzieren soll und wie produziert werden soll?

Im Gegensatz zu Unternehmen, *in* denen ja auch arbeitsteilig produziert wird und in denen diese Fragen vom Management gelöst werden müssen, bedarf es für die Koordination in einer Volkswirtschaft oder für die weltweite Koordination der arbeitsteiligen Wirtschaft *keiner gezielt dafür errichteten Organisation.* Für eine solche Organisationsleistung würde die menschliche Intelligenz mitsamt der leistungsfähigsten Computer auch gar nicht ausreichen.

‚Wer' besorgt aber dann diese gewaltige Aufgabe? – Noch dazu ‚*kostenlos'*! Diese enorme Koordinationsleistung besorgen nun *Preise*, die sich als *Ergebnis von Angebot und Nachfrage* auf den Märkten einstellen. Diese Preise übermitteln an alle ‚Teilnehmer am Spiel' *wichtige und unverzichtbare Informationen*, nämlich über die *relative Knappheit* des jeweiligen Gutes. Die Preise zeigen den Individuen an,
- *was* sie mit ihren Ressourcen tun sollen, also welche Produkte produziert werden sollen, bzw. ob mehr oder weniger von einem bestimmten Gut oder von ähnlichen Produkten produziert und *angeboten* werden soll;[4]
  (relative) Preise zeigen aber auch an,
- *wie* man als *Nachfrager* mit dem jeweiligen Gut umgehen muss/soll. Die Preise zeigen an, ob mit einem Gut sparsam oder weniger sparsam umgegangen werden soll.

Die *Preise* sind es also, die das individuelle Verhalten von Millionen von Wirtschaftsakteuren *lenken* und letztlich *miteinander kompatibel machen*. Wie dies konkret vor sich geht und welches Ergebnis dabei insgesamt herauskommt, das ist ein Hauptuntersuchungsgebiet der Volkswirtschaftslehre.

---

4 Um das obige Beispiel mit den alternativen Verwendungsmöglichkeiten für ein Stück Land fortzusetzen: Ob man noch zusätzliche Lebens-, Futtermittel oder Energiestoffe, Wohn- und Erholungsraum oder ganz etwas anderes braucht, das sagen die Preise, in denen sich letztlich die Wünsche der Konsumenten manifestieren.

Übersicht 2.4: Wer koordiniert die weltweit arbeitsteilige Produktion?

Arbeitsteilung und Spezialisierung
↓ ↓ ↓
Koordinationsproblem
↓ ↓ ↓
Lösung des Koordinationsproblems über Preissignale (Märkte) und durch das Unternehmen

---

2.2 Das Thema der Volkswirtschaftslehre

Die Volkswirtschaftslehre untersucht das menschliche Verhalten in Knappheitssituationen, also die Frage, wie Menschen mit Knappheit umgehen und zu welchem Ergebnis diese individuellen Handlungen in marktwirtschaftlichen Systemen insgesamt führen. Damit befasst sich die Volkswirtschaftslehre eigentlich mit zweierlei:

– Einmal mit den *Entscheidungen individueller Handlungsträger in einem marktwirtschaftlichen System.* Sie *beschreibt und erklärt,* wie Individuen in Knappheitssituationen entscheiden, andererseits entwickelt sie verbesserte *Entscheidungsmethoden,* also Verfahren, *wie Individuen in bestimmten Situationen entscheiden sollten* und dadurch ihre Situation noch verbessern können. Sie zeigt also auch Wege auf, wie man sein Entscheidungsverhalten verbessern kann.[5]
  Die Individuen verfügen über bestimmte Mittel, beispielsweise Arbeit, Zeit und Geld, Grund und Boden und andere Vermögensgegenstände. Indem sie darüber entscheiden, wie diese Ressourcen eingesetzt werden sollen – man spricht von *Allokationsentscheidungen* –, beispielsweise wie die eigene Zeit verwendet werden soll, als Arbeitsangebot oder als Freizeit, *verteilen (allozieren)* sie diese jeweils für jede Periode (‚Spielrunde‘) neu.

– Die aus den Allokationsentscheidungen insgesamt resultierende Neuverteilung von Ressourcen und Gütern nennt man dann das *Allokationsergebnis.* Die Volkswirtschaftslehre befasst sich nun zum Zweiten mit diesen *Allokationsergebnissen,* die aus den Abermillionen von individuellen Entscheidungen, die tagtäglich getroffen werden, resultieren. Vor allem wird geprüft, ob sich diese aus freien Entscheidungen von Abermillionen von Akteuren resultierenden Allokationsergebnisse noch verbessern lassen.

Die Volkswirtschaftslehre geht aber über das Beschreiben und Erklären hinaus und versucht, künftige wirtschaftliche Ereignisse zu *prognostizieren.* Die *Beschreibung, Er-*

---

5 An den hier formulierten Fragestellungen erkennt man deutlich den Unterschied zwischen *positiven (Seiens-)* und *normativen (Sollens-)Aussagen.* Erstere beschreiben und erklären, letztere reflektieren ein *Werturteil,* indem sie sagen, wie etwas gemacht werden *soll!*

klärung und *Prognose* wirtschaftlichen Handelns auf individueller und gesellschaftlicher Ebene sind also die Hauptaufgaben der Volkswirtschaftslehre.

Bei der zu lösenden Frage: *Was kommt insgesamt – d. h. bezogen auf die gesamte Volkswirtschaft – durch das Zusammenspiel aller individuellen Allokationsentscheidungen heraus?*, kennt die Volkswirtschaftslehre nun zwei einander ergänzende Erklärungsansätze:

1. Den *mikroökonomischen*, der alle wirtschaftlichen Phänomene strikt auf individuelle Entscheidungen zurückführt und primär das Ergebnis auf einzelnen Märkten bzw. die zwischen diesen Märkten bestehenden Zusammenhänge untersucht und

2. den *makroökonomischen*, der auf *volkswirtschaftliche Aggregate,* das sind *gesamtwirtschaftliche Größen* wie gesamtwirtschaftlicher Konsum, gesamtwirtschaftliches Investitionsvolumen, gesamtwirtschaftliche Produktion und Beschäftigung (bzw., anders herum: Arbeitslosigkeit) abstellt. Hier sind es im wesentlichen drei Fragen, die kontroversiell diskutiert werden, nämlich:

   – Was bewirkt Schwankungen der gesamtwirtschaftlichen Aktivität, also den *Konjunkturzyklus?*

   – Gibt es eine gesamtwirtschaftliche Unterauslastung der Ressourcen, d. h. insbesondere eine länger andauernde, nicht gewünschte *Arbeitslosigkeit* und, wenn ja, was kann man dagegen tun?

   – Welche Rolle spielt ‚*Geld'* bzw. das *Finanzsystem* grundsätzlich in der modernen Wirtschaft? Wie wirken sich Veränderungen der in einer Volkswirtschaft zirkulierenden Geldmenge, der Inflationsrate und Wechselkurse auf realwirtschaftliche Größen wie gesamtwirtschaftliche Produktion und Beschäftigung aus?

2.2.1 Produktion, Konsumtion und Tausch: Mikroökonomik

Die Mikroökonomik ist im Wesentlichen eine Entscheidungstheorie. Sie untersucht die Entscheidungen von einzelnen Individuen (= Wirtschaftssubjekten) in Knappheitssituationen und die daraus folgenden Ergebnisse.[6]

Da man sich eigentlich immer in solchen Knappheitssituationen befindet, kann die mikroökonomische Theorie auf fast alle Situationen unseres *endlichen* und damit *knappen* Lebens ausgedehnt werden, so auch auf die Entscheidungen bezüglich der Zahl der in die Welt zu setzenden Kinder oder der Vorteilhaftigkeit einer Eheschließung oder Ehescheidung![7]

---

6 Die Bezeichnung ‚*Mikro'* rührt gerade daher, dass sich die Mikroökonomik mit *einzelnen Entscheidungsträgern* bzw. mit den darauf zurückführbaren Allokationsergebnissen befasst.

7 Diesbezüglich hat vor allem der amerikanische Ökonom und Nobelpreisträger des Jahres 1992 *Gary S. Becker* (1930–2014) neues Terrain beschritten. Eines seiner Hauptwerke heißt ‚*Theory of the Family'*.

Der ‚harte Kern' der Mikroökonomik beschäftigt sich mit dem rationalen Verhalten von Akteuren in einem marktwirtschaftlichen System. Ein solches ist grundsätzlich dadurch charakterisiert, dass Privateigentum an Gütern und vor allem an Produktionsfaktoren gegeben ist und darüber weitestgehende individuelle Entscheidungs- und Dispositionsfreiheit besteht. Die individuell getroffenen Entscheidungen werden über auf Märkten gebildete Preise koordiniert, d. h. aufeinander abgestimmt. Die Preisbildung und die Funktionen der Preise sind zentraler Untersuchungsgegenstand der Mikroökonomik, die insoweit auch Preistheorie genannt wird. Schließlich ist Wettbewerb im weitesten Sinne, also die Möglichkeit eines ungehinderten Marktzutritts, ein zentrales Strukturelement der Marktwirtschaft.

In Bezug auf die entscheidenden und handelnden Akteure trifft die Mikroökonomik eine grundlegende *Verhaltensannahme*: Den Handelnden wird unterstellt, dass sie ständig versuchen, *ihre eigene Situation zu verbessern*, drastischer ausgedrückt: *ihren Gewinn (Unternehmen) oder ihren Nutzen (Haushalte) zu maximieren.*

Dabei können die Wirtschaftsakteure, die Abermillionen von Entscheidungsträger, einfach klassifiziert werden. Sie können entweder als ‚Haushalt' oder als *‚Unternehmen'* bzw. als *‚Unternehmer'* und damit als ‚private' Entscheidungsträger oder als ‚öffentliche' Entscheidungsträger, nämlich als *Politiker* oder *Bürokraten* auftreten. Gerade Politiker bzw. die Regierung, die Gesetze vorschlagen und beschließen und die Bürokratie, die diese Gesetze ausführt, verfügen ja in modernen Gesellschaften über ein enormes Volumen an knappen Ressourcen und dürfen daher keineswegs aus der Analyse ausgeblendet werden.[8]

Die Haushalte *konsumieren*, d. h. sie treten als Nachfrager auf *Gütermärkten* (= Märkte für Konsumgüter) auf. In dieser Rolle wird der Haushalt auch als Konsument angesprochen. Andererseits bietet der Haushalt die in seinem Besitz stehenden *Produktionsfaktoren* wie Arbeit oder Kapital auf *Faktormärkten* (= Märkte für die Produktionsfaktoren) an.[9] Bei den hier zu treffenden Entscheidungen – Welche Güter und wie viel davon soll man nachfragen? Wie viel Arbeit und Kapital soll man anbieten? – versucht der Haushalt – so die grundlegende Verhaltensannahme der Mikroökonomik –, seinen Wohlstand zu erhöhen, genauer: seinen *Nutzen zu maximieren.*

Die Unternehmen hingegen sind jene Wirtschaftseinheiten, die die von den Haushalten angebotenen Faktorleistungen auf den Faktormärkten nachfragen und damit Güter und Dienstleistungen *produzieren*, die sie – in *Gewinnerzielungsabsicht (Gewinnmaximierung)* – den Haushalten auf den Gütermärkten zum Kauf anbieten. Diese wiederum kaufen die von den Unternehmen angebotenen Güter nur, wenn sich dadurch ihr Nutzen nach Abzug der diesbezüglichen Kosten erhöhen lässt.

Die Unternehm*er* verkörpern schließlich das dynamische Element der Marktwirtschaft. Sie sind diejenigen, die – ebenfalls in keineswegs uneigennütziger Gewinn-

---

8 Genaueres zu Regierung und Bürokratie findet sich in den Kapiteln 9 und 10.
9 Es wird also unterstellt, dass alle Produktionsmittel im Besitz der Haushalte sind und in der Verfügung der Unternehmen stehen.

maximierungsabsicht – etwas Neues ausprobieren, seien es neue Produktionsmethoden – man spricht dann von *Prozessinnovation* – oder innovative Produkte, dann handelt es sich um *Produktinnovation*. ‚Unternehmer unternehmen etwas', wagen etwas, verlassen bekannte Pfade, gehen also bewusst Risiken ein. Das kann nun daneben gehen, oder mehr oder weniger erfolgreich sein. Das unternehmerische Verhalten kann und wird in der Regel auch eine massive Bedrohung für bestehende und statisch orientierte Unternehmen sein, deren Marktposition vor allem auch durch neue Konkurrenten in Frage gestellt wird. Eine Marktwirtschaft ist ohne Unternehmer nicht vorstellbar. Denn Marktwirtschaft bedeutet Veränderung, bedeutet kontinuierlichen Wandel, der eben von *innovativen Pionierunternehmern* vorangetrieben wird.[10]

Die wichtigsten wirtschaftlichen Handlungen bzw. Phänomene, die die Mikroökonomik untersucht, sind hiemit umrissen. Es sind dies:

- Der *Tausch* auf Märkten und damit die Allokation von Gütern und Ressourcen,
- die *Produktion* des Unternehmens, sowie
- die *Konsumtion* des Haushalts.

Dies lässt sich anschaulich im sogenannten *einfachen Wirtschaftskreislauf* darstellen (siehe Abb. 2.1). Dieser zeigt eine krass vereinfachte Sicht des Geschehens in einer *geschlossenen* Volkswirtschaft ohne Staatssektor, also einer Ökonomie, die keinen Außenhandel betreibt. Diese Volkswirtschaft ist in diesem Modell in zwei *Sektoren* gegliedert, in einen Unternehmenssektor – er umfasst alle Unternehmen – und einen Haushaltssektor – er umfasst alle Haushalte. Der Unternehmenssektor produziert, der

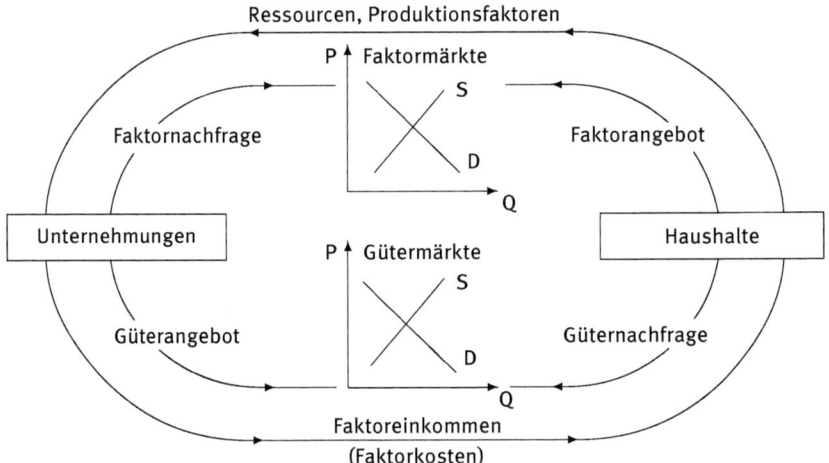

Abb. 2.1: Einfacher Wirtschaftskreislauf

---

10 Mit dem spezifischen unternehmerischen Verhalten befasst sich Kapitel 5.

Haushaltssektor konsumiert.[11] Der einfache Wirtschaftskreislauf zeigt nun die wirtschaftlichen Zusammenhänge zwischen diesen beiden Sektoren, die über die Güter- und Faktormärkte laufen. Diese *Märkte* sind also das Bindeglied zwischen den Haushalten und den Unternehmen.

Unter einem *Markt* versteht man das *Zusammentreffen von Angebot und Nachfrage*, oder genauer jene *Institution, durch welche mögliche (potentielle) Käufer und Verkäufer von Gütern und Ressourcen in Tauschabsicht miteinander in Kontakt treten.* Mit anderen Worten: Nutzenmaximierende Haushalte als Nachfrager von Gütern und Anbieter von Produktionsfaktoren auf der einen Seite und gewinnmaximierende Unternehmen als Anbieter von Gütern und Nachfrager von Produktionsfaktoren auf der anderen Seite, beide mit ganz unterschiedlichen Zielvorstellungen, treffen hier aufeinander. Doch wie passt das zusammen?

Oder, allgemein formuliert: Wie ist es möglich, dass das Verhalten der einzelnen Entscheidungsträger, das sich prinzipiell am *eigenen* Vorteil orientiert, im Wesentlichen also bestrebt ist, den *eigenen* Wohlstand zu mehren – im Falle des Unternehmens den Gewinn, im Falle des Haushalts den Nutzen –, nicht in ein gesellschaftliches Chaos, in Anarchie mündet?

Dass gesellschaftliche, also *alle* Mitglieder der Gesellschaft betreffende Wohlfahrt und individuelles Vorteilskalkül nicht miteinander konfligieren müssen, sondern – bei allgemeiner Anerkennung persönlicher Freiheit und Integrität – einander sogar bedingen, ist die zentrale Erkenntnis des Begründers der Volkswirtschaftslehre als Wissenschaft, des schottischen Philosophen und Ökonomen *Adam Smith (1723–1790)*, der dies im Jahre 1776 in seinem Buch *Wohlstand der Nationen*[12] mit der berühmten Metapher der *unsichtbaren Hand (,invisible hand')* beschreibt und wie folgt erklärt:

> Die Individuen (die Haushalte und Unternehmen) werden vom Eigeninteresse geleitet, ihre Ressourcen dort einzusetzen, wo sie das meiste erwirtschaften, also verdienen können. Um etwas zu verdienen, muss man etwas produzieren, was die Leute auch eintauschen, also kaufen wollen. Markttransaktionen sind Tauschgeschäfte und als solche zweiseitig und freiwillig! Daraus folgt: Indem die Individuen ihren eigenen Vorteil suchen, werden sie angehalten, automatisch jene Güter und Dienstleistungen zu produzieren, die die Konsumenten auch kaufen wollen. Die relevanten Informationen für die Produktions- und Konsumentscheidungen liefert dabei das Preissystem, indem es relative Knappheiten und Überschüsse durch entsprechend hohe oder niedrige (relative) Preise signalisiert. Die einzelnen Wirtschaftssubjekte werden also durch die Preissignale in ihrem (eigennützigen) Verhalten (ohne dass sie das wissen müssten!) in einer Weise geführt, dass dadurch die Gesamtwohlfahrt gefördert wird. Damit wird die Wohlfahrt insgesamt erhöht, obwohl keiner der Handelnden dies bezweckt hat.

---

11 Tatsächlich findet sich jedes Wirtschaftssubjekt in beiden Sektoren, also in *beiden Rollen*, als Haushalt *und* als Unternehmen wieder. Ständig konsumiert, produziert *und* investiert man (als Person).
12 Adam Smith: Der Wohlstand der Nationen. Eine Untersuchung seiner Natur und seiner Ursachen. Hrsg. von H. C. Recktenwald, München 1974.

Dieses *Theorem der unsichtbaren Hand* von *Adam Smith* ist vielleicht die bedeutendste Erkenntnis der Volkswirtschaftslehre überhaupt. Sie genauer zu analysieren und zu verstehen und damit die *Voraussetzungen*, die *Wirkungsweise* und die *Grenzen des marktwirtschaftlichen Prozesses* zu erkennen, ist Gegenstand dieses Buches. Die Volkswirtschaftslehre ist im wesentlichen bemüht, die *Bedingungen* genau zu erforschen bzw. zu formulieren, die notwendig sind, damit dieses Theorem Geltung beanspruchen kann, bzw. nach Lösungsmöglichkeiten zu suchen, wenn die Bedingungen für diese marktwirtschaftliche ‚Wohlfahrtsautomatik' nicht vorliegen.

2.2.2 Beschäftigung, Preis- und Finanzmarktstabilität: Makroökonomik

Die marktwirtschaftliche Wohlfahrtsautomatik scheint – zumindest auf den ersten Blick bzw. bei oberflächlicher Betrachtung – in der ‚Realität' viel zu wünschen übrig zu lassen. Denken wir nur an das uns ständig begleitende Problem der *Arbeitslosigkeit*.

Arbeitslosigkeit ist ein aktuelles Problem und doch auch ein ‚altes' Problem, ein sehr ernst zu nehmendes Problem, das in einem *kapitalistischen* bzw. in einem *marktwirtschaftlichen System* nahezu immer präsent ist. Arbeitslosigkeit nimmt zu und ab, schwankt. Warum ist das so? Was kann – seitens der Politik – getan werden, um Arbeitslosigkeit möglichst gering zu halten bzw., anders herum, ein *möglichst hohes Niveau an Beschäftigung* zu erreichen? Kann die Politik, die *Wirtschaftspolitik* diesbezüglich überhaupt etwas erreichen?

Wächst die Wirtschaft stark, ist die *Konjunktur in Fahrt*, die *(gesamtwirtschaftliche) Nachfrage* hoch, dann nimmt die Arbeitslosigkeit in der Regel ab. Geht es der Wirtschaft schlecht, lahmt die Konjunktur, ist die gesamtwirtschaftliche Nachfrage schwach, so steigt auch die Arbeitslosigkeit. *Konjunktur und Arbeitslosigkeit* hängen also eng miteinander zusammen.

Der *Konjunkturverlauf*, der *Konjunkturzyklus*, ist eines der zentralen Themen der Makroökonomik. Als Konjunktur kann man dabei den Grad der Auslastung der volkswirtschaftlichen Ressourcen, das Verhältnis vom aktuellen Output zum Potenzialoutput einer Volkswirtschaft definieren, also die gesamtwirtschaftliche Kapazitätsauslastung. Und: Je besser die Auslastung, je mehr Nachfrage, desto geringer ist die Arbeitslosigkeit.

Auch *Wirtschaftswachstum* und Arbeitslosigkeit bzw. Beschäftigung stehen in enger Wechselwirkung. Über längere Zeiträume betrachtet, geht Wirtschaftswachstum auch mit einer deutlichen Erhöhung der *Beschäftigung* – der Anzahl der Personen, die Erwerbsarbeit leisten – wie auch der *Erwerbsquote* einher. Das ist der Anteil der Erwerbsarbeit Nachgehenden zur Bevölkerung im arbeitsfähigen Alter (16–64) insgesamt.

Mittel- bis kurzfristig ist klar, dass eine entsprechend stark wachsende gesamtwirtschaftliche Nachfrage die Unternehmen veranlasst, mehr zu produzieren, wozu sie mehr Arbeitskräfte brauchen und damit auch einstellen. Da kann sich freilich ein Problem ergeben: Aufgrund der starken Nachfrage am Gütermarkt steigen die Preise, aufgrund der starken Nachfrage am Arbeitsmarkt steigen auch die Löhne, aufgrund der starken Nachfrage nach Rohstoffen steigen auch die Rohstoffpreise. Damit steigen die Produktionskosten insgesamt und die Unternehmen erhöhen die Preise: Die *Inflation* steigt.

Arbeitslosigkeit, Konjunktur und Wachstum, Inflation und – das Gegenteil: Deflation – sind zentrale Themata der *Makroökonomik,* die zunächst versucht, diese Phänomene zu beschreiben, zu erklären und damit die diesbezüglich bestehenden Ursachen und Zusammenhänge aufzuzeigen.

In der Makroökonomik ist dabei stets ein zentrales Phänomen präsent, nämlich ‚Geld‘ im weitesten Sinne. Was ist Geld eigentlich, was versteht man unter *Geldmenge,* was führt zu *Inflation* und *Deflation,* was sind deren Folgen? Welche Rolle spielen das *Währungssystem,* die *Geld-* und *Finanzwirtschaft* in einer Volkswirtschaft? Gerade die 2007 in den USA ihren Ausgang nehmende Finanzkrise und die daraufhin folgenden Erschütterungen der Weltwirtschaft haben gezeigt, welche enormen Schäden ein fehlerhaftes Finanzsystem verursachen kann. Wie kann ein Finanzsystem stabilisiert werden? Welche Rolle kommt dabei Zentralbanken zu und was ist *Geldpolitik?* Der *Euro* und das mit ihm verbundene ‚institutionelle System‘, das *Eurosystem* mit der *Europäischen Zentralbank (EZB)* an der Spitze sind zentrale makroökonomische Themata.

Insoweit die Makroökonomik die genannten Problemfelder Arbeitslosigkeit, Konjunktur und Wachstum und die Rolle, die das Finanzsystem, Geld bzw. monetäre Phänomene spielen, erklären und die diesbezüglichen Ursachen und Zusammenhänge aufdecken kann, wird sie zu einer Grundlage für die ‚Makropolitik‘, die als *Stabilisierungspolitik* auf eine möglichst geringe Arbeitslosigkeit bzw. ein möglichst hohes Beschäftigungsniveau bei gleichzeitiger *Preisstabilität* abzielt. Im Zuge der globalen Finanzkrise ist eine weitere Kernaufgabe der *Stabilisierungspolitik* schmerzlich in Erinnerung gerufen worden: Die Aufgabe, die Finanzmärkte zu beruhigen, zu stabilisieren, damit systembedrohende Krisen abzuwenden und das Vertrauen in die Finanzmärkte wieder herzustellen.

Die Politik spielt in der *Makroökonomie* bzw. *Makroökonomik* eine große Rolle und umgekehrt: die Makroökonomie spielt in der Politik eine große Rolle.[13] Werden doch Regierungen vor allem auch daran gemessen, wie hoch Arbeitslosigkeit, Wirtschaftswachstum und Inflation ausfallen und wie es Regierungen gelingt, mit Krisen umzugehen. Die gesamtwirtschaftliche Entwicklung und die Wirtschaftsdaten sind nicht selten ausschlaggebend für die Wieder- bzw. Abwahl einer Regierung. Kein Wunder also, dass die Regierungen versuchen, die wirtschaftliche Entwicklung bzw. die Kon-

---

13 Weil das in nahezu allen ökonomischen Bereichen so ist und immer schon so war, hieß die Wissenschaft früher nicht ‚Volkswirtschaftslehre‘ oder ‚Makroökonomik‘, sondern ‚*Politische Ökonomie*‘.

junktur zu beeinflussen. Ob das überhaupt möglich ist, ist ebenfalls eine der zentralen Streitfragen der Makroökonomik.

Eine Volkswirtschaft ingesamt, eine *Makroökonomie*, lässt sich von daher in drei Bereiche untergliedern, in einen *realen*, einen *monetären* bzw. *finanziellen* und in einen *fiskalischen* Bereich bzw. Sektor.

1. Unter dem *realen* Sektor einer Volkswirtschaft versteht man alles, was unmittelbar der Produktion, dem Output von Gütern und Dienstleistungen zuzurechnen ist, also z. B. reales Bruttoinlandsprodukt, Beschäftigung oder Arbeitslosenrate.

2. Dem *monetären* bzw. *finanziellen* Sektor wiederum wird all das zugerechnet, was zur Geld- und Finanzwirtschaft gehört, also neben Geldmenge, Preisniveau, Inflation, (nominellem) Zins und Wechselkurs vor allem Indikatoren für die Finanzmarktstabilität und die Performance von großen Finanzmarktakteuren (das können deren Bilanzdaten ebenso sein wie Marktbewertungen von diesbezüglichen Aktien und Anleihen).

3. Zum *öffentlichen Sektor* bzw. zum *fiskalischen* Bereich wiederum zählen all jene Größen und Indikatoren, die direkt mit dem staatlichen Tun zusammenhängen, also z. B. Steuer- und Abgabenquote sowie die Beschäftigung im öffentlichen Sektor.

Ausgehend von dieser Klassifikation könnte die *Makroökonomik* auch als Versuch angesehen werden, die *Zusammenhänge aufzudecken, die zwischen realen, monetären und fiskalischen Sektoren, Größen bzw. Variablen einer Volkswirtschaft bestehen.*

Kehren wir nun zurück zum oben (Abb. 2.1) dargestellten einfachen Wirtschaftskreislauf. Dieses Ausgangskonzept an sich ist klar und einfach. Doch ergeben sich bei genauerem Hinsehen einige wichtige und nicht mehr so einfach zu beantwortende Fragen, wie insbesondere jene nach den *Bedingungen*, die erfüllt sein müssen, damit der Wirtschaftskreislauf auch *geschlossen* ist und damit kontinuierlich aufrecht erhalten wird.

Es kann nämlich durchaus sein, dass es zu ‚Abflüssen', und zwar in Form des *Sparens der Haushalte kommt, ohne dass dieser ‚Abfluss' durch einen entsprechenden ‚Zufluss' neutralisiert würde.* Dies hätte Probleme zur Folge, denn: Wenn das, was von den Unternehmen als *Faktoreinkommen* an die Haushalte bezahlt wird, *nicht zur Gänze* wieder auf den *Gütermärkten* als Nachfrage auftritt, dann können die Unternehmen nicht ihre gesamte Produktion absetzen!

Im einfachen Wirtschaftskreislauf einer geschlossenen Volkswirtschaft wäre nun die Bedingung für seine Aufrechterhaltung und damit für die *Aufrechterhaltung der Beschäftigung*, dass all das, was als Einkommen an die Haushalte fließt, auf Gütermärkten wieder für den Kauf der produzierten Güter ausgegeben wird. Nur dann ist der Kreislauf geschlossen. Damit ist in den Unternehmen wieder ‚genug Geld in der Kasse', um die Produktion erneut anzuwerfen und zu finanzieren. Der Kreislauf beginnt dann von neuem. Können hingegen nicht alle Produkte verkauft werden, weil die Haushalte einen Teil ihres Einkommens *sparen,* d. h. dass sie diese Einkommensteile auf Bankkonten legen – und jedenfalls nicht im Sparstrumpf *horten!* – dann erlösen die Unternehmen nicht genug, um die Produktion im gleichen Ausmaß fortzusetzen. Sie müssten dann Beschäftigte freisetzen, wenn die Löhne nicht gesenkt werden können (was realistischerweise wohl kaum der Fall ist und auch nicht notwendigerweise zum gewünschten Ergebnis führen muss). Diese Freisetzung von Beschäftigten ist mit weiteren negativen Folgen verbunden: So fällt das Einkommen der Haushalte, damit geht aber die Nachfrage nach den Produkten der Unternehmen weiter zurück, was eine weitere Beschäftigungsreduktion zur Folge haben könnte ...

Das Sparen der Haushalte, also die nicht konsumtive Verwendung von Einkommen, könnte somit unter Umständen zu einem *gesamtwirtschaftlichen Nachfrageausfall* und damit zu einer sich möglicherweise verstärkenden Reduzierung von Produktion und Beschäftigung führen. Damit dies nicht geschieht, sollte die durch das Sparen der Haushalte entstehende *Nachfragelücke* durch die *Investitionen* der Unternehmen wieder geschlossen werden. Das Einkommen, das durch das Sparen der Haushalte nicht nachfragewirksam verwendet wird, müsste, um den Kreislauf am Leben zu erhalten, *von den Unternehmen zur Finanzierung ihrer Investitionen* herangezogen werden. Mit diesen Geldern treten also nun Unternehmen auf den Gütermärkten als Nachfrager nach Investitionsgütern auf. Insoweit das gesamtwirtschaftliche Sparen dem gesamtwirtschaftlichen Investieren entspricht, kommt es nicht zu einem Nachfrageausfall und auch nicht zur Freisetzung von Beschäftigten.[14]

Die Erweiterung des einfachen Wirtschaftskreislaufs (siehe oben Abb. 2.1) ergibt sich nunmehr durch die explizite Betrachtung des *Kapitalmarktes,* auf dem Sparen (S_p) der Haushalte und Investieren (*I*) der Unternehmen als Angebot von und Nachfrage nach Kapital zusammentreffen. Der *Zinssatz* (*i*) als *Preis für Kapital* sollte nun den Ausgleich zwischen Angebot und Nachfrage auf diesem Markt, also zwischen Sparen und Investieren bewerkstelligen. Der Zinssatz bzw. seine Veränderung sollten sicherstellen, dass der Abfluss aus dem Wirtschaftskreislauf durch das Sparen durch den Zufluss in den Wirtschaftskreislauf durch das Investieren wieder ausgeglichen wird (siehe Abb. 2.2), sodass Nachfragereduktionen und daraus möglicherweise folgende Produktionseinschränkungen verhindert werden.

Ein ähnliches Problem kann sich im wesentlich realitätsnäheren Fall einer *offenen* Volkswirtschaft ergeben. Ein Nachfrageausfall kann nämlich auch dann entstehen, wenn die Importe, also die Käufe von Gütern im Ausland größer sind als die Exporte, also die Verkäufe in das Ausland. In diesem Fall sollten schließlich entsprechende

---

14 Miteinbezogen ist hier auch die in der Realität häufig zu beobachtende Verschuldung von Haushalten. Während einige Haushalte sparen, verschulden sich andere, beispielsweise um ein Auto zu kaufen oder ein Eigenheim zu erwerben. Dies wirkt ausgleichend auf die Nachfrage nach Gütern. Streng genommen liegt im Fall des Hausbaus eines Haushalts eine *Investition* vor: Es handelt sich ja um eine *Erweiterung des gesamtwirtschaftlichen Kapitalbestandes.* In der Systematik der *volkswirtschaftlichen Gesamtrechnung (VGR),* die die Aktivitäten einer Volkswirtschaft erfasst, gelten Wirtschaftseinheiten, die investieren, indes stets als Unternehmen.

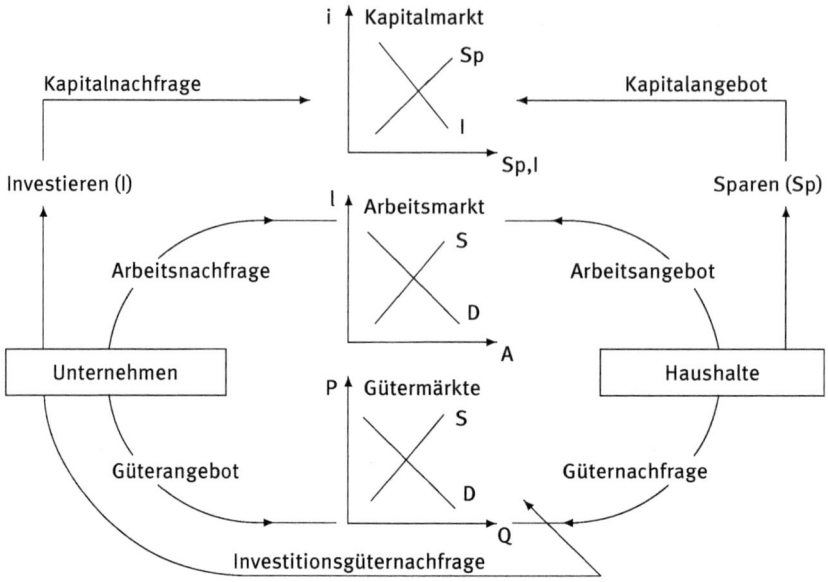

Abb. 2.2: Der Wirtschaftskreislauf mit expliziter Betrachtung des Kapitalmarktes

Anpassungen des *Wechselkurses*, des Preises der Währung, wieder einen Ausgleich zwischen Exporten und Importen sicherstellen: Im Falle eines Überschusses der Exporte über die Importe, man spricht von einem *Handelsbilanzüberschuss*, sollte der Preis der eigenen Währung auf dem Devisenmarkt steigen. Damit verteuern sich die Exporte und verbilligen sich die Importe. Die Exporte nehmen ab, die Importe zu: Der Handelsbilanzüberschuss verschwindet. Und umgekehrt: bei flexiblen, also am Devisenmarkt durch Angebot und Nachfrage bestimmten Wechselkursen, sollte gelten, dass im Falle eines Überschusses der Importe über die Exporte – es liegt dann ein *Handelsbilanzdefizit* vor – der Preis der eigenen Währung auf dem Devisenmarkt fallen sollte. Damit verbilligen sich die Exporte und verteuern sich die Importe. Die Exporte nehmen zu, die Importe ab: Das Handelsbilanzdefizit schließt sich. Abflüsse und Zuflüsse sind wieder gleich groß, der Kreislauf geschlossen.

Die Kreislaufidee ist eine der leitenden Ideen der Ökonomik im Allgemeinen und der Makroökonomik im Speziellen. Sie wird uns bei der Erklärung komplexer makroökonomischer Zusammenhänge noch große Hilfestellung leisten.

3 Entscheidungslogik und Spielregeln

3.1 Die Triebkraft des Wirtschaftens

Wirtschaften bedeutet, Entscheidungen über die Verwendung knapper Mittel zu treffen, für die verschiedene Verwendungsmöglichkeiten bestehen. Jeder ist mit wirtschaftlichen Entscheidungen konfrontiert, unabhängig davon, wie reich oder arm er/sie ist. Selbst für einen Multimillionär stellt sich das ökonomische Problem, wie er denn seine *knappe* Zeit verwenden soll. Soll er die Welt bereisen oder Bücher lesen, soll er trotz seiner materiellen Situation (s)ein Unternehmen leiten, Stiftungen ins Leben rufen, sich der Wissenschaft widmen oder einfach dem ‚dolce vita' frönen. Für den Durchschnittsbürger stellen sich indes andere ökonomische Fragen, Fragen, bei denen es immer um die Verwendung knapper Mittel geht. Dies sind überwiegend einfache, tagtäglich zu beantwortende Fragen, wie beispielsweise: was wo einzukaufen, mit wem/was die Freizeit zu verbringen, aber auch wesentliche und schwierige Fragen, wie z. B.: welchen Beruf man wählen soll, oder ob eine Eigentumswohnung erstanden oder ein eigenes Haus gebaut werden soll und, falls ja, wie diese Investitionen zu finanzieren sind?

Bei all diesen Entscheidungen stellt sich die grundsätzliche Frage, welches *Hauptmotiv* diesen Entscheidungen eigentlich zugrundeliegt. Die Ökonomen gehen nun von der ebenso einfachen wie einleuchtenden Annahme aus, dass *beim Entscheiden im Wesentlichen versucht wird, die eigene Situation zu verbessern.*

> Die Triebkraft des individuellen Wirtschaftens ist das Bestreben, seine Situation zu verbessern.

Stehen jemandem in einer bestimmten Situation somit mehrere Handlungsalternativen zur Wahl, so wird er *vernünftigerweise* jene auswählen, die seine individuellen Ziele am besten erreichen hilft.

Die individuellen Ziele sind natürlich von Person zu Person unterschiedlich. So mag der eine eine Karriere im klassischen Sinne anstreben, ein anderer Entwicklungshelfer, ein Dritter Mediziner werden wollen. Entsprechend dieser individuell festgelegten Ziele, die etwas über die persönlichen Neigungen und Vorlieben der Personen aussagen, werden die Handlungen ausfallen. Immer jedoch nehmen sie Bezug auf diese persönlichen Ziele und der beständige Versuch, diese zu erreichen, kann eben ganz allgemein als Bemühen um eine Verbesserung der individuellen Situation umschrieben werden. Dies sieht der eine eben in der Position eines Vorstandsdirektors verwirklicht, der andere erfährt Genugtuung in der Arbeit als Entwicklungshelfer, als Arzt oder als Professor.

Der Schlüssel zur Analyse und zum Verständnis ökonomischer Prozesse liegt also gerade in dieser ebenso einfachen wie plausiblen Grundannahme bezüglich des menschlichen Verhaltens, die besagt:

> Ein Individuum ist grundsätzlich bestrebt, seine durch Knappheiten irgendwelcher Art charakterisierte Situation zu verbessern. Bei einer Entscheidung über die Auswahl möglicher Handlungsalternativen wird deshalb jeweils jene gewählt, die die bestmögliche Annäherung an ein gesetztes Ziel erlaubt. Wie bereits erwähnt, sind dabei sowohl die Ziele, wie insbesondere auch die Mittel, die zur Zielerreichung grundsätzlich zur Verfügung stehen, durch Normen, durch ethische Vorstellungen – zurecht – eingeschränkt. Trotzdem ist die Triebkraft des Wirtschaftens das Streben des Einzelnen, eine Verbesserung der eigenen Situation zu bewerkstelligen und das heißt, unter bestimmten ethischen und gesetzlichen Rahmenbedingungen die individuellen und individuell festgelegten Bedürfnisse möglichst umfassend zu befriedigen. Da man dieses Ziel nicht planlos und willkürlich, sondern regelmäßig überlegt und planvoll verfolgt, spricht man von einem rationalen Verhalten der Wirtschaftsakteure.

Diese Verhaltensannahme nennt man denn auch das *Rationalitätspostulat* und den rational die Knappheitssituationen bewältigenden Menschen den *homo oeconomicus*.

> Dieses individuelle Vorteilsstreben zeigt sich nun besonders deutlich beim zentralen ökonomischen Phänomen des Tausches. Weil ein Tausch oder ein Tauschgeschäft eine zweiseitige und freiwillige Aktion ist, kann man davon ausgehen, dass in der Regel jemand in einen Tausch nur einwilligen wird, wenn er/sie sich dadurch verbessern kann bzw. sich davon eine Verbesserung verspricht.

Ob Millionär, Entwicklungshelfer, Arzt oder Durchschnittsbürger, alle *tauschen* ja tagtäglich unzählige Male, – ob Kaffeehaus- oder Restaurantbesuch, ob Tageszeitung, Lebensmitteleinkauf oder Arbeitsverkauf (Tausch der eigenen Arbeitsleistung gegen Geld, eigentlich gegen Güter, die man mit dem erworbenen Geld kaufen will) – und demonstrieren gerade dadurch regelmäßig, dass sie ihre Situation verbessert haben! Hätten Sie sonst getauscht?

3.2 Die grundlegende Entscheidungslogik

Welcher *Logik* gehorcht nun das individuelle, auf die Verbesserung der eigenen Situation gerichtete Entscheidungs- bzw. Tauschverhalten?

Allgemein gesagt, werden beim Entscheiden über den Einsatz knapper Mittel, seien es Zeit oder Geld oder andere knappe Ressourcen, das *Plus*, das ist der mit der Entscheidung verbundene *Nutzen* bzw. *Ertrag* und das *Minus*, die *Kosten*, der einzelnen Handlungsalternativen miteinander verglichen. Schließlich wird jene Alternative ausgewählt, deren *erwarteter Gewinn* (= *Nutzen – Kosten* = ,Nettonutzen') am größten ist. Es wird also jene Handlungsalternative gewählt, bei der *die Differenz zwischen erwarteten Erträgen und Kosten am größten* ist! Solange Handlungsalternativen mit positivem Nettonutzen zugänglich sind, werden diese natürlich wahrgenommen. Erst wenn alle Verbesserungsmöglichkeiten ausgeschöpft sind, d. h. mögliche Handlungsalternativen keinen zusätzlichen Nettonutzen mehr zulassen, also zusätzliche Nutzen und Kosten einer Handlung einander entsprechen, werden keine weiteren diesbezüglichen Aktionen mehr gesetzt.

Übersicht 3.1: Wie entscheidet man?

1. Ausgangssituation, gekennzeichnet durch (individuell) festgelegte Ziele und gegebene Rahmenbedingungen, d. i. die Menge der zugänglichen Alternativen mit jeweiligem Plus und Minus.

2. Plus (Nutzen) und Minus (Kosten) der einzelnen Handlungsalternativen werden gegeneinander abgewogen.

3. Reihung der Alternativen nach der Größe des ‚Nettonutzens‘ (= Plus – Minus = ‚Gewinn‘). Dabei gilt grundsätzlich, dass der Nettonutzen ab einem bestimmten Aktivitätsniveau (beim wiederholten Setzen einer Handlung) kontinuierlich abnimmt.

4. Es wird fortlaufend jene Alternative gewählt, deren Nettonutzen am größten ist.

5. Dieses Vorgehen wird solange wiederholt, bis der Nettonutzenzuwachs null wird.

Nicht unerwähnt bleiben sollte in diesem Zusammenhang, dass der Umfang der einem Individuum offenstehenden Handlungsoptionen nicht nur objektiv gegeben ist, beispielsweise durch die angebotenen Konsumgüter oder Arbeitsplätze. Die ‚Entdeckung‘ der zugänglichen Alternativen hängt nicht unwesentlich vom individuellen Entdeckungsdrang des Handelnden ab. ‚Ideen‘, die zur Erweiterung des individuellen Handlungsspielraums führen, sind nicht verboten.

Das *gewinn*maximierende (Ziel) Unternehmen nimmt z. B. eine Reihung der einzelnen Investitionsprojekte vor und realisiert zuerst jene Investitionsprojekte, die ihm am vorteilhaftesten erscheinen, d. h. jene, die unter Miteinbeziehung des Risikos den höchsten Gewinn versprechen. Für die möglichen Investitionsprojekte ebenso wie für das Ausmaß eines bestimmten Investitionsprojekts gilt regelmäßig, *dass die Erträge daraus mit zunehmendem Aktivitätsumfang fallen.*[1]

Ein *nutzen*maximierender (generelles Ziel) Haushalt mag sich bei der Frage nach der besten Verwendung seiner Freizeit (spezielles Ziel) nach der Prüfung der einzelnen Alternativen (d. i. die Reihung nach subjektiven Nutzen und Kostenvorstellungen)

---

[1] Es gilt das *Gesetz der fallenden Grenzerträge.* Siehe dazu Kap. 4.2.3.

für Tennisspielen entscheiden. Das wird ihm zunächst den größten Nutzen stiften. Je länger er jedoch Tennis spielt, desto geringer wird regelmäßig der Nutzen zusätzlicher Spiele werden.[2] Je länger er Tennis spielt, desto größer werden seine subjektiven Kosten des Tennisspielens. Denn die (zusätzlichen) Tennisstunden sind nicht mehr für Essen und Trinken, Schlaf, Spiel, Lesen oder sonstige Aktivitäten verfügbar. Deshalb wird nicht die ganze Freizeit Tennis spielend verbracht, sondern noch mit Ausruhen, Essen und anderen Aktivitäten.[3]

Die Kosten, das Minus, einer Handlung ergeben sich also dadurch, dass eine Entscheidung (Mittelverwendung) *für eine bestimmte* Handlungsalternative *alle anderen* Alternativen (Mittelverwendungen) *ausschließt*. Den *entgangenen Wert der besten Alternativverwendung* nennt man *Opportunitätskosten*. Im Fall des Unternehmens kann ein in ein bestimmtes Investitionsprojekt gesteckter Geldbetrag nicht mehr für etwas anderes verwendet werden. Der entgangene Ertrag aus dem besten alternativen Investitionsprojekt sind die Opportunitätskosten des gewählten Investitionsprojekts. Im Falle des Haushalts steht jene Zeit, die mit Tennisspielen zugebracht wird, nicht mehr für andere Aktivitäten zur Verfügung. Der höchste Nutzen, der dem Haushalt durch diese spezifische Tätigkeit entgeht, sind die Opportunitätskosten des Tennisspielens.

Die *Opportunitätskosten* sind eine logische Folge der Knappheit. Das *Opportunitätskostenkalkül* ist deshalb für *alle* Entscheidungen bestimmend. In einer Knappheitssituation bedeutet die Entscheidung für eine bestimmte Handlungsalternative (Mittelverwendung) stets den *Verzicht* auf andere Mittelverwendungen. Rationale Entscheidungen müssen diesen Umstand stets berücksichtigen.

> Unter Opportunitätskosten versteht man den entgangenen Wert der besten Alternativverwendung.

Dieses rational-planvolle Vorgehen in Knappheitssituationen, also das Abwägen der Vorteile und Nachteile unterschiedlicher Handlungsvarianten und die Auswahl der besten Alternative, entspricht dem *ökonomischen Prinzip*, das besagt:

> Ein bestimmtes Ziel soll mit dem geringsten Mitteleinsatz oder mit gegebenem Mitteleinsatz soll die bestmögliche Zielerreichung realisiert werden.

Angesichts der Knappheit ist dies durchaus ein vernünftiges Bestreben. Seine Verwirklichung bedeutet die Vermeidung von Verschwendung und stellt damit einen effizienten, d. h. *sparsamen* Einsatz knapper Mittel sicher.

---

2 Es gilt das *Gesetz des fallenden Grenznutzens*. Siehe dazu Kap. 4.1.1.

3 Der Grenznutzen der einzelnen Aktivitäten wird durch diese Einteilung der Zeit tendenziell ausgeglichen. Siehe dazu Kap. 4.1.3.

Effizienz bedeutet, einfach formuliert, das Vermeiden von Verschwendung. Angesichts der Tatsache, dass wir in einer durch Knappheit charakterisierten Welt leben, ist Effizienz ein vernünftiges, ein logisches Ziel.

Die für das Verständnis ökonomischer Zusammenhänge fundamentale individuelle Entscheidungslogik, an der sich alle wirtschaftlichen Akteure im Großen und Ganzen orientieren, lässt sich nun wie folgt in einfachen Worten darlegen:

Man setzt eine Handlung dann, wenn das Plus der Handlung, der erwartete Nutzen bzw. Ertrag der Handlungsfolgen, das Minus der Handlung, die damit verbundenen Kosten, gemeint sind die Opportunitätskosten, übersteigt!

Dies trifft beispielsweise auf jede Kaufhandlung (Verwendung von knappem Geld und knapper Zeit) zu: So kauft man sich ein Buch, um aus dem Besitz oder – noch besser – der Lektüre einen *Nutzen* zu ziehen. *Vor* der Kaufhandlung (= Tausch: Geld gegen Buch) werden dabei zwei Aspekte gegeneinander abgewogen:

1. *Was bringt's?* (Was nützt es?) Das ist das erwartete Plus der Entscheidung. Weil man darüber nicht genau, d. h. mit Sicherheit, Bescheid weiß, muss man *Erwartungen* bilden und kann dabei immer wieder einmal irren![4].
2. *Was kostet's?* Nun, regelmäßig nicht nur den Preis, den man dafür auf den Ladentisch legen muss, sondern auch die Zeit, die man aufwenden muss, um es zu kaufen. Durch den Kauf des Buches entstehen also *Geld- und Zeitkosten*. Das für das Buch hinzulegende Geld hätte sich auch anderweitig verwenden lassen. Der Nutzen, der dadurch entgeht, dass man *mit diesem Geldbetrag etwas anderes nicht mehr machen kann,* sowie der entgangene Nutzen durch die mit dem Buchkauf aufgewendete Zeit, sind die *Opportunitätskosten* der Entscheidung, das Buch zu kaufen.

Das Buch wurde erstanden, weil man das Plus, den erwarteten Nutzen, höher oder zumindest gleich hoch eingeschätzt hat, als diese Opportunitätskosten, das Minus dieser Transaktion.

Die *Lektüre* des Buches kostet Zeit. Für die stets knappe Zeit gibt es aber immer eine Fülle von alternativen Verwendungen, die alle mit einer ganz bestimmten Nutzenstiftung verbunden sind. Der Ertrag, der Nutzen der Lektüre muss also die Kosten

---

4 bzw. wird auch einmal getäuscht. Dies ist zum Einen strafbar, zum Anderen in der Regel Ausdruck eines unklugen und damit nur sehr beschränkt rational agierenden ‚Tauschpartners'. Denn: Ein guter Geschäftsmann möchte ja, dass der Kunde zurückkommt, dass er ein Stammkunde wird (und bleibt), und wird sich daher genau überlegen, ob er kurzfristig auf Kosten des Tauschpartners hohe Gewinne machen will. Er handelt im Sinne des schon erwähnten ‚*enlightened self interest*'!

der Lektüre (beispielsweise Verzicht auf Schlaf, Sport oder Spiel) überwiegen, sonst würde man sich nicht (gerade jetzt beispielsweise) dem Buch widmen.

Da man in der überwiegenden Mehrzahl der Fälle die *Handlungsfolgen*, also deren *erwartete* Erträge und Kosten, abschätzt und entsprechend handelt, verhält man sich *rational*. Freilich kann man sich bei der Einschätzung von Erträgen und Kosten auch irren und daher weniger erfreut aussteigen als erwartet. Das ist leider auch immer wieder der Fall. Was könnte man dagegen wohl unternehmen? Die ökonomische Theorie hilft allein schon durch das Thematisieren dieser Problematik, individuelles Entscheidungsverhalten zu verbessern, gibt aber auch eine Fülle von verfeinerten Entscheidungshilfen (Entscheidungsregeln) zur Hand.

3.3 Die Spielregeln

Das individuelle Bestreben, die eigene Situation zu verbessern – Ökonomen sprechen von *Nutzenmaximierung* im Falle des Haushalts und von *Gewinnmaximierung* im Falle des Unternehmens –, ist nun freilich nicht als Imperativ der Rücksichtslosigkeit zu verstehen. Das individuelle Vorteilsstreben unterliegt stets bestimmter, ungeschriebener wie geschriebener Grenzen. Damit individuelles Vorteilsstreben nicht zum Nachteil, sondern sogar zum Vorteil *anderer* führt, damit die in der Metapher von der *unsichtbaren Hand* postulierten allgemeinen Wohlfahrtswirkungen auch tatsächlich eintreten, bedarf es ganz bestimmter Voraussetzungen, bewusster wie unbewusster *Disziplinierungen des individuellen Vorteilsstrebens.*

So darf zunächst keineswegs übersehen werden, dass bei dem Versuch, die eigene Situation zu verbessern, ganz bestimmte *Normen*, d. s. gesellschaftliche Regeln, also eine bestimmte *Umgangsform* mit den anderen, ein *Ethos*, eingehalten wird, ohne das ein geordnetes und friedliches Zusammenleben der Menschen in einer demokratisch-freiheitlichen Gesellschaft nicht funktionieren kann.

Grundlage dieses geordneten Zusammenlebens ist die *Achtung der Integrität und Entscheidungsfreiheit sowie des Eigentums anderer*. Gerade dies ist ja auch die Basis der *eigenen* Entscheidungsfreiheit. Führen Entscheidungen zu Eingriffen in diesen individuellen Hoheitsbereich, so bedürfen sie stets der *Zustimmung des Betroffenen*. Das bedeutet, wirtschaftlich und vereinfacht betrachtet: Will man das Geld oder eine Leistung des anderen (um damit die eigene Situation zu verbessern), so darf dieser nicht dazu genötigt werden! Er muss *freiwillig* bereit sein, sein Geld oder seine Leistung herzugeben. Damit man das erreicht, muss man dem potentiellen Tauschpartner einen *Vorschlag*, ein Tauschgeschäft, unterbreiten, das dieser auch *freiwillig zu akzeptieren bereit ist.*

Unter welchen Bedingungen wird nun jemand *freiwillig* einem Vorschlag, einem *Tauschgeschäft ‚Geld gegen Leistung'* zustimmen? Es leuchtet unmittelbar ein, dass das nur dann der Fall sein wird, *wenn sich dieser (Tauschpartner) durch den Abschluss des vorgeschlagenen Tauschgeschäfts ebenfalls verbessern* kann. Man muss ihm also einen entsprechend attraktiven Tauschvorschlag unterbreiten! Das eigene Angebot – das angepriesene Gut oder der angebotene Arbeitsplatz – muss also zumindest gleich gut oder besser als das/der der Konkurrenz sein.

Weil die Verbesserung der eigenen Lage in einer arbeitsteiligen Gesellschaft überwiegend nur durch die Kooperation mit anderen, d. h. mit Hilfe von Tauschgeschäften, gelingen kann, muss man sich um diese Kooperation bemühen. Diese setzt bei Respektierung der persönlichen Integrität und Freiheit der einzelnen Personen, das *freiwillige Einverständnis* der Tauschpartner in Bezug auf die vorgeschlagenen Transaktionen voraus. Dies bedeutet zugleich eine Verbesserung *beider Tauschpartner*! Ohne, dass der einzelne dies bezwecken würde, leistet er also einen Beitrag zu Erhöhung der Wohlfahrt anderer. Die individuelle, *private* Reichtumsanhäufung läuft damit über einen *sozialen* Mechanismus: ohne den *anderen* einen Dienst zu erweisen, der zumindest so gut ist wie der der Konkurrenz, in der Regel aber wohl besser sein muss, kann es nicht zur *eigenen* Wohlstandsmehrung kommen.

Die überwiegende Mehrheit der Menschen hält sich an diesen zentralen Grundbaustein unserer Gesellschaft, an die Achtung der persönlichen Freiheit und des Eigentums der anderen. Die Menschen halten sich an diese Spielregeln, weil sie von der Richtigkeit dieser Regeln überzeugt sind. Sie befolgen sie aber auch deshalb, weil sie bei einer Verletzung dieser Regeln mit einer zwangsweisen ‚Korrektur ihres Verhaltens‘ durch das *staatliche Rechts- und Ordnungssystem* rechnen müssen. Der Staat fungiert also durch sein *Gewaltmonopol* als *Sicherungsinstitution* individueller Freiheitsrechte, er ist über weite Bereiche nicht nur für das *Festsetzen*, sondern auch für das *Einhalten der Spielregeln* verantwortlich.[5]

Verletzt ein Spieler diese Spielregeln, indem er sich beispielsweise an einen abgeschlossenen Vertrag nicht hält (er liefert beispielsweise nicht die zugesagte Qualität), so muss er damit rechnen, dass der Tauschpartner ihn dafür zur Verantwortung zieht und der Staat dem Geschädigten zu seinem Recht verhilft. Bringt sich jemand *unrecht*mäßig in den Besitz von Gütern anderer - etwa in Form eines Diebstahls, durch Wirtschaftskriminalität, durch Nötigung, durch Betrug oder bewusste Irreführung oder durch das Nichteinhalten einer zugesagten Leistung -, so stellt der Staat dem Geschädigten ‚kostenlos‘ sein *Gewaltmonopol*, Polizei und Gerichte, zur Verfügung, um wieder ‚Recht und Ordnung‘ zu schaffen.[6] Man verhält sich also auch deshalb korrekt, d. h. man achtet die Spielregeln einer liberalen Gesellschaft, weil man andernfalls die Ahndung seiner Missetaten durch diese staatlichen Organe zu fürchten hat.[7]

---

5 Man spricht in diesem Zusammenhang auch vom *Schutzstaat*, vom *protective state*.

6 Da man für die Aufrechterhaltung der öffentlichen Sicherheit, für Polizei und Justiz, jedenfalls Ressourcen benötigt, ist dieses Gut für die Gesellschaft keineswegs kostenlos.

7 Daraus lässt sich leicht schließen, dass die Übertretung gesetzlicher Schranken vor allem auch eine Funktion der damit verbundenen Sanktionen und der Wahrscheinlichkeit ihres Eintretens ist. Auch diesbezüglich hat der schon erwähnte *Gary S. Becker* grundlegende Arbeiten für die Ausgestaltung des Rechtssystems geliefert.

Freilich kann das Bestreben, die eigene Situation zu verbessern, beispielsweise eine bestimmte Position in einem Unternehmen oder in der Gesellschaft einzunehmen, in bestimmten Fällen ein ‚Weg über Leichen' sein, also ‚ohne jegliche Rücksichtnahme' auf andere, voller List und Intrige. Dies ist auch immer wieder anzutreffen. Doch scheint dies eher die Ausnahme zu sein. Denn bei der Wahl der Mittel zur Erreichung eines gesetzten Zieles scheiden die Handelnden in der Regel bestimmte unredliche Verhaltensweisen von vornherein aus. Sie beachten also bestimmte *gesellschaftliche Normen*, deren Übertretung ihnen nicht zulässig erscheint.[8] Entschließt sich jemand dennoch zu einer unredlichen Vorgangsweise, so ist das wohl mit gewissen Kosten, wie beispielsweise der Missachtung durch die Mitmenschen bzw. vor allem auch durch Missbilligung der eigenen inneren Instanz (Gewissen) verbunden.

Würde sich die überwiegende Mehrheit der Gesellschaftsmitglieder nicht an die geschriebenen und ungeschriebenen *ethischen Gesetze des menschlichen Umgangs* halten, so würde ein solch rücksichts- und schrankenloses Verfolgen des Eigeninteresses in der Tat in eine Anarchie münden. Damit würde auch der Wohlstand dramatisch schrumpfen, da unter solchen Bedingungen immer mehr knappe Mittel für die Sicherung des eigenen Lebens und des eigenen Eigentums abgestellt werden müssten. Diese Mittel sind dann, entsprechend dem Opportunitätskostenprinzip, für andere Verwendungsrichtungen nicht mehr verfügbar! Die (möglicherweise ökonomisch begründete) Regel liegt deshalb in einem grundsätzlich respektierenden Umgang mit den Mitmenschen, im Einhalten bestimmter zivilisierter Umgangsformen, eben eines bestimmten *Ethos*.[9]

Der Versuch, zu Wohlstand, zu ‚Geld zu kommen', verführt einige Menschen zweifellos dazu, sich gegen dieses Ethos bzw. gesetzwidrig zu verhalten, z. B. andere Menschen zu bestehlen. ‚Reich' zu werden, beispielsweise durch einen Banküberfall, ist keineswegs die von Ökonomen angesprochene Variante der Wohlstandsschaffung, es ist nämlich gar keine! Gerade an diesem Beispiel zeigt sich, dass hier der ‚Gewinn' des einen der ‚Verlust' des anderen ist. Es handelt sich – wie bei einem Glücksspiel – um ein sogenanntes *Null-Summen-Spiel*. Die zentrale Erkenntnis der Ökonomie – paraphrasiert in der Metapher der unsichtbaren Hand – ist nun aber gerade, dass Wirtschaften *kein* Null-Summen-Spiel ist, sondern – wie gezeigt – bei Einhaltung bestimmter Regeln zu *Wohlstandsgewinnen für beide Tauschpartner* führt: Es handelt sich also um ein *‚Positiv-Summen-Spiel'*.

---

8 Der ökonomischen Theorie wird in diesem Zusammenhang oft die ‚Legitimierung' von unredlichem Verhalten vorgeworfen, weil sie das Übertreten von Normen bzw. gesetzlichen Vorschriften lediglich als ‚Kosten' ansieht.

9 Die *Ethik* ist jener Teil der Philosophie, der sich mit dem *richtigen, guten Handeln* befasst. Von einer *Ethik des Tausches* zu sprechen, ist im strengen Sinn des Begriffs nicht ganz korrekt. Denn ethisches Verhalten verlangt, eine bestimmte Tat zu setzen, weil sie *gut*, nicht weil sie *nützlich* ist. Die ‚ethischen Normen einer Tauschgesellschaft' werden indes vermutlich deshalb befolgt, weil sie den Gesellschaftsmitgliedern *nützen*, ökonomisch korrekt: mehr nutzen als sie kosten.

Dafür sorgt nicht zuletzt der *Wettbewerb* als *unabdingbares Disziplinierungselement des individuellen Vorteilsstrebens und unverzichtbares Kernelement einer marktwirtschaftlichen Gesellschaft!*

Denn man verhält sich schließlich gerade auch deshalb systemkonform, und das heißt *leistungsorientiert*, weil man durch den *Wettbewerb* dazu gezwungen wird. Die unabdingbare Voraussetzung dafür, dass es zu einem Prozess der Wohlstandsschaffung für eine breite Mehrheit der Bevölkerung kommt, ist das *Bestehen von Wettbewerb*, von *Konkurrenz*, was man allgemein als den *ständigen Versuch, eine bessere Leistung als die des anderen zu bieten*, bzw. die *Möglichkeit des Marktzutritts* definieren könnte. Weil die Unternehmen im Wettbewerb miteinander um das Budget der Haushalte kämpfen, *müssen* sie sich bemühen, eine zumindest konkurrenzfähige Leistung anzubieten. Gelingt ihnen das nicht, so scheiden sie im Wettbewerbsprozess aus. Und das wollen sie tunlichst vermeiden. Sie werden aufgrund des Wettbewerbs *gezwungen*, eine bessere Leistung als die der Konkurrenz anzubieten. Nur dann können sie auch einen Gewinn machen. Es ist also der Wettbewerb, der individuelles Vorteilsstreben in ganz bestimmte Schranken weist, am effektivsten diszipliniert und in gesellschaftlich sinnvolle Bahnen lenkt.

Auch hier ist natürlich wieder ein *fairer, ein bestimmtes Ethos beachtender Wettbewerb* und nicht unlautere und halsabschneiderische Konkurrenz gemeint. Nicht böswillige und verfälschende Zurücksetzung der Güter bzw. Qualitäten der Mitbewerber, sondern das Bemühen um eine bessere Leistung *sollten* das Mittel zum Zweck sein. Durch ‚sollten' wird angedeutet, dass dem mitunter nicht so *ist* und dass im Falle des Übertretens bestimmter Wettbewerbsregeln wiederum der Staat Ordnung herstellen muss.[10]

Fairer Wettbewerb ist einer der wichtigsten *Disziplinierungsmechanismen des individuellen Vorteilsstrebens* überhaupt. Denn jeder ist bestrebt, seine eigene Leistung *möglichst teuer zu verkaufen*, die Leistungen anderer aber *möglichst günstig einzukaufen*. Nur der Wettbewerb sorgt dafür, dass man einerseits tatsächlich unter einer stets steigenden Auswahl von Gütern sehr günstig auswählen kann – letztlich müssen, wie noch zu zeigen ist, für ein Gut lediglich die Stückkosten effizienter Anbieter bezahlt werden[11] –, während er andererseits dazu zwingt, die eigene Leistung zumindest auf Konkurrenzniveau zu halten. Andernfalls läuft man Gefahr, seine Kunden oder seinen Arbeitsplatz und damit sein Einkommen zu verlieren.

---

10 Schon die bisherigen Ausführungen sollten klar zum Ausdruck gebracht haben, dass das Opportunitätskostenkalkül nicht mit Opportunismus gleichzusetzen ist. (Plumper, rücksichtsloser oder aalglatter) Opportunismus bringt früher, eher denn später, hohe Kosten mit sich und ist überdies ethisch bedenklich.

11 Siehe dazu die Ausführungen zum *Zero-Profit-Theorem* in den Kapiteln 4.2.3.3, 6.8 und 7.3.

Übersicht 3.2: Die ‚Spielregeln des Wirtschaftens'

Die Spielregeln des Wirtschaftens sind gleichzeitig Disziplinierungsmechanismen des individuellen Vorteilsstrebens:
- Individuelles Streben nach Verbesserung bei Respektierung der Freiheit und Integrität anderer: Freiwilligkeit des Tausches und Einhaltung entsprechender Eigentums- und Verfügungsrechte (grundlegende ‚Ethik'),
- bei Verletzungen von Eigentums- und Verfügungsrechten: Ahndung durch staatliche Institutionen (Rechtssystem),
- Akzeptanz der Regeln eines fairen Wettbewerbs.

Die *Aussicht auf Gewinn* durch eine *bessere Leistung als die der Konkurrenz* ist das *Zuckerbrot*, der Wettbewerb die *Peitsche*, die die Menschen zu Höchstleistungen und Innovationen, also Verbesserungen im weitesten Sinne, anspornt, die via *unsichtbarer Hand*, also die Marktprozesse, letztlich der Gesellschaft insgesamt zugute kommt, was der eigennutzorientierte Akteur niemals bezweckt hat. Beides, die Aussicht auf Gewinn und die Disziplinierung durch den Wettbewerb, ist für ein marktwirtschaftliches System konstitutiv und zentrale Voraussetzung für eine maximale Erhöhung des Wohlstands für alle![12]

---

[12] Wettbewerb ist keinesfalls ein Phänomen, das man nur im wirtschaftlichen Bereich antrifft. Es ist ein nahezu universales Überlebensprinzip, beispielsweise in der Pflanzenwelt als Licht- und Nahrungskonkurrenz bekannt.

4 Entscheidungsträger: Haushalt, Unternehmen und Unternehmer, Politiker und Bürokraten

Für das Analysieren und Verstehen individuellen ökonomischen Handelns wie ökonomischer Prozesse überhaupt, ist die Annahme vom individuellen Vorteilsstreben ebenso zweckmäßig wie einfach und plausibel. Die ökonomische Analyse beliebiger Fragestellungen reduziert sich dadurch auf die Feststellung der beteiligten Spieler und ihrer spezifischen Vorteils- bzw. Interessenlagen einerseits sowie der jeweiligen Rahmenbedingungen andererseits. Ausgehend von diesen *Annahmen (Prämissen)* bezüglich der beteiligten Spieler, ihres Verhaltens (Verhaltensannahmen) und der Rahmenbedingungen, werden in ökonomischen Modellen *Schlussfolgerungen (Konklusionen)* abgeleitet.

Eine weitere Vereinfachung ergibt sich nun dadurch, dass die Abermillionen Entscheidungsträger in *wenige Grundtypen* eingeordnet werden können, nämlich in

1. die *Haushalte,* die Güter und Dienstleistungen konsumieren und ihre Ressourcen auf den Faktormärkten anbieten und dabei ihren *Nutzen* maximieren wollen;

2. die *Unternehmen* als *Institutionen,* in denen die Produktion von Gütern und Dienstleistungen – und damit die *Schaffung von Einkommen für die Haushalte* – stattfindet. Sie fragen Ressourcen nach und bieten Güter und Dienstleistungen an und wollen dabei ihren *Gewinn* maximieren;

3. die *Unternehmer,* die hinter den Unternehmen stehen und die in Gewinnerzielungsabsicht *neue* Güter und Dienstleistungen und *neue* Technologien entwickeln, *neue* Unternehmen aufbauen und die *treibende Kraft in der Marktwirtschaft* schlechthin darstellen;

4. die *Politiker* und die *Bürokraten,* die ja auch wirtschaftliche Entscheidungen, Entscheidungen über die Verwendung knapper Mittel (regelmäßig des Geldes anderer!) und zwar im äußerst bedeutenden Umfang treffen, sowie im entscheidenden Maße für die Schaffung der *Rahmenbedingungen des Wirtschaftens,* beispielsweise für das Handels-, Steuer- und Arbeitsrecht sowie für die Regeln des Außenhandels verantwortlich sind. Sie verfolgen bei ihren Entscheidungen auch eigene Ziele, maximieren das Gemeinwohl also durchaus *nicht!* Auf die im Zusammenhang mit Politikern und Bürokraten auftretenden Probleme wird insbesondere im 10. Kapitel näher eingegangen werden.

Worum sich in der Wirtschaft alles dreht bzw. drehen sollte, sind die Haushalte. Denn die Aufgabe der Unternehmen besteht ja schließlich darin, das möglichst gut und möglichst billig zu produzieren, was die Haushalte haben möchten. Sie geben dem durch ihre Kaufentscheidung letztlich auch deutlich Ausdruck. Die Konsumenten sind der *Souverän* der Marktwirtschaft, man spricht von *Konsumentensouveränität*. Im folgenden wird auf das Entscheidungsverhalten der Haushalte und der Unternehmen näher eingegangen.

4.1 Der Haushalt: Definition und Problemstellung

Als ‚Haushalt' bezeichnet man all jene wirtschaftlichen Akteure, die auf Faktormärkten die in ihrem Besitz stehenden Ressourcen (Arbeit, Kapital, Grund und Boden) anbieten und das daraus erzielte Haushaltseinkommen für Konsumzwecke verausgaben[1], also auf Gütermärkten Konsumgüter und Dienstleistungen nachfragen.

Der so definierte Haushalt, dem *nutzenmaximierendes* Verhalten unterstellt wird, hat also im Wesentlichen zwei Arten von Entscheidungen zu treffen.

– Einmal Entscheidungen darüber, wie er sein Einkommen, das er durch den Verkauf seiner Faktorleistungen an die Unternehmungen erzielt, ausgibt. Er verwendet sein Einkommen für eine Vielzahl unterschiedlicher Güter, und versucht dabei, seine Situation zu verbessern bzw. exakter, seinen *Nutzen zu maximieren*. Wie er bei der Beantwortung der Frage: ‚Welche Konsumgüter und Dienstleistungen und wie viel davon soll man auf Gütermärkten nachfragen?' vorgeht, wird im Folgenden skizziert werden.

– Zum Anderen muss der Haushalt über das Angebot der in seinem Besitz stehenden Faktoren (Arbeit, Kapital, Grund und Boden) entscheiden, er muss *Faktorangebotsentscheidungen* treffen. Diese *Faktorangebotsentscheidungen* des Haushalts, also beispielsweise die Frage ‚Wie viel Arbeit soll man anbieten?' sind nun keineswegs unabhängig von Ausgabenentscheidungen. Denn die Faktorangebotsentscheidung bestimmt ja das Einkommen und dieses begrenzt den Konsum. Beide Entscheidungen sind also *interdependent*. Das kann mithilfe des *Budgets* eines Haushalts (das auch seine Knappheitssituation sehr gut darstellt) gezeigt werden. Dieses Budget, die Gegenüberstellung der künftigen Ausgaben und künftigen Einnahmen, stellt sich dies wie folgt dar:

$$A_p = E_p$$

In Worten: Die geplanten Ausgaben entsprechen den geplanten Einnahmen. Nur: ‚was bestimmt was?': Die Einnahmen die Ausgaben oder die Ausgaben die Einnahmen? Letztlich bestimmt der Konsumwunsch die Einnahmen. Die zu finanzierenden Ausgaben finden im Arbeitsangebot des Haushalts wie in den Entscheidungen betreffend die Humankapitalakkumulation ihren Ausdruck.[2]

---

1 Das Sparen der Haushalte kann als *künftiger Konsum* angesehen werden.

2 Dass die geplanten Ausgaben die geplanten Einnahmen bestimmen, lässt sich ganz einfach anhand zweier Fragen klären: a) Warum arbeiten Sie 40 Stunden/Woche und nicht bloß 20? Dies unterstellt zwar, dass Sie Ihre Arbeitszeit variieren können, doch ist das im Grunde nicht unrealistisch. b) Warum studieren Sie? Sie tätigen eine Humankapitalinvestition, um später einmal mehr zu verdienen. Warum? Weil Sie bestimmte Konsumwünsche haben – künftige Ausgaben, die finanziert sein wollen. Ein erfolgreich abgeschlossenes Studium erhöht Ihre Chancen am Arbeitsmarkt wie auch Ihre Verdienstchancen.

Hier sei vereinfachend davon ausgegangen, dass der Haushalt bereits über ein feststehendes Einkommen und damit Budget verfügt, die Entscheidung über Quantität und Qualität des individuellen Faktoreinsatzes also schon gefallen ist. Es geht also nunmehr um die Beschreibung und Erklärung des Konsumverhaltens des Haushalts, von dem in weiterer Folge seine *Nachfrage* abgeleitet wird.

4.1.1 Gesamtnutzen und Grenznutzen

Wie verwendet der Haushalt nun sein Einkommen bzw. sein Geld? Nach welchen Kriterien geht er beim ‚Geldausgeben' vor? Wie bereits erwähnt, setzt man eine Handlung dann, wenn das Plus der Handlung, der erwartete Nutzen der Handlungsfolgen, das Minus der Handlung, die damit verbundenen Kosten, gemeint sind die Opportunitätskosten, übersteigt.

Der Haushalt wirft sein Geld, für dessen Verwendung es unzählige, aber *verschieden hohen Nutzen stiftende Möglichkeiten* gibt, eben gerade nicht – und das ist jetzt wörtlich zu verstehen – zum Fenster hinaus, sondern gibt es dort aus, wo es den *größten Nutzen* stiftet. Damit ist der *individuelle Nutzen der Orientierungsmaßstab des Haushalts*.

> Der Nutzen eines Gutes ist stets eine rein subjektive Größe, die von der individuellen Einstellung, dem Geschmack und den Vorlieben, also von den Präferenzen eines Haushalts abhängt. Darüber hinaus ist der Nutzen eines Gutes aber auch für einen einzelnen Haushalt keine feststehende Größe, sondern variiert mit der Menge dieses Gutes, die der Haushalt konsumiert. Der Nutzen ist nämlich eine Funktion der pro Zeiteinheit konsumierten Menge eines Gutes.

Der Haushalt ist bestrebt, aus einer gegebenen Situation das Beste zu machen, d. h. über sein Budget/Einkommen so zu verfügen, dass er sein *Nutzenmaximum* erreicht. Um zu verstehen, wie der Haushalt hierbei vorgeht, wie er versucht, sein Nutzenmaximum zu erreichen, muss man penibel zwischen dem *Gesamtnutzen*, den die *insgesamt zur Verfügung stehende Menge eines Gutes* stiftet, einerseits, und dem *Grenznutzen*, der mit der Konsumtion *zusätzlicher Einheiten eines Gutes* verbunden ist, andererseits, unterscheiden.

Der Nutzen, den ein bestimmter Haushalt durch den *gesamten* Schokoladekonsum (pro Zeiteinheit, beispielsweise pro Stunde) erfährt, ist also der *Gesamt*nutzen des Schokoladekonsums. Der durch die *einzelnen Einheiten* (Stückchen) Schokolade gestiftete Nutzen ist hingegen der *Grenz*nutzen des jeweiligen Schokoladestückchens. Dabei ist entscheidend, dass das letzte vom Haushalt konsumierte Schokoladestückchen regelmäßig einen anderen Grenznutzen haben wird, als das erste.

Der Gesamtnutzen ist jener Nutzen, der durch die insgesamt konsumierte Menge eines Gutes (pro Zeiteinheit) gestiftet wird. Der Grenznutzen misst hingegen die Veränderung des Gesamtnutzens durch die Hinzufügung oder Wegnahme einer weiteren (zusätzlichen, marginalen) Einheit eines Gutes. Der Grenznutzen bezieht sich also stets auf eine zusätzliche bzw. marginale Einheit eines Gutes (pro Zeiteinheit), wobei in aller Regel mit jeder einzelnen Einheit ein anderer Grenznutzen verbunden ist.[3]

Das deutet auf die der Nutzentheorie und damit der gesamten Haushalts- und Nachfragetheorie zugrundeliegende fundamentale Gesetzmäßigkeit, auf das *Gesetz des abnehmenden Grenznutzens* hin, das auch nach seinem Entdecker, dem Deutschen *Hermann Heinrich Gossen* (1810–1858), das *erste Gossen'sche Gesetz* genannt wird:[4]

> Es besagt, dass der Grenznutzen, den ein Haushalt durch den Konsum einer zusätzlichen Einheit eines Gutes erfährt, bei fortgesetztem Konsum dieses Gutes beständig abnimmt[5], bis schließlich Sättigung eintritt (der Grenznutzen also null wird). Der Grenznutzen kann schließlich auch negativ werden, d. h. eine zusätzliche Einheit eines Gutes bringt keinen Nutzenzuwachs, sondern eine Verschlechterung des subjektiven Wohlbefindens mit sich (der Grenznutzen ist in diesem Bereich negativ).

Das tatsächliche Verhalten des Haushalts belegt diese Zusammenhänge tagtäglich. Der Grenznutzen einer Handlung, sei dies das Verspeisen bestimmter Lebensmittel, seien dies bestimmte Freizeitaktivitäten wie Sport, Lesen oder Filmkonsum, dieser Grenznutzen (pro Zeiteinheit) fällt regelmäßig mit zunehmendem Konsum eines bestimmten Gutes.

---

3 Formal wird diese funktionale Beziehung zwischen Nutzen und konsumierter Menge so angeschrieben:

$$N_q = f(q)$$

In Worten: Der Nutzen (N_q) eines Gutes q ist eine Funktion der konsumierten Menge dieses Gutes. Der *Grenz*nutzen (GN_q), die *Veränderung des Gesamtnutzens durch Konsum einer zusätzlichen Einheit des Gutes*, entspricht mathematisch der *ersten Ableitung* der Nutzenfunktion:

$$GN_q \equiv \frac{\partial N_q}{\partial q}$$

Das Zeichen ≡ bedeutet: ,ist definiert als'.

4 Mit ,Gesetzen' bzw. ,Gesetzmäßigkeiten' meint man in der Ökonomik Kausalbeziehungen, die in der *überwiegenden Mehrzahl* der Fälle, im *Regelfall* also, Gültigkeit beanspruchen. Ökonomische Gesetze haben keine naturwissenschaftliche Dignität!

5 Mathematisch bedeutet dies, dass die *zweite Ableitung* der Nutzenfunktion – sie gibt Antwort auf die Frage: ,Wie *verändert* sich der *Grenz*nutzen?' – kleiner als null ist:

$$\frac{\partial^2 N_q}{\partial q^2} < 0$$

Tab. 4.1: Gesamtnutzen und Grenznutzen des täglichen Bonbonkonsums

Anzahl (Bonbons/Std)	Gesamtnutzen	Grenznutzen
0	0	0
1	7	7
2	12	5
3	15	3
4	17	2
5	18	1
6	18,5	0,5
7	18	−0,5
8	16	−2

In Abb. 4.1 ist der Zusammenhang zwischen Gesamt- bzw. Grenznutzen und konsumierter Menge graphisch deutlich gemacht. Die Daten sind dabei der Tabelle 4.1 entnommen.

Der obere Teil der Abb. 4.1 zeigt die Gesamtnutzenfunktion des Konsums eines Gutes (des täglichen Bonbonverzehrs eines bestimmten Haushalts), der untere Teil die Grenznutzenfunktion (beide Funktionen erhält man näherungsweise, wenn man die nachfolgenden Grenznutzenblöcke' verbindet). Die Gesamtnutzenfunktion zeigt den Zusammenhang zwischen Nutzen und täglichem Bonbonkonsum an, die Grenznutzenfunktion zeigt, wie sich der Nutzen bei einer kleinen Veränderung der konsumierten Einheiten (ein Bonbon mehr oder weniger) verändert. (In Abb. 4.1 entsprechen die mit Kleinbuchstaben markierten Grenznutzenblöcke im oberen und unteren Teil einander!)[6]

Dieses Beispiel demonstriert das erste Gossen'sche Gesetz, das Gesetz des mit steigender Konsumtion eines Gutes fallenden Grenznutzens. Es gilt nicht nur für den Schokoladekonsum des Haushalts, sondern in der Regel für alle von ihm konsumierten Güter. Und dies hat für den Haushalt eine entscheidende Konsequenz. Will er seinen Nutzen maximieren, so ist zunächst der Konsum vieler unterschiedlicher Güter angezeigt: Durch *Diversifikation im Konsum*, d. h. durch den Konsum einer Vielzahl unterschiedlicher Güter erreicht der Haushalt offensichtlich ein höheres Befriedigungsniveau, einen höheren Nutzen, als durch Verausgabung seines Budgets für ein einzelnes Gut, dessen exzessiver Genuss dann mit äußerst geringen Grenznutzen der zuletzt konsumierten Einheiten verbunden wäre. Man mache sich einmal die enorme Menge an unterschiedlichen Gütern, die man während eines Tages konsumiert, bewusst, denke nur daran, dass man ein vielgängiges Menü konsumiert und eben nicht

---

6 Daraus kann man auch leicht erkennen, dass die *Fläche unter der Grenznutzenkurve den Gesamtnutzen* der jeweilig konsumierten Menge des Gutes angibt.

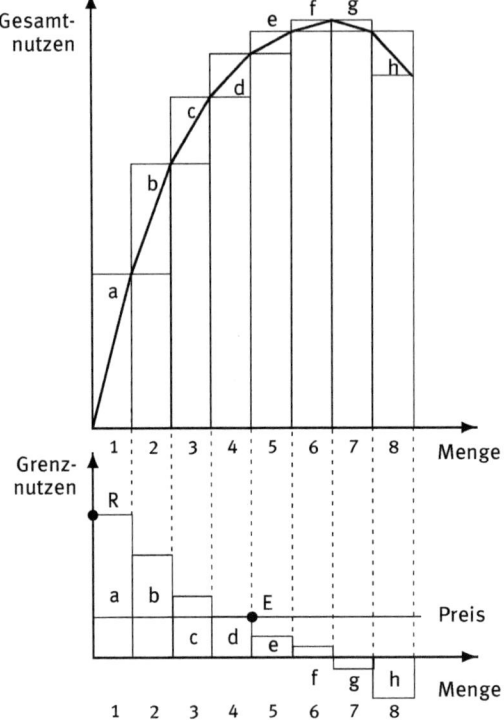

Abb. 4.1: Gesamtnutzen und Grenznutzen des täglichen Bonbonkonsums

drei Teller (der gleichen) Suppe! Nichts belegt das erste Gossen'sche Gesetz besser als diese tagtäglich praktizierte Diversifikationsstrategie des Haushalts, mit der er mit einem gegebenen Budget ein hohes Nutzenniveau erreichen kann.

4.1.2 Ausgleich der gewichteten Grenznutzen*

Neben der grundsätzlichen Frage, *welche* Güter konsumiert werden sollen, muss der Haushalt darüber hinaus über die *optimalen Mengen* der jeweils konsumierten Güter entscheiden. Da sein Budget begrenzt ist und unterschiedliche Güter regelmäßig auch unterschiedliche Preise haben, muss, um das beschränkte Haushaltsbudget optimal auf verschiedene Güter zu verteilen, der *jeweilige Grenznutzen einer Einheit eines Gutes auf den Preis des Gutes bezogen werden*.[7] Der Haushalt wird Schritt für Schritt versuchen, *pro aufgewendeter Geldeinheit den jeweils maximalen Nutzenbeitrag* zu erzielen.

---

7 Der Grenznutzen einer Einheit eines Gutes wird mit dem Kehrwert des Preises dieses Gutes gewichtet. Zur formalen Darstellung siehe Fußnote 8.

Der Haushalt wird also stets jenes Gut auswählen, dessen Grenznutzen einer zusätzlichen Einheit, *bezogen auf den dafür zu bezahlenden Preis,* am größten ist, das damit den *größten Zielerreichungsbeitrag je aufgewendeter Geldeinheit* liefert. Und dabei kommt wiederum die Plus-Minus-Regel zur Anwendung. Bei seinem Problem: ,Wie viel Bonbons sollen konsumiert werden, um das Nutzenmaximum zu erreichen?', wird das Plus eines zusätzlichen Bonbons, der *zugehörige Grenznutzen,* mit dem Minus, den *Opportunitätskosten* dieser Entscheidung, das ist der entgangene Nutzen der besten Alternative, in diesem Fall der Grenznutzen anderer Güter, bewertet mit deren Preis, verglichen.

> Um das Nutzenmaximum zu erreichen, vergleicht der Haushalt den Grenznutzen, den eine zusätzliche Einheit eines bestimmten Gutes stiftet, mit dem Preis dieses Gutes. Weil er für sein knappes Budget stets viele unterschiedliche Verwendungsmöglichkeiten hat, ,berechnet' er den Grenznutzen pro aufgewendeter Geldeinheit und stellt das optimale Güterbündel so zusammen, dass das Verhältnis Grenznutzen/Preis schließlich für alle von ihm konsumierten Güter ausgeglichen ist. Man nennt dies das zweite Gossen'sche Gesetz oder auch ,equimarginal rule'.[8]

Lässt sich pro aufgewendeter Geldeinheit bei einer bestimmten Verwendung ein höherer Grenznutzen lukrieren, so wird der Haushalt diese Möglichkeit natürlich wahrnehmen, d. h. sein Budget entsprechend umschichten. Er tut dies solange, bis er durch eine Umschichtung seines Budgets keine Verbesserung mehr erzielen kann. Erst wenn alle weiteren Einheiten aller vom Haushalt konsumierten Güter dasselbe Verhältnis Grenznutzen/Preis zeigen, *der gewichtete Grenznutzen also für alle konsumierten Güter ausgeglichen ist,* erst dann hat er sein Nutzenmaximum erreicht, erst dann gibt es keine Verbesserungsmöglichkeiten mehr: Eine zusätzliche Einkommenseinheit, ein zusätzlicher Euro, erzielt damit in jeder Verwendungsrichtung *denselben* Nutzenbeitrag.

Dieses im Optimum erzielte Grenznutzen-Preis-Verhältnis ist nichts anderes als der *Grenznutzen pro Geldeinheit,* man spricht hier vom *Grenznutzen des Geldes* oder des *Einkommens.* Nimmt man nun an, dass der Nutzen in Geldeinheiten gemessen werden kann, der Grenznutzen der *maximalen Zahlungsbereitschaft des Haushalts für eine jeweilige Einheit eines Gutes* entspricht und dass der Grenznutzen des Gel-

---

8 Dies deshalb, weil sich die Bedingung für das Haushaltsoptimum formal so darstellt (P_n sind die Güterpreise):

$$\frac{GN_i}{P_i} = \frac{GN_j}{P_j}$$

wobei *i* und *j* für beliebige, vom Haushalt konsumierte Güter stehen.

des/Einkommens konstant und eins ist[9], dann entspricht im Haushaltsoptimum der Grenznutzen der zuletzt konsumierten Einheit eines Gutes seinem Preis.[10]

Der nutzenmaximierende Haushalt vergleicht also stets das Plus, den Grenznutzen einer zusätzlich konsumierten Einheit eines Gutes mit dem Preis dieses Gutes, also beispielsweise den Grenznutzen eines zusätzlichen Bonbons mit dessen Preis – in der Alltagssprache nennen wir das das *Preis-Leistungs-Verhältnis*.

Ist nun der Grenznutzen größer als der Preis eines Bonbons, dann führt der Konsum eines zusätzlichen Bonbons zu einer Nutzenerhöhung des Haushalts, weshalb noch eine Einheit konsumiert wird. Ist der Grenznutzen jedoch kleiner als der Preis, dann wäre damit eine Nutzenminderung verbunden. Unter diesen Bedingungen sieht der Haushalt von einer zusätzlich konsumierten Einheit ab.

Der optimale Konsum eines Gutes ist damit exakt durch jene Menge bestimmt, bei der der Grenznutzen der letzten Einheit gerade noch dem Preis des Gutes entspricht.[11] Dies ist im unteren Teil der Abb. 4.1 im Punkt *E*, dem Schnittpunkt der Preislinie mit der Grenznutzenkurve der Fall und wird in Übersicht 4.1 auf S. 40 noch einmal zusammengefasst.

Unter diesen Annahmen ist die individuelle Grenznutzenkurve gleichzeitig die *Nachfragekurve* des Haushalts für ein bestimmtes Gut, die den Zusammenhang zwischen Preis und nachgefragter Menge eines Haushalts abbildet (siehe den unteren Teil der Abb. 4.1). Sie hat aufgrund des *ersten Gossenschen Gesetzes*, des *Gesetzes vom abnehmenden Grenznutzen,* einen fallenden Verlauf und zeigt damit, dass bei fallendem

---

9 Die obige Darstellung hat sich um das Problem der Messung des Nutzens ‚herumgeschwindelt' (in Tabelle 4.1 und in Abb. 4.1 wurde nicht angegeben, *in welchen Einheiten* der Nutzen gemessen wird!). Die hier getroffenen Annahmen bezüglich der Nutzenmessung sind nicht unproblematisch und liegen der hier vorgetragenen Form der *kardinalen* Nutzentheorie zugrunde. In der *ordinalen* Nutzentheorie, auf die hier nicht eingegangen wird, wird auf die direkte Messung des Nutzens überhaupt verzichtet. Entscheidend ist, dass beide Ansätze im Wesentlichen zum selben Ergebnis führen.

10 Die oben abgeleitete Optimalitätsbedingung

$$\frac{GN_i}{P_i} = \frac{GN_j}{P_j}$$

(für zwei beliebige, vom Haushalt konsumierte Güter *i* und *j*) wird dann zu

$$\frac{GN_i}{P_i} = \frac{GN_j}{P_j} = GN_{EK} = 1$$

(GN_{EK} = Grenznutzen des Einkommens/Geldes) woraus sich unmittelbar

$$GN_i = P_i$$

ableiten lässt.

11 Also formal $GN_q = P_q$ gilt.

Preis die von einem Haushalt nachgefragte Menge steigt und umgekehrt, dass bei steigendem Preis die nachgefragte Menge des Haushalts fällt.[12]

Dieser Zusammenhang, der für die meisten Güter zutrifft, ist schließlich für die Ableitung der *Marktnachfrage,* der Nachfrage aller Haushalte nach einem Gut, die durch horizontale Aufsummierung der individuellen Haushaltsnachfragen ermittelt werden kann, von grundsätzlicher Relevanz und liegt dem empirisch immer wieder bestätigten *Gesetz der Nachfrage* zugrunde, das eine der wichtigsten ökonomischen Gesetzmäßigkeiten überhaupt darstellt:

> Das Gesetz der Nachfrage besagt, dass bei steigendem Preis eines Gutes regelmäßig die insgesamt nachgefragte Menge fällt und umgekehrt, dass bei fallendem Preis die insgesamt nachgefragte Menge steigt.

4.2 Unternehmen und Unternehmer: Definition und Problemstellung

> Als ‚Unternehmen' bezeichnet man all jene wirtschaftlichen Institutionen, die zunächst auf Faktormärkten als Nachfrager nach Produktionsfaktoren (Arbeit, Kapital, Grund und Boden), die von den Haushalten angeboten werden, auftreten, diese im Unternehmen zu Produktionszwecken einsetzen/kombinieren und die solcherart produzierten Güter und Dienstleistungen den Haushalten über die Gütermärkte anbieten. Dabei versuchen die Unternehmen, einen Gewinn zu erwirtschaften bzw. den Gewinn zu maximieren.

Je günstiger und besser produziert werden kann, desto günstiger und besser ist die Versorgung der Haushalte mit Gütern und Dienstleistungen. Im *Prozess der Produktion*, der Hervorbringung von Gütern durch die Kombination von Produktionsfaktoren, wird das *Einkommen der Haushalte* geschaffen. Damit wird die *zentrale Rolle* des Unternehmens und des dahinterstehenden *Unternehmers* offenbar.

Während das *Unternehmen* als Ort der Produktion auf die konkrete *Ausführung* der Produktion und aller damit verbundenen Tätigkeiten gerichtet ist, steht der *Unternehmer* für die zugrundeliegende *kreative, leitende Idee*, für die Schaffung neuer Produkte und Technologien im weitesten Sinne, die dann im Unternehmen *ausgeführt, realisiert* werden. Vom *unternehmerischen Entscheidungsverhalten*, von unternehmerischen Kenntnissen und Fähigkeiten, von den Einfällen, der Innovations- und Tatkraft und der Problemlösungskapazität des Unternehmers hängen sowohl die Qua-

---

12 Jenen Preis, bei dem ein Haushalt gerade noch bereit wäre, eine einzige (und damit die erste) Einheit eines Gutes zu kaufen, nennt man *Reservationspreis* (graphisch der Schnittpunkt der Grenznutzenkurve mit der Ordinate). Dagegen bezeichnet die *Sättigungsmenge* jene Menge eines Gutes, die der Haushalt zum Preis von null nachfragen würde (graphisch der Schnittpunkt der Grenznutzenkurve mit der Abszisse).

Übersicht 4.1: Ziel und Entscheidungsverhalten des Haushalts

1. Ziel des Haushalts beim Güterkonsum: Verbesserung der eigenen Situation, d. h. Nutzenmaximierung unter gegebenen Rahmenbedingungen!

2. Dabei gilt das fundamentale Gesetz vom abnehmenden Grenznutzen, das erste Gossen'sche Gesetz: Bei fortgesetzter Konsumtion eines Gutes nimmt der damit verbundene Nutzen zusätzlicher Einheiten, der Grenznutzen, beständig ab.

3. Aufgrund dieses Gesetzes wird Diversifikation im Konsum zu der Strategie der Nutzenmaximierung des Haushalts.

4. Bei der Bestimmung der optimalen Mengen der vom Haushalt konsumierten Güter wird dabei kontinuierlich jenes Gut ausgewählt, dessen Grenznutzen einer zusätzlichen Einheit, bezogen auf den dafür zu bezahlenden Preis, am größten ist, das damit den größten Zielerreichungsbeitrag pro aufgewendeter Geldeinheit liefert.

5. Das Haushaltsoptimum (= Nutzenmaximum) ist erst dann erreicht, wenn durch eine Reallokation der konsumierten Güter kein Nutzenzuwachs mehr erzielt werden kann, wenn also die mit den Preisen gewichteten Grenznutzen in allen Verwendungsrichtungen gleich groß (ausgeglichen) sind (= 2. Gossen'sches Gesetz).

6. Wird der Nutzen durch die maximale Zahlungsbereitschaft gemessen, d. h. unter der Annahme, dass der Grenznutzen des Geldes (in diesem Fall der Nutzenmaßstab) konstant und eins ist, gilt für die optimale konsumierte Menge eines Gutes das einfache Plus-Minus-Kalkül: Das Plus des Konsums einer zusätzlichen Einheit eines Gutes ist der Grenznutzen dieser zusätzlichen Einheit. Das Minus dieser Entscheidung ist dann der Preis des Gutes. Die optimale konsumierte Menge eines Gutes ist dann durch die Gleichheit von Grenznutzen und Preis bestimmt.

lität und Quantität der zur Verfügung gestellten Güter und Dienstleistungen ab, als auch die Quantität und die Qualität der beschäftigten Arbeitskräfte.

Der *Unternehmer* ist damit das zentrale und treibende Element der Marktwirtschaft, er ist der ‚Schöpfer' von Unternehmen, derjenige, der neue Produkte, Technologien und Managementtechniken im weitesten Sinne erfindet und dies dann auch in der Form von Unternehmen verwirklicht. Angespornt durch die *Aussicht auf Gewinne* sucht er ständig nach Möglichkeiten, durch neue und bessere Produkte (Produktinnovation) den Haushalten ein höheres Niveau der Bedürfnisbefriedigung, den Unternehmen Kosteneinsparungen (‚Prozessinnovation') zu bieten. Ist er bei diesem *Such- und Entdeckungsprozess* tatsächlich erfolgreich *und* bei der Umsetzung seiner Ideen auch schlau genug, dann winkt eine Belohnung in Form satter Gewinne.

Bei der Untersuchung des Entscheidungsverhaltens des Unternehmers wie des Unternehmens geht es im Grunde um die entscheidenden Fragen: *Wie kommt man zu Gewinn?* bzw. *Wie bewerkstelligt man die Gewinnmaximierung?*

Wie bereits im *Theorem der unsichtbaren Hand* angedeutet, lässt sich ein Gewinn dadurch erzielen, dass solche Güter und Dienstleistungen angeboten werden, die auf dem Markt einen besonders guten Anklang finden, d. h. für die sich Tauschpartner finden, die aufgrund der Qualität der angebotenen Güter auch entsprechende Preise (zu oder über den Produktionskosten) zu zahlen bereit sind.

An der grundsätzlichen Plus-Minus-Entscheidungslogik ändert sich auch hier nichts: Eine Handlung wird dann gesetzt, wenn die erwarteten Erträge die erwarteten Kosten – die Opportunitätskosten des jeweiligen Mitteleinsatzes – übersteigen. Allerdings gibt es hier ganz unterschiedliche Problemstellungen, für die die Plus-Minus-Logik jeweils genauer zu spezifizieren ist. Je nach der Art des vorliegenden Problems müssen das relevante Plus und das relevante Minus inhaltlich näher bestimmt werden. Diese Probleme und die damit verbundenen Entscheidungen reichen vom *Entwurf eines neuen Produkts* über die Art und Weise, *wie* und *in welchem Umfang* (in welcher Betriebsgröße) es produziert werden soll bis hin zur Frage, ob eine zusätzliche Einheit eines Gutes produziert und angeboten werden soll (Bestimmung der optimalen Outputmenge).

Die wichtigsten, in diesem Zusammenhang zu beantwortenden Fragen sind damit:

1. Welche grundlegenden Kriterien muss das zu erstellende Gut (Produkt) erfüllen, um auf dem Markt Aufnahme zu finden?
2. Welche grundlegenden Entscheidungen sind mit der praktischen Umsetzung einer *Produktidee*, also mit Produktion und Angebot (Vermarktung) eines Gutes verbunden?

Diese beiden Fragen werden in diesem Kapitel näher behandelt. Schließlich sind noch die folgenden Fragen von besonderer Relevanz, auf die in den nächsten Kapiteln näher eingegangen wird:

3. Auf welchen Märkten tritt die Unternehmung auf? Welche *Marktform* liegt vor, d. h. wie viele Anbieter und Nachfrager stehen einander auf diesem Markt gegenüber?
4. Welche möglichen Entwicklungen – insbesondere auch technologisch und rechtlich bedingte – sind auf diesem Markt und den damit verbundenen Märkten absehbar?

Übersicht 4.2: Ziel und Entscheidungen von Unternehmer und Unternehmen

---

1. Ziel: Erwirtschaftung eines Gewinns bzw. Gewinnmaximierung

2. Ausgangspunkt: Produktidee im weitesten Sinne, die zur Nutzenstiftung beim Haushalt bzw. Kostensenkung bei Unternehmen führt.

3. Grundsätzliche (langfristige) Entscheidung bezüglich der optimalen Organisation der Produktion: Problem der optimalen Betriebsgröße.

4. Unternehmensspezifische (kurzfristige) Entscheidungslogik (bei feststehender Betriebsgröße): Suche nach der optimalen Outputmenge (= gewinnmaximales Angebot der Unternehmung).

4.2.1 Zentrale unternehmerische Fragestellungen

Die treibende, die initiative Kraft im marktwirtschaftlichen System ist der Unternehmer. Er bringt neue Produkte und neue Produktionsverfahren auf den Markt, wodurch mitunter alte, eingesessene Marktpositionen ins Wanken geraten können. Der bedeutende österreichische Nationalökonom *Joseph A. Schumpeter* (1883–1950) sprach in diesem Zusammenhang vom ‚*Prozess der schöpferischen Zerstörung*‘.

Zu den Qualitäten eines erfolgreichen Unternehmers zählen vor allem eine ausgeprägte Tatfreude, eben der Unternehmungsgeist, und die hohe Bereitschaft, auch ein entsprechendes Risiko zu übernehmen.

Am Beginn des unternehmerischen Prozesses steht stets eine *Idee*. Was auch immer das angebotene Produkt sein mag, stets muss es *bestimmte Kriterien* erfüllen. Ein zentrales Kriterium ist das der (tatsächlichen oder vermeintlichen) *Nützlichkeit*. Stark vereinfacht formuliert, muss es dem Käufer einen Nutzen stiften, den er jedenfalls höher bewertet als den dafür zu entrichtenden Preis. (Auch für den Tauschpartner gilt ja stets das Plus-Minus-Kalkül!) Das jeweils in Frage stehende Gut muss also einen entsprechenden *Gebrauchswert* besitzen. Je höher dieser ist, desto besser. Im Falle eines Konsumgutes muss es beim Haushalt einen entsprechenden Nutzengewinn bewirken, im Falle eines Investitionsgutes mit einem maßgebenden pekuniären Vorteil, also mit einer Kosteneinsparung im Unternehmen verbunden sein. Stimmt Nutzengewinn bzw. Kosteneinsparung im Verhältnis zum Preis des Produkts, wird gekauft, sonst nicht.

Neben dem Gebrauchswert muss das Gut mit einem *Tauschwert*, also mit einem *Preis* belegt werden können, sodass nur derjenige, der zahlt, das Gut (legal) erwerben kann. Es muss das *Ausschließbarkeitskriterium* gegeben sein. Dieses stellt sicher, dass nur derjenige in den Genuss des Gutes kommt, der auch bereit ist, den geforderten Kaufpreis zu erlegen.

Dies ist mitunter gar nicht so leicht zu gewährleisten. Ein Buch könnte beispielsweise auch in einer Bibliothek gelesen oder kopiert werden. Ähnliche Probleme treten bei Radiomusik, CDs, DVDs, bei Computerspielen und Software generell – kurz: bei nahezu allen digitalisierten Produkten, auf. Man denke nur an Computerprogramme, an die enormen Beträge, die den Produzenten durch Raubkopien entgehen (und wie sie sich dagegen schützen).

Ist das Ausschließbarkeitskriterium auf ein Gut nicht anwendbar, dann wird es von privater Seite erst gar nicht produziert und über Märkte angeboten. Damit aber kommt eine mögliche Verbesserung der Güterversorgung gar nicht zustande![13]

Entscheidend ist jedenfalls, dass der Unternehmer die Aussicht auf die Früchte seiner Bemühungen hat.[14] Er muss also die richtige *Anreizstruktur* vorfinden. Die Anreizstruktur des marktwirtschaftlichen System basiert auf der Institution des *Privateigentums*, das mithilfe von entsprechenden *Eigentumsrechten* näher spezifiziert ist. Eigentumsrechte legen fest, was man mit einem Gut, sei dies ein Pullover oder eine Erfindung, tun darf und was nicht. So wird mit dem Instrument des *Patentschutzes* wie auch des *Urheberrechtes* versucht sicherzustellen, dass der Erfinder bzw. Autor die Früchte seiner Arbeit auch selbst ernten kann. Würde staatlicherseits kein solches *Eigentumsrecht* gewährt, so fehlte der entsprechende *Anreiz*, neue, bessere, nützlichere, kosten- und energiesparende Verfahren und Technologien oder einfach andere nutzenstiftende Güter zu entwickeln.

Eine gute Produktidee, Gebrauchswert und Ausschließbarkeit sind aber leider noch nicht genug für einen erfolgreichen Start des Unternehmens. Das Produkt muss auch einen *Markt*, ein ausreichendes *Absatzpotenzial* haben, was in erster Linie, abgesehen von der Nützlichkeit, vom *Preis* des Produktes abhängig ist. Für letzteren sind nun vor allem die *Produktionskosten* ausschlaggebend. Es leuchtet unmittelbar ein, dass diese von der *produzierten Stückzahl*, also vom Umfang der Produktion und damit der Größe des Betriebes entscheidend abhängig sind.

---

13 Ist das Ausschließbarkeitskriterum für ein Gut nicht anwendbar, so spricht man von einem *öffentlichen Gut*. Paradebeispiele öffentlicher Gutes sind ‚äußere Sicherheit‘, die Landesverteidigung und ‚innere Sicherheit‘. Weil niemand vom Gebrauch und damit vom Nutzen dieses Gutes ausgeschlossen werden kann, besteht von privater Seite aus kein Anreiz, dieses Gut zu produzieren. Also springt der Staat ein und stellt ein Heer auf bzw. organisiert und bezahlt das Polizeiwesen. Er hat die Möglichkeit, das sogenannte *free-rider-Problem* durch die Auferlegung von *Zwangsabgaben*, von *Steuern*, zu ‚entschärfen‘. Das *free-rider-Problem* besteht darin, dass, gerade weil niemand vom Konsum eines öffentlichen Gutes ausgeschlossen werden kann, auch niemand eine Veranlassung dazu hätte, dafür etwas zu bezahlen und damit zur Finanzierung des Gutes auch etwas beizutragen (es ist ja nicht umsonst!), obwohl natürlich jeder, wenngleich im unterschiedlichen Umfang, das öffentliche Gut nutzt.

14 Diese Aussage gilt generell für alle ökonomischen Akteure. Haben die Mitarbeiter in einer Unternehmung keinen Anreiz, Verbesserungen vorzuschlagen und umzusetzen, so werden sie sich diesbezüglich erst gar nichts einfallen lassen.

Ein weitere zentrale Bedingung für einen erfolgreichen Unternehmensstart ist freilich die Möglichkeit, diesen wie auch nachfolgende Unternehmenserweiterungen auch *finanzieren* zu können. Es war bzw. ist nicht selbstverständlich, dass Unternehmensgründern ausreichend Risikokapital – sogenanntes *,venture capital',* *Wagniskapital* – zur Verfügung steht. Dies ist einerseits eine Frage des Entwicklungsstands der Finanzmärkte einer Volkswirtschaft, andererseits der jeweiligen, mitunter starken Schwankungen unterliegenden Finanzmarktsituation. Mangelt es an entsprechenden Finanzierungsmöglichkeiten, so hat dies negative Auswirkungen auf Unternehmensgründungen und Unternehmenswachstum, damit aber auch auf Wirtschaftswachstum und Beschäftigung generell.

4.2.2 Aspekte der Betriebsgröße

Es geht nunmehr um die konkrete Realisierung der Produktion. Damit ist zunächst die Entscheidung betreffend der *Betriebsgröße* zu fällen. Die Betriebsgröße ist durch den bzw. die *fixen* Produktionsfaktor/en festgelegt. Solche lassen sich *kurzfristig* nicht beliebig variieren und sind dementsprechend mit *fixen,* d. h. *für die Periode unabänderlichen Kosten* verbunden. So bestimmen beispielsweise die Produktionshalle und die Maschinenanlagen als fixe Faktoren den Umfang der Produktion in der kurzen Periode. Auf eine andere Betriebsgröße kann nur *langfristig* gewechselt werden. Das zeigt, dass die Wahl der Betriebsgröße eine *strategische Entscheidung* darstellt, die für eine bestimmte Zeit bindend ist. Sie muss daher besonders sorgfältig durchdacht werden.[15]

Es muss nun jene Betriebsgröße gefunden werden, die für die *erwartete Absatzmenge die geringsten Stückkosten* erlaubt. Unter Stückkosten versteht man die *Kosten pro erstellter Outputeinheit,* man spricht auch von *durchschnittlichen Totalkosten.*[16]

Je geringer die Stückkosten, desto besser wird ceteris paribus das Ergebnis des Unternehmens ausfallen, denn desto höher der Gewinn bzw. desto geringer der Verlust. Grundsätzlich bestehen drei Möglichkeiten der Senkung der Stückkosten.

Die eine ist die eben erwähnte Möglichkeit, ein Produkt, beispielsweise einen Pullover, ein Buch oder ein Auto, in sehr großen Stückzahlen zu fertigen. Bei der Wahl der Betriebsgröße bringen größere Produktionsanlagen (Groß-, Massenfertigung) meist deutliche Vorteile. Wenn die Stückkosten mit der *Ausweitung der Betriebsgröße* fallen, spricht man von *Skaleneffekten, steigenden Skalenerträgen* oder *economies of scale:* Je größer die Produktionsanlagen, desto geringer die *Stückkosten.*

---

15 *Strategische* Entscheidungen sind langfristig bindende Entscheidungen, *taktische* für die jeweilige Periode von Relevanz, *operative* betreffen das Tagesgeschäft.

16 Sie ergeben sich als Division der *Totalkosten TK,* die sich ihrerseits aus fixen (*FK*) und variablen Kosten (*VK*) zusammensetzen, durch den erstellten Output *q*: $DTK = \frac{TK}{q} = \frac{FK+VK}{q}$ (*DTK* = durchschnittliche Totalkosten).

Diese Skalenökonomien, die in aller Regel mit sehr hohem Kapitaleinsatz verbunden sind, sind das Markenzeichen der *Industriellen Revolution* des 19. Jahrhunderts. Jetzt entstehen Fabriken, in denen z. B. zig-tausende Nägerl und Hämmer pro Tag produziert und nicht mehr in kleinen Schmieden oder Manufakturen handgefertigt werden.

Genau genommen liegen *economies of scale* nur dann vor, wenn *alle Inputs im gleichen Ausmaß* erhöht werden und diese *proportionale* Inputerhöhung zu einer *überproportionalen* Outputerhöhung führt. Im wesentlich realitätsnäheren Fall, dass *alle Inputs im unterschiedlichen Ausmaß* erhöht werden und der Output daraufhin ‚überproportional' steigt , spricht man von *economies of size*. Von *economies of scope* oder sogenannten *Verbundeffekten* wiederum spricht man, wenn sich vorhandene Produktionsanlagen oder Betriebsstätten auch für ‚verwandte' Outputs gut nutzen lassen, wenn also z. B. ein Autohersteller auch LKW produziert, oder ein Friseur auch Maniküre anbietet. Die Erweiterung der Outputpalette erfolgt in diesen Fällen besonders kostengünstig.

Der Grund für fallende Stückkosten bei Ausweitung der Betriebsgröße, einerlei ob nun Skalenökonomien im weiteren Sinne oder Verbundeffekte vorliegen, ist nun der, dass sich in großen Betrieben die Arbeitsteilung weiter verfeinern und der Produktionsprozess selbst mithilfe von Maschinen (Kapitaleinsatz) stark automatisieren lässt und dadurch die Produktivität steigt. Steigende Produktivität bedeutet sinkende Stückkosten. Große Betriebe lukrieren aber auch Vorteile in anderen Unternehmensbereichen wie bei der Beschaffung (Einkauf großer Mengen zu günstigeren Konditionen), im Marketing (ein Werbespot für Millionen von potenziellen Kunden) und in der Finanzierung (besserer Zugang zu Finanzmärkten).

Es zeigt sich allerdings auch, dass mit steigender Betriebsgröße der *innerbetriebliche Koordinierungs- und Verwaltungsaufwand* stark ansteigt. Große Unternehmen sind nur sehr schwer überblickbar und – ähnlich Riesentankern – äußerst schwer zu manövrieren. Den Skalen- oder Verbundeffekten in der Produktion (Plus) und den damit bewirkten sinkenden Stückkosten stehen also zunehmende Kosten der Koordination, Führung und Verwaltung, des sogenannten Overhead, (alles Minus) gegenüber. Deshalb wachsen Unternehmungen, freilich in Abhängigkeit von der jeweiligen Technologie, nicht ins Unendliche.

Grundsätzlich ergibt sich bei Großunternehmen das Problem, wie die für die Unternehmungsführung *relevante Information* beschafft, übermittelt und zielgerecht, d. h. gewinnsteigernd verarbeitet werden kann. So verfügen die Reisenden eines Konzerns über ganz spezifische Informationen, sie haben den wichtigen Response der Kunden, ohne den die Produktionsabteilung die Produkte nicht entsprechend auf die Bedürfnisse der Käufer abstellen und weiterentwickeln kann. Ob der innerbetriebliche Informationsfluss funktioniert oder nicht, hängt von der *Anreizstruktur* ab, der die handelnden Personen ausgesetzt sind. Haben diese das Gefühl, ein kleines Rädchen in einer großen Maschine zu sein und profitieren sie nicht unmittelbar an den von ihnen gemachten Verbesserungsvorschlägen, so ist der Anreiz gering, solche

Verbesserungsmöglichkeiten *preiszugeben* und damit auch umzusetzen. Gerade diese Anreizstruktur wird durch die Reorganisation großer Unternehmen, beispielsweise in Form von Profit-Centern, entsprechend zu gestalten versucht. Die enormen Probleme, die Großbetriebe zu Beginn der 1980er Jahre des vergangenen Jahrhunderts plagten, konnten also zum Teil dadurch gelöst werden, dass sich diese Unternehmen eine interne Organisationsstruktur verpassten, die Marktprozessen durchaus sehr ähnlich sind. Gerade auch das zeigt, dass kleine und wendige Unternehmen durchaus große Chancen haben.

Die zweite Möglichkeit der Senkung der Stückkosten ist die *Fixkostendegression*: Je mehr Einheiten in einer der Größe nach feststehenden Unternehmung produziert werden, desto geringer fallen die *anteiligen Fixkosten* aus.[17] Man denke beispielsweise an die Herstellung einer Tageszeitung, eines neuen Medikaments, einer Software, die mit enormen Fixkosten verbunden sind. Je größer also die Auflage, desto geringer die anteiligen Fixkosten. Und da die variablen Herstellungskosten hier vergleichsweise vernachlässigbar und konstant sind, fallen die *Stückkosten* mit zunehmendem Output dramatisch.

Um diese Fixkostendegressionen und die Skaleneffekte nutzen zu können, braucht man aber nicht nur *produktionsseitig* die Möglichkeit, große Stückzahlen günstiger herstellen zu können, sondern vor allem auch *absatzseitig* einen entsprechend *aufnahmefähigen Markt*. Je größer dieser Markt ist, desto besser kann man entweder die *Fixkostendegressionen bei gegebener Ausstattung bzw. Betriebsgröße* ausnutzen, oder desto eher *Skaleneffekte durch die Vergrößerung der Produktionsanlagen (Ausweitung der Betriebsgröße)* lukrieren.

Diese Effekte eines großen Marktes, der es vielen Unternehmungen erst ermöglicht, Fixkostendegressionen und Skalenvorteile voll auszunützen, sind ein wesentliches Begründungselement des Europäischen Binnenmarktkonzeptes (‚Gemeinsamer Markt 1992‘).[18] Dadurch sollen europäischen Unternehmen Wachstumsmöglichkeiten geboten werden, um schließlich auch international, auf dem Weltmarkt, erfolgreich konkurrieren zu können. Der Vorteil des großen Marktes kommt freilich letztlich den Haushalten zugute, weil infolge der dadurch möglichen Skaleneffekte und Fixkostendegressionen *und* infolge des Wettbewerbs die Preise der Güter fallen und dadurch das *Realeinkommen*[19] der Haushalte steigt, d. h. der Umfang der ihnen mit ihrem Einkommen zugänglichen Gütermenge.

---

17 Die anteiligen Fixkosten *aFK* ergeben sich also als Division der Fixkosten *FK* durch den erstellten Output *q*: $aFK = \frac{FK}{q}$. Je größer *q*, desto geringer die anteiligen Fixkosten. Gerade die graphische Darstellung, der Hyperbelast, zeigt dies sehr anschaulich.

18 Die Idee dazu stammt freilich von *Adam Smith*, der das Ausmaß der Arbeitsteilung, damit der Produktivität und des Wohlstandes schon im 18. Jahrhundert durch die *Größe des Marktes* begrenzt sah.

19 Unter *Realeinkommen* versteht man, einfach formuliert, was sich ein Haushalt mit einem in Geldeinheiten ausgedrückten Einkommen, dem *Nominaleinkommen*, tatsächlich an Gütern und Dienstleistungen leisten kann. Es wird unmittelbar einsichtig, dass dies von der Höhe der Preise, vom *Preis-*

Die dritte Möglichkeiten der Senkung der Stückkosten liegt in den sogenannten *Lerneffekten*. Hier fallen die Durchschnittskosten in dem Maße, in dem im Prozess der Produktion Erfahrungen gesammelt werden, die die gegenwärtige und künftige Produktion verbilligen helfen. Man spricht in diesem Zusammenhang auch von der sogenannten *Erfahrungskurve*. Die Stückkosten sind damit eine Funktion der Produktion der Vergangenheit bzw. des kumulierten Outputs. Darauf wird später noch näher einzugehen sein.[20]

Übersicht 4.3: Grundsätzliche Möglichkeiten der Kostensenkung

Die Reduktion der Stückkosten ist für jedes Unternehmen einerseits anstrebenswert, weil das c. p. den Gewinn erhöht, andererseits eine Überlebensfrage. Denn schafft es nur die Konkurrenz, die Stückkosten zu senken, dann kann das Unternehmen im Preiswettbewerb nicht mithalten und wird gezwungen, vom Markt auszuscheiden.

Welche grundsätzlichen Möglichkeiten der Kostensenkung, der Reduktion der Durchschnittskosten bestehen nun?

1. Kurzfristig – bei feststehender Betriebsgröße – kann durch Ausweitung der Produktion die Fixkostendegression genutzt werden.
2. Langfristig kann versucht werden, – durch Variation der Betriebsgröße – Skalenökonomien, die Vorteile der Massenproduktion, zu lukrieren.
3. ‚Sehr langfristig' kann durch Lerneffekte, durch ‚learning by doing', versucht werden, die Stückkosten zu reduzieren. Man spricht hier auch vom Erfahrungskurveneffekt, weil infolge der Erfahrungen mit der Produktion in der Vergangenheit die gegenwärtigen und künftigen Produktionskosten gesenkt werden können.

4.2.3 Das unternehmensspezifische Entscheidungskalkül*

Stehen die Betriebsgröße und damit auch die Fixkosten fest, dann geht es um die *Bestimmung des optimalen Einsatzes der variablen Faktoren*. Der Einsatz variabler Faktoren führt zu variablen Kosten.[21] Auch bei den hier zu treffenden Entscheidungen bleibt die grundsätzliche Plus-Minus-Entscheidungslogik aufrecht: Eine Handlung wird dann gesetzt, wenn das Plus der Handlung, das ist in diesem Falle der *Grenzerlös*, das Minus der Handlung, das sind die damit verbundenen *Grenzkosten*, übersteigt. Die *Grenzkosten* geben die *Veränderung der Gesamtkosten* an, wenn eine zusätzliche Einheit Output produziert wird. Demgegenüber zeigen die *Grenzerlöse* die *Verände-*

---

niveau, abhängig ist. *Steigt* also in einer Volkswirtschaft das Preisniveau langsamer als die *Nominaleinkommen*, so gibt es einen Zuwachs des Realeinkommens.

20 Siehe dazu Kap. 5.5.
21 Variable Kosten sind eine Funktion der produzierten Menge, man schreibt also: $VK = VK(q)$.

rung des Umsatzes/Erlöses, wenn diese zusätzliche Einheit auf dem Markt verkauft wird. Es leuchtet ein, dass die Entscheidung, eine zusätzliche Einheit zu produzieren und zu verkaufen, nur dann sinnvoll ist, wenn sie *mehr bringt als sie kostet,* die *Grenzerlöse also größer als die Grenzkosten* sind. Man nennt diese Entscheidungsregel *Outputregel* im Gegensatz zur *Inputregel,* die das Plus und das Minus eines zusätzlichen *Inputeinsatzes* vergleicht. Im Folgenden soll auf die Zusammenhänge der Outputregel näher eingegangen werden.

4.2.3.1 Die Grenzkosten und das Gesetz des fallenden Grenzertrages*

Unter *Grenzkosten* versteht man jene Kosten, die entstehen, wenn *eine zusätzliche Einheit Output produziert wird.* Hier gilt nun, dass *kurzfristig bei der Ausweitung der Produktion die Grenzkosten ab einem bestimmten Outputniveau in der Regel steigen werden.* Dies geht auf einen der wichtigsten *produktionstechnischen* Zusammenhänge zurück, auf das *Gesetz der fallenden Grenzerträge* oder das *klassische Ertragsgesetz.* Dieses beschreibt einen *produktionstechnischen Zusammenhang, also eine Produktionsfunktion, einen Zusammenhang zwischen dem Einsatz von Inputs und dem damit erzielten Output.*[22] Diese *klassische Produktionsfunktion, das Gesetz des fallenden Grenzertrages* besagt:

> Mit zunehmendem Einsatz eines Inputs bei gleichzeitiger Konstanz aller anderen Inputs – bei feststehender Betriebsgröße also – steigt der Output (Ertrag) zunächst mit steigenden Grenzerträgen an, nimmt aber ab einem bestimmten Inputeinsatz nur noch mit fallenden Grenzerträgen zu, die schließlich sogar negativ werden können.

Unter *Grenzprodukt* bzw. *Grenzertrag* versteht man die *Veränderung des Outputs, hervorgerufen durch eine geringe Veränderung eines einzelnen variablen Inputfaktors, ceteris paribus, d. h. unter sonst gleichbleibenden Umständen, also bei Konstanz aller anderen Einsatzfaktoren.*[23]

---

22 Formal stellt sich eine Produktionsfunktion grundsätzlich so dar:

$$Q = zf(A, K, B)$$

Und man sagt: Der Output Q ist eine Funktion des Einsatzes der Inputfaktoren Arbeit (A), Kapital (K) und Grund und Boden (B). z steht für die sogenannte *technologische Konstante,* für das zu einem Zeitpunkt verfügbare technische Wissen, das das ‚wie' der Kombination der Faktoren bestimmt.

23 Formal entspricht das Grenzprodukt der *partiellen Ableitung der Produktionsfunktion nach einem Inputfaktor,* beispielsweise nach Arbeit A:

$$GP_A = \frac{\partial Q}{\partial A}$$

Die Zusammenhänge werden verständlicher, wenn man sich Tabelle 4.2 näher ansieht. Dargestellt werden darin die Zusammenhänge zwischen dem Einsatz von Arbeitskräften (Input) und der Produktion von Stühlen (Output[24]). Die erste Spalte zeigt jeweils die Anzahl der eingesetzten Arbeitskräfte (Input), die zweite, wie viele Stühle diese während eines Arbeitstages *insgesamt* herstellen, sie zeigt also den *Output*. Die dritte Spalte zeigt das Grenzprodukt *eines zusätzlichen* Arbeiters, also jene Outputmenge, die durch die Beschäftigung eines zusätzlichen Arbeiters hergestellt wird. Die vierte Spalte zeigt schließlich das *Durchschnittsprodukt,* das man erhält, wenn man die Anzahl der insgesamt produzierten Stühle durch die Anzahl der insgesamt eingesetzten Arbeiter dividiert, also: Output durch Input. Das Durchschnittsprodukt – man verwendet dafür den zentralen Begriff *Produktivität* – ist also definiert als *Output pro Inputeinheit.*[25]

Tab. 4.2: Total-, Grenz- und Durchschnittsprodukt bei der Produktion von Stühlen

Faktoreinsatz Arbeitskräfte	Output Stühle/Tag	Grenzprodukt Stühle/Tag	Durchschnittsprodukt Stühle/Tag
1	5	5	5
2	16	11	8
3	30	14	10
4	48	18	12
5	60	12	12
6	70	10	11,7
7	77	7	11
8	80	3	10
9	81	1	9
10	80	−1	8

Aus der Tabelle 4.2 ersieht man, dass die Grenzprodukte zunächst (die Grenzprodukte der ersten vier Arbeitkräfte) steigen. Dies geht darauf zurück, dass der durch zusätzliche Arbeiter mögliche *Faktormix,* die *Kombination der Produktionsfaktoren, insgesamt produktiver* wird. Durch eine zusätzlich eingestellte Arbeitskraft ist also eine *bessere Organisation der Arbeitsprozesse,* eine *weitergehende Spezialisierung und Verfeinerung der Arbeitsteilung,* und damit eine höhere *Produktivität* möglich.

Aus Tabelle 4.2 ist aber auch ersichtlich, dass die Grenzprodukte schließlich (ab dem fünften Arbeiter) fallen, ab dem zehnten sogar negativ werden. Dies ist darauf zu-

---

24 Die Begriffe ‚Output‘, ‚Ertrag‘ und ‚Gesamtprodukt‘ werden synonym verwendet.
25 Also als Division des Outputs durch die jeweilige Anzahl der dafür verwendeten Inputs, im Beispiel:

$$DP_A = Q/A$$

rückzuführen, dass *in einem der Größe nach feststehenden Betrieb* ab einem bestimmten Einsatzniveau bei einem zusätzlichen Einsatz variabler Faktoren mit einer gegenseitigen Behinderung zu rechnen ist. *Spezialisierung und Arbeitsteilung* stoßen also kurzfristig, bei Konstanz der Betriebsgröße, unweigerlich auf bestimmte Grenzen, was mit einer *fallenden Produktivität* verbunden ist.

Abb. 4.2 zeigt eine graphische Darstellung dieser Produktionsfunktion. Der obere Teil der Graphik zeigt die *Klassische Produktionsfunktion* oder das *Klassische Ertragsgesetz*, also die Veränderung des Outputs infolge der Variation *eines* Inputs bei gleichzeitiger Konstanthaltung *aller* übrigen Produktionsfaktoren. Die *abhängige* Variable, der Output Q, wird auf der Y-Achse, der Ordinate, abgetragen, die *unabhängige*, den Output *bestimmende* Variable A (Arbeitseinsatz) auf der X-Achse, der Abszisse.

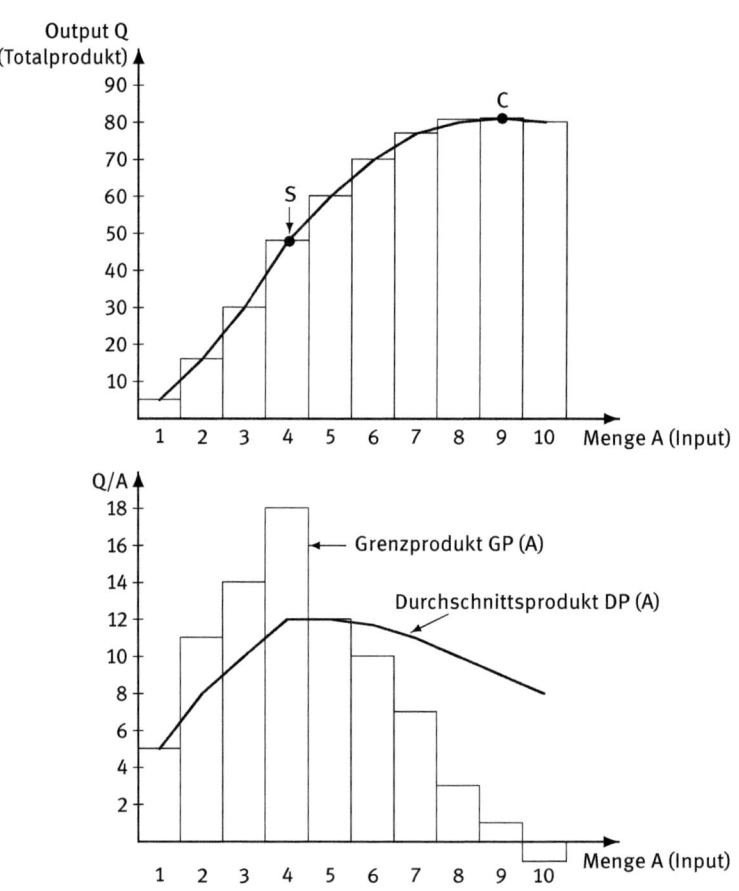

Abb. 4.2: Ertragsgesetzliche Produktionsfunktion

Dem klassischen Ertragsgesetz entspricht der ‚S-förmige‘ Verlauf der Ertragskurve. Zunächst steigt der Output mit jeder zusätzlichen Inputeinheit stärker an: die *Grenzerträge* steigen. Dies ist ganz deutlich im unteren Teil der Graphik an der zunächst ansteigenden *Grenzertragskurve GP$_A$* abzulesen. (Zu beachten ist, dass hier auf der Ordinate *Q/A* abgetragen ist!) Bis zum Punkt *S* auf der Ertragsfunktion, der auch als *Schwelle des Ertragsgesetzes* bezeichnet wird, steigt der zusätzliche Output, der Grenzertrag, aufgrund einer zusätzlichen Inputeinheit an. Ab diesem Schwellenpunkt *S* (Punkt der fallenden Grenzerträge) sind die Grenzerträge zwar weiterhin positiv, nehmen nunmehr aber ab: Jeder zusätzliche Arbeiter fügt zwar zum Gesamtoutput noch einen *positiven* Grenzertrag hinzu, doch wird dieser nach und nach geringer.[26] Die Produktionsfunktion hat den *Bereich der fallenden Grenzerträge* – die Grenzertragsfunktion im unteren Teil der Abb. 4.2. fällt – erreicht.

Schließlich wird der Grenzertrag null (Schnittpunkt der Grenzertragskurve mit der Abszisse). Eine zusätzliche Inputeinheit lässt die Höhe des Outputs unberührt (Punkt *C* der Gesamtertragsfunktion). Ein darüber hinausgehender Faktoreinsatz führt sogar zu einer Verminderung des Outputs. Der Grenzertrag wird *negativ*! (Die Grenzertragskurve befindet sich im negativen Bereich!)

Wichtig ist der Zusammenhang zwischen Grenz- und Durchschnittsertrag: Ist der Grenzertrag einer zusätzlichen Inputeinheit kleiner als der Durchschnittsertrag, so fällt damit automatisch der Durchschnittsertrag. Und damit selbstverständlich auch die Durchschnittsertragskurve (siehe den unteren Teil der Abb. 4.2). Ist hingegen der Grenzertrag größer als der Durchschnittsertrag, dann steigt der Durchschnittsertrag mit jeder zusätzlichen Einheit an. (Fällt eine Durchschnittsgröße, dann muss die Grenzgröße immer kleiner sein als die Durchschnittsgröße, steigt sie, so gilt das Gegenteil.)

> Der entscheidende Punkt ist nun, dass fallende Grenzerträge gleichzusetzen sind mit steigenden Grenzkosten. Steigende Grenzkosten führen, sobald sie die Durchschnittskosten übersteigen, auch zu steigenden Durchschnittskosten. Kurzfristig, d. h. bei gegebener Betriebsgröße, müssen daher bei zunehmender Produktion die Stückkosten schließlich steigen.

---

26 Dem entspricht eine *negative zweite Ableitung* der Produktionsfunktion, die ja Auskunft darüber gibt, wie sich das Grenzprodukt selbst verändert:

$$\frac{\partial^2 Q}{\partial A^2} < 0$$

Die Produktion zusätzlicher Einheiten wird also ab einem bestimmten Inputeinsatz, im Beispiel ab dem sechsten Arbeiter, ständig *teurer*.[27]

Man kann sich das Faktum der steigenden Grenzkosten freilich auch anders klarmachen. Im gegenständlichen Beispiel einer Stühle herstellenden Tischlerei ist *kurzfristig* die Betriebsgröße vorgegeben, d. h. die Tischlerei verfügt über eine fixe Ausstattung an Produktionsmitteln (primär Produktionshalle und Maschinen) und kann nur den Einsatz der variablen Produktionsfaktoren, primär der menschlichen Arbeit, wählen. Aufgrund einer unerwartet guten Auftragslage überlegt die Unternehmensleitung, zusätzliche Schichten einzulegen, d. h. den Einsatz des variablen Produktionsfaktors Arbeit zu erhöhen. Die Arbeiter werden jedoch nur dann bereit sein, zusätzliche Stunden (Überstunden bzw. Zusatzschichten) zu arbeiten, wenn sie dafür auch *mehr* bezahlt bekommen. Das bedeutet aber nichts anderes als *steigende Stückkosten für zusätzliche Outputeinheiten*.[28]

Der Umstand, dass die Ausweitung der Produktion kurzfristig, d. h. bei gegebener Betriebsgröße, zu *steigenden Stückkosten* führt, bedeutet freilich, dass ein *Wettbe*-

---

[27] Formal stellt sich der Zusammenhang zwischen fallendem Grenzprodukt (GP) und steigenden Grenzkosten (GK) so dar (das Symbol Δ steht für eine Differenz/Veränderung):

$$GK \equiv \frac{\Delta TK}{\Delta Q} \equiv \frac{P_A \Delta A}{\Delta Q} \equiv \frac{P_A}{\Delta Q / \Delta A} \equiv \frac{P_A}{GP_A}$$

also:

$$GK \equiv \frac{P_A}{GP_A}$$

Hier ist entscheidend, dass der Preis für den Faktor Arbeit P_A für das Unternehmen als Datum hinzunehmen und konstant ist. Unter dieser Bedingung gilt, dass steigende Grenzkosten mit fallenden Grenzerträgen (in unserem Beispiel des Faktors Arbeit) korrespondieren und umgekehrt. Die Gleichung $GK \equiv \frac{P_A}{GP_A}$ lässt sich auch so anschreiben:

$$GK \equiv P_A \frac{1}{GP_A}$$

wobei der letzte Term der Kehrwert der Grenzproduktivität und damit der sogenannte *Inputkoeffizient* ist. Dieser sagt aus, wie viele Einheiten eines bestimmten Inputs notwendig sind, um *eine zusätzliche Einheit* Output herzustellen. Multipliziert man die Anzahl dieser Inputeinheiten, die notwendig sind, um eine zusätzliche Outputeinheit herzustellen, mit dem Preis dieser Inputs, dann ergibt das die Grenzkosten einer zusätzlichen Outputeinheit, eben die Grenzkosten, genau genommen freilich die Grenzkosten einer zusätzlichen Outputeinheit, die mit Arbeit hergestellt wurde. Das sind die ökonomisch so wichtigen *Lohnstückkosten*.

[28] In der Gleichung

$$GK = \frac{P_A}{GP_A}$$

bleibt nun zwar die Produktivität konstant, (eine zusätzliche Schicht erbringt *denselben* Output wie eine normale Schicht), doch ist der Preis für den Faktor Arbeit P_A gestiegen. Auch damit ergeben sich also steigende Grenz- und Durchschnittskosten infolge der Mehrproduktion. Außerdem ist die Möglichkeit zusätzlicher Schichten nach oben begrenzt.

werbsunternehmen, ein Unternehmen, das auf den Marktpreis seiner Produkte ebenso wenig Einfluss hat wie auf die Preise der Produktionsfaktoren, nur dann bereit sein wird, mehr zu produzieren, wenn für ihre Produkte ein höherer Preis bezahlt wird. Dies führt zur *Angebotsregel des Wettbewerbsunternehmens:*

> Die von einem Unternehmen angebotene Menge wird umso größer sein, je höher der Preis ist, der am Markt für das Produkt bezahlt wird. Steigt der Preis, dann steigt auch die angebotene Menge.

4.2.3.2 Die Grenzerlöse*

Dem mit der Entscheidung, eine zusätzliche Einheit zu produzieren, verbundenen Minus, den Grenzkosten, ist nun das entsprechende Plus, die Grenzerlöse, gegenüberzustellen. Unter *Grenzerlösen* versteht man die *Veränderung des Umsatzes (Erlöses = Preis × Menge) eines Unternehmens, wenn dieses eine zusätzliche Einheit auf dem Markt anbietet und auch verkaufen kann.*[29]

Grundsätzlich sind zwei Varianten des Grenzerlöses denkbar:

1. Der Grenzerlös entspricht dem auf dem Markt geltenden Preis, dem *herrschenden Marktpreis P* des vom Unternehmen hergestellten und verkauften Gutes. Durch das zusätzliche Angebot eines Unternehmens ändert sich dieser Marktpreis nicht. Das heißt, dass Entscheidungen *eines* Unternehmens bezüglich ihres Angebots *keinen* Einfluss auf den Marktpreis ausüben. Ein solches Unternehmen hat damit keinerlei *Marktmacht*, man spricht von einem *Wettbewerbsunternehmen*.[30] Ein solches Unternehmen ‚nimmt' den Preis vom Markt her als gegeben an, es ist *Preisnehmer*. So hat ein einzelner Bauer keinerlei Einfluss auf den Marktpreis für Getreide, ebensowenig wie ein einzelner Sparer oder Kreditnehmer (Anbieter und Nachfrager von Kapital) einen Einfluss auf den Zinssatz (= Preis für Kapital) ausübt. Unter solchen Marktbedingungen ist die *Umsatzveränderung,* der Grenzerlös, mit dem herrschenden Marktpreis ident. Für eine zusätzlich verkaufte Einheit erhält man exakt den Marktpreis (siehe Abb. 4.3a).

2. Der Grenzerlös ist *geringer als der Marktpreis*. Das Unternehmen kann in diesem Fall *eine zusätzliche Einheit nur dann auf dem Markt verkaufen, wenn es den Preis senkt*. Das bedeutet nun aber einen *geringeren Preis für die gesamte Absatzmenge* des Unternehmens! Damit ist die Auswirkung einer zusätzlich verkauften Einheit auf den Erlös (Umsatz), der Grenzerlös, ohne genauere Kenntnis der Nachfrage(-kurve) ungewiss. Sicher ist nur, dass der Anbieter einer *fallenden*

---

29 Der Grenzerlös ist nicht mit dem Grenzertrag bzw. Grenzprodukt zu verwechseln! Der Grenzerlös ist eine *Wert*größe, der Grenzertrag bzw. das Grenzprodukt jedoch eine physische Größe, eine *Mengen*größe!

30 Bzw. bei Vorliegen weiterer Bedingungen von einem Unternehmen der *vollständigen Konkurrenz*. Siehe dazu Kap. 7.2.

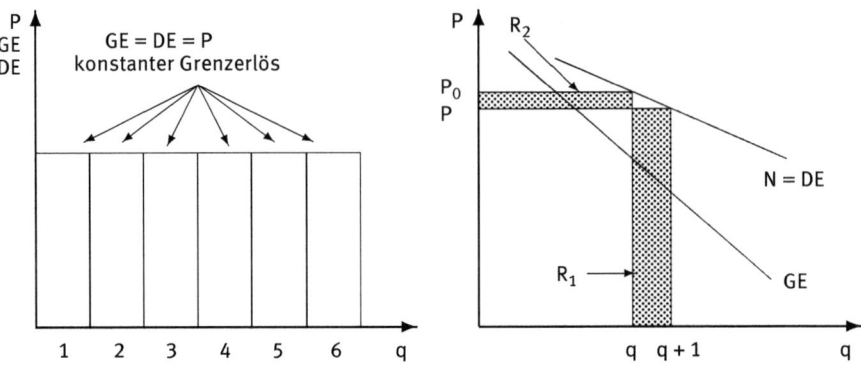

Abb. 4.3: Konstante und fallende Grenzerlöse

Nachfragekurve gegenübersteht und damit eine gewisse ‚Marktmacht' besitzt. Er kann damit *durch die Wahl der anzubietenden Menge den Marktpreis* innerhalb bestimmter Grenzen bestimmen. Eine solche Nachfragekurve mit zugehöriger Grenzerlöskurve ist in Abb. 4.3b dargestellt. Beim Preis P_0 erlöst der Anbieter insgesamt den Betrag $q \times P_0$ (= Preis mal Menge). Wenn der Anbieter nun seinen Output und damit sein Angebot um eine Einheit erhöht, also $q + 1$ Einheiten verkaufen will, dann kann er dies nur zum *geringeren* Preis *P* tun. d. h. aber, dass die *gesamte* Outputmenge $q + 1$ nur mehr zu dem jetzt *geringeren* Preis *P* abgesetzt werden kann!

Der Grenzerlös (GE) setzt sich hier aus *zwei Komponenten* zusammen: Aus dem Rechteck R_1: Durch die zusätzlich verkaufte Menge (+ 1 Einheit) wurde *mengenmäßig* Umsatz *gewonnen, und* aus dem Rechteck R_2: Durch die zusätzliche Menge wurde *an Preis verloren* und zwar *für alle vorher zum Preis von P_0 verkauften Einheiten!* Diese *beiden Komponenten* sind nun gegeneinander aufzurechnen, um zum Grenzerlös zu kommen.[31]

---

31 Formal kann man das wie folgt anschreiben:

$$GE = P + q\frac{\Delta P}{\Delta q}$$

Diese Formel beinhaltet in knapper Form das oben Gesagte. Der Grenzerlös setzt sich aus zwei Komponenten zusammen: *P* steht für die positive Komponente: Denn die zusätzliche Einheit konnte ja zum Preis von *P* verkauft werden (*P* × 1 entspricht ja Höhe mal Breite und damit der Fläche des Rechtecks R_1!). $q\frac{\Delta P}{\Delta q}$ entspricht der negativen Komponente: $\frac{\Delta P}{\Delta q}$ zeigt die Veränderung des Preises hervorgerufen durch die Erhöhung des Outputs um eine Einheit: Diese Veränderung ist jedenfalls negativ, der Preis sinkt ja, wenn mehr angeboten wird. (Für eine lineare Nachfragekurve gilt, dass der Differenzenquotient $\frac{\Delta P}{\Delta q}$ dem Differentialquotienten $\frac{dP}{dq}$, damit der Steigung der Nachfragekurve entspricht.) Von diesem Sinken des Preises sind nun aber *alle* (‚alten') *q* Einheiten betroffen. Der Verlust ist also das

4.2.3.3 Die optimale Angebotsmenge des Unternehmens*

Während die Grenzerlöse *GE* aus dem zusätzlichen Verkauf einer Einheit eines Gutes (das ‚Plus' dieser Entscheidung) also entweder konstant bleiben (dem Marktpreis entsprechen) oder (schließlich) fallen, die Grenzkosten *GK* (das ‚Minus' dieser Entscheidung) aber schließlich steigen werden, ist das ‚Zusammentreffen beider ‚vorprogrammiert'. Solange das Plus, der Grenzerlös, noch größer ist als das Minus, die Grenzkosten, solange lohnt es, eine zusätzliche Einheit zu produzieren und anzubieten. Sind die Grenzkosten schließlich größer als die Grenzerlöse, so wäre mit der Entscheidung, unter diesen Umständen eine zusätzliche Einheit zu produzieren, ein Verlust verbunden. Kein Unternehmen will verlustbringende Aktionen setzen, sondern es will seinen Gewinn maximieren. Eine zentrale Bedingung dafür ist, ein Outputniveau – es sei mit q^* bezeichnet – zu wählen, bei dem gilt, dass die (konstanten oder fallenden) Grenzerlöse den (steigenden) Grenzkosten entsprechen (siehe dazu Abb. 4.4).

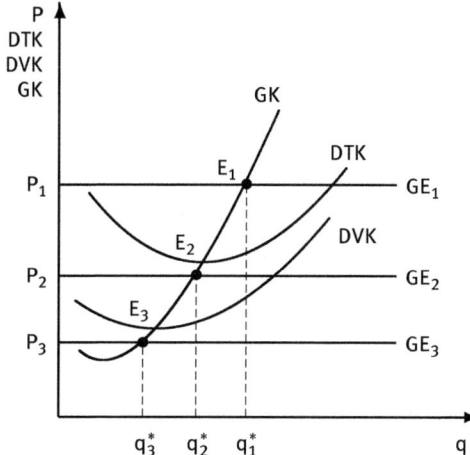

Abb. 4.4: Gewinnmaximierendes Entscheidungsverhalten des Wettbewerbsunternehmens

Dies ist der *erste Schritt* auf dem Weg zur Gewinnmaximierung bei der Produktion. Ob bei der Menge q^* tatsächlich ein Gewinn erzielt wird, zeigt sich erst dann, wenn in einem *zweiten Schritt* die *Durchschnittserlöse* von q^*, die dem Marktpreis entsprechen, mit den *durchschnittlichen Totalkosten (= Stückkosten)* und den *durchschnittlichen variablen Kosten* bei q^* verglichen werden.[32]

Produkt $q\frac{\Delta P}{\Delta q}$. (Hier handelt es sich exakt um Breite mal Höhe, also die Fläche von Rechteck R_2, dessen Breite q, dessen Höhe $\frac{\Delta P}{\Delta q}$ ist.)

32 Die *durchschnittlichen variablen Kosten DVK* beinhalten keine anteiligen Fixkosten, sie ergeben sich durch Division der gesamten *variablen* Kosten *VK* durch den Output q: $DVK = \frac{VK}{q}$. Die schon definierten *durchschnittlichen Totalkosten DTK* oder auch *Stückkosten* beinhalten dagegen auch die

Vier Möglichkeiten sind denkbar und in Abb. 4.4 bzw. Abb. 4.5 graphisch dargestellt. Abb. 4.4 zeigt die optimale Reaktion eines *Wettbewerbsunternehmens* mit ihren Durchschnitts- und Grenzkostenverläufen auf unterschiedliche Marktpreise, die sie vom Markt als unveränderliches Datum ‚erhält‘.

1. Sind die *Durchschnittserlöse* größer als die *Durchschnittskosten*, wie bei $P_1 = GE_1$ in Abb. 4.4, dann bleibt nach Abzug aller Kosten (= Output × Durchschnittskosten) von den Erlösen (= Output × Preis) tatsächlich ein *Gewinn im ökonomischen Sinn* übrig.

2. Sind die *Durchschnittserlöse* gleich den *Durchschnittskosten*, dann bleibt nach Abzug aller Kosten von den Erlösen nichts übrig (Punkt *B* in Abb. 4.5). Man steigt ‚pari‘ aus, also *ohne Gewinn*, aber auch *ohne* Verlust. Der *ökonomische* Gewinn ist hier zwar null, doch bedeutet das, dass für alle im Unternehmen eingesetzten Faktoren die Opportunitätskosten, also das, was sie in der *besten Alternativverwendung* gebracht hätten, verdient werden können. Die Opportunitätskosten beinhalten hier demnach sowohl einen Unternehmerlohn wie auch die Zinsen für das im Unternehmen eingesetzte Eigenkapital, beinhalten also einen ‚normalen Gewinn‘ im herkömmlichen Verständnis.

3. Sind die *Durchschnittserlöse* kleiner als die *durchschnittlichen Totalkosten, aber größer als die durchschnittlichen variablen Kosten*, wie $P_2 = GE_2$ in Abb. 4.4, dann erwirtschaftet man zumindest einen *positiven Deckungsbeitrag*. Unter Deckungsbeitrag versteht man die Differenz zwischen *Durchschnittserlös (= Preis) und durchschnittlichen variablen Kosten*. Da diese Differenz positiv ist, wird bei der Menge q_2^* mit jeder produzierten und verkauften Einheit ein bestimmter Betrag erwirtschaftet, der zur *Deckung der Fixkosten* herangezogen werden kann. Da die Fixkosten kurzfristig nicht eliminiert werden können, bedeutet die Entscheidung, q_2^* zu produzieren, die *Minimierung des Verlustes*. Die Produktion kann freilich nur kurzfristig fortgesetzt werden, da nicht genug Erlöse erwirtschaftet werden, um beim Ausscheiden der ‚fixen‘ Anlagen diese ersetzen zu können. *Langfristig* gesehen, muss die Unternehmung ceteris paribus in diesem Fall also ausscheiden.

4. Sind die *Durchschnittserlöse* kleiner als die *durchschnittlichen variablen Kosten* wie im Fall von $P_3 = GE_3$ in Abb. 4.4, dann bedeutet dies einen *negativen Deckungsbeitrag*. Würde man in diesem Falle produzieren, so käme es zu einem Verlust, der die fixen Kosten übersteigt, da nicht einmal die variablen Durchschnittskosten gedeckt werden können. Es ist hier sinnvoll, die Produktion einzustellen.

Die hier beschriebene Logik ist in Übersicht 4.4 noch einmal schematisch zusammengefasst. Abb. 4.5 zeigt die in diesem Zusammenhang zentralen Punkte, den *Breakeven*- und den *Shut-down-Punkt*:

---

anteiligen Fixkosten, ergeben sich also durch Division der *Gesamtkosten* (*TK* = *FK* + *VK*) durch den Output: $DTK = aFK + \frac{VK}{q}$.

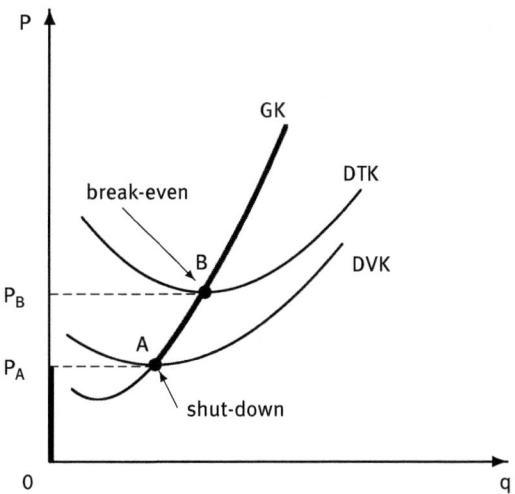

Abb. 4.5: ‚Shut-down‘ und ‚Break-even‘-Punkte: Kurzfristige Angebotskurve des Wettbewerbsunternehmens

1. Der ‚*shut-down point*‘ entspricht dem *Minimum der durchschnittlichen variablen Kosten* (Punkt *A*). Sinkt der Preis unter diese Marke, dann soll die Produktion eingestellt werden, weil keine positiven Deckungsbeiträge mehr erwirtschaftet werden können. Damit heißt es: *Zusperren, shut down!*
2. Der ‚*break-even point*‘, auch als *Gewinnschwelle* bezeichnet, entspricht dem *Minimum der durchschnittlichen Totalkosten* (Punkt *B*) bzw. ist bei derjenigen Outputmenge erreicht, bei der die Erlöse den Totalkosten entsprechen. Steigt der Preis auf dieses Niveau an, so können erstmals alle Produktionskosten gedeckt werden. Steigt der Marktpreis darüber hinaus, werden *ökonomische Gewinne* geschrieben.

Aus dieser Entscheidungslogik lässt sich die *kurzfristige Angebotskurve des Wettbewerbsunternehmens* ableiten: Sie entspricht der *Grenzkostenkurve ab dem Minimum der variablen Durchschnittskosten*. Sinkt der Preis unter den shut-down-point, so fällt die angebotene Menge entsprechend der oben dargestellten Logik auf null zurück. In Abb. 4.5 ist die kurzfristige Angebotskurve des Wettbewerbsunternehmens fett eingezeichnet.

Die ‚*kurze*‘ Periode bzw. Frist ist dadurch gekennzeichnet, dass wichtige Produktionsfaktoren nicht verändert werden können, die *Betriebsgröße* also feststeht und damit nur die variablen Faktoren an geänderte Rahmenbedingungen (Preisänderungen auf den Produkt- und Faktormärkten) angepasst werden können. *Langfristig* gibt es keine fixen Faktoren, weshalb sich auch die Entscheidungslogik ändert.

Langfristig besteht nicht nur für das einzelne Unternehmen die Restriktion fixer Faktoren nicht mehr, d. h. die Betriebsgröße kann verändert werden. *Langfristig* ist – *bei freiem Marktzutritt* – auch mit dem *Ein- und Ausstieg* von Unternehmen zu rechnen.[33]

> Während kurzfristig ein Unternehmen auf dem Markt bleiben soll, auch wenn lediglich die durchschnittlichen variablen Kosten im Marktpreis Deckung finden, ist dies langfristig nicht möglich. Auf die Dauer kann das Unternehmen diese Situation nicht durchstehen, da es ja nicht die gesamten Produktionskosten deckt. Es verfügt nicht über genügend Erlöse, um nach Ablauf der Nutzungsdauer die fixen Faktoren ersetzen zu können. Langfristig müssen alle Kosten (die durchschnittlichen Totalkosten) im Preis ihre Deckung finden, andernfalls muss das Unternehmen aus dem Markt ausscheiden.

Langfristig hat das Unternehmen in einer Situation mit positiven Deckungsbeiträgen, die aber nicht ausreichen, um den Ersatz der Anlagen zu finanzieren, die Alternative, entweder aus dem Markt auszusteigen, also die Produktion einzustellen oder auf eine andere Betriebsgröße mit geringeren Fixkosten umzusteigen. Hier spielen Erwartungen hinsichtlich der zukünftigen Marktpreise auf Produkt- und Faktormärkten eine große Rolle. Die ökonomische Analyse von Angebot und Nachfrage – siehe dazu Genaueres in Kapitel 6 – kann hier zur fundierten Erwartungsbildung einiges beitragen.

Langfristig ist es aber für die Unternehmen unter der Bedingung von Wettbewerb auch nicht möglich, über die Fixkosten hinausgehende Deckungsbeiträge, und damit einen Gewinn im ökonomischen Sinne zu erzielen. Denn wenn in einem Markt oder in einer Branche tatsächlich Gewinne im ökonomischen Sinne gemacht werden, so treten neue Unternehmen zu. Ceteris paribus steigt das Angebot und der Preis fällt – damit auch der Gewinn. Langfristig ist es also unter der Bedingung von Wettbewerb nicht möglich, Gewinne zu erzielen. Die Preise tendieren stets hin zum Break-even-Point, zum Minimum der Durchschnittskosten. Zur Freude der Konsumenten, denn sie müssen im langfristigen Durchschnitt nicht mehr für ein Gut bezahlen als das Minimum der Durchschnittskosten jener Unternehmen, die es geschafft haben, im Markt zu überleben. Das ist die Aussage des so genannten *Null-Profit-Theorems*, des *Zero-Profit-Theorems*.

---

33 Siehe zur Reaktion des *Marktangebots* im Zeitablauf Kap. 6.7.

Übersicht 4.4: Entscheidungslogik zur Bestimmung der optimalen = gewinnmaximalen Output-menge des Unternehmens

1. Bestimmung des Outputniveaus q^*, bei dem gilt, dass die (konstanten oder fallenden) Grenz-erlöse den (steigenden) Grenzkosten entsprechen.

2. Sind die Durchschnittserlöse bei q^* größer als die totalen Durchschnittskosten (= Stückkosten), dann wird ein Gewinn erzielt und auch maximiert. Die Produktion ist profitabel und wird ceteris paribus fortgesetzt.

3. Sind die Durchschnittserlöse kleiner als die totalen Durchschnittskosten, aber größer als die variablen Durchschnittskosten, wird ein positiver Deckungsbeitrag erzielt. Kurzfristig soll die Menge q^* produziert werden. Dadurch wird der Verlust minimiert. Wird kein Preisanstieg erwartet, so muss langfristig entweder die Produktion eingestellt oder es muss auf eine Betriebsgröße mit geringeren Stückkosten gewechselt werden.

4. Sind die Durchschnittserlöse kleiner als die variablen Durchschnittskosten, so würde durch die Produktion von q^* ein negativer Deckungsbeitrag erzielt. In diesem Fall sollte die Produktion eingestellt werden (,shut down').

5 Die Schlüsselfaktoren: Unternehmer und Wettbewerb: ‚Zuckerbrot und Peitsche'

5.1 Was ist und was bedeutet ein Monopol?

Jeder Handelnde, ob als Haushalt oder als Unternehmen, ist im Grunde bestrebt, seine eigene Situation zu verbessern. Die dabei befolgte einfache Plus-Minus-Logik wurde sowohl für den Fall des *Güter*konsums des Haushalts wie der *Güter*produktion der Unternehmung im Grundsätzlichen erläutert.

Nicht erläutert wurde indes die zentrale Frage, *‚woher die Güter selbst eigentlich kommen?'* Hinter jedem Unternehmen, in dem der Prozess der Güterproduktion vonstatten geht, steht der *Unternehmer, der entrepreneur*. Eine Marktwirtschaft ohne Unternehmer ist nicht vorstellbar. Der Unternehmer ist nämlich der ‚Hecht im Karpfenteich', die treibende Kraft in der Marktwirtschaft! Denn er ist ständig auf der Suche nach kostengünstigeren Produktionsmethoden und nach neuen und besseren Gütern und Dienstleistungen, die die Konsumenten entsprechend hoch einschätzen und damit auch den verlangten Preis *freiwillig zu bezahlen bereit* sind.

Die *Aussicht auf Gewinn* durch die Bereitstellung von solchen Gütern und Dienstleistungen, die den Bedürfnissen der Kunden, seien dies Haushalte, seien dies Unternehmen, entgegenkommen, ist in marktwirtschaftlichen Systemen der *zentrale Anreiz* für den Einzelnen, sich über mögliche neue, verbesserte Güter und Dienstleistungen sowie Problemlösungsmöglichkeiten jeglicher Art intensiv Gedanken zu machen. Das Resultat sind neue Güter und Dienstleistungen, verbesserte und sparsamere Technologien, ja sogar neue Ressourcen, damit aber letztlich ein umfangreicheres und billigeres Angebot, also eine (kontinuierliche) Entschärfung des Knappheitsproblems. Der Wettbewerb, das ständige Bemühen, eine bessere Leistung zu erbringen als der Mitbewerber, macht durch die *Aussicht auf Gewinn* findig und kann damit zurecht nach *Friedrich A. von Hayek*[1] als ein *Entdeckungsverfahren*, ein *Entdeckungswettbewerb* interpretiert werden, im Zuge dessen eine gute Idee schließlich allen Gesellschaftsmitgliedern zugute kommt.

Die Antriebskraft dieses fortlaufenden Entdeckungsprozesses ist die Aussicht auf einen Gewinn, in strikt ökonomischer Terminologie: die Aussicht auf eine zumindest *temporäre Monopolrente:*

---

1 Nobelpreisträger des Jahres 1974. Hayek (1899–1992), gebürtiger Österreicher, zählt zu den führenden Ökonomen der *Österreichischen Schule der Nationalökonomie.* Eines seiner berühmtesten Werke ist das 1944 erschienene Werk: *The Road to Serfdom*, in dem er in klassisch liberaler Tradition die Irrwege des Totalitarismus nachzeichnet und geißelt.

Eine Monopolrente ist eine über die Opportunitätskosten hinausgehende Entlohnung und damit ein Gewinn im ökonomischen Sinne.

Diese Monopolrente kann nun entweder aus einer künstlichen Verknappung des Angebots resultieren – man nennt dies *Rent-Seeking*[2], was einen hohen Preis erlaubt, oder aus einem *Vorsprung* gegenüber anderen Konkurrenten, einer überdurchschnittlichen Leistung, sei es in Form besonderer Produktqualitäten, sei es in Form kostengünstigerer Technologien. Um in den Genuss dieser Art von Monopolrente kommen zu können, bedarf es also einer besonderen Leistung, einer überdurchschnittlichen Anstrengung bzw. Begabung, eben einer ,guten Idee' *und* ihrer erfolgreichen Umsetzung.

Die *erfolgreiche Entwicklung und Markteinführung eines neuen Produktes*, beispielsweise von Klimaanlagen, Kopiergeräten, von Mobiltelefonen oder Faxgeräten, von Lieferbeton oder Fertigteilhäusern, von neuen Produktionsverfahren oder speziellen Computerprogrammen, eines gesunden und erquickenden Schlaf garantierenden Bettes oder besserer Arzneimittel begründet den *Vorsprung* vor der Konkurrenz. Die Entwicklung neuer Produkte kann zum Entstehen völlig neuer Märkte führen, auf denen man damit – vorerst – der *einzige Anbieter*, also *Monopolist*, ist.

Im strengen Sinn des Konzeptes liegt ein Monopol dann vor, wenn auf einem Markt oder in einer gesamten Branche ein einziger Anbieter sehr vielen Nachfragern und damit der gesamten Marktnachfrage gegenübersteht.

Wie bereits angedeutet, kann und muss man *zweierlei* Monopole unterscheiden:
1. Ein Monopol aufgrund einer künstlichen Verknappung des Angebots. Hier gelingt es einem Anbieter, durch *Marktzutrittsbeschränkungen* unterschiedlichster Art unliebsame Konkurrenz von seinem Markt fernzuhalten. Die Monopolstellung resultiert hier aus der *Einschränkung von Wettbewerb!*
2. Das andere Monopol hingegen beruht auf einer *besonderen Leistung*, einem deutlichen Vorsprung gegenüber der Konkurrenz. Dieses Monopol ist damit das *Ergebnis des Wettbewerbsprozesses*, und zwar das besonders *erfolgreiche Bewähren im Wettbewerb!*

Während ersteres der Wohlfahrt der Gesellschaft abträglich ist, weil durch *gezielte Beschränkung der angebotenen Menge* zum Nachteil der Nachfrager ein hoher Preis verlangt werden kann, ist letzteres für den marktwirtschaftlichen Wachstumsprozess unverzichtbar.

Grundsätzlich hat der Monopolist die Möglichkeit, den Preis seines Produktes innerhalb gewisser Grenzen zu bestimmen, zu setzen, d. h. *durch die Wahl seiner*

---

2 Siehe dazu ausführlicher Kapitel 10.1.

Angebotsmenge festzulegen, denn er steht ja einer *fallenden* Nachfragekurve gegenüber.[3] Gerade dies zeigt aber, dass die Preissetzungsmacht des Monopolisten durch die für sein Produkt bestehenden *Substitutionsmöglichkeiten im weitesten Sinne* regelmäßig eingeschränkt wird. Substitutionsmöglichkeiten bestehen dann, wenn das vom Monopolisten angebotene Gut durch andere Güter ersetzt werden kann. Auch ein Monopolist wird also regelmäßig durch die *Existenz und Verfügbarkeit von Substitutionsgütern*, die im weitesten Sinne ein bestimmtes Bedürfnis befriedigen können, in seinem Verhalten diszipliniert.

Ein Monopol stellt nur dann eine wirkliche Gefahr im Sinne einer ungebührlichen Ausbeutung des ‚Publikums‘ dar, wenn es im ausschließlichen Besitz von Gütern des lebensnotwendigen Bedarfs wäre, wenn es beispielsweise die gesamte Milch- oder Brotproduktion eines Landes kontrollieren könnte, also exklusiv Produkte anbietet, für die es kaum bzw. nur äußerst bedingt Substitutionsgüter, also Ersatzmöglichkeiten, gibt.[4] Ein Strommonopolist in einer Großstadt (oder eines ganzen Landes) hat eine große, aber nicht unbeschränkte Preissetzungsmacht. Diese Macht lässt sich aber noch erhöhen, wenn er gleichzeitig über das Gasmonopol (also über das Substitutionsprodukt Gas) verfügt. Dann kommt man wohl kaum an ihm vorbei. Auch ein kleines Einzelhandelsgeschäft in einem sehr abgelegenen Tal ist ein Monopolist. Verlangt er jedoch zu viel für seine Produkte, dann werden es sich seine Kunden überlegen, von *Substitutionsmöglichkeiten* Gebrauch zu machen, d. h. sie werden eher bereit sein, die Mühe einer längeren Einkaufsfahrt in einen anderen Ort auf sich zu nehmen.

5.2 Warum Monopole existieren

5.2.1 Findigkeit und Tatkraft

Der Anbieter eines neuen, kalorienarmen und energiegeladenen Erfrischungsgetränks ist in gewisser Weise Monopolist. Weil das angebotene Produkt jedoch das allgemeine Bedürfnis nach Durststillung, also Erfrischung und Belebung, befriedigt und es dafür eine Fülle von Bedürfnisbefriedigungsmöglichkeiten gibt, kann dieser Monopolist keineswegs tun, was er will. Denn auch er braucht jedenfalls Tauschpartner, Kunden, die zu dem von ihm festgesetzten Preis kaufen, also *freiwillig* tauschen!

Dieses Beispiel zeigt anschaulich: Der Energy-Drink-Markt wurde durch einen innovativen Unternehmer, einen *Pionierunternehmer* ‚eröffnet‘. Durch die Entwicklung

---

3 Siehe dazu genauer Punkt 5.3.

4 Güter, die dasselbe Bedürfnis befriedigen, nennt man Substitutionsgüter, als Beispiel: Butter und Margarine. Im Gegensatz dazu stiften *Komplementärgüter* nur bei gemeinsamen Gebrauch Nutzen, wie beispielsweise Auto und Treibstoff.

dieses Produkts ist er der *erste* und – vorläufig – *einzige* Anbieter am ,Energy-Drink'-Markt, er ist Monopolist. Er hat also einen *Vorsprung* gegenüber potentiellen Mitkonkurrenten.

Die Entwicklung seines Produktes verdankt er einer *Idee* (seiner Formel für den Energy-Drink). Die Idee selbst ist mit großer Wahrscheinlichkeit das Ergebnis des Wettbewerbsprozesses, Folge des Bestrebens, einen Gewinn zu machen, was nur durch eine bessere Leistung als die der Konkurrenz möglich ist. Nicht nur für die Idee, noch mehr bedarf es für die mühevolle, *kostspielige und risikobehaftete Umsetzung der Idee in ein entsprechendes Produkt und seine Vermarktung* eines Anreizes. Dies ist der *Gewinn*, der bei erfolgreicher Markteinführung winkt.

Dieser Gewinn des Monopolisten ruft nun aber die Konkurrenz auf den Plan. Sie ist bestrebt, die erfolgreiche Idee zu kopieren und gerät dabei in Versuchung, wohl die Idee des Pionierunternehmers zu nutzen, dafür aber nichts zu bezahlen. Trifft nun das zusätzliche Angebot auf den Markt, fällt – unter sonst gleichbleibenden Umständen (ceteris paribus) – der Preis und damit auch der Gewinn des *Pionierunternehmers*. Für ihn, der die Kosten und das Risiko der Produktentwicklung und Markteinführung übernommen hat, kann die Zeit, während der er seine Monopolrente abschöpfen kann, also zu kurz werden. Er macht damit nicht genug Gewinn, um ihn entsprechend seiner Findigkeit, seiner Risikobereitschaft und der von ihm getragenen Kosten zu entschädigen bzw. zu belohnen. Deshalb braucht es in solchen Situationen einen ganz besonderen Schutz, *einen Schutz geistigen Eigentums*, der durch das *Urheber-, Markenschutz- und Patentrecht* von Seiten des Staates bzw. der Staatengemeinschaft zur Verfügung gestellt und nötigenfalls auch durchgesetzt wird. Mittels des Patentschutzes und des Urheberrechtes soll sichergestellt werden, dass nur derjenige eine Erfindung nutzen darf, der dem Erfinder bzw. Berechtigten dafür auch den geforderten Preis bezahlt. Hier werden mit gutem Grunde Monopolpositionen und damit Monopolgewinne in Aussicht gestellt, im Falle des Patentrechtes allerdings nur temporär (20 Jahre), um alle potentiellen Erfinder bzw. gewinnorientierten Finanziers entsprechend zu *motivieren*.[5]

Die Einführung eines entsprechend durchsetzbaren Patent- und Urheberschutzrechtes war eine zentrale Voraussetzung für den einzigartigen Wohlfahrtsprozess der nach freiheitlich-marktwirtschaftlichen Grundsätzen orientierten Welt, für die Entwicklung all der vielen Produkte, die man heute mit Selbstverständlichkeit nutzt, ohne die dahinterstehende Logik zu bedenken. Die Beispiele hiefür sind zahllos. Sie reichen vom Energy-Drink und Müsliriegel, dringend benötigten Arznei-, Schmerz- und Abführmitteln über unzählige neue Technologien bis zu selbstschließenden Kühlschranktüren und den Segnungen der modernen Unterhaltungsindustrie (Hard- und Software), um nur einige Beispiele anzuführen. Auch verdankt man die Entste-

---

5 Die Dauer eines Patents ist freilich keineswegs unumstritten und gerade in Bezug auf Software eine hoch kontroversiell diskutierte Angelegenheit.

hung neuer literarischer Gattungen dem Urheberschutzsystem. So entwickelte sich beispielsweise die Kurzgeschichte erst, als entsprechende Urheberrechte eingeführt wurden und auch die Musik- und Unterhaltungsbranche mit Millionen von Beschäftigten wäre ohne diesbezüglich gesicherte Rechte nicht vorstellbar. Von daher ist es keineswegs unverständlich, wenn Medienkonzerne gegen das kostenlose Downloaden bzw. das Uploaden von Musikstücken und Videos im Internet massive Einwände vorbringen und diese weit verbreitete Praxis zu bekämpfen versuchen.

Diese grundlegende Logik und die dazu vorliegenden zahlreichen Beispiele zeigen beeindruckend, welche zentrale Bedeutung der *rechtlichen Infrastruktur für ein funktionierendes Wettbewerbssystem* zukommt. Ohne eine diesbezügliche rechtliche Grundlage, die für die *Spielregeln* und deren *ordnungsgemäße Einhaltung* verantwortlich ist, ist der marktwirtschaftliche Wohlstandsprozess nicht vorstellbar. Diese rechtlichen Spielregeln betreffen in erster Linie die Definition bzw. Abgrenzung von *Eigentumsrechten*. Diese legen fest, was man mit einer ‚Sache‘ tun darf und was nicht. Eigentumsrechte legen die *Ausschließbarkeit* und *Übertragbarkeit* von Gütern fest. Das ‚Institut Privateigentum‘ legt fest, dass man ein Gut nur dann nutzen darf, wenn dafür die Einwilligung des Eigentümers vorliegt, die regelmäßig durch die Bezahlung des geforderten Preises erwirkt werden kann. Was beim Kauf eines Pullovers keinerlei Schwierigkeiten bedeutet, nämlich dass die Übertragung des Gutes nur bei Bezahlung des geforderten Kaufpreises erfolgt, kann bei der *Nutzung von Ideen* – beispielsweise der Nutzung des *Produktionsverfahrens* zur Herstellung des Pullovers oder beim Hören (= Konsumieren) eines Songs – zum Problem werden. Deshalb bedarf es im Bereich ‚geistiger Güter‘, wie Produktionsverfahren, von Rezepten, chemischen Formeln und auch von Musikstücken einer entsprechenden Sicherung des Eigentümers bzw. Urhebers, die ihn den Eigentümern von Autos, Häusern, Geld, Pullovern und all den anderen, relativ leicht ausschließbaren Gütern gleichstellt.

> Patente, Markenschutz- und Urheberrechte sind Eigentumsrechte auf Ideen! Sie sollen Ideen vor nicht autorisiertem Gebrauch schützen und verschaffen so eine Art Monopolstellung (für einen bestimmten Zeitraum). Sie stellen damit den zentralen Anreiz dar, verstärkt nach Verbesserungsmöglichkeiten, nach besseren Gütern und Technologien zu suchen. Die Verbesserung und damit die Wohlstandserhöhung wird damit aber nicht mehr dem Zufall überlassen, sondern ist dem marktwirtschaftlichen System immanent.

Der marktwirtschaftliche Wohlfahrtsprozess kann sich ohne handelbare, d. h. übertragbare Eigentumsrechte, ohne eine entsprechende rechtliche Struktur, nicht entwickeln. Auf dieser Basis übernimmt im marktwirtschaftlichen System der Gewinn bzw. die Aussicht darauf, (wenn es gelingt, (neue) Produkte anzubieten, die dem Abnehmer entsprechenden Nutzen stiften) die entscheidende *Motivationsfunktion*. Denn:

Hätte ein Unternehmer nicht die Aussicht, (zumindest) temporär in den Genuss einer Monopolrente zu gelangen, also einen über die Opportunitätskosten hinausgehenden ökonomischen Gewinn zu erwirtschaften, dann hätte er keinerlei Anreiz, überhaupt unternehmerisch tätig zu werden, indem er neue, bessere oder billigere Produkte anbietet und damit die Güterversorgung für die Gesellschaft insgesamt – ohne dies eigentlich zu bezwecken – verbessert.

Denn eine gute Idee (was freilich auch eine neue Managementtechnik sein kann) läuft stets Gefahr, von potentiellen Konkurrenten kopiert, also nachgemacht zu werden. Dies nimmt jedoch regelmäßig eine bestimmte Zeit in Anspruch, während der der *Pionierunternehmer* seine Monopolrente abschöpft. Bieten dann, im Laufe der Zeit, mehrere Unternehmen ähnliche Produkte an, dringen also in den Markt des Pionierunternehmers ein, dann wird ceteris paribus dessen Nachfrage reduziert und damit sein Gewinn früher oder später wieder verschwinden. Allerdings sollte im Zuge dieses Prozesses sichergestellt sein, dass die *Idee* des Erfinders oder Pionierunternehmers *nicht ohne dessen Einwilligung* verwendet wird, was eben mithilfe von Patent-, Urheber- und Markenschutzrecht gewährleistet werden soll.

Zu bedenken ist schließlich auch, dass bei der Entwicklung neuer Verfahren, Produktionstechniken und Produkte – beispielsweise neuer Medikamente – regelmäßig enorme Investitionskosten anfallen, wobei der Erfolg von derlei Bemühungen stets *unsicher*, also mit einem *hohen Risiko* behaftet ist.[6] Bestünde kein mittels Patentrecht durchsetzbarer Schutz gegenüber nicht autorisiertem Gebrauch dieser Erfindungen, so würden diese Forschungs- und Entwicklungsaktivitäten unterbleiben, weil mögliche Erträgnisse daraus *von allen kostenlos genutzt* werden könnten. Es fehlt dann der Anreiz, neue Produkte und Produktionsverfahren zu entwickeln. Der technische Fortschritt und damit auch die Verbesserung der allgemeinen Wohlfahrt kämen zum Stillstand.[7]

---

6 Gerade aufgrund der hohen Risikobehaftetheit dieser Unternehmen scheidet eine Fremdkapitalfinanzierung zumeist aus. Was sollte denn als Sicherheit unterstellt werden? Zum anderen ergäben sich Informationsprobleme, da gerade bei Fremdfinanzierung wertvolle Informationen bezüglich des Entwicklungsstandes nach außen gegeben werden müssen, was eine künftige Monopolstellung aber wiederum gefährdet.

7 Patente schützen in erster Linie bestimmte Produktionsverfahren, also ein bestimmtes *Wissen*, das, ist es einmal irgendwo eingesetzt und bekannt geworden, oft sehr leicht kopiert, abgeschaut und nachgemacht werden kann, *ohne dass dafür jedoch bezahlt worden wäre*. Diese Art von Wissen – beispielsweise der *Inhalt* eines Buches, eine chemische Formel, ein Computerprogramm – ist an sich ein *öffentliches* Gut, ein Gut, das in Produktion und/oder Konsum *nicht rivalisiert*: Jeder könnte eine Idee, beispielsweise ein bestimmtes Computerprogramm benutzen, *ohne dass* dadurch die Nutzung dieser Idee durch andere behindert würde. Genau dies begründet die Tatsache, dass *Grundlagenforschung* regelmäßig vom Staat übernommen bzw. finanziert wird. Diesbezügliche Erkenntnisse, für die sich kaum Eigentumsrechte definieren lassen bzw. für die solche Rechtszuweisungen nicht sinnvoll erscheinen, kommen allen zugute, damit sollen auch die Kosten dieser Aktivitäten von allen (dem Staat)

5.2.2 Wettbewerbsbeschränkungen

Voraussetzungen für einen überdurchschnittlichen Gewinn sind also überdurchschnittliche Fähigkeiten, Findigkeit und Tatkraft, die einen Wettbewerbsvorteil am Markt begründen. Die dazu notwendige Energie wird dann mobilisiert, wenn auch die Aussicht besteht, die Früchte der eigenen Anstrengung selbst zu ernten. Genau das soll durch das Patent-, Urheber- und Markenschutzrecht erreicht werden. Dies erscheint verständlich und gerechtfertigt: Die Früchte erntet man in diesem Fall ja nicht unverdient, man hat die Idee, trägt das Risiko und die Kosten ihrer Umsetzung. Man muss sich also entsprechend anstrengen!

Es liegt freilich nahe, solche Anstrengungen zu vermeiden und nach einer anderen Möglichkeit, Gewinn zu machen, zu suchen. Diese andere Möglichkeit besteht nun darin, sich durch eine *künstliche Beschränkung des Angebots*, also durch *Wettbewerbsbeschränkungen unterschiedlichster Art* – und auch hier zeigt sich eine unglaubliche Findigkeit – in eine (Art) *Monopolstellung* zu bringen. Aktivitäten, die darauf gerichtet sind, den Wettbewerb irgendwie auszuschalten und das Angebot zu beschränken, nennt man *Rent-Seeking*.[8] Dies ist keineswegs gerechtfertigt, da die Monopolsituation in diesem Fall ja nicht auf einer überdurchschnittlich produktiven Leistung und damit auf einer gesellschaftlichen Wohlfahrtserhöhung beruht, sondern gerade im Gegenteil, in der erfolgreichen Verhinderung derselben.

Rent-Seeking-Aktivitäten bedürfen nun aber der Unterstützung von Politikern und Bürokraten, die durch entsprechende *legislative und/oder administrative Eingriffe* solche Beschränkungen des Wettbewerbs überhaupt erst ermöglichen.[9] Sehr oft sind diese Maßnahmen nicht unmittelbar als Wettbewerbshemmnisse und Marktzutrittsbeschränkungen zu erkennen. Was bei *Zöllen* und *quantitativen Handelshemmnissen* unmittelbar einsichtig ist, nämlich dass dadurch der Marktzugang von bestimmten Konkurrenten zugunsten einer bestimmten *gesellschaftlichen Gruppe*, einer bestimmten Branche bzw. eines bestimmten Berufsstandes, eingeschränkt wird, ist bei speziellen Produkt- oder Produktionsnormen, Berufsbeschränkungen und Qualifikationsnachweisen sowie Tätigkeits- bzw. Angebotsgenehmigungen unterschiedlichster Art nicht auf den ersten Blick erkenntlich. Ärzte werden den Tätigkeitsbereich von Krankenschwestern, Architekten jenen von Baumeistern, ein bestimmtes Gewerbe das eines anderen *einzuschränken versuchen*, um damit für sich attraktive Knappheiten zu schaffen, ohne dass dazu eigentlich eine Notwendigkeit bestünde. Viele dieser gesetzlichen und administrativen Regelungen beruhen zwar auch auf

---

getragen werden. Zu den Problemen, die mit der Bereitstellung öffentlicher Güter freilich stets verbunden sind, siehe insbesondere Kap. 9.2.

8 Unter *Rente* versteht man in der ökonomischen Theorie die Entlohnung eines Produktionsfaktors aufgrund von *Knappheiten*, seien diese natürlich (wie Grund und Boden) oder künstlich (durch die gezielte Beschränkung des Angebots).

9 Siehe dazu insbesondere auch Kap. 10.1.

einer soliden Begründung, wie der Sicherstellung einer entsprechenden Befähigung für das Anbieten einer bestimmten Leistung. Unbestreitbar bleibt jedoch, dass sowohl Ärzte, Apotheker, Notare und viele andere Berufsgruppen damit das Angebot künstlich verknappen und damit höhere Preise für ihre Güter bzw. Leistungen erzielen.

Es werden also mithilfe gesetzlicher und administrativer Wettbewerbsbeschränkungen künstlich Knappheiten geschaffen, die es den Anbietern ermöglichen, überdurchschnittliche Profite zu erzielen. Diese beruhen nun aber nicht mehr auf entsprechend überdurchschnittlichen Leistungen, sondern auf der Einschränkung des Angebots.

Die traditionellen Monopole wie beispielsweise Salz-, Zucker-, Strom-, Fernmelde-, Post-, Eisenbahn- und Glücksspielmonopole bestanden bzw. bestehen – interessanterweise – überwiegend aufgrund staatlicher, gesetzlicher Maßnahmen, die den Wettbewerb auf diesen Märkten verbieten bzw. den Marktzutritt stark einschränken. Ein wesentlicher Grund für die Existenz von Monopolen ist also, dass der Staat selbst durch gesetzliche Einschränkungen und Handelsbeschränkungen Monopole und monopolartige Stellungen gewährt oder selbst besitzt.[10]

5.2.3 Spezifische Knappheiten

Ein Monopol kann sich schließlich auch durch den *ausschließlichen Besitz einer sehr kostbaren Ressource* ergeben. Dies muss nicht notwendigerweise ein bestimmter, stark nachgefragter natürlicher Rohstoff sein. Viel öfter handelt es sich dabei um ganz *außergewöhnliche Kenntnisse und Fähigkeiten*, für die eine entsprechende Nachfrage besteht und die sich nicht vermehren lassen. Man denke hier beispielsweise an bekannte Künstler, bestimmte Schauspieler, weltberühmte Dirigenten, Weltklassesportler oder Spitzenmanager. All diese Personen verfügen über außergewöhnliche Talente, die sie gewinnbringend umzusetzen verstehen. Ihr Gut ist – relativ zur Nachfrage – so einzigartig und knapp, dass sich dafür mitunter exorbitante Summen erlösen lassen.

5.2.4 ‚Natürliche' Monopole

Schließlich liegt der bedeutendste Grund für die Existenz von Monopolen in spezifischen *technologischen* Bedingungen, weshalb man in diesem Fall eigentlich von einem *technischen* Monopol sprechen sollte. Solche natürlichen bzw. technischen Mo-

---

10 Dies ist deshalb besonders verwunderlich, weil bei staatlichem Eingriff zumeist selbstredend unterstellt wird, dass dieser zum ‚Wohle der Allgemeinheit' erfolgt. Hier geht es aber paradoxerweise gerade nicht um den Schutz *vor* dem Monopolisten, sondern um den Schutz *des* Monopolisten durch den Staat!

nopole ergeben sich aufgrund besonders ausgeprägter *steigender Skalenerträge (economies of scale):* Mit *steigendem Outputniveau steigt die Produktivität an, es fallen damit die Stückkosten,* und zwar über den *gesamten* Marktbereich.

Ein natürliches Monopol bildet sich von selbst dann heraus, wenn *eine einzige Unternehmung allein für den gesamten Markt* billiger als alle Konkurrenten produzieren kann. Ein natürliches Monopol kann also die *gesamte Marktnachfrage am günstigsten* erstellen, günstiger jedenfalls, als wenn mehrere Anbieter diese Aufgabe gemeinsam übernehmen würden.

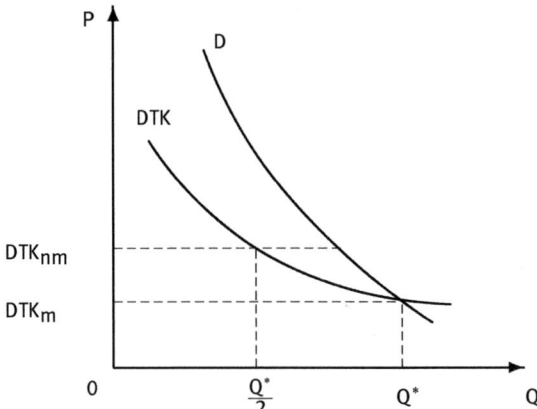

Abb. 5.1: ‚Natürliches‘ Monopol

Die gängigsten Beispiele dafür sind die Wasserver- und -entsorgung sowie die Elektrizitätsübertragung. Ein natürliches Monopol produziert über die gesamte Marktnachfrage mit *fallenden Durchschnittskosten.* Eine solche Situation ist in Abb. 5.1 dargestellt. Die fallende Durchschnittskostenkurve schneidet die Marktnachfragekurve bei der Menge Q^*. Dies wäre die optimale Lösung, weil die von den Haushalten zu diesem Preis gewünschte Menge zu den geringsten Kosten DTK_m produziert werden kann und in dieser Situation kein Gewinn entsteht (die Erlöse des Monopolisten decken exakt seine Kosten). Soweit das hypothetische Optimum beim natürlichen Monopol, der aber, als einziger Anbieter im Markt wohl kein Interesse hat, keinen Gewinn zu machen. Könnte man hier Konkurrenz erzwingen, beispielsweise indem (ebenfalls hypothetisch) ein zweites Unternehmen (mit identer Kostenstruktur) am Markt auftritt, dann werden sich zwei Unternehmen diesen Markt teilen. Allerdings wären die Kosten für diesen Output damit doppelt so hoch, was ökonomisch unsinnig ist.

Es fällt auf, dass diese Unternehmen wie die Strom- und Wasserversorgung zumeist von öffentlichen Körperschaften geführt werden. Der Grund dafür ist naheliegend: Der natürliche Monopolist unterliegt einer nicht geringen Versuchung, seine Monopolsituation, die ihm ja aufgrund seiner Kostenstruktur kaum jemand wird streitig machen können, entsprechend auszunützen, d. h. ungerechtfertigt hohe, also markant über den Durchschnittskosten (Stückkosten) liegende Preise zu verrechnen.

Allerdings ist auch bei staatlich geführten natürlichen Monopolen das Problem der Preisbildung bzw. ‚gerechtfertigter' Preise keineswegs gelöst. Denn wie werden die Preise dieser Produkte bestimmt? Als ‚gerechtfertigt' wird in solchen Fällen zumeist ein Preis angesehen, der die Durchschnittskosten (Stückkosten) deckt. ‚Kostendeckende Preise' ist das, was der Gesetzgeber in diesem Fall als zulässig ansieht, Bürokraten in Kommissionen prüfen und verordnen. Das Monopolunternehmen muss dazu Unterlagen vorlegen. Jedoch hat gerade durch diese Preisfindungsregel das Unternehmen einen starken Anreiz, seine Durchschnittskosten zu *erhöhen!* Denn diese können ja automatisch in den Preisen weiterverrechnet werden. Es ist daher nicht verwunderlich, wenn in diesen Unternehmen bzw. Branchen das Lohn- und Gehaltsniveau und das Ausmaß zusätzlicher Sozialleistungen markant über dem Durchschnitt der Volkswirtschaft liegt.[11]

Die von Ökonomen in jüngster Zeit dazu vorgeschlagene Lösung dieses Monopolproblems ist überraschend einfach: Sie läuft auf die Trennung von *Netzwerkmonopol* und ‚Produktion an sich' hinaus, was auch als *unbundling* bezeichnet wird. In der Tat bestehen die Voraussetzungen für ein natürliches Monopol ja zumeist nur im Bereich des ‚Netzes', d. h. im Verteilungssystem für ein bestimmtes Gut, wie Wasser, Strom oder Gas. Im Netzbereich bleibt es also bei einem Anbieter in einer bestimmten Region, der allerdings seine Verteilungsleistungen allen zu behördlich festgelegten Preisen zugänglich machen muss. Für die Produktion dieser Güter (wie z. B. Energie) gelten aber zumeist durchaus übliche Kostenverläufe, d. h. letztlich doch wieder steigende Grenz- und Durchschnittskosten. Damit wird Wettbewerb unter den Anbietern möglich und sinnvoll – die Nachfrager haben die Wahl unterschiedlicher Bezugsquellen und werden bei Gleichartigkeit (Homogenität) der Güter das billigste Gebot auswählen. Damit müssen die Preise letztlich auf das Kostenniveau kompetitiver Anbieter sinken.

5.3 Der Monopolgewinn*

Das Spezifikum des Monopolisten ist, dass er der Marktnachfragekurve gegenübersteht und nicht wie ein Wettbewerbsunternehmen (ein Unternehmen der vollständigen Konkurrenz) zum gegebenen Marktpreis beliebige Mengen absetzen kann (weil dieses Unternehmen im Verhältnis zur Marktgröße sehr klein ist). Die Nachfragekurve

---

11 Wenig verwunderlich ist überdies, wenn im Zusammenhang mit der Einführung von Wettbewerb in diesen Branchen – man denke nur an den Flugverkehr, die Telekommunikation, die Elektrizitätsversorgung oder die Post – die vormaligen Monopole in arge Bedrängnis kommen. Eben weil es bislang keinen Wettbewerb gab, bestand kein Anreiz, die Kostenentwicklung im Auge zu behalten. Umso drastischer sind die Anpassungsnotwendigkeiten, wenn diese vormals geschützten Bereiche in den Wettbewerb entlassen werden.

Übersicht 5.1: Warum es Monopole gibt:

Monopole existieren:
- weil staatliche Eingriffe den Wettbewerb auf bestimmten Märkten nicht zulassen,
- aufgrund von Patent-, Urheber- und Markenschutzbestimmungen,
- weil jemand im exklusiven Besitz bestimmter, einzigartiger Ressourcen oder Fähigkeiten ist und
- weil aufgrund natürlicher Kostenvorteile nur ein einziges Unternehmen in der Lage ist, die Marktnachfrage am kostengünstigsten zu decken.

des Monopolisten zeigt, welche Menge sich zu welchem Preis absetzen lässt, weshalb sie auch *Preis-Absatz-Kurve* heißt.

Der Monopolist verfügt, wie erwähnt, über eine *Preissetzungsmacht*: Durch das Festlegen seiner Outputmenge bestimmt er den Marktpreis, er ist damit *Preissetzer*! Der Anbieter in einem Wettbewerbsmarkt (der *vollständigen Konkurrenz*) ist hingegen *Mengenanpasser*. Bei dieser *Marktform* sind so viele Anbieter und Nachfrager auf dem Markt, dass sie den dort sich bildenden Preis als individuell nicht veränderbares Datum hinnehmen müssen. Sie haben damit nur die Möglichkeit, ihre Mengen anzupassen. Im Fall der *vollständigen Konkurrenz* ist die von der einzelnen Unternehmung *angebotene Menge also eine Funktion des Preises*, beim Monopol ist der Preis, der sich am Markt ergeben wird, hingegen eine *Funktion der vom Monopolisten angebotenen Menge*.[12]

Da der Monopolist nun der *Marktnachfrage* gegenübersteht, ist sein Grenzerlös an jedem Punkt der (fallenden) Nachfragekurve ein anderer. Graphisch kann das für den Fall einer linearen Nachfragekurve anschaulich gezeigt werden. Im unteren Teil der Abb. 5.2 ist die Nachfragekurve *D* (steht für ‚demand'), hier der Vereinfachung halber als linear angenommen, eingezeichnet.

Diese Nachfragekurve hat nun einen Schnittpunkt *R* mit der Ordinate und einen Schnittpunkt *S* mit der Abszisse. *R* ist der sogenannte *Reservationspreis*. Das ist der Preis, zu dem die nachgefragte Menge auf null fällt. *S* bezeichnet die *Sättigungsmenge*, also jene Menge, die zum Preis von null absetzbar wäre. Neben der Nachfragekurve *D* ist im unteren Teil der Abb. 5.2 noch die dazugehörige Grenzerlöskurve *GE* eingezeichnet, im oberen Teil der Graphik findet sich die dazugehörige Umsatz- bzw. Erlösfunktion $E = P \times Q$ (Erlös ist Preis mal Menge).[13] Weil zum *Reservationspreises* keine Einheit verkauft werden kann, gibt es bei diesem Preis auch keinen Erlös (Nachfrage und Erlös sind null, der Grenzerlös entspricht dem Reservationspreis). Auf der anderen Seite ist die *Sättigungsmenge* (definitionsgemäß) nur zu einem Preis von null absetzbar, was wiederum einen Erlös von null ergibt. Zwischen diesen beiden Punkten aber ‚erhebt'

---

12 Der Monopolist hat also keine Angebotskurve. Eine solche wurde für das Wettbewerbsunternehmen in Kap. 4.2 abgeleitet.
13 Auf der Ordinate werden hier die Geldeinheiten (Gd) abgetragen!

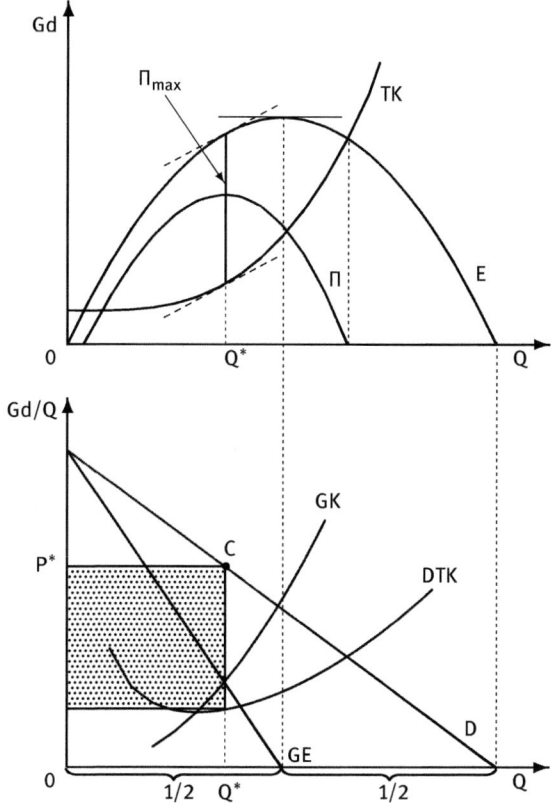

Abb. 5.2: Das Gewinnmaximum des Monopols

sich die Erlösfunktion, die dort ihr Maximum erreicht, wo die Tangente an die Erlöskurve zur Waagrechten wird, also die Ableitung der Erlösfunktion, der *Grenzerlös*, null ist. Im Maximum der Erlöskurve (oberer Teil der Abbildung) schneidet also die Grenzerlöskurve, die ja den Anstieg der Erlöskurve in jedem Punkt angibt, die Abszisse (unterer Teil der Abb. 5.2).

Die hier bestehenden Zusammenhänge werden formal besonders klar, zumindest für den Fall einer linearen Nachfragefunktion. Der Preis ist im Monopol eine Funktion der vom Monopolisten angebotenen Menge, daher lässt sich die Nachfragefunktion

$$D = D(P)$$

so anschreiben:

$$P = a - bQ \qquad a, b > 0$$

Mit dieser Angabe kann man die Preis-Absatz-Kurve zeichnen. *a* markiert dabei den *Reservationspreis,* das ist jener Preis, bei dem die nachgefragte Menge gerade null ist (Ordinatenabschnitt bei Menge null), *b* die Steigung der Preis-Absatz-Kurve (die man auch durch die erste Ableitung der Nachfragefunktion erhält: $\frac{dP}{dQ}$).

Der Erlös ergibt sich als Produkt von Preis und Menge, also

$$E = P \times Q$$
$$= (a - bQ)Q$$
$$= aQ - bQ^2$$

und die Ableitung dieser Erlösfunktion nach Q ergibt die Grenzerlösfunktion GE, also

$$GE = \frac{d(aQ - bQ^2)}{dQ}$$
$$= a - 2bQ$$

Das zeigt, dass der Ordinatenabschnitt der Grenzerlöskurve gleich dem der Preis-Absatz-Kurve, die Steigung der Grenzerlöskurve aber – im linearen Fall – immer *doppelt* so groß wie die der Preis-Absatz-Kurve ist.[14]

Die Erlösfunktion hat den im oberen Teil der Abb. 5.2 dargestellten Verlauf. Man sieht, dass der Erlös mit zunehmendem Angebot zunächst steigt, dann sein Maximum erreicht (dort ist der Grenzerlös null) und schließlich wieder fällt. Das Erlösmaximum ist nun aber nicht auch das Gewinnmaximum des Monopolisten![15]

Die Gesamtkostenkurve und die daraus abgeleiteten Grenz- und Durchschnittskostenkurven des Monopolisten unterscheiden sich – mit Ausnahme des natürlichen Monopolisten – nicht von den üblichen Kostenverläufen. Für den Monopolisten ergibt sich die Gewinnmaximierungsbedingung, wie sie für jedes andere Unternehmen auch gilt: Das gewinnmaximale Outputniveau ist dort erreicht, wo die steigenden Grenzkosten einer zusätzlichen Outputeinheit den fallenden Grenzerlösen einer zusätzlichen Outputeinheit entsprechen. In formaler Schreibweise

$$GK = GE$$

Graphisch bedeutet dies im unteren Teil der Abb. 5.2 den Schnittpunkt der (steigenden) Grenzkostenkurve mit der (fallenden) Grenzerlöskurve, im oberen Teil die *Identität der Anstiege* der Erlös- und der Gesamtkostenkurven. Dies entspricht dem Maximum der im oberen Teil der Abbildung eingezeichneten Gewinnfunktion (graphisch hergeleitet durch die vertikale Distanz zwischen Erlösen und Kosten).

Zwar bestimmt die Gleichheit von Grenzkosten und Grenzerlösen das gewinnmaximierende Outputniveau des Monopolisten, die Höhe des maximalen Gewinns

---

14 Dass die Grenzerlöskurve hier stets unter der Nachfragekurve liegen muss, wird bei der Diskussion der Grenzerlöse (siehe Kap. 4.2.3.2) genauer besprochen.

15 Nur für den Fall, dass die Grenzkosten des Monopolisten null sind, bedeutet Umsatzmaximierung gleichzeitig auch Gewinnmaximierung. Solange die Grenzerlöse positiv sind, steigt der Umsatz und nur wenn mit dieser Umsatzsteigerung *keine* Kosten verbunden, mithin die *Grenzkosten null* sind, steigt damit auch der Gewinn!

selbst lässt sich jedoch erst durch eine Gegenüberstellung von *Durchschnittserlö-sen und Durchschnittskosten* beim optimalen Outputniveau errechnen. Vom *Durch-schnittserlös*, das ist der Preis P^*, der durch die gewinnmaximale Menge Q^* bestimmt ist, müssen die *Durchschnittskosten* DTK_{Q^*} (durchschnittliche Totalkosten = Stück-kosten), die an der Durchschnittskostenkurve abgelesen werden können, abgezogen werden. Diese Differenz ist der *Stückgewinn*, der noch mit der Outputmenge zu multi-plizieren ist.

Formal ergibt sich damit der Gewinn des Monopolisten wie folgt:

$$\Pi = (P^* - DTK_{Q^*})Q^*$$

Graphisch kann man den Gewinn als Fläche des schraffierten Rechtecks (Höhe $(P^* - DTK_{Q^*})$ mal Breite Q^*) im unteren Teil der Abb. 5.2 ausmachen.

Der abgeleitete Monopolgewinn ist in der Tat eine ‚schöne Sache‘, er ist der Anreiz, die Verlockung, die findig macht. Dass er – wenn es richtig zugeht – nur eine Zeit lang einkassiert werden kann, ist das Resultat des Wettbewerbs, der nunmehr einsetzen wird. Was dann passieren kann, soll nun diskutiert werden.[16]

5.4 Monopolistische Konkurrenz

Bringt jemand ein neues Produkt auf den Markt – er wird damit gewissermaßen zu einem Monopolisten – und ist er auch erfolgreich, dann wird er – vorausgesetzt es be-stehen *keine ungerechtfertigten Marktzutrittsbeschränkungen* – bald, eher früher denn später, ein Monopolist gewesen sein. Der Werdegang vieler Produkte belegt dies beein-druckend, seien dies Computer, Handys, Schier, Snow- oder Skateboards, Surfbretter, Squashrackets, Inlineskater, Energydrinks und Fruchtriegel u.v.a.m.[17]

Stets ist der gleiche Prozess feststellbar: Ein oder wenige *innovative Pionierunter-nehmer* machen den Markt auf, verdienen eine gewisse Zeit (sehr) gut, doch dauert es nicht lange, bis sich mehr und mehr Mitkonkurrenten ebenfalls aus diesem neuen Markt ihren Teil herausschneiden wollen.

Freilich tritt nicht jeder Mitbewerber mit exakt demselben Produkt auf. Jeder ver-sucht nach Möglichkeit, sein Produkt von den Produkten seiner Mitkonkurrenten zu unterscheiden, zu *differenzieren. Produktdifferenzierung* ist hier die von den einzel-

---

16 Eine genauere Untersuchung der *sozialen Kosten* eines *statisch verstandenen Monopols* folgt in Ka-pitel 7.

17 Scheitert ein Innovator, geht er pleite, dann erntet er sehr oft den Spott seiner Zeitgenossen. Diese Art der sozialen Ächtung stellt freilich Kosten dar, die ein potenzieller Unternehmer bzw. Innovator je-denfalls in sein Kalkül miteinbeziehen wird. Gemäß dem Gesetz der Nachfrage gilt aber: Je teurer eine Aktivität, desto weniger oft wird sie unternommen. Es ist unbestritten, dass insbesondere im deutsch-sprachigen Bereich die Unternehmereigenschaft vergleichsweise gering ausgeprägt ist, es keine ‚Kul-tur des Scheiterns‘ gibt.

nen Anbietern verfolgte Strategie. Die Anbieter versuchen, durch eine Vielzahl von differenzierenden Merkmalen ihr Produkt möglichst deutlich von der Konkurrenz abzuheben, um damit bei der Preisgestaltung einen gewissen Spielraum zu gewinnen, mit anderen Worten, eine fallende Nachfragekurve für ihr Produkt zu schaffen.

Jeder ist damit im engsten Sinne des Wortes zwar ein *Monopolist*, aber nur in Bezug auf sein *eigenes, differenziertes* Produkt. Dieses konkurriert mit anderen, mehr oder weniger ähnlichen Produkten – Substituten – um die Gunst der Haushalte. Diese Form der Anbieterkonkurrenz bei *nicht homogenen*, also gut unterscheidbaren (*heterogenen*) Produkten und vielen Anbietern nennt man *monopolistische Konkurrenz*. Die Beispiele hiefür sind äußerst zahlreich: Kaufhäuser, Boutiquen, Restaurants, Pizzerias, Gemüseläden sind zumeist ebenso monopolistische Konkurrenten wie die Anbieter von Süßigkeiten, Drinks, Bekleidungsartikeln und Möbeln und von einer Unmenge anderer Güter.

Mit dem Auftreten von vielen monopolistischen Konkurrenten *steigt das Angebot* einer bestimmten Gütergruppe stark an, was unter sonst gleichbleibenden Umständen – ceteris paribus – einen *Preisverfall* dieser Produkte bedeuten muss. Es wird damit kein Gewinn mehr in dieser Branche zu machen sein. Sogar das Eintreten von Verlusten wird sehr wahrscheinlich. Können Anbieter die Kosten der Produktion nicht mehr decken, dann müssen sie zusperren, d. h. aus dem Markt austreten. Für die verbleibenden Anbieter vergrößert sich dadurch wieder die Nachfrage. Keine Zutrittsbeschränkung bedeutet also auch, dass der Austritt einzelner Anbieter aus dieser Branche ebenfalls jederzeit möglich ist.

Langfristig gesehen, im *langfristigen Gleichgewicht*, einem Zustand, in dem alle möglichen Anpassungsreaktionen an die gegebenen Verhältnisse ausgeschöpft wurden, ist dann nichts mehr zu verlieren, aber auch nichts mehr zu gewinnen. Die Opportunitätskosten der in der Produktion dieser Güter steckenden Ressourcen können gerade noch verdient werden. Dies bedeutet, dass der Durchschnittserlös (der Preis) den Durchschnittskosten gerade entspricht, alle im Unternehmen eingesetzten Faktoren zu deren Opportunitätskosten entlohnt werden, aber *kein Gewinn im ökonomischen Sinne* – wie beim ‚echten‘ Monopol – erzielt wird.[18] Dies darf keinesfalls als ein ‚schlechtes‘ Ergebnis interpretiert werden. Denn das heißt ja, dass mit den eingesetzten Ressourcen das verdient wird, was in der nächst-besten Verwendungsrichtung verdient werden könnte. Es finden in den Erlösen also ein Unternehmerlohn ebenso wie die Zinsen für das Eigenkapital, die hypothetische Miete für die Nutzung des eigenen Hauses etc. Deckung. Und nirgendwo gibt es bessere Verdienstchancen. Damit besteht kein Signal zum Markteintritt und keine Veranlassung für bestehende Unternehmen zum Marktaustritt. Und alles bleibt, wie es ist: *langfristiges Gleichgewicht*.

---

18 Siehe dazu genauer den nächsten Abschnitt 5.4.1 und Abb. 5.3.

Exkurs: Anmerkungen zum langfristigen Gleichgewicht bei monopolistischer Konkurrenz*

Der einzelne monopolistische Konkurrent hält sich genauso an die gewinnmaximierende Entscheidungsregel wie jeder andere Unternehmer auch: Er sucht jenes Outputniveau, bei dem der (fallende) Grenzerlös den (steigenden) Grenzkosten entspricht (siehe Abb. 5.3.)

Dieser *erste Schritt* sagt noch nichts über die Höhe des Gewinns bzw. – auch das ist ja möglich – des (in diesem Falle minimierten) Verlustes aus. Erst eine Gegenüberstellung von Durchschnittserlösen und Durchschnittskosten bringt hier Klarheit. Und da zeigt sich nun im *langfristigen Gleichgewicht* der monopolistischen Konkurrenz, dass im ‚Gewinnmaximum' die (individuelle) Nachfragekurve sich als Tangente an die Durchschnittskostenkurve legt. Dies entspricht dem Punkt *E* in Abb. 5.3. Denn nur so kann die Bedingung eines langfristig verschwindenden ökonomischen Gewinns gewährleistet werden.

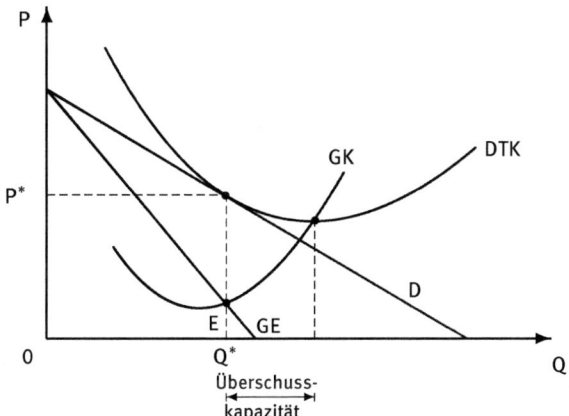

Abb. 5.3: Langfristiges Gleichgewicht bei monopolistischer Konkurrenz

Dieses Gleichgewicht bei monopolistischer Konkurrenz hat nun die bemerkenswerte Eigenschaft, dass die einzelnen Anbieter *nicht* im Minimum ihrer langfristigen Durchschnittskosten operieren. Rein ökonomisch gesehen, erscheint dies nicht sinnvoll, weil nicht effizient. Jedes Unternehmen der monopolistischen Konkurrenz hat noch Produktionskapazitäten frei, es herrscht *Überschusskapazität*.[19] Angesichts der großen praktischen Bedeutung dieser Marktstruktur kann man also sagen, dass die freilich auch hier am Werk befindlichen Marktkräfte *nicht* zu einer effizienten Nutzung

---

19 *Kapazität* ist definiert als das Produktionspotenzial bis zum Minimum der Durchschnittskosten bzw. bis zu jener Outputmenge, ab der die Stückkosten steigen. Bis zu diesem Punkt kann mit *fallenden* bzw. *konstanten* Durchschnittskosten (Stückkosten) produziert werden.

der Ressourcen führen, weil nicht im Minimum der Durchschnittskosten produziert wird.[20]

Besonders einprägsame Beispiele für diese Marktform sind die einzelnen Tankstellen (nicht die Ölkonzerne) oder einzelne Modeboutiquen. Es gibt jede Menge Tankstellen bzw. Kleidungsgeschäfte, die zwar an sich alle das gleiche Produkt bzw. sehr ähnliche Produkte anbieten, sich aber doch irgendwie voneinander unterscheiden. Jeder einzelne Tankstellenbetreiber bzw. Boutiquenbesitzer ist also ein monopolistischer Konkurrent und bietet sein Produkt in leicht differenzierter Form an: Die Lage der Tankstelle ist ein differenzierendes Merkmal, weiters Selbstbedienung oder Tankwartservice, zusätzlich angebotene Serviceleistungen und auch Handelswaren, aber beispielsweise auch die Freundlichkeit der Bedienung. ‚Rein' ökonomisch gesehen gibt es zu viele Tankstellen ebenso wie es zu viele Boutiquen gibt. Bei einer besseren Organisation ‚bräuchte' man vielleicht nur die Hälfte der bestehenden Tankstellen, was mit deutlichen Kosteneinsparungen verbunden wäre. Allerdings auch mit einer starken Einschränkung der Vielfalt und Bequemlichkeit des Angebots, also mit einer starken Reduktion der *Wahlmöglichkeiten* der Haushalte.

Vom Gesichtspunkte der Kapazität aus betrachtet, gibt es nun nicht nur zu viele Tankstellen, sondern auch zu viele Kaufhäuser, Restaurants, Pizzerias, Gemüseläden, zu viele Anbieter von Schokoladesorten, Soft-Drinks und Appartments und von vielen anderen Gütern und Dienstleistungen. Für sie alle gilt zwar, dass sie *nicht kostenminimal*, d. h. zum *Minimum der langfristigen Durchschnittskosten* hergestellt werden, doch ist das eben der Preis für die Produktvielfalt, der Preis für ein buntes und abwechslungsreiches Angebot! Oder anders herum: Die *Opportunitätskosten* einer Modellwelt, in der viel, viel weniger Produkte, dafür aber günstiger zur Auswahl stünden, wäre der Verzicht auf die bunte Vielfalt, die uns in der Realität geboten wird.[21] Jede Alternative hat – wie immer – ihr Plus und ihr Minus, also Vor- *und* Nachteile!

5.5 Die Wachstumsdynamik der Marktwirtschaft

Ob ein Monopol bei differenzierter Betrachtung als Fluch oder als Segen angesehen werden kann, hängt jeweils von der konkreten Erscheinungsform des Monopols ab. Ist es durch eine exzeptionelle Leistung und damit einen allgemeinen Wohlfahrtsbeitrag begründet, ist eine temporäre Monopolstellung gerechtfertigt, ja sogar unverzichtbar. Handelt es sich hingegen um ein natürliches Monopol oder um eines, das aufgrund

---

20 Wie das im Modell der vollständigen Konkurrenz, das üblicherweise als Referenzmaßstab für reale Märkte herangezogen wird, der Fall ist. Siehe dazu Kap. 7.2.
21 Ganz abgesehen davon, ist völlig unklar, wie, mit welchen wirtschaftspolitischen Mitteln eine Modellwelt wie die der vollständigen Konkurrenz überhaupt bewerkstelligt werden sollte.

künstlicher Verknappung besteht, sind daraus resultierende Monopolrenten und Ineffizienzen abzulehnen und zu bekämpfen.

Die weit verbreitete verallgemeinernd negative Beurteilung des Monopols resultiert aus einer Überbetonung der *statischen*, also auf einen bestimmten *Zeitpunkt* gerichteten Betrachtungsweise und unterschätzt damit die für die Wohlstandsentwicklung bedeutendere *dynamische* Dimension des Monopols. In der dynamischen Sichtweise werden statische Ineffizienzen zudem geradezu zu einem Auslöser für ihre Überwindung!

> Man darf die für eine dynamische Wirtschaftsentwicklung entscheidende Anreizfunktion einer temporären Monopolstellung, die Profite im ökonomischen Sinne bedeutet, nicht übersehen. Die Aussicht auf eine temporäre Monopolstellung initiiert die entscheidenden unternehmerischen Aktivitäten und führt in weiterer Folge zu einer Erhöhung der Wohlfahrt der Haushalte, indem die Auswahlmöglichkeiten steigen und die Preise der Güter (real) fallen.

Etwas vereinfacht, könnte man folgenden Zyklus wirtschaftlichen Geschehens im marktwirtschaftlichen System erkennen:

- Am Beginn steht in gewisser Weise ein Monopol: Ein *Unternehmer* präsentiert ein neues Produkt (*Produktinnovation*), was immer das auch sein mag, ein neues Konsum- oder Investitionsgut, vielleicht sogar eine neue Ressource, die traditionelle Ressourcen oder Energieträger ‚überflüssig‘ macht. Er wird damit zum Monopolisten, schafft sich einen neuen Markt für sein Produkt, auf dem er vorerst der einzige Anbieter bleibt. Es handelt sich dabei um einen ‚*schöpferischen Akt*‘, um einen Prozess der *Entdeckung der Welt*: Ein *neues* Produkt bedeutet *immer* eine Bereicherung der Wahlmöglichkeiten der Haushalte, die letztlich entscheiden, ob dieses Produkt ankommt oder nicht. Zur Erinnerung: Die Konsumenten werden das neue Produkt ja nur annehmen, wenn es *besser* ist als die bisher verfügbaren. Mit dieser ‚Schöpfung‘ können alte Marktstrukturen, Angebots- und Nachfragebeziehungen zerstört werden, die Konkurrenz (aller Unternehmungen um das Budget der Haushalte) wird aber jedenfalls neu belebt.[22]
  Deshalb kann man sagen: Die Möglichkeit, eine Monopolstellung einzunehmen, also zumindest temporär Monopolrenten zu lukrieren, stellt einen starken Anreiz für Verbesserungen dar. So betrachtet, ist das Monopol unerlässlich für das wirtschaftliche Weiterkommen, für Fortschritt und Wirtschaftswachstum.
- Findet das vom Monopolisten angebotene Produkt eine breite Akzeptanz bei den Haushalten, dann gibt es viel zu verdienen. Jetzt hängt es entscheidend von den *Marktzutrittsbedingungen* ab, was passiert. Zutrittsbeschränkungen können in be-

---

22 Der schon erwähnte österreichische Nationalökonom *Joseph A. Schumpeter* bezeichnete solche für die Wachstumsdynamik des Kapitalismus verantwortlichen innovativen Unternehmer als *Pionierunternehmer* und ihre Tätigkeit als eine *schöpferische Zerstörung*.

stimmten Fällen ökonomisch sinnvoll – Motivationsfunktion des Patent-, Marken- und Urheberrechtsschutzes – und gerechtfertigt sein – Schutz vor unerlaubter Benützung der eigenen Ideen durch Dritte – oder aber in ungerechtfertigter Weise Monopole schützen.

- Unterstellt man *freien Marktzutritt* bei grundsätzlicher Wahrung der Eigentumsrechte, so werden im geschilderten Szenarium im Laufe der Zeit neue Unternehmen auf diesen Markt drängen und ähnliche (differenzierte) Produkte anbieten: Es entwickelt sich ein *Oligopol* oder eine *monopolistische Konkurrenz*. Durch das gestiegene Angebot fällt ceteris paribus der Preis dieser Produkte, damit aber auch der Gewinn des Entdeckers und seiner Imitatoren. Im *langfristigen Gleichgewicht* verdienen alle in diesem Markt eingesetzten Ressourcen ‚lediglich' ihre Opportunitätskosten[23] – zur Freude der Konsumenten, die dann die Güter, die sie haben möchten, nicht günstiger kaufen können.

- Bevor es aber noch soweit ist, kann es aufgrund der nunmehr intensiven Konkurrenz der Anbieter auch zu empfindlichen Verlusten einzelner Unternehmen kommen, die damit die Branche, in der jetzt kaum noch etwas oder nichts mehr zu holen ist, verlassen müssen.[24]

- Die verbleibenden Unternehmen unterliegen durch den Wettbewerb einem großen *Rationalisierungsdruck*, der die *Prozessinnovation* vorantreibt. Jetzt kommt es entscheidend auf die technologischen Möglichkeiten an! Die Frage ist, *in welchem Verhältnis die Kapazität der optimalen Betriebsgröße zur Marktnachfrage insgesamt steht bzw. wie sich dieses Verhältnis absehbar entwickeln wird.*
  Grundsätzlich sind dann drei Möglichkeiten denkbar:

1. Die Kapazität der optimalen Betriebsgröße gestattet die Existenz *vieler* Unternehmen mit mehr oder weniger stark differenziertem Output (z. B. Pizzerias, Kaffeehäuser, Reisebüros und viele kleine Betriebe). Es bleibt bei der Marktform der *monopolistischen Konkurrenz*.

2. Die Kapazität der optimalen Betriebsgröße gestattet die Existenz *nur weniger* Unternehmen (beispielsweise Schi- oder Tennisracketproduzenten, Hersteller von

---

23 Ein *langfristiges Gleichgewicht* ist eine modellhafte Vorstellung, die die *Tendenz* bzw. das *Ergebnis* eines Prozesses anzeigt. Da in der Realität ständig schöpferische Zerstörungen bzw. Veränderungen der Rahmenbedingungen stattfinden, ist der tatsächliche Eintritt solcher langfristigen Gleichgewichtszustände im Sinne eines zum Abschluss gekommenen Prozesses äußerst unwahrscheinlich; die langfristigen durchschnittlichen Verdienstchancen in dieser Branche beschreibt es dennoch zutreffend.

24 Nicht zu vergessen bei diesem Prozess ist freilich die Nachfrageseite: Solange die Nachfrage stark genug wächst, wie beispielsweise in der Computer-Branche (Hard- und Software) oder bei Energy-Drinks, kann trotz Eintritt neuer Konkurrenten für alle ausreichend Marktpotenzial vorhanden sein. Ja gerade die steigende Nachfrage kann angebotsseitig zum Entstehen von Kostenvorteilen, also von fallenden Stückkosten, führen (siehe dazu Kap. 6.7).

Energy-Drinks und ähnlichem, Banken und Fluglinien). Dann wird sich die Markt-form des *Oligopols* herausbilden: Wenige Anbieter, die Oligopolisten, kämpfen um Marktanteile bzw. teilen sich den Markt untereinander auf.[25] Ein gutes Beispiel hiefür sind Banken bzw. Fluglinien. Wenige, aber zumeist sehr große Institute/Unternehmen ‚teilen sich den Markt'. Wenn ein Anbieter mit besseren Konditio-nen auf den Markt tritt, um damit neue Marktanteile zu gewinnen, kann er *nicht* davon ausgehen, dass dies von seinen Konkurrenten *reaktionslos* hingenommen wird. Auch sie werden ihre Konditionen entsprechend verbessern *müssen*, wollen sie ihren Marktanteil behaupten bzw. wieder zurückgewinnen. Wenn das Spiel so weitergeht, bedeutet das für alle Oligopolisten saftige Gewinneinbußen, mitunter schmerzliche Verluste.

Die Oligopolisten werden also sehr schnell bemerken, dass sie sich mit einem solchen Wettbewerbsverhalten selbst am meisten schaden – zur Freude der Kon-sumenten. Sie werden auch realisieren, dass es bei wenigen Beteiligten sehr leicht ist, eine Vereinbarung zur Ausschaltung von Wettbewerb zu treffen (die *Transak-tionskosten* der Organisation einer solchen konspirativen Zusammenkunft sind sehr gering). Damit aber ist die Wahrscheinlichkeit sehr hoch, dass es tatsächlich zu Absprachen zur Entschärfung des Wettbewerbs bzw. über eine für die Konsu-menten nachteilig hohe Preissetzung (*Kartellvereinbarungen*) kommt. Trifft das zu, so spricht man von einem *kollusiven Oligopol*. Im Extremfall verhalten sich dann die Oligopolisten wie ein Monopolist, weil sie damit das für sie *gemeinsam* beste Ergebnis erzielen können. Allerdings besteht bei einem solchen Arrange-ment für den *einzelnen* Oligopolisten eine große Versuchung, zum hohen Preis zusätzliche, nicht genehmigte Mengen zu verkaufen. Wird dieser Versuchung von den (meisten) Oligopolisten nachgegeben, dann fallen die Preise schließlich doch.[26] Gerade auf oligopolistisch strukturierten Märkten beobachtet man oft einen besonders harten Wettbewerb – man denke nur an den der Fluglinien –, der zur Freude der Konsumenten mit Preissenkungen und Qualitätsverbesserung verbunden ist.

3. Gestattet die Kapazität der optimalen Betriebsgröße nur ein einziges Unterneh-men, so entwickelt sich das *natürliche Monopol* – mit den schon bekannten Pro-blemen.

---

[25] Damit wird die Beachtung der *Reaktion der Konkurrenten auf eine Aktion eines Oligopolisten* unab-dingbar. Situationen, in denen ein Anbieter die Reaktion seiner Mitanbieter explizit mitberücksich-tigen muss, nennt man *strategische Situationen*. Hier ergibt sich ein weites Betätigungsfeld für die *Spieltheorie*, die derartige strategische Situationen modelliert. Siehe dazu gleich unten Kap. 5.7.
[26] Siehe zur graphischen Darstellung dieses Prozesses z. B. F. Stocker – K. Strobach: Mikroökonomik: Repetitorium und Übungen, 4. Aufl., München 2012, Kap. 9.2.1.

Oligopol und natürliches Monopol sind in der Realität durchaus nicht selten anzutreffende Marktformen und verlangen nach rigoroser staatlicher Aufsicht bzw. Kontrolle. Wie diese staatliche Kontrolle ausschauen soll, darüber gehen die Meinungen auseinander. Der staatliche Eingriff kann unterschiedlicher Art sein. Er kann einmal darin bestehen, Unternehmenszusammenschlüsse, die zu einem dominierenden Marktanteil führen, überhaupt zu verhindern, bzw. andererseits darin, die Märkte der wenigen Anbieter *offenzuhalten*, also jegliche Art von Marktzutrittsbeschränkungen zu eliminieren. Sind die Märkte offen, besteht also die *Gefahr des Eintritts potentieller Konkurrenten*, dann erwartet man, dass die Monopolisten und Oligopolisten in ihrer Preisgestaltung sehr vorsichtig sein werden, wollen sie nicht selbst den Marktzutritt neuer Konkurrenten *provozieren*. Verlangen sie nämlich hohe Preise, so geben sie das *Signal* für den Eintritt von neuen Konkurrenten bzw. initiieren umso schneller *Substitutionsprozesse*, die schließlich Erfolg haben werden. Damit schrumpft aber die Nachfrage nach dem eigenen Produkt und dessen Preis fällt.[27]

Allein die mögliche Gefährdung durch potentielle Wettbewerber sollte also die bestehenden Unternehmen in ihrem Verhalten disziplinieren, d. h. dazu veranlassen, die Preise nicht wesentlich über die tatsächlichen Kosten zu setzen. Deshalb ist das *'Offenhalten der Märkte' die Pflicht der Wirtschaftspolitik*, konkret der *Wettbewerbspolitik*.

> Märkte, bei denen der Zutritt neuer (potentieller) Konkurrenten, aber auch der Austritt von Unternehmen ohne größere Schwierigkeiten, also ohne nennenswerte Kosten, möglich ist, nennt man 'contestable markets', 'bestreitbare Märkte'. Ist dies der Fall, dann wird erwartet, dass das langfristige Marktergebnis unabhängig von der Anzahl der Konkurrenten keine Gewinne im ökonomischen Sinn erlaubt, dass also nicht mehr als die Opportunitätskosten aller eingesetzten Ressourcen gedeckt werden können. Denn sobald in einer Branche ökonomische Gewinne erwirtschaftet werden, tauchen dort neue Unternehmen auf – es bestehen ja keine Zutrittsbeschränkungen –, erhöhen das Angebot und bringen ceteris paribus durch den damit verbundenen Preisverfall die Gewinne wieder zum Verschwinden. Erhöhtes Angebot und geringere Preise bedeuten aber jedenfalls eine Steigerung der Wohlfahrt der Haushalte – das Ziel der ökonomischen Veranstaltung.

Um diese Wohlfahrtseffekte zu realisieren, geht es also nicht so sehr um das konkrete Ausmaß der Konkurrenz bestehender Unternehmen *in* einem Markt, sondern um die Möglichkeit des Wettbewerbs existierender *und potentieller* Unternehmen *um* einen Markt. Allein schon die Gefahr potentieller Mitbewerber *diszipliniert* die existierenden Unternehmen. Die 'Herstellung' bzw. Sicherung von *contestable markets*, von *bestreitbaren Märkten*, also die Aufrechterhaltung der Offenheit monopolistisch oder oligopolistisch strukturierter Märkte, ist eine *zentrale Aufgabe der staatlichen Wirtschaftspolitik*.

---

27 Diese Strategie von Monopolisten, den Marktpreis unter den im Gleichgewicht des statischen Monopols optimalen Preis zu setzen, im Extremfall auf der Höhe der Stückkosten von potenziellen Konkurrenten, nennt man auch *'limit pricing'*.

Wohlstandsfördernder Wettbewerb entsteht aus dem Zusammenspiel von Innovation und Imitation, aus der Entstehung und anschließenden Diffusion temporärer Monopolrenten. Es ist die Aufgabe der Wirtschaftspolitik, die diesbezüglichen Spielregeln festzulegen, d. h. sowohl die Anreize zur Bildung von Monopolrenten (Patent-, Urheberschutz- und Markenrecht), als auch zur Diffusion von Monopolrenten durch das grundsätzliche Offenhalten der Märkte sicherzustellen. Man spricht in diesem Zusammenhang konkret von Wettbewerbspolitik.

In den Fällen, in denen der Zutritt zu Märkten in irgendeiner Weise gröberen Beschränkungen unterliegt, z. B. aufgrund technologischer Faktoren, besteht demnach ein wohlbegründeter wirtschaftspolitischer Handlungsbedarf des Staates. Er hat für Wettbewerb zu sorgen, d. h. Märkte offen zu halten, beispielsweise durch den Abbau von Zöllen und sonstigen Handelsbeschränkungen. Denn *individuelles* Vorteilsstreben zielt nun einmal – ökonomisch gesprochen – auf eine Monopolstellung ab, ist nur bei Wettbewerb zu rechtfertigen, denn nur dann führt es – wie in *Adam Smiths Theorem der unsichtbaren Hand* postuliert – auch zu einer *allgemeinen* Wohlstandserhöhung.

Übersicht 5.2: Marktwirtschaftliche Wachstumsdynamik und die Rolle innovativer Unternehmer

---

1. Die Aussicht auf Gewinn bewirkt technologische Neuerungen, die zu einer Erhöhung der Produktivität und pari passu zu einer Senkung der Kosten führen.

↓ ↓ ↓

2. Das bedeutet (real) fallende Preise der Güter und damit ceteris paribus eine Erhöhung der Realeinkommen der Haushalte.

↓ ↓ ↓

3. Die Haushalte können sich nun mehr Güter leisten, aber auch mehr Sparen, was ceteris paribus zu einem Sinken der Zinsen führt und damit die Investitionstätigkeit stimuliert.

↓ ↓ ↓

4. Die Erhöhung der Produktivität bedeutet aber mitunter auch die Freisetzung von Arbeitskräften.

↓ ↓ ↓

5. Damit diese Arbeitskräfte wieder Beschäftigung finden, bedarf es erneut innovativer Pionierunternehmer, die attraktive neue Güter in Gewinnerzielungsabsicht produzieren und anbieten. Sie schaffen damit einerseits neue Beschäftigungsmöglichkeiten, andererseits ein breiteres Güterangebot für die Haushalte.

↓ ↓ ↓

Die Marktwirtschaft stellt also ein Anreizsystem dar, das ständige technologische Verbesserungen sowie die kontinuierliche Entwicklung neuer Güter bewirkt. Eine Marktwirtschaft ist also ein ‚Wohlstandsgenerator'.

All diese Überlegungen zeigen, dass der innovative Unternehmer *die zentrale Figur* im marktwirtschaftlichen Wachstumsprozess darstellt. Angespornt durch die Aussicht auf Gewinn sucht er ständig nach neuen, besseren Produkten einerseits und kostengünstigeren Technologien andererseits. Kostengünstigere Technologien bedeuten höhere Produktivität und damit einen Vorsprung gegenüber anderen Anbietern, denn nur dadurch können die Unternehmer die Preise für ihre Produkte senken. Dies freut die Haushalte: Bei sinkenden Preisen erhöht sich ihr Wohlstand, ihr *Realeinkommen* steigt, sie können sich nun mehr Güter leisten. Sie können aber auch mehr sparen. Das erhöhte Sparen der Haushalte ebenso wie die Gewinne der Unternehmen begünstigen über die damit bewirkte Reduktion des Zinssatzes (= Kosten des Kapitals) das Investieren der Unternehmungen. Damit ergibt sich ein weiterer expansiver Impuls!

Gestiegene Produktivität aufgrund technischer Neuerungen bedeutet aber auch, dass ceteris paribus weniger Arbeitskräfte benötigt, einige also freigesetzt werden. Das freut die Haushalte, die ja auch Anbieter von Arbeitsleistungen sind, gar nicht. Auch hier erweist sich der innovative Pionierunternehmer als unverzichtbar. Denn er setzt ja nicht nur produktivere Technologien ein, sondern generiert auch neue Bedürfnisbefriedigungsmöglichkeiten durch attraktive *neue* Güter, die von den nunmehr reicheren Haushalten (gestiegenes Realeinkommen!) gekauft werden. In der Produktion dieser neuen Güter finden auch jene Arbeitskräfte Beschäftigung, die durch den technologischen Fortschritt freigesetzt wurden – freilich: Entsprechende Flexibilität der Arbeitsanbieter vorausgesetzt.

Die Wohlfahrtseffekte durch das Steigen der Realeinkommen der Haushalte schaffen einerseits die *nachfrageseitige* Voraussetzung für das Entstehen neuer Märkte: Steigt das Realeinkommen der Haushalte nämlich nicht, dann können sie sich neue Güter erst gar nicht leisten. Andererseits erlauben steigende Realeinkommen über das erhöhte Sparen die Finanzierung einer *erhöhten Kapitalakkumulation*, also einen Anstieg der Investitionen. Investitionen sind notwendig, um neue Technologien und Produkte zu entwickeln und einzuführen. Wer soll das finanzieren – wenn nicht auch ‚findige' Monopolisten einen Gutteil ihres Profits in diese Aktivitäten stecken?

Schließlich erlaubt die durch Kapitalakkumulation mögliche deutliche Ausweitung der Produktion in der Regel über Skalenökonomien hinaus noch *Lerneffekte*. Je mehr produziert wird, desto mehr Erfahrungen können im Produktionsprozess gewonnen werden, die sich wiederum kostensenkend auswirken.

> Unter Lerneffekten versteht man das Fallen der Stückkosten als Folge des kumulierten Outputs: Je mehr produziert wird, desto mehr wird gelernt. Diese vom Umfang der vergangenen Produktion abhängigen Erfahrungen schlagen sich in erhöhter Produktivität und damit in geringeren Stückkosten nieder.

Der Wettbewerb sorgt dann wieder dafür, dass diese Stückkostensenkungen letztlich den Haushalten über geringere Preise zugute kommen.

5.6 Resümee

Fasst man das Monopol nicht in einer zu engen und damit realitätsfernen Weise als eine statische, ein für allemal feststehende Marktform, sondern als die *Möglichkeit temporärer Monopolrenten* auf, dann zeigt sich, dass ein so verstandenes Monopol enormen Segen (Plus) in Form von allgemeinen Wohlstandsgewinnen bringt, aber auch zu einem Problem (Minus) werden kann:

– Zum Segen: Die Marktwirtschaft ist ohne das Zuckerbrot (zumindest) temporär einkassierbarer Monopolrenten einerseits *und* die Peitsche der darum sich entwickelnden Konkurrenz andererseits *nicht* denkbar. Beide Phänomene bedingen einander: Die kurzfristige Monopolstellung und ihre ständige Gefährdung bzw. Vernichtung durch den aufkommenden Wettbewerb.

Eine beständige und umfassende Verbesserung der Güterversorgung basiert im Wesentlichen auf diesem *Anreiz, der Aussicht auf eine Monopolrente* und dem dann folgenden *Disziplinierungsmechanismus der Konkurrenz.*

Essentiell ist in diesem Zusammenhang die *Offenheit der Märkte. Neue* Produkte müssen – bei Wahrung auch des geistigen Eigentums von Erfindern – *ohne wesentliche administrative, technologische, materielle und immaterielle Schwierigkeiten* auf den Markt kommen und damit in vielen Fällen gleichzeitig alte Marktpositionen gefährden, vielleicht sogar vernichten können.

– Zum Fluch: Technologische Bedingungen und Konkurrenzdruck zwingen die Unternehmen zur Rationalisierung und das bedeutet auch Unternehmenszusammenschlüsse. Aus vielen Konkurrenten werden wenige, ganz wenige (Oligopol) oder gar nur mehr einer (natürliches Monopol). Aus *Effizienzgründen* ist diese Entwicklung durchaus zu begrüßen: Die Stückkosten der Produktion sinken, weil in sehr großen Einheiten produziert werden kann. Gleichzeitig wächst jedoch aufgrund mangelnder Konkurrenz die Gefahr, die Preise übergebührlich über die Durchschnittskosten zu setzen, was bedeutet, dass die Vorteile der Großproduktion nicht entsprechend an die Konsumenten weitergegeben werden.

Sind die Märkte aber prinzipiell offen, dann ist es sehr schwierig, ein ‚echter' Monopolist zu bleiben. Dieses ‚Offensein' der Märkte kann bisweilen wirtschaftspolitisch schwer zu bewerkstelligen sein. In nicht wenigen Fällen stellen beispielsweise immense Kapitalerfordernisse (fast) unüberwindliche Eintrittsbarrieren dar. Man denke nur an die Papiererzeugung, an die Herstellung von Großraumflugzeugen, aber auch an die enormen Marketing-Budgets für bestimmte Markenartikel, die für Neueinsteiger kaum überwindbare Hürden darstellen. Deshalb kommt zum dringlichen wirtschaftspolitischen Imperativ des ‚Offenhaltens' der Märkte (beispielsweise kein Zollschutz!) noch die Forderung nach einer starken staatlichen *Überwachungsinstitution* für oligopolistisch und ‚natürlich-monopolistisch' strukturierte Märkte hinzu.

Allerdings zeigt ein Blick in die Praxis, dass mitunter jene Institutionen, d. s. die Regierungen bzw. Bürokraten, anstatt vor Monopolen und übermäßigen Machtzusammenballungen auf Märkten zu schützen, geradezu selbst die Bedingungen für die Existenz von Monopolen schaffen bzw. existierenden Monopolen sogar oft durch Zölle und andere (Außen-)Handelsbeschränkungen Schutz gewähren. *Rent-Seeking*-Aktivitäten zielen letztlich darauf ab, eine vom Staat (Politikern und Bürokraten) gewährte Monopolstellung zu erlangen und – einmal erobert – auch zu behalten.[28] Jene Mittel, die zur Erlangung und zur Aufrechterhaltung von solchen staatlich abgesicherten Monopolstellungen verwendet werden, bringen natürlich *keine* Verbesserung der Güterversorgung – wie etwa bei normalen Wettbewerbsprozessen – mit sich, sondern sind (im Kampf bzw. im Wettbewerb um die Monopolstellung) für produktive Einsätze verloren.

5.7 Einige Anmerkungen zum Oligopol*

Von der *Marktform des Oligopols* spricht man dann, wenn eine *geringe Anzahl von Anbietern* entweder ein *homogenes* Produkt (z. B. Papier, Zement, Treibstoffe) oder *differenzierte (heterogene)* Produkte (z. B. Bier, Autos, Zigaretten, Suppen etc.) anbietet, wobei gerade aufgrund der wenigen Anbieter ein sehr hoher Grad gegenseitiger Abhängigkeit, *an Interdependenz* besteht. Dies bedeutet, dass Entscheidungen eines Oligopolisten Reaktionen seiner Mitbewerber hervorrufen werden, die der einzelne Oligopolist – rationalerweise – bei seiner Entscheidung miteinbeziehen wird. Ein weiteres entscheidendes Charakteristikum eines Oligopolmarktes ist die *Schwierigkeit des Marktzutritts* – es handelt sich oft um große Unternehmen aufgrund von steigenden Skalenerträgen (auch in der Sales Promotion). Eine oligopolistische Angebotsstruktur ergibt sich also oft aufgrund des Verhältnisses der optimalen Betriebsgröße zur Marktgröße insgesamt.

Durch die geringe Anzahl von Anbietern gibt es auf einem Oligopolmarkt identifizierbare Gegner/Spieler, deren Aktionen sofort erkannt werden, weil sie die Situation der anderen unmittelbar betreffen. Daher führen *Aktionen* eines Oligopolisten in der Regel sofort zu *Reaktionen* der anderen Oligopolisten.

Art sowie Resultat des oligopolistischen Wettbewerbsprozesses sind deshalb unsicher, weil es zumeist eine Fülle von Aktions- und Reaktionsmöglichkeiten der Oligopolisten gibt.

Grundsätzlich haben die Oligopolisten aufgrund der geringen Transaktionskosten der gegenseitigen Kontaktaufnahme, der großen Gewinnmöglichkeiten bei Absprachen sowie aufgrund der Tatsache, dass Übertreter dieser Abmachungen in der Regel sofort identifiziert werden können, die *Möglichkeit und auch den Anreiz*, den Wettbewerb unter ihnen auszuschalten. Sie bilden also ein *Kartell* – was freilich verboten ist – und verhalten sich im für sie besten Fall wie ein Monopolist (mit mehreren

---

28 Vgl. dazu insbesondere Kap. 10.1.

Betriebsstätten). Sie können dadurch die Unsicherheit reduzieren und den gemeinsamen Gewinn maximieren.

Indem sie sich wie ein Monopolist verhalten, also die angebotene Menge *reduzieren, erhöht* sich der Marktpreis entsprechend der Marktnachfragekurve zum Nachteil der Nachfrager. Allerdings setzt dies voraus, dass sich die Oligopolisten auch an die Abmachungen halten. Dies ist für sie deshalb besonders schwer, weil in dieser Situation für den *einzelnen* Oligopolisten der Anreiz sehr groß ist, mehr als die vereinbarte, also die ihm zugewiesene Menge zu verkaufen. Dieser Verlockung wird nun sehr oft nachgegeben (es besteht ja auch die Möglichkeit heimlicher Preisnachlässe), was zum Fallen des Preises und zu Gewinnreduktionen der Oligopolisten im Vergleich zu der für sie optimalen Monopollösung führt. Es gilt: Je größer die Anzahl der Oligopolisten, desto schwieriger das Zustandekommen des Kartells und desto wahrscheinlicher sein Zerfall.

Ein schönes Beispiel dafür liefert das OPEC-Kartell. Hier werden Zielpreise gesetzt, die aber nur dann gehalten werden können, wenn insgesamt nur eine bestimmte Menge Rohöl angeboten wird. Jeder Oligopolist muss also zunächst seine Quote akzeptieren und sie dann auch einhalten. Wie die Praxis zeigt, ist beides besonders schwer. Zur Freude der Nachfrager wird damit in der Regel insgesamt mehr angeboten, was zu einem Fallen der Preise führt.

Zur Modellierung der in einer Oligopolsituation bestehenden *strategischen* Abhängigkeiten eignet sich die *Spieltheorie* besonders gut. Denn die Spieltheorie untersucht das Entscheidungsverhalten einer geringen Anzahl von Entscheidungsträgern, die in einer Entscheidungssituation zwischen einer ‚*kooperativen*‘ und einer ‚*nicht-kooperativen*‘ *Strategie* wählen können und durch die Wahl ihrer Strategie das Verhalten der ‚Mitspieler‘ wesentlich beeinflussen.[29]

Dazu ein Beispiel: Für die zwei Oligopolisten ($i = 1, 2$) – man spricht hier von einem *Duopol* (‚Zwei-Personen Spiel‘) – gibt es zwei Handlungsstrategien, eine kooperative Strategie (A) – sie verhalten sich dann wie ein Monopolist und erzielen einen höheren Gewinn – und eine nicht-kooperative Strategie (B) – sie stehen dann im Wettbewerb zueinander und haben damit einen geringeren Gewinn. Die entsprechenden Ergebnisse (Gewinne) sind in der nachfolgenden *Auszahlungsmatrix* dargestellt, wobei der erste Klammerwert die jeweilige Auszahlung für Duoplist 1, der zweite Klammerwert die jeweilige Auszahlung für Duopolist 2 angibt:

	A_2	B_2
A_1	(20,20)	(5,30)
B_1	(30, 5)	(10,10)

Tab. 5.1: Gewinne der Duopolisten $i = 1, 2$ für unterschiedliche Strategien A und B (Auszahlungen in Geldeinheiten)

---

29 Als Väter der Spieltheorie gelten *John von Neumann* und *Oskar Morgenstern* durch das von ihnen gemeinsam verfasste Buch: *The Theory of Games and Economic Behaviour*, das 1944 erschien.

Die Frage, die sich für die beiden Duopolisten stellt, ist, wie man sich in Abhängigkeit von der gewählten Strategie des anderen optimal verhalten soll? Hat Duopolist 2 Strategie A gewählt (Spalte A_2), so ist es für den Duopolisten 1 besser, die Strategie B zu wählen. Denn dann erzielt er einen größeren Gewinn (30 statt 20 Geldeinheiten). Hat Duopolist 2 jedoch die Strategie B gewählt (Spalte B_2), so ist es für den Duopolisten 1 *ebenfalls besser*, die Strategie B zu wählen. Denn dann erwirtschaftet er einen größeren Gewinn (10 statt 5 Geldeinheiten). Resultat: Egal, wie sich Duopolist 2 verhält, für Duopolist 1 ist es *immer besser*, die Strategie B zu wählen. Analoges gilt für den Duopolisten 1, wenn Duopolist 2 zuerst wählt. Es gibt also eine *dominante* Strategie, also eine, die unabhängig von der Strategie des Gegenspielers immer die beste ist, und diese ist im Beispiel für beide Spieler die Strategie B.

Wird dieses Spiel also einmal durchgeführt, dann gibt es ein *Nash-Gleichgewicht*[30] nämlich B_1, B_2, das allerdings für beide Oligopolisten zusammengenommen nicht optimal ist. Die *dominante* Strategie liegt hier nicht in der Kooperation. Dies stellt beide Duopolisten schlechter, als wenn sie die kooperative Strategie A wählen würden.[31]

Allerdings ändert sich die Lage bei *wiederholtem* Spiel, wenn die letzte Spielrunde nicht mit Sicherheit bekannt ist. Dann muss in jedem Zeitpunkt neu entschieden werden, ob kooperiert wird oder nicht. Die Duopolisten lernen aus dem Marktergebnis und können einer angebotenen Kooperationsstrategie zum eigenen Vorteil zustimmen. In dieser Situation steigt also die Wahrscheinlichkeit für eine Kooperationslösung stark an.[32]

Aufgrund der wahrgenommenen Interdependenzen im Oligopol – die Oligopolisten lernen aus ihrem Verhalten – ergibt sich oft *automatisch* ein *kollusives* Verhalten, also eine Zusammenarbeit, *ohne dass explizite* Absprachen getroffen werden. Man spricht dann von einem *kollusiven Oligopol*.

Die Praxis oligopolistischer Märkte zeigt jedoch, dass sie in der Regel keineswegs wettbewerbslos sind – man denke z. B. an die ‚Schlacht‘ der Airlines oder der Telekommunikationsunternehmen! Der Wettbewerb wird dabei entweder über die *Variation der Produktqualität*, also *Produktdifferenzierung* oder über extrem harte Preiskämpfe ausgetragen. Das Marktergebnis kann durchaus ‚optimal‘ im Sinne der bestmöglichen Versorgung der Haushalte sein, d. h. letztlich kann der Marktpreis den Grenzkosten entsprechen.

---

30 Unter einem Nash-Gleichgewicht versteht man eine Situation, in der es für keinen Spieler – bei gegebener Strategie des Gegenspielers – einen Grund für eine Veränderung seiner Strategie gibt.
31 Eine solche Situation nennt man in der Spieltheorie ein *Gefangenen-Dilemma*.
32 Siehe zur Erläuterung dieses Prozesses z. B. F. Stocker – K. Strobach: Mikroökonomik: Repetitorium und Übungen, 4. Aufl., München 2012, Kap. 9.2.2.

Im sogenannten *Bertrand-Modell* versuchen die zwei Duopolisten, die ein homogenes Gut anbieten, ihre Marktanteile zu erhöhen, indem sie die Preise, die anfänglich über den Grenzkosten liegen, zu senken beginnen. Senkt nun ein Oligopolist den Preis geringfügig unter den der anderen, dann würde er den ganzen Markt gewinnen. Der andere Oligopolist antwortet darauf mit einer weiteren Preissenkung. Dieses Spiel setzt sich solange fort, bis beide Oligopolisten den Preis auf die Grenzkosten gesenkt haben. Damit ist aber – auch im Falle nur weniger oder gar nur zweier Anbieter – ein effizientes Marktergebnis erreicht. Diesem Geschehen auf Märkten, im Speziellen auf Wettbewerbsmärkten, wollen wir uns im nächsten Kapitel näher zuwenden.

6 Angebot und Nachfrage: Information und Koordination

6.1 Koordination der arbeitsteiligen Produktion über Märkte

Die Produktivität und damit das verfügbare Güter- und Dienstleistungsvolumen kann – wie bereits festgestellt wurde – durch Arbeitsteilung, Spezialisierung und Kapitaleinsatz (Kapitalakkumulation) enorm erhöht werden. Das dann auftretende Problem ist das der *Koordination arbeitsteiliger Produktion*.

Diese Koordinationsaufgabe erfüllen im marktwirtschaftlichen System *zwei* ganz unterschiedliche *Institutionen*. Zum einen Unternehmen, in denen bei der Produktion von Gütern und Dienstleistungen die jeweils zu verrichtenden Arbeiten geplant, eingeteilt und verschiedenen Personen zugeteilt werden, in dem die Arbeitnehmer unter der Aufsicht von Vorgesetzten stehen und mehr oder weniger genaue *Anweisungen* erhalten, was wie zu tun ist. Man spricht von *unternehmensinterner* Arbeitsteilung. Es existiert hier eine *hierarchisch aufgebaute Organisation*, in der (hoffentlich) die besten Köpfe mit der Leitung, Planung und Koordination des Produktionsprozesses befasst sind.

Um die richtigen Entscheidungen treffen zu können, bedarf es neben fachlicher Kompetenz vor allem auch ausreichender *Informationen*, die zunächst einmal aufwendig beschafft und weiterverarbeitet werden müssen. Die Informationsbeschaffung bindet kostbare (knappe) Ressourcen, vor allem Zeit. Zum anderen bedarf es auch einer Organisation, die sicherstellt, dass die *von oben, zentral* erteilten Anweisungen (,Befehle') auch entsprechend ausgeführt werden. Es ist nämlich keineswegs ohne Weiteres sichergestellt, dass der Adressat der Anweisung das tut, was von ihm verlangt wird, insbesondere dann, wenn dies für ihn mit Mühen verbunden ist.[1] Deshalb müssen die Beschäftigten regelmäßig beaufsichtigt werden. Es müssen also wiederum (knappe) Ressourcen zur *Überwachung* abgestellt werden. Auch diese Ressourcen sind ebenso wie jene für die Informationsbeschaffung und -verarbeitung für Produktionszwecke natürlich nicht mehr verfügbar. In dem als ,sichtbare Hand' bezeichenbaren *Koordinationsform* ,Unternehmen' wird also die bewusste menschliche Organisation der Arbeitsteilung und die Planung des Produktionsprozesses sichtbar wie auch die damit verbundenen und keineswegs geringen Kosten.[2]

---

[1] Die sich hier ergebenden Probleme aufgrund von *asymmetrischer Informationsverteilung* sind typische *Principal-Agent*-Situationen, die in Kapitel 8.3 näher erläutert werden.

[2] Die *Existenz* von Unternehmen lässt sich – wie der Nobelpreisträger (1991) *Ronald Harry Coase (1910–2013* erstmals 1930 gezeigt hat – auf den Umstand zurückführen, dass die Abwicklung von bestimmten Transaktionen *in* Unternehmen günstiger kommt als über Märkte. Es wird *einmal* Arbeitskraft eingekauft, die dann – unter der Weisung von Vorgesetzten – im Unternehmen jederzeit zur Ver-

Die *zweite Form* der Koordination der arbeitsteiligen Produktion erfolgt nun nicht über eine hierarchische, *zentralistische* Organisation, über Anweisungen von oben, sondern durch die *dezentral* funktionierende Marktwirtschaft selbst, über *Preise.* Diese *bilden sich auf den Märkten als Ergebnis von Angebot und Nachfrage* und zeigen den Wirtschaftsakteuren an, welche wirtschaftliche Aktivität erwünscht ist und welche nicht. *Dezentral* ist diese Form der Koordination deshalb, weil sich die jeweiligen Preise einerseits auf räumlich differenzierten Märkten (verstreut über die ganze Volks- bzw. Weltwirtschaft) durch die *dezentralen Entscheidungen* der Wirtschaftssubjekte ergeben, andererseits die Wirtschaftssubjekte in Kenntnis dieser Preise und anderer nur *dezentral vorliegender Informationen* (wie beispielsweise ihrer Ressourcenaus- stattung) *selbst, also wiederum dezentral,* ihre Ressourcenverwendungsentscheidun- gen treffen.[3]

Die *Preise* übernehmen im marktwirtschaftlichen System die unverzichtbare Funktion der Koordination der weltweit ablaufenden arbeitsteiligen und hoch spezia- lisierten Produktion. Die in *Adam Smiths* berühmten *Theorem der unsichtbaren Hand* metaphorisch zu Ausdruck kommenden Zusammenhänge, werden nun konkreter: Preise sind es, die die wirtschaftlichen Aktivitäten der einzelnen wirtschaftenden Einheiten, der Haushalte und der Unternehmen, in gesellschaftlich erwünschte Bah- nen lenken. Sie verhindern damit, dass knappe Ressourcen für die Produktion von Gütern verwendet werden, die es in der Einschätzung der Konsumenten nicht wert sind, hergestellt zu werden. Solche Güter würden keinen Absatz finden und den Pro- duzenten schnell zur Änderung seiner Produktionsentscheidungen veranlassen.

> Preise stellen wichtige, hoch komprimierte Informationen dar, sie signalisieren relative Knapp- heiten und lenken damit die knappen Ressourcen in jene Verwendungsrichtungen, in denen sie, signalisiert durch die jeweilige Nachfrage der Haushalte, am dringendsten benötigt werden. Hier zeigt sich deutlich: Gewirtschaftet wird, um menschliche Bedürfnisse bestmöglich zu befriedigen. Die Marktwirtschaft ist ein System, das auf die Wünsche der Haushalte, der Konsumenten ausge- richtet ist.

Es ist der Preismechanismus, der Mechanismus von Angebot und Nachfrage, der das ökonomische Grundproblem in all seinen tausenderlei Ausprägungen – vom tägli- chen Brot bis zum iPad – durch die Bildung eines Preises konkretisiert, damit signa- lisiert, was knapp ist und was nicht, und anzeigt, *was* in welchen Mengen und *wie* es *produziert werden soll.*

---

fügung steht und für viele verschiedene Aufgaben eingesetzt werden kann. Der Bezug dieser Dienst- leistungen über Märkte kann aufgrund der mangelnden Spezifizierbarkeit der Leistung nicht bzw. nur sehr schwer möglich sein, wäre aber jedesmal mit Transaktionskosten verbunden. Unternehmungen bestehen also, weil dadurch *Transaktionskosten* gesenkt werden können.

3 Siehe dazu genauer Kap. 9.1.

Preise bilden sich auf Märkten. Sie sind immer das Ergebnis zweier entscheidender Einflussfaktoren: des Angebots und der Nachfrage. Ökonomisches Denken ist daher im Wesentlichen immer ein Denken in den Kategorien von Angebot und Nachfrage!

Übersicht 6.1: Preisfunktionen

1. **Informationsfunktion:** Preise geben die *Signale*, was man tun *soll*, um Knappheiten zu reduzieren. Alle Teilnehmer empfangen *unverzichtbare Informationen* (und senden auch solche) über den Preis. Ohne Preise ist ein effizientes Entscheiden nicht möglich.
2. **Koordinierungsfunktion:** Gleichgewichtspreise koordinieren die Pläne aller, auch der Nichtmarktteilnehmer.
3. **Anreiz-/Allokations-/Lenkungsfunktion:** Der Preis zeigt an, ob zusätzliche Mengen (bereits existenter Güter) auf den Markt zu bringen sind oder die angebotene Menge eingeschränkt werden soll. Preise sind *Knappheitsindikatoren,* die sicherstellen, dass die *Produktionsfaktoren* in die *optimale Verwendungsrichtung* geleitet werden. Freilich wird durch die Preise auch den Nachfragern angezeigt, wie sie sich an Knappheitsänderungen anpassen sollen.
4. **Innovationsfunktion/Substitutionsfunktion:** Preise zeigen an, ob *neue* Güter bzw. Technologien auf den Markt gebracht werden sollen oder nicht.
5. **Bewertungsfunktion:** In den Preisen kommt die *Wertschätzung* zum Ausdruck. Preise signalisieren die *Zahlungsbereitschaft* der Konsumenten, wobei die Nachfragekurve als *Obergrenze* der Bewertung, die Angebotskurve als *Untergrenze* (Opportunitätskosten) angesehen werden kann.
6. **Distributions-/Verteilungsfunktion:** Preise regeln, wer die arbeitsteilig produzierten Güter erhält.

Im Folgenden werden die Konzepte ‚Angebot und Nachfrage' vorgestellt, das zur *Preisbildung führende Zusammenwirken* von Angebot und Nachfrage und das zentrale marktwirtschaftliche Moment des *Wettbewerbs* sowie die daraus abzuleitenden Ergebnisse und Folgewirkungen analysiert. Damit ergibt sich ein klares Bild über die Funktionsweise von Marktwirtschaften.[4]

6.2 Die Marktnachfrage

Die Nachfrage nach Gütern und Dienstleistungen hängt auf der Ebene des einzelnen Konsumenten von den individuellen Vorlieben, Geschmäckern, Wünschen, kurz: von dem, was er *will*, sowie von dem, was er sich leisten *kann*, ab. Von den unendlich

---

4 Bei diesem Vorgehen zeigt sich besonders deutlich der Anspruch einer *Theorie:* Es geht hier nicht um ein einfaches empirisches ‚Sich-Auskennen', sondern um ein *systematisches*, also die *Zusammenhänge aufdeckendes Wissen,* womöglich in Form von *Gesetzen,* das nicht nur umfassende und überprüfbare *Erklärungen* liefert, sondern auch die *Prognose* künftiger Ereignisse erlaubt.

vielen Gütern, die tagtäglich angeboten werden, gefallen einem bestimmten Konsumenten nur wenige. Daraus lässt sich schließen: Der Geschmack, die Vorlieben – man spricht hier von den *Präferenzen der Haushalte* – bestimmen wesentlich seine *Kaufbereitschaft*. Doch dies allein reicht (leider) für eine *kaufkräftige* Nachfrage nicht aus! Zur individuellen Kaufbereitschaft muss sich stets die *Fähigkeit* gesellen, das in Frage kommende Gut auch bezahlen zu *können*; eine entsprechende finanzielle Ausstattung also, die die *Kauffähigkeit* des Haushalts sicherstellt.

Ein Haushalt wird also nur solche Güter nachfragen, die ihm entsprechenden Nutzen stiften <u>und</u> die er sich aufgrund seines Budgets auch leisten kann.[5]

6.2.1 Gesetz der Nachfrage

Treffen diese beiden Voraussetzungen zu, dann ist noch die Frage zu klären, wie der Haushalt den mengenmäßigen Konsum eines von ihm präferierten Gutes bei unterschiedlichen Preisen festlegt. Was bestimmt exakt die *nachgefragte Menge?* Und: Wie *variiert die nachgefragte Menge eines Gutes in Abhängigkeit vom Preis?* Den diesbezüglichen Zusammenhang beschreibt das bereits erwähnte *Gesetz der Nachfrage,*[6] das besagt:

> Bei steigendem Preis fällt die nachgefragte Menge eines Gutes und umgekehrt, bei fallendem Preis steigt die nachgefragte Menge.

Zwei Gründe sind für dieses Phänomen bestimmend:
1. Einmal der *Einkommenseffekt*: Dieser besagt, dass die nachgefragte Menge eines Gutes bei fallendem Preis in der Regel zunimmt, weil dadurch das *Realeinkommen* des Haushalts gestiegen ist.

   Preis eines Gutes fällt → Realeinkommen steigt, d. h. der Haushalt wird reicher → Nachgefragte Menge nach diesem Gut steigt, weil sich der Haushalt nun mehr leisten kann!

2. Von grundlegender Bedeutung für die inverse Beziehung zwischen Preis und nachgefragter Menge ist jedoch der *Substitutionseffekt,* der seine Ursache im schon erwähnten *Gesetz des fallenden Grenznutzens* hat. Der Substitutionseffekt besagt, dass die nachgefragte Menge eines Gutes deshalb bei fallendem Preis

---

5 Freilich dominiert überwiegend das Wollen das Können. Wie im Zusammenhang mit der Budgetrestriktion des Haushalts schon kurz erläutert (siehe dazu Kap. 4.1). folgen die geplanten Einnahmen den geplanten Ausgaben, den Konsumwünschen. Je mehr man zu kaufen, zu konsumieren beabsichtigt, desto größer muss auch das Arbeitsangebot bzw. die Humankapitalakkumulation sein.
6 Siehe dazu Kap. 4.1.1.

zunimmt, weil dieses Gut dadurch *im Verhältnis zu anderen Gütern günstiger* geworden ist. Es wird dann verstärkt als *Substitut* für andere, nunmehr relativ teurere Güter herangezogen, und deshalb steigt die nachgefragte Menge.

Preis eines Gutes fällt → Dieses Gut wird damit *relativ zu anderen (ähnlichen) Gütern billiger* → Nachgefragte Menge nach diesem Gut steigt.

Graphisch kann das Gesetz der Nachfrage in einem *Preis-Mengen-Diagramm*, mit dem Preis auf der vertikalen und der nachgefragten Menge auf der horizontalen Achse (siehe dazu die Nachfragekurven dreier Haushalte in Abb. 6.1) in Form einer Kurve mit fallendem Verlauf dargestellt werden. Diese zeigen nichts anderes als das eben verbal Beschriebene, nämlich, dass ein Haushalt mit fallendem Preis die nachgefragte Menge ausdehnt und umgekehrt, bei steigendem Preis die nachgefragte Menge reduziert. Man bewegt sich also *auf* der Nachfragekurve, die exakt diesen Zusammenhang zwischen Preis und nachgefragter Menge beschreibt.

Von der Nachfrage eines einzelnen Haushalts zur *Marktnachfrage* insgesamt kommt man, indem man die individuell nachgefragten Mengen der einzelnen Haushalte zu unterschiedlichen Preisen, d.s. die individuellen Nachfragen D_1, D_2 und D_3 zur Marktnachfrage D aufsummiert. Auch dies lässt sich graphisch wiederum sehr anschaulich zeigen. In Abb. 6.1 besteht die *Marktnachfrage* aus der aufsummierten Nachfrage dreier Haushalte. Man erhält also die *Marktnachfragekurve,* indem man die zu den unterschiedlichen Preisen nachgefragten Mengen der Haushalte *horizontal addiert.*

Im Folgenden wird angenommen, dass so viele Haushalte als Nachfrager auf dem Markt auftreten, dass kein einzelner einen Einfluss auf den Marktpreis ausüben kann. Alle Nachfrager passen sich dann mit ihren Mengen an die vom Markt gegebenen Preise an. Sie sind also – genau so wie Wettbewerbsunternehmen – Preisnehmer und Mengenanpasser.

> Die Marktnachfrage stellt den funktionalen Zusammenhang zwischen dem Preis und der insgesamt nachgefragten Menge eines Gutes dar. In der Regel besteht ein negativer Zusammenhang: Je geringer der Preis eines Gutes, desto größer die nachgefragte Menge. Da diese Beziehung fast immer empirisch bestätigt werden kann, spricht man auch vom Gesetz der Nachfrage. Graphisch kommt dies im Preis-Mengen-Diagramm durch die negativ geneigte Marktnachfragekurve zum Ausdruck.

Es gilt also:

$$\text{wenn } P\uparrow \quad \rightarrow \quad Q_D\downarrow \quad \text{wenn } P\downarrow \quad \rightarrow \quad Q_D\uparrow$$

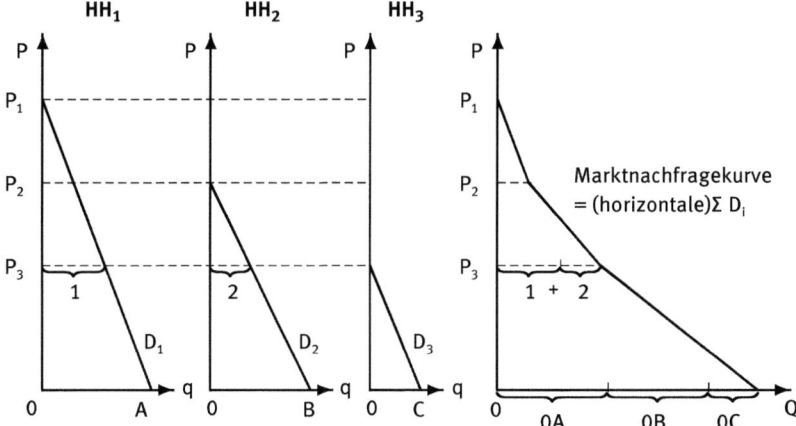

Abb. 6.1: Herleitung der Marktnachfragekurve aus den individuellen Nachfragekurven der Haushalte

6.2.2 Preiselastizität der Nachfrage*

Während das Gesetz der Nachfrage eine *qualitative* Aussage darstellt, macht die *Preiselastizität der Nachfrage* – auch (*direkte* bzw. *eigene*) *Preiselastizität der Nachfrage* – genaue *quantitative* Aussagen über die hier bestehenden funktionalen Zusammenhänge, die vor allem auch für die *Preispolitik* der Unternehmung, also für die Entscheidung über den zu verlangenden Preis für ein Produkt bzw. über geplante Preisänderungen, von zentraler Bedeutung sind.

> Die (direkte/eigene) Preiselastizität der Nachfrage gibt die prozentuelle Änderung der nachgefragten Menge infolge einer prozentuellen Änderung des Preises eines Gutes an. Sie sagt aus, wie stark sich die nachgefragte Menge infolge einer Preissenkung erhöht bzw. infolge einer Preiserhöhung reduziert.

Als Maß für die Reagibilität oder Sensitivität der nachgefragten Menge auf Preisänderungen misst die (Preis-)Elastizität der Nachfrage die relative (prozentuelle) Änderung der nachgefragten Menge infolge einer (sie bewirkenden) relativen (prozentuellen) Änderung des Marktpreises:[7]

---

7 Diese Sensitivität wird nicht als absolute Veränderung, als ΔQ angegeben, sondern als relative Veränderung, als $\frac{\Delta Q}{Q}$, die der sie bewirkenden relativen Preisänderung $\frac{\Delta P}{P}$ gegenübergestellt wird. Das Rechnen in absoluten Größen hätte wenig Aussagekraft. Ein Preisanstieg um wenige Cents macht viel aus bei billigen Gütern wie Bananen, Zeitungen, Gebäck oder Mineralwasser und wenig bzw. ‚nichts' bei teuren wie Autos, Häusern, Computer etc.

$$\varepsilon = \frac{\%\,\text{uelle Veränderung der nachgefragten Menge}}{\%\,\text{uelle Veränderung des Preises dieses Gutes}}$$

$$\varepsilon = \frac{\Delta Q/Q}{\Delta P/P} = \frac{\Delta Q}{\Delta P}\frac{P}{Q}$$

Je nach der Größe des konkreten Elastizitätswertes, in der Regel wird er als Absolutwert angegeben, spricht man von einer *elastischen, unelastischen* oder *isoelastischen* ‚Nachfrage' (an einem bestimmten Punkt bzw. in einem bestimmten Bereich der Nachfragekurve[8]). Abb. 6.2 zeigt drei mögliche Fälle der Preiselastizität der Nachfrage, wobei der Zusammenhang zwischen der Preiselastizität der Nachfrage und der *Veränderung der Konsumausgaben* der Haushalte für dieses Gut deutlich wird, die natürlich den *Erlösen der Unternehmen* entsprechen müssen.

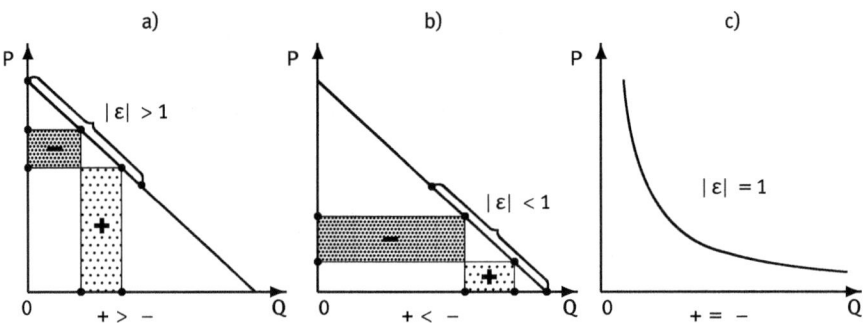

Abb. 6.2: Unterschiedliche Preiselastizitäten der Nachfrage

1. Eine *elastische* ‚Nachfrage' liegt vor, wenn eine Senkung des Preises zu einer überproportionalen Ausweitung der nachgefragten Menge führt, sodass die *Ausgaben der Haushalte für dieses Gut steigen.* In Abb. 6.2a ist das mit einem Plus markierte Rechteck größer als das mit einem Minus markierte Rechteck. Der Absolutwert der Preiselastizität der Nachfrage ist in diesem Fall größer als eins: $|\varepsilon| > 1$. Ein Unternehmen kann in diesem Fall durch eine Preissenkung eine Umsatzsteigerung erzielen, was sich insbesondere bei überwiegend fixen Kosten (z. B. Zeitungen,

---

8 Die Elastizität ist keinesfalls mit der Steigung der Nachfragekurve zu verwechseln. Steigung und Elastizität sind nicht ident. Das zeigt auch ein Blick auf die Formeln: Die Steigung einer Nachfragekurve ist gegeben durch die Ableitung der Preis-Absatz-Funktion nach Q, also $\frac{\partial P}{\partial Q}$. Der erste Term der Elastizitätsformel $\frac{\partial Q}{\partial P}$ ist also der reziproke Wert der Steigung der Nachfragekurve. Der zweite Term der Elastizitätsformel gibt jedoch den *Punkt auf* der Nachfragekurve an, *an dem* die Elastizität gemessen wird. Dieser Umstand kommt auch in der Bezeichnung *Punkt*elastizität zum Ausdruck, nämlich dass sich diese Elastizität nur auf einen ganz bestimmten Punkt auf der Nachfragekurve bezieht. (Es ist daher nicht ganz richtig zu sagen, die Nachfrage (= Nachfragekurve) sei elastisch oder unelastisch, weil sich die Elastizität ja immer nur auf einen bestimmten Punkt der Nachfragekurve bezieht.

Pay-TV-Sender, Softwareprodukte, Schwimmbad und Schilift) lohnen kann. Die regelmäßig auf Preiserhöhung gerichtete Preispolitik von Bahn und Post ist aus dieser Perspektive kontraproduktiv, der Umsatz fällt. Da die Kosten unverändert bleiben, wird der Verlust dieser Unternehmen im Fall einer Preiserhöhung gesteigert anstatt gesenkt.

2. Dagegen liegt in Abb. 6.2b eine *unelastische* ‚Nachfrage' vor, weil eine Preisreduktion nur zu einem unterproportionalen Anstieg der nachgefragten Menge führt, sodass die *Konsumausgaben für dieses Gut fallen* und damit freilich auch der Erlös des dieses Gut anbietenden Unternehmens. Der Absolutwert der Elastizität ist hier kleiner als eins: $|\varepsilon| < 1$. Ein Unternehmen kann in diesem Fall durch eine *Preiserhöhung* eine Umsatzsteigerung erzielen. Weil die nachgefragte Menge sinkt, muss auch weniger produziert werden, weshalb die Kosten fallen. Man gewinnt also in dieser Situation zweimal: Zum einen durch einen höheren Umsatz, zum anderen durch geringere Kosten. Ein gewinnmaximierendes Unternehmen kann daher niemals im unelastischen Bereich ihrer Nachfrage operieren.

3. Schließlich zeigt Abb. 6.2c den Spezialfall einer *einselastischen* Nachfrage: Die prozentuelle Mengenänderung entspricht hier (in jedem Punkt der Nachfragekurve – es handelt sich um den Spezialfall einer gleichseitigen Hyperbel) – exakt der prozentuellen Preisänderung. Preis- und Mengeneffekt heben sich also gegenseitig auf, damit *bleiben die Konsumausgaben der Haushalte für dieses Gut unverändert*. Der Absolutwert der Preiselastizität der Nachfrage ist *in jedem Punkt der Nachfragekurve* in Abb. 6.2c exakt eins: $|\varepsilon| = 1$.

Zu den *zentralen Bestimmungsgründen der Preiselastizität der Nachfrage* zählen vor allem die *Substituierbarkeit* eines Gutes: Je leichter ein Gut durch ein anderes ersetzt (substituiert) werden kann, desto höher ist seine Preiselastizität, desto empfindlicher reagiert die nachgefragte Menge auf Preisveränderungen. Wichtig ist schließlich die *Betrachtungsperiode*: Je länger die Zeitspanne, die zur Substitution eines Gutes zur Verfügung steht, desto höher ist seine Preiselastizität. Mit der Zeit lernen die Leute, sich umzuschauen. Nach Substituten zu suchen, braucht Zeit. Schließlich zählt auch der *Anteil der Ausgaben für ein Produkt an den Gesamtausgaben*: Je höher dieser Anteil, desto höher die Preiselastizität.

Neben der (eigenen/direkten) Preiselastizität der Nachfrage ist noch die *indirekte* oder *Kreuzpreiselastizität* von Bedeutung: Die Nachfrage eines Gutes ist ja unter anderem auch vom Preis *anderer* Güter abhängig.

> Die indirekte oder Kreuzpreiselastizität gibt an, wie sich die nachgefragte Menge nach einem Gut *X* ändert, wenn der Preis eines anderen Gutes *Y* variiert. Sie zeigt damit wichtige Interdependenzen zwischen diesen Gütern auf.

$$\upsilon = \frac{\frac{\Delta X}{X}}{\frac{\Delta P_Y}{P_Y}} = \frac{\Delta X}{\Delta P_Y}\frac{P_Y}{X}$$

Ist die Kreuzpreiselastizität *positiv*, dann handelt es sich bei den betrachteten Gütern um *Substitutionsgüter*. Steigt also der Preis von Speiseeis an, dann steigt die Nachfrage nach Erfrischungsgetränken. Erfrischungsgetränke sind ein Substitut für Speiseeis. Umgekehrt führt ein Anstieg des Preises von Speiseeis zu einem Rückgang der Nachfrage nach Eiswaffeln. Im Falle von *Komplementärgütern* ist also die Kreuzpreiselastizität *negativ*. Dasselbe gilt für den Preis von Autos und die Nachfrage nach Benzin, von Wohnungen und Einrichtungsgegenständen.

6.2.3 Nicht-Preis-Einflussfaktoren der Nachfrage

Auf der Nachfragekurve wird nur der Zusammenhang zwischen Preis und nachgefragter Menge dargestellt.[9] Es gibt jedoch noch eine Fülle anderer bedeutsamer *Bestimmungsgründe der Nachfrage*, die man unter *Nicht-Preis-Einflussfaktoren* zusammenfasst und die die *Lage der Nachfragekurve* beeinflussen. Die wichtigsten dieser Faktoren sind die schon erwähnten *Präferenzen* und das *Einkommen* der Nachfrager. Hinzu kommen deren *Erwartungen hinsichtlich künftiger Entwicklungen* sowie schließlich noch die *Preise anderer Güter*. Kommt beispielsweise ein bestimmtes Gut außer Mode, es verändern sich also die Präferenzen, so sinkt dessen Nachfrage, was eine *Linksverschiebung der Nachfragekurve* bedeutet. Zu jedem Preis wird jetzt eine geringere Menge nachgefragt. Steigt das Einkommen der Nachfrager, so kann in der Regel auch ein Ansteigen der Nachfrage erwartet werden, was die Nachfragekurve nach rechts verschiebt. Zu jedem Preis wird jetzt eine größere Menge nachgefragt. Bewegungen *auf* der Nachfragekurve gemäß dem *Gesetz der Nachfrage* sind also streng von *Verschiebungen* der Nachfragekurve zu unterscheiden, die durch die *Nicht-Preis-Einflussfaktoren* ausgelöst werden. Auf diese Einflussfaktoren wird unten (siehe Kap. 6.6) noch näher eingegangen.

---

9 Es liegt in der Logik der zweidimensionalen Abbildung des Preis-Mengen-Diagramms, dass eine dort eingezeichnete Kurve nichts anderes darstellen kann als die Beziehung zwischen den auf den Achsen abgetragenen Variablen, hier also des Preises und der nachgefragten Menge. Alle übrigen Einflussfaktoren werden für eine bestimmte Nachfragekurve als gegeben, d. h. *ceteris paribus*, angenommen.

6.3 Das Marktangebot

Ähnlich wie bei der Nachfrage des einzelnen Haushalts liegen die Dinge auf der Angebotsseite beim Angebot des einzelnen Unternehmens. Zwar ist auch hier das Angebot eines Gutes bestimmt durch die *Fähigkeit* (damit ist die Produktionsfunktion, also die grundsätzliche technologische Möglichkeit der Produktion eines Gutes gemeint) sowie die *Bereitschaft* der Produzenten, das in Frage stehende Gut zu produzieren und anzubieten. Die *Bereitschaft* dazu ist gegeben, wenn durch die Produktion eines Gutes ein *Gewinn* in Aussicht steht. Dieser ist wiederum nur möglich, wenn kostenseitig entsprechend günstige Möglichkeiten der Produktion des Gutes existieren, wenn also eine *Technologie* existiert, die es den Anbietern ermöglicht, das Gut herzustellen und dabei einen *Gewinn* zu machen. Ob ein Gut produziert wird oder nicht, hängt also vom Preis ab, der dafür am Markt erzielt werden kann. Ist dieser hoch genug, um nach Abzug der Produktionskosten (bestimmt durch die Preise der Inputfaktoren und die Technologie) einen Gewinn zu erzielen bzw. zumindest die Opportunitätskosten zu decken, dann wird produziert, ansonsten nicht.

6.3.1 Gesetz des Angebots

Die zu unterschiedlichen Preisen angebotenen Mengen ergeben sich aus den *Gewinnmaximierungsbemühungen der Unternehmen*. Und dabei gilt kurzfristig regelmäßig das *Gesetz des fallenden Grenzertrages*.[10] Es besagt, dass *kurzfristig*, also bei gegebener Betriebsgröße, die Produktion *zusätzlicher* Outputeinheiten ab einer bestimmten Menge nur zu steigenden Stückkosten möglich ist. Mit zunehmender Produktionsmenge steigen also schließlich die Stückkosten, d.s. die Kosten pro Produktionseinheit, an. *Es sind also höhere Preise notwendig, damit mehr produziert und angeboten wird*. Dies bedeutet, graphisch gesehen (siehe Abb. 6.3), *positiv steigende Angebotskurven* der vielen einzelnen Anbieter, die hier keinerlei Einfluss auf den Marktpreis haben.[11]

Vom Angebot des *einzelnen* Unternehmens zum *Marktangebot insgesamt* kommt man, indem man die von den einzelnen Unternehmen zu unterschiedlichen Preisen angebotenen Mengen aufsummiert. Dies lässt sich graphisch wiederum sehr anschaulich zeigen. In Abb. 6.4 besteht das Marktangebot aus dem aufsummierten Angebot zweier Unternehmen. Die *Marktangebotskurve* erhält man, indem die zu den unterschiedlichen Preisen angebotenen Mengen der einzelnen Unternehmen S_1 und S_2 *horizontal aufsummiert werden*.

---

10 Siehe dazu Kap. 4.2.3.1.
11 Dieser Zusammenhang gilt kurzfristig. Zur Reaktion des Angebots im Zeitablauf, also mittel- bis langfristig siehe unten Pkt. 6.7.

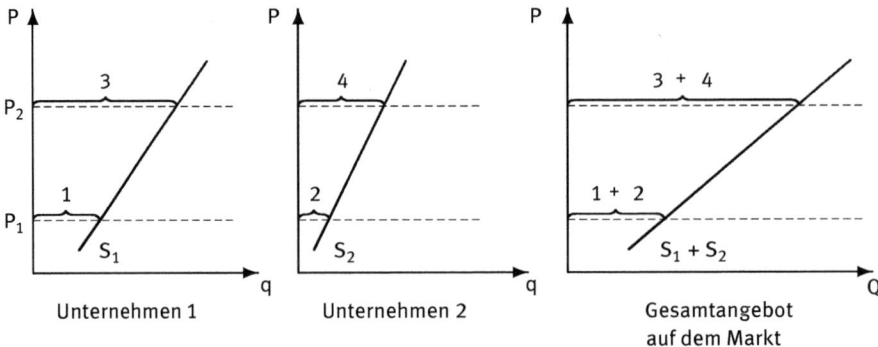

Abb. 6.3: Herleitung der Marktangebotskurve aus den individuellen Angebotskurven zweier Unternehmen

> Das Marktangebot stellt die funktionale Beziehung zwischen dem Preis und der insgesamt angebotenen Menge eines Gutes dar. Hier besteht in der Regel ein positiver Zusammenhang: Je höher der Preis, desto höher die angebotene Menge (positiver Anstieg der Angebotskurve). Da dieser Zusammenhang in der Empirie immer wieder bestätigt wird, spricht man auch vom ‚Gesetz des Angebots'.

6.3.2 Nicht-Preis-Einflussfaktoren des Angebots

Völlig analog zur Nachfrageseite gilt beim Angebot: Während sich der Preis eines Gutes unmittelbar auf die *angebotene Menge* auswirkt:

$$\text{wenn } P \uparrow \quad \rightarrow \quad Q_S \uparrow \quad \text{wenn } P \downarrow \quad \rightarrow \quad Q_S \downarrow$$

gibt es noch eine Fülle anderer bedeutsamer *Bestimmungsgründe des Angebots*, die man unter *Nicht-Preis-Einflussfaktoren* zusammenfasst und die die *Lage der Angebotskurve* beeinflussen bzw. bestimmen. Für eine bestimmte Marktangebotskurve, die ja genau den Zusammenhang zwischen Preis und angebotener Menge beschreibt, sind das die *ceteris-paribus-Faktoren*. Die wichtigsten dieser Faktoren sind die *Anzahl der Anbieter,* die *Preise der Produktionsfaktoren* und die *Technologie*. Hinzu kommen noch die *Preise anderer Güter* sowie die *Erwartungen der Anbieter hinsichtlich künftiger Entwicklungen*. Kommt es zu einer Verknappung und damit einer Verteuerung eines Produktionsfaktors, so verringert sich das Angebot, was eine Verschiebung der Angebotskurve nach oben bedeutet. Zu jedem Preis wird jetzt eine geringere Menge angeboten. Technologische Verbesserungen haben den gegenteiligen Effekt. Sie verschieben die Angebotskurve nach rechts unten: Zu jedem Preis wird jetzt eine höhere Menge angeboten.

Auch hier sind also die Bewegungen *auf* der Angebotskurve gemäß dem ‚*Gesetz des Angebots*' streng von *Verschiebungen* der Angebotskurve zu unterscheiden, die durch die *Nicht-Preis-Einfluss-Faktoren* ausgelöst werden. Auf diese Einflussfaktoren wird unten (siehe Kap. 6.6) noch näher eingegangen.

6.4 Angebot und Nachfrage = Markt, Preisbildung und Koordination

Angebot und Nachfrage gehören zusammen wie Schraube und Mutter, das Angebot wird auf eine Nachfrage hin erstellt, die Nachfrage orientiert sich am zur Auswahl stehenden Angebot. Unter einem *Markt* versteht man das *Zusammentreffen von Angebot und Nachfrage* – was nicht notwendigerweise ein bestimmter Ort sein muss, denke man doch nur an die Möglichkeiten der modernen Kommunikation, vor allem auch des Internet mit seinen elektronischen Marktplätzen und Auktionshäusern. Allgemein könnte man also den Markt als den *Kontext* definieren, *in dem sich der Austausch von Gütern und Dienstleistungen vollzieht.*

Anschaulich dargestellt wird ein Markt bzw. das Marktgeschehen in einem *Markt-* oder *Angebots-Nachfrage-Diagramm*, in dem Angebot und Nachfrage in Form der Angebots- und Nachfrage*kurven* in *ein* Preis-Mengen-Diagramm zusammengelegt werden (siehe Abb. 6.4).[12] Dadurch kann das Zusammenwirken von Angebot und Nachfrage für die Preisbildung und der *Mechanismus der Koordination* von (vielen Millionen von) individuellen Entscheidungen – zunächst für die kurze Frist, d. h. bei gegebener Betriebsgröße – gezeigt werden.

Die *Marktnachfragekurve D*, entstanden durch die (horizontale) Aggregation der individuellen Nachfragekurven, zeigt nun – wie erläutert – den Zusammenhang zwischen Preis als *unabhängiger* Variable und der gesamten nachgefragten Menge als *abhängiger* Variable. Damit zeigt die Marktnachfragekurve *D* an, welche Mengen eines bestimmten Gutes *Q* die Nachfrager in einem bestimmten Zeitraum zu unterschiedlichen Preisen kaufen *wollen*. Die Nachfragekurve zeigt also jene Mengen eines Gutes, die alle Nachfrager zu unterschiedlichen Preisen zu kaufen *planen*. Die Nachfragekurve *D* ist negativ geneigt. Es gilt das *Gesetz der Nachfrage*: Je *geringer* der Preis, desto *höher* die nachgefragte Menge.

Die *Marktangebotskurve S*, entstanden durch die (horizontale) Aggregation der individuellen Angebotskurven aller miteinander in Konkurrenz stehender Anbieter, zeigt den Zusammenhang zwischen der *unabhängigen* Variable Preis und der *abhängigen* Variable angebotene Menge. Damit zeigt die Marktangebotskurve *S* an, welche

---

12 Diese Darstellung geht auf den berühmten englischen Nationalökonomen *Alfred Marshall* (1842–1924) zurück, der als einer der prominentesten Vertreter der englischen *neoklassischen Schule* gilt und die Grundlagen der modernen Ökonomik erarbeitet hat.

Mengen eines spezifizierten Gutes Q die Anbieter in einer bestimmten Periode zu den unterschiedlichen Preisen verkaufen *wollen*. Auch sie zeigt damit *Pläne*, diesmal der Anbieter, d. h. jene Mengen, die diese zu unterschiedlichen Preisen anzubieten *planen*. In Abb. 6.4, die eine *kurzfristige* Marktsituation zeigt, hat die Angebotskurve den üblichen, ansteigenden Verlauf.[13] Die angebotene Menge nimmt also mit steigendem Preis zu, d. h. dass die Anbieter nur dann bereit sind, die angebotene Menge zu erhöhen, wenn sie einen höheren Preis erzielen können.

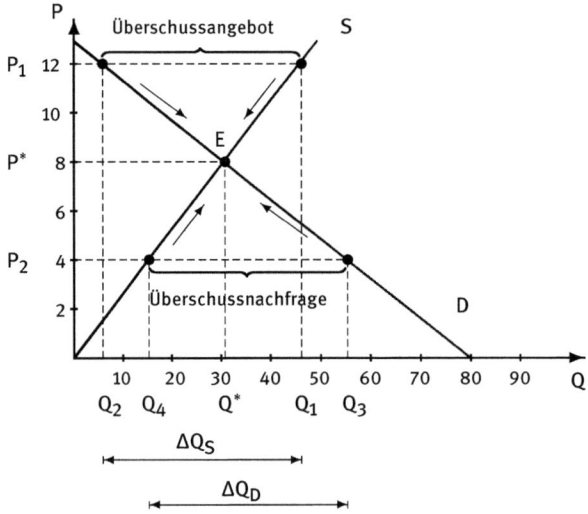

Abb. 6.4: Statisches Gleichgewicht im einfachen Angebots-Nachfrage-Schema

Der *Schnittpunkt* von Angebots- und Nachfragekurve E (Abkürzung für *equilibrium*) markiert nun das *Marktgleichgewicht*, gekennzeichnet durch Gleichgewichtspreis P^* und Gleichgewichtsmenge Q^*. In diesem Punkt entspricht die angebotene Menge der nachgefragten, d. h. *exakt* das, was zum Gleichgewichtspreis P^* angeboten wird, wird auch nachgefragt. *Damit gehen alle Pläne in Erfüllung und weil das, was am Markt angeboten wird, auch nachgefragt wird, spricht man von Markträumung.*

6.4.1 Die einfachste formale Darstellung von Angebot und Nachfrage*

Diese hier verbal beschriebenen Zusammenhänge lassen sich auch formal an einem einfachen Beispiel darstellen. Die Marktangebots*funktion* Q_S, die sich aus der Summation der individuellen Angebotsfunktionen der einzelnen Unternehmen ergibt, lautet

---

13 Es gilt ja das Gesetz des fallenden Grenzertrages.

allgemein:

$$Q_S = Q_S(P_Q, P_i^I)$$

Die angebotene Menge ist also eine Funktion des Preises dieses Gutes sowie der Preise der bei der Produktion benötigten Produktionsfaktoren (Inputs I_i). Bleiben letztere unverändert, also ceteris paribus, ist die angebotene Menge allein eine Funktion des Preises des Gutes, also

$$Q_S = Q_S(P_Q)$$

und konkret für das Beispiel:

$$Q_S = 4P$$

Die Marktnachfrage*funktion* Q_D, die sich aus der Summation der individuellen Nachfragefunktionen der einzelnen Haushalte ergibt, lautet allgemein:

$$Q_D = Q_D(P_Q, P_{\text{and}}, Y, PRAEF)$$

Die nachgefragte Menge ist also eine Funktion des Preises dieses Gutes, der Preise anderer Güter (P_{and}) sowie des Einkommens (Y) und der Präferenzen ($PRAEF$). Bleiben diese ‚anderen' Preise, Einkommen und Präferenzen unverändert, also ceteris paribus, so ist die nachgefragte Menge allein eine Funktion des Preises dieses Gutes, also

$$Q_D = Q_D(P_Q)$$

und konkret im Beispiel:

$$Q_D = 80 - 6P$$

Das Gleichgewicht dieses Marktes, also Gleichgewichtspreis und Gleichgewichtsmenge, lassen sich berechnen, indem Angebots- und Nachfragefunktion gleichgesetzt werden:

$$Q_S = Q_D$$
$$4P = 80 - 6P$$
$$10P = 80$$
$$P^* = 8$$

In eine der beiden Funktionen eingesetzt, ergibt das:

$$Q_S = 4 \times 8$$
$$Q_S^* = 32$$
$$Q_D = 80 - 6 \times 8$$
$$Q_D^* = 32$$

Zum Gleichgewichtspreis $P^* = 8$ wird damit exakt die Gleichgewichtsmenge $Q^* = 32$ angeboten *und* auch nachgefragt.

6.4.2 Der Prozess zum Gleichgewicht

Um die Funktionsweise von einfachen Marktprozessen zu verstehen, geht man am besten von Ungleichgewichtssituationen aus. So ist bei einem über dem Gleichgewichtspreis liegenden Preis P_1 die angebotene Menge, d. h. jene Menge, die die Anbieter zu diesem Preis verkaufen *wollen*, im betrachteten Zeitraum Q_1, während die nachgefragte Menge, d. h. jene Menge, die die Nachfrager zu diesem Preis kaufen *wollen*, nur Q_2 ausmacht. Die Differenz $\Delta Q_S = Q_1 - Q_2$ ist das *Überschussangebot*. Bei diesem Preis übersteigen die *Verkaufswünsche* der Anbieter die *Kaufwünsche* der Nachfrage. Deshalb werden nicht alle Anbieter zu diesem Preis auch Kunden finden können. Ihre Pläne gehen damit *nicht* in Erfüllung. Um die Ware loszuwerden (um Lagerkosten zu vermeiden), werden sie deshalb ihre Preise reduzieren. Indem sie den Preis reduzieren, finden sich neue Nachfrager. Denn: Wenn der Preis sinkt, steigt – entsprechend dem Gesetz der Nachfrage – die *nachgefragte* Menge (Bewegung *auf* der Nachfragekurve nach unten).

> Im Falle eines Überschussangebotes besteht daher ein Druck auf den Preis nach unten in Richtung auf den Gleichgewichtspreis P*. Durch das Fallen des Preises nimmt die nachgefragte Menge entsprechend der Nachfragekurve zu, die angebotene Menge nimmt entsprechend der Angebotskurve ab.

Liegt der Preis jedoch unter dem Gleichgewichtspreis P^*, beispielsweise beim Preis P_2, dann werden die Nachfrager *nicht* das kaufen können, was sie bei diesem Preis kaufen *wollen*, nämlich die Menge Q_3. Die Anbieter sind nämlich bei dem niedrigen Preis P_2 nur bereit, die Menge Q_4 anzubieten. Die Differenz $\Delta Q_D = Q_3 - Q_4$ ist die *Überschussnachfrage*. Einige Nachfrager, die zu diesem geringen Preis kaufen wollten, gehen hier also leer aus.

Damit stellt sich die interessante Frage, *welche* Nachfrager in den Besitz der zu diesem Preis (P_2) angebotenen Güter kommen? *Andere Zuteilungsmechanismen als der Preis müssen hier einsetzen.* Ein alternativer Zuteilungsmechanismus wäre ‚Wer zuerst kommt, mahlt zuerst!' Das ‚Zuerst-Kommen' kann dabei eine Frage des Glücks oder der besseren Information, freilich auch von guten Beziehungen sein.

Eine Situation der Überschussnachfrage macht ein zentrales ökonomisches Problem deutlich, nämlich das der *unumgänglichen Zuteilung arbeitsteilig produzierter Güter*. Es geht um die Lösung der Frage, *für wen produziert werden soll?* Dem marktwirtschaftlichen Zuteilungsmechanismus zufolge, bekommt derjenige ein Gut, *der den geforderten Kaufpreis zu zahlen bereit ist und auch bezahlen kann,* der es sich also auch leisten kann! Letzteres ist nun unter marktwirtschaftlichen Bedingungen dann der Fall, wenn man *selbst im Stande war, Leistungen zu erbringen, die andere einzutauschen, also zu kaufen bereit sind.* Weiters setzt diese Zuteilungsregel für knappe Güter ein Marktgleichgewicht voraus. Denn im eben beschriebenen Ungleichgewicht, einer aufgrund des niedrigen Preises bestehenden Überschussnachfrage, gilt sie nicht. In dieser Situation, d. h. zum Preis P_2 wollen die Nachfrager mehr kaufen, als angeboten wird. Die Pläne der Marktteilnehmer sind also hier nicht kompatibel. *Steigt der Preis nicht*, beispielsweise weil er nicht steigen *darf*, da eine *gesetzliche Höchstpreisregelung* besteht, dann können die Nachfrager nicht das tun, was sie wollen, nämlich die Menge Q_3 kaufen. Die hier zum Ausdruck kommende Knappheit kann in diesem Fall auch nicht beseitigt werden, denn zum gesetzlichen Höchstpreis von P_2 sind die Anbieter nicht bereit, mehr als Q_4 zu produzieren und anzubieten. Wird der Preis als Zuteilungsregel nicht zugelassen, dann müssen andere Zuteilungsmechanismen gefunden werden.

Doch welche? Eine Möglichkeit wäre die *Rationierung* eines knappen Gutes, das über Bezugsscheine nach bestimmten Kriterien zugeteilt wird. In Notzeiten wird auf dieses Mittel zurückgegriffen. So wird beispielsweise jedem Bewohner, unabhängig von seiner Kaufkraft, eine bestimmte Menge Mehl, Brot oder Eier (pro Zeiteinheit) über entsprechende Bezugsscheine garantiert. In außerordentlichen Notzeiten ist dies gewiss ein gerechtfertigter Zuteilungsmechanismus, der allerdings den Einsatz planwirtschaftlicher (Zwangs-)Instrumente auch auf anderen Ebenen erfordert.

Ein denkbarer Zuteilungsmechanismus wäre beispielsweise auch die (rein zufallsbestimmte) Verlosung der arbeitsteilig produzierten Güter. Ob dies ‚gerecht' wäre, muss bezweifelt werden. Nicht zu bezweifeln ist in diesem Fall jedoch der Umstand, dass es bei dieser Verteilungsregel bald nichts mehr zu verlosen gäbe! Warum? Wenn die Gesellschaftsmitglieder realisieren, dass ihr Wohlstand ausschließlich von Zufallsprozessen abhängig ist, dann besteht keinerlei *Anreiz* zur individuellen Leistung, zur individuellen Anstrengung mehr, denn es wird ja nicht mehr entsprechend der individuellen Leistung belohnt. Der Output der Volkswirtschaft wird deshalb dramatisch fallen, und damit wird es nichts mehr zu verlosen geben. Es sei denn, man droht mit Gewalt, wenn man den zugewiesenen Produktionsplan nicht erfüllt. Das aber wiederum macht eine enorme Organisation und Kontrolle notwendig, die knappe Mittel absorbiert, die für produktive Zwecke nicht mehr zur Verfügung stehen.

Der Markt *reagiert* in einer Situation der Überschussnachfrage durch eine *Veränderung des Preises*. Einige Nachfrager werden in dieser Situation nämlich beginnen, um das knappe Angebot zu konkurrieren, was teilweise nur dadurch gelingen kann, den Produzenten höhere Preise zu bieten. So beginnen also die Nachfrager – Wettbewerbsprozesse finden immer *auf* den einzelnen Marktseiten statt –, den Preis in die Höhe zu treiben, woraufhin die angebotene Menge entsprechend der Angebotskurve zu-, die nachgefragte Menge jedoch entsprechend der Nachfragekurve abnimmt.

Bei einer Überschussnachfrage besteht ein Druck auf den Preis nach oben in Richtung auf den Gleichgewichtspreis P^*. Durch das Steigen des Preises nimmt die nachgefragte Menge entsprechend der Nachfragekurve ab, die angebotene Menge entsprechend der Angebotskurve zu.

Ein Gleichgewicht wird also, ausgehend von einem Nachfrageüberschuss, dadurch erreicht, dass durch einen Preisanstieg die *angebotene Menge steigt und die nachgefragte Menge sinkt*. *Voraussetzung*, um zu einem Gleichgewicht zu kommen, ist jedenfalls, dass der Preis steigt. Steigt er nicht – weil er nicht steigen darf – dann *bleibt es bei dem Nachfrageüberschuss*. Es bleibt dann jedoch die brisante Frage zu lösen, wer bei diesem Preis zum Zug kommt und wer nicht.

Solange also einer dieser Prozesse in Kraft ist, was eine rege Konkurrenz, d. h. in der Regel eine Vielzahl von Anbietern und Nachfragern auf beiden Marktseiten voraussetzt, ist noch kein Marktgleichgewicht erreicht. Jedoch erkennt man, dass die Marktkräfte eine *Tendenz zum Gleichgewicht hin* einleiten. Und das ist das Entscheidende!

> Ein Gleichgewicht herrscht auf einem Markt nur im Schnittpunkt E zwischen Angebots- und Nachfragekurve. Nur in diesem Punkt entspricht die angebotene Menge exakt der nachgefragten Menge, nur bei diesem Preis gehen die Pläne aller Marktteilnehmer in Erfüllung, d. h. alle *können* das tun, was sie *wollen*! Der Marktprozess arbeitet also auf eine Situation hin, in der alle das tun können, was sie zum Gleichgewichtspreis auch tun wollen. Zum vom Markt selbst generierten Gleichgewichtspreis fallen also ‚Wollen' und ‚Können' zusammen. Das Koordinationsproblem ist damit gelöst.

Das Entscheidende am Gleichgewichtskonzept ist nun *keineswegs* die tatsächlich modellhafte Verwirklichung eines Marktgleichgewichtszustandes in der ‚Realität'. Diese ist ja vielmehr durch ständige *Ungleichgewichte* gekennzeichnet, die ihrerseits die Folge fortlaufender *Änderungen von Angebot und Nachfrage* sind (was Verschiebungen der Kurven bedeutet). Gleich anschließend wird das ausführlich besprochen werden.

Entscheidend ist vielmehr eine *Tendenz der Marktkräfte zu einem Gleichgewicht hin*, dessen Preis-Mengen-Kombinationen über oder unter dem gegenwärtigen Marktzustand liegen. Genau das ist ja eine der entscheidenden Leistungen der Marktkräfte: Sie arbeiten trotz der ständigen Veränderungen von Angebot und Nachfrage in der Regel auf ein Gleichgewicht hin und koordinieren dadurch die individuellen Entscheidungen von Millionen von ökonomischen Akteuren.

Nur mithilfe dieses Gleichgewichtskonzeptes kann man überhaupt zuverlässige Vorhersagen über künftige Preis- und Mengenentwicklungen treffen. Was hier zählt, ist einzig und allein die *Brauchbarkeit* des Gleichgewichtskonzepts. Es muss zur Erklärung und Vorhersage von Preis- und Mengenentwicklungen auf Märkten taugen. Genau das wird im folgenden Abschnitt gezeigt werden.

6.5 Realität der Marktwirtschaft: Ständige Veränderungen von Angebot und Nachfrage

Änderungen des Angebots und der Nachfrage bedeuten in der graphischen Darstellung *Verschiebungen* der entsprechenden Kurven. Diese gehen ja auf Veränderungen der *Nicht-Preis-Einflussfaktoren* zurück, die die *Lage* der Kurven bestimmen. *Erhöht* sich die *Nachfrage,* dann ist das gleichbedeutend mit einer *Verschiebung der Nachfragekurve* nach *rechts. Vermindert* sich das *Angebot,* dann verschiebt sich die *Angebotskurve* nach *links.* In all den Fällen, in denen sich Änderungen bei den *Nicht-Preis-Einflussfaktoren* ergeben, *verschieben* sich die entsprechenden Kurven.[14]

Mithilfe der *komparativen Statik,* des Vergleichs zweier Gleichgewichtssituationen, die durch unterschiedliche Konstellationen von Angebot und Nachfrage charakterisiert sind, gelingt es auf einfache Weise, *künftige Markttendenzen,* d. h. Veränderungen von Preisen und Mengen auf bestimmten Märkten, abzuschätzen und vorherzusagen. Kann ein erfolgreiches Unternehmen auf diesbezügliche Überlegungen und Analysen verzichten?

Betrachtet man jeweils nur *eine* Veränderung, entweder eine des Angebots oder der Nachfrage, *ceteris-paribus,* d. h. alle anderen Gegebenheiten bleiben unverändert, dann kann man vier Fälle unterscheiden:

1. Eine *Erhöhung der Nachfrage,* beispielsweise nach Wohnungen im Zuge eines allgemeinen Konjunkturaufschwunges, bedeutet eine *Verschiebung der Nachfragekurve nach rechts:* Zu *jedem* Preis wird nun eine höhere Menge nachgefragt. Ceteris paribus kommt es zu einer Erhöhung des Gleichgewichtspreises und der Gleichgewichtsmenge. In Abb. 6.5 ist die Erhöhung der Nachfrage durch eine Rechtsverschiebung der Nachfragekurve von D_1 zu D_2 wiedergegeben. Was wird passieren? Zunächst bleibt der Preis auf der Höhe des ursprünglichen Gleichgewichtspreises P_1^*. Da jedoch bei diesem Preis entsprechend der neuen Nachfragekurve die Nachfrager Q_d nachfragen *wollen,* die Anbieter aber nur die Menge Q_1^* an Wohnungen anbieten – sie können kurzfristig das Angebot ja nicht erhöhen –, ergibt sich eine *Überschussnachfrage,* die auf einem freien Markt den Preis über die geschilderten Mechanismen nach oben treibt. Daher *steigt* der Preis und bewirkt nun *zweierlei:*
   - *Erstens* lockt er neues Angebot in den Markt. Mit dem Steigen des Preises erhöht sich der Gewinn der Anbieter von Wohnungen und damit der Anreiz, die Produktion von Wohnraum auszudehnen. Somit steigt die *angebotene* Menge um ΔQ_S entsprechend der Angebotskurve. Der gestiegene Preis ist damit eine *unabdingbare Voraussetzung* für eine Erhöhung der angebotenen Menge, eine

---

14 Dagegen scharf abzugrenzen sind, wie bereits erwähnt, Bewegungen *auf den Kurven selbst,* also das Steigen oder Fallen der *angebotenen* bzw. *nachgefragten* Menge in Abhängigkeit vom Preis!

unabdingbare Voraussetzung für die Reduktion der Wohnungsknappheit, die in einem erhöhten Preis ihren Ausdruck findet.

– *Zweitens* reduziert der *gestiegene* Preis automatisch die *nachgefragte* Menge (ΔQ_D) – wobei dies freilich nur hypothetisch, d. h. im Vergleich mit der zum ursprünglichen Preis gewünschten Menge Q_d gilt.

Letztlich steigt der Preis so lange, bis das neue Gleichgewicht E_2 bei Gleichgewichtspreis P_2^* und Gleichgewichtsmenge Q_2^* erreicht ist: Hier entsprechen einander wieder angebotene und nachgefragte Menge: Zu diesem Preis können alle gewünschten Transaktionen ausgeführt werden, alle Pläne sind kompatibel: Der Markt wird geräumt: Gleichgewicht!

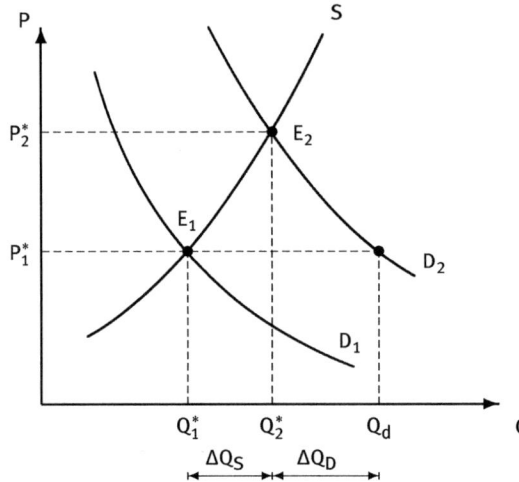

Abb. 6.5: Auswirkungen einer Nachfrageerhöhung

2. Eine *Senkung der Nachfrage* entspricht einer *Verschiebung der Nachfragekurve nach links:* Zu *jedem* Preis wird nun eine geringere Menge nachgefragt. (Man kann diesen Prozess leicht nachvollziehen, indem man die Nachfragekurve D_2 als ursprüngliche und die Nachfragekurve D_1 als neue Nachfrage betrachtet.) Ceteris paribus kommt es zu einer Reduktion des Gleichgewichtspreises und der Gleichgewichtsmenge.

3. Eine *Erhöhung des Angebots* bedeutet eine *Verschiebung der Angebotskurve nach rechts:* Zu *jedem* Preis wird nun eine höhere Menge angeboten. Ceteris paribus kommt es zu einer Erhöhung der Gleichgewichtsmenge und zu einer Senkung des Gleichgewichtspreises. Eine solche Situation ist in Abb. 6.6 dargestellt.

4. Eine *Senkung des Angebots* führt zu einer *Verschiebung der Angebotskurve nach links:* Zu jedem Preis wird nun eine geringere Menge angeboten. Es kommt zu einer Senkung der Gleichgewichtsmenge und zu einer Erhöhung des Gleichgewichtspreises.

Es zeigt sich, dass nur durch das Reagieren der Preise auf veränderte wirtschaftliche Einflussfaktoren wieder ein Gleichgewicht zwischen Angebot und Nachfrage und damit eine Koordinierung der individuellen Wirtschaftspläne hergestellt werden kann. Je flexibler die Preise reagieren können, desto schneller erfolgt die erforderliche Anpassung.

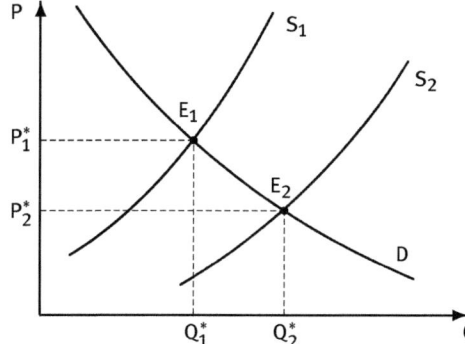

Abb. 6.6: Auswirkungen einer Angebotserhöhung

Kennzeichen einer *Planwirtschaft* bzw. *Zentralverwaltungswirtschaft* ist, dass sich die vom Planer vorgegebenen Preise *nicht ändern dürfen*. Da der Planer nicht über die Information bezüglich der richtigen Preise verfügen kann, auch weil sich diese ständig durch den Eintritt unvorhergesehener Ereignisse ändern, sind die gesetzten Preis in der Regel falsch! *Damit aber verlieren die Preise ihre zentrale Rolle als Knappheitsanzeiger.* Das vertraute Bild aus Planwirtschaften war die Schlangenbildung vor Geschäften, also eine Situation der *Überschussnachfrage*, in der jedoch – zum Leidwesen der Gesellschaft – *der Preis nicht steigen durfte*. Um in den Besitz der gewünschten Güter zu kommen, musste man – so man keine Beziehungen hatte – zuerst kommen. Nachdem das viele versuchen, stehen sie natürlich einander im Wege. Die dadurch bewirkte Ineffizienz ist enorm und widersinnig. Reagierten jedoch die Preise entsprechend, so entstehen zwar den Nachfragern höhere Kosten (in Form dieser höheren Preise), die Produzenten werden damit aber zur Ausweitung des Angebots veranlasst.

Dürfen die Preise indes nicht steigen, *dann entstehen ebenfalls Kosten*. Diesen steht nun aber keinerlei Gegenwert in Form von erhöhter Produktion gegenüber! Die Menschen verbringen Millionen von Stunden in Warteschlangen und können gerade dadurch die Güter, die sie wollen, nicht nachfragen. Durch das Anstehen geht Zeit verloren und steht damit für die Produktion dieser Güter nicht mehr zur Verfügung. Weil der Preis nicht steigen darf, besteht dazu auch gar kein *Anreiz*. Die Knappheit kann also gar nicht überwunden werden.

Ähnliche Phänomene von Warteschlangen finden wir freilich auch in unseren – vermeintlich marktwirtschaftlichen – Gesellschaften. Man denke nur an das alltäglich gewordene ‚Staudrama' auf unseren Straßen und die gesamtwirtschaftlichen Kosten und Nutzeneinbußen, denen kein Output gegenübersteht. Denn in den Milliarden von gestauten Stunden kann nicht oder nur sehr eingeschränkt gearbeitet oder konsumiert werden. Der Grund für dieses Desaster: Ein knappes Gut – Straßenraum – hat keinen Preis bzw. einen Preis von null. Zu diesem Preis wollen nun sehr viele dieses Gut nutzen, die nachgefragte Menge ist enorm. Es herrscht ein Nachfrageüberschuss. Dieser wird nun aber nicht durch einen steigenden Preis eliminiert, weil es für dieses Gut (noch) keinen Preis gibt.

An diesem Beispiel sieht man sehr schön, wie bedeutsam das Rechtssystem für eine funktionierende Marktwirtschaft und damit für eine andauernde Knappheitsreduktion ist. Parkplätze in Städten bzw. Ballungszentren sind ebenfalls schon lange ein knappes Gut. Allerdings haben sich bereits rechtliche Regelungen durchgesetzt, die eine Bewirtschaftung dieses knappen Gutes erlauben. Um sein Auto abstellen zu dürfen, ist in den meisten Städten eine Berechtigung notwendig, die man in aller Regel durch die Bezahlung einer Parkgebühr erwirbt. Was vormals preislos war, hat nunmehr einen Preis. Dieser Preis in Verbindung mit dem Zeitaufwand, den es braucht, um einen Parkplatz zu finden, sind die Kosten, die die nachgefragte Menge nach Parkplätzen bestimmt. Je höher diese Gesamtkosten (= Opportunitätskosten) des Parkens, desto geringer die nachgefragte Menge. Je mehr durch die Bereitstellung eines Parkplatzes zu verdienen ist, desto mehr privatwirtschaftliches Angebot, z. B. private Parkhäuser, wird entstehen. Je deutlicher also die Knappheit in Preisen zum Ausdruck kommt, was eben eine Frage des Rechtssystems, also der Definition der Eigentumsrechte ist, desto rascher erfolgt der Entknappungsprozess.

6.6 Bestimmungsgrößen von Angebot und Nachfrage

> Ökonomisches Denken ist immer ein Denken in den Kategorien von Angebot und Nachfrage. Es ist der Versuch, durch systematisches Denken ökonomische Ursache-Wirkungs-Zusammenhänge aufzudecken und damit Vorhersagen über künftige Marktentwicklungen zu ermöglichen.

Im nächsten Schritt ist nun zu klären, was Veränderungen von Angebot und Nachfrage bewirken können. Die nunmehr noch genauer zu klärende Frage lautet: Welcher Einflussfaktor wirkt sich *wie, auf welche Größe, auf das Angebot und/oder die Nachfrage* aus?

Dabei ist die folgende, wenngleich nicht immer ganz konsistente Klassifikation von Vorteil: Man kann fragen,

- welche Faktoren von *außerhalb* auf das ökonomische System, also auf Angebot und Nachfrage, einwirken. Man spricht hier von *systemexogenen* Faktoren;
- und welche Faktoren *im* ökonomischen System selbst auf Angebot und Nachfrage bestimmter Güter einwirken. Man spricht von *systemendogenen* Faktoren.

‚Von außen' – *systemexogen* – wirken auf Angebot und/oder Nachfrage ein:

- das *kulturelle, politische* und damit eng verbunden das *institutionell-legistische* System. Deshalb sollte man in den Zeitungen nicht nur den Wirtschaftsteil aufmerksam studieren! Man erinnere sich an die Auswirkungen der Kuwait-Krise oder des Irak Krieges auf den Ölpreis. Welche Auswirkungen haben also Kriege oder auch Abrüstungen auf das Angebot von und die Nachfrage nach bestimmten Gütern? Man denke an den Wirtschaftsumbruch im Osten, an den durch rechtliche Änderungen (Liberalisierungen) bewirkten Boom in den Schwellenländern, insbesondere in China und Indien und dessen Auswirkungen auf die Rohstoffpreise. Man denke an die mit zunehmender Einwanderung verbundenen Konsequenzen für bestimmte Märkte. Auf welchen wird das Angebot erweitert und deshalb ein Druck auf die Preise entstehen, auf welchen die Nachfrage zunehmen? Zu denken ist auch an den Europäischen Binnenmarkt und die damit verbundenen rechtlichen Regelungen bei Export und Import: Zölle und Kontingente, (Export-) Subventionen aller Art. Man denke an nationale und internationale (Umwelt-) Normen und Produkthaftungsvorschriften. Miet- und Baurecht werden wesentlich die Kosten und Erträge der Wohnungswirtschaft mitbestimmen. Wo bestehen gesetzlich gesicherte Marktzutrittsbeschränkungen, staatliche Monopole, Normen, die bestimmten Marktteilnehmern Vorteile verschaffen etc.? Man denke daran, welche Güter und Dienstleistungen verboten sind wie bestimmte Drogen oder an die Konsequenzen für die Preise von rezeptpflichtigen Medikamenten, die nur in Apotheken ausgegeben werden dürfen etc. Wie die Eigentumsrechte bei digitalisierten Produkten gestaltet sind, wird sich auf die diesbezüglichen Produkte, die Produktvielfalt wie freilich auch auf die Preise auswirken.
- Zu den externen Einflussgrößen zählen insbesondere auch *Witterungseinflüsse*, wie etwa Dürre- und Hochwasserkatastrophen. Das Wohl ganzer Industriezweige ist von der Wetterlage abhängig: Nicht nur die Fremdenverkehrswirtschaft allein, auch die Versicherungswirtschaft, die Sportartikel-, Getränke-, Schneeketten-, Winterreifen- oder Bekleidungsproduzenten u.v.a.m. sind hier betroffen.
- *Gesellschaftliche Moden und Trends* sind vielfach ‚von außen' vorgegeben. Was hier zählt ist: Wo ist es ‚in' zu wohnen? Wohin fährt man heuer auf Urlaub? Als Paradebeispiel für Trends, deren *rechtzeitiges* Erkennen zentral ist, könnte man die Fitness-, Gesundheits- (Wellness) und Biowelle oder auch das ‚Aging' ansehen. Enorme neue Absatzmärkte erschließen sich beispielsweise im Bereich der umweltkonformen bzw. umweltfreundlichen Produktion. Welche Inputs werden damit besonders stark gefragt sein? Ein anderes Beispiel: Der Bildungsstand der Bevölkerung: Die höhere Bildung hat markante Auswirkungen auf die Nachfrage nach bestimmten Produkten wie z. B. nach ‚Kultur'.
- *Zufällig gemachte Erfindungen*, beispielsweise in der Raumfahrttechnologie haben oftmals ebenfalls markante Auswirkungen auf Angebot und Nachfrage. In diesem Zusammenhang eine aufschlussreiche Anekdote aus längst vergangenen Zeiten: Als dem Kaiser Tiberius ein Mann gemeldet wurde, der vorgab, ein unzer-

brechliches Glas erfunden zu haben, ließ Tiberius ihn vor und fragte ihn, ob denn außer ihm noch jemand von dieser Entdeckung wüsste. Als dieser verneinte, ließ Tiberius ihn hinrichten! Ökonomen wissen warum!

– Ebenso die *zufällige Entdeckung neuer Ressourcen*. Während nach Öl in der Nordsee oder in der Antarktis aufgrund ökonomischer Motive (entsprechende Preise für dieses Gut) gesucht wird, lassen zufällige Entdeckungen wie beispielsweise von Gold und Silber in der Neuen Welt im Zeitalter der Entdeckungen die Preise dieser Ressourcen ceteris paribus gehörig fallen.

Von besonderer Bedeutung sind freilich die *im* marktwirtschaftlichen System selbst gelegenen Triebkräfte, die *systemendogenen* Ursachen für Änderungen von Angebot und Nachfrage: Sowohl der *technologische Fortschritt* als auch die *Entdeckung neuer Ressourcen durch neue Technologien* werden überwiegend durch Marktkräfte, durch die Anreizwirkung des Gewinns bewirkt. Gerade auch in diesen Fällen sieht man besonders deutlich die Wirkungsweise des Preissystems. Nur dort, wo die Preise entsprechend hoch sind und relevante Knappheiten anzeigen, nur dort ist die Suche nach Substitutions- bzw. Einsparungsmöglichkeiten auch stark ausgeprägt. So verdanken wir den Erdölschocks der 1970er- und 1980er-Jahre die energiesparenden Technologien. Auch die Suche nach neuen Rohstofflagern (Nordsee, Antarktis) ist erst durch hohe Ölpreise wirtschaftlich durchführbar geworden. ‚Entdeckung' meint in diesem Zusammenhang gar nicht so sehr das tatsächliche Auffinden neuer Rohstofflager, sondern das durch neue Technologien bewerkstelligte ‚Wirtschaftlicher-Werden' ihres Abbaues bzw. die Entdeckung von Substituten im weitesten Sinne. Aufgrund der Angebotsausweitung einerseits sowie durch effizienteren Verbrauch andererseits kann auch bei einer starken Erhöhung der Nachfrage in Folge eines Booms der Anstieg der Preise für Rohöl – vor allem real, also inflationsbereinigt – in Grenzen gehalten werden.

Ganz allgemein zeigt dieses Beispiel, dass hohe und damit besondere Knappheit signalisierende Preise einer Ressource oder eines Gutes über die hiedurch bewirkten Prozesse (*Spar- bzw. Substitutionsprozesse*) regelmäßig zu einer Entschärfung der Knappheit beitragen. Hohe bzw. steigende Preise sind damit die *Grundvoraussetzung* für die Überwindung von Knappheit. Anderenfalls gäbe es einerseits keinen Anlass für eine intensive Suche nach Substituten dieses Gutes, d.i. im weitesten Sinne alles, was dessen Platz einnehmen kann, andererseits keine Reduktion der Nachfrage.

> Eine Knappheit kann nur dann ‚beseitigt' werden, wenn sie durch entsprechend hohe Preise signalisiert wird. Nur wenn die Preise entsprechend hoch sind (und keine Zutrittsbeschränkungen existieren), fließen die Ressourcen in diese Branche, um die gewünschten Güter zu produzieren bzw. die benötigten Technologien zu entwickeln und damit letztlich die Knappheit zu entschärfen. Man erkennt: Es wird für die Nachfrage produziert; die Preise als Resultante von Angebot und Nachfrage bestimmen damit den Fluss der Ressourcen, der Produktionsfaktoren, sorgen für eine von den Haushalten gewünschte (Re-)Allokation der Ressourcen.

Es sind dabei stets die *relativen Preise*, d. h. die *Tauschverhältnisse*, die die (Faktorverwendungs-)Entscheidungen bestimmen. Anhand eines Beispiels lässt sich das am einfachsten zeigen. Angenommen aufgrund der gegenwärtigen Marktkonstellation tauschen sich ein Kilogramm Äpfel (es koste 2 Geldeinheiten) und ein Kilogramm Birnen (es koste 4 Geldeinheiten) im Verhältnis 2 : 1, d. h. für ein Kilo Birnen bekommt man zwei Kilo Äpfel und umgekehrt. Der relative Preis für ein Kilo Birnen ist also zwei Kilo Äpfel. Demgegenüber seien die Produktionskosten für ein Kilo Äpfel und für ein Kilo Birnen gleich groß. Unter diesen Bedingungen, bei diesen *relativen Preisen*, ist es natürlich für die Obstbauern vorteilhafter, Birnen zu produzieren und anzubieten. Dabei lässt sich ja ein schöner Gewinn machen. Die relativen Preise haben damit folgende Konsequenzen: Zum einen werden Ressourcen aus der Apfelproduktion zurückgezogen und in die Birnenproduktion umgeleitet. Es kommt also zu einer Reallokation der Produktionsfaktoren. Damit steigt aber das Angebot an Birnen, während das an Äpfeln sinkt. Ceteris paribus muss der Preis für Birnen fallen, jener für Äpfel aber steigen. Damit bekommen die Nachfrager nicht nur mehr Birnen, sie kommen zu dem, was sie wollen, auch noch günstiger![15]

Sind alle Anpassungsmöglichkeiten an diese relativen Preise ceteris paribus vorgenommen, befindet man sich im Gleichgewicht. Dann entsprechen die Produktionskosten exakt den relativen Preisen und es gibt keine Gewinnerzielungsmöglichkeiten mehr durch eine weitere Reallokation der Produktionsfaktoren. Denn die Ausweitung der Birnenproduktion hat ja – durch das steigende Angebot – nicht nur ein *Fallen* des relativen Preises zur Folge – für ein Kilo Birnen bekommt man vielleicht nur mehr $1\frac{1}{2}$ Kilo Äpfel –, sondern auch *steigende Kosten* in der Birnenproduktion (Gesetz des fallenden Grenzertrages).

Schließlich sind im Zusammenhang mit *systemendogenen Einflussfaktoren* auf Angebot und Nachfrage noch die beiden zentralen Fragen zu stellen:
1. Wie wirken sich *Änderungen der Wirtschaftsentwicklung*, also des Wirtschaftswachstums, des Einkommensniveaus auf die Nachfrage nach bestimmten Gütern aus? *Inferiore* Güter, d. s. solche, die bei steigendem Haushaltseinkommen weniger nachgefragt werden, beispielsweise Schweinefleisch oder Kartoffeln, Second-Hand-Clothing, öffentliche Verkehrsmittel wie generell alle Produkte geringerer Qualität werden in konjunkturellen Aufschwungphasen, also bei steigendem Einkommen weniger stark nachgefragt, *superiore* Güter dagegen mehr. *Superiore* Güter kennzeichnet, dass sie bei steigendem Haushaltseinkommen überproportional stark nachgefragt werden. Im Zuge eines Wirtschaftsaufschwungs werden also verstärkt teurere Autos und Fernreisen wie generell Güter gehobener Qua-

---

15 Wie dieses Beispiel zeigt, sind die *absoluten* Preise für die Entscheidungen irrelevant. Verdoppelt sich beispielsweise das *Preisniveau*, ein Kilo Äpfel kostet dann 4 Geldeinheiten, ein Kilo Birnen 8 Geldeinheiten, und die Kosten sind ebenfalls doppelt so hoch, so ändert sich an den dargelegten Entscheidungen und ihren Folgen nichts.

litätsklassen nachgefragt. Dies ist bei der Schaffung neuer Produkte durch den Unternehmer bzw. bei der Produktzusammenstellung (Sortimentspolitik) des Unternehmens von grundsätzlicher Bedeutung; und freilich nicht zuletzt in Bezug auf den Umweltschutz zu vernachlässigen. Denn erst mit steigendem Einkommen und damit erhöhtem Wohlstand entwickelt sich auch eine entsprechend kaufkräftige Nachfrage für Umweltgüter. Eine reiche Gesellschaft kann sich Umweltschutz bzw. eine saubere Umwelt viel leichter leisten als eine arme.

2. Wie wirken sich Änderungen von Preisen und Mengen bestimmter Güter auf andere Gütermärkte aus, die mit diesen Gütern in der Nachfrage oder im Angebot verbunden sind? Es geht also darum, in einem ersten Schritt zu klären, welche *Substitutions-* bzw. *Komplementaritätsbeziehungen* zwischen einzelnen Gütern bzw. Gütergruppen bestehen. Substitutionsgüter (Auto-, Bus-, Zug- oder Flugreisen) sind solche, die in Konsum und/oder Produktion leicht gegeneinander austauschbar sind, weil sie das gleiche Bedürfnis befriedigen bzw. mit ihnen der gleiche Output erzeugt werden kann. Komplementäre Güter dagegen (wie Auto und Treibstoff, Hard- und Software, Schuhe und Schuhbänder) stiften nur gemeinsam Nutzen. In einem zweiten Schritt sind dann die Veränderungen von Angebot und Nachfrage eines bestimmten Gutes auf Folgewirkungen für andere Märkte zu untersuchen und abzuschätzen. Hier zeigt sich dann, dass die Marktwirtschaft aus einer ‚Kette miteinander verbundener Märkte' besteht. Im obigen Beispiel der Substitutionsgüter Apfel und Birne führt beispielsweise eine Missernte bei den Birnen zu einem starken Preisanstieg, der sich dann auch auf dem Apfelmarkt fortsetzen muss. Denn werden Birnen teurer, dann sinkt auch die nachgefragte Menge danach, weil mit relativ günstigeren Äpfeln substituiert werden kann. Der Nachfrageanstieg am Apfelmarkt wird aber schließlich auch dort zu einer Preiserhöhung führen.

Übersicht 6.2: ‚Denken in Angebot und Nachfrage'

1. ‚Irgendetwas passiert': Ein ‚ceteris-paribus'-Faktor verändert sich.
2. Welches Angebot oder welche Nachfrage eines bestimmten Marktes ist hievon konkret betroffen?
3. In welcher Weise: z. B. Angebotserhöhung oder Nachfragerückgang?
4. Wie wirkt sich das konkret auf den Marktpreis aus?
5. Welche Folgewirkungen sind auf anderen Märkten zu erwarten (Komplemente/Substitute)?

6.7 Das Marktangebot im Zeitablauf

Da gerade in Bezug auf das Angebot die *Zeit* eine ganz wesentliche Rolle spielt, soll noch etwas näher die Reaktion des Angebots *im Zeitablauf* untersucht werden.[16] Das Marktangebot kann sich auf
- den *momentanen*, also *ultrakurzfristigen,*
- den *kurz-* oder *mittelfristigen* und
- den *langfristigen* Fall beziehen.

Das zu einem *bestimmten Zeitpunkt* auf den Markt kommende Angebot kann nicht mehr variiert werden, ist also eine feststehende Menge – man denke an das an einem bestimmten Tag auf den Markt gebrachte Angebot an frischen Fischen oder Erdbeeren, beide Produkte sind nicht bzw. kaum haltbar.[17] Dies kommt durch eine *vertikale* Angebotskurve (S_M in Abb. 6.7) zum Ausdruck. Man spricht hier auch von einem *starren* bzw. *völlig unelastischen* Angebot. In diesem Fall sieht man sehr deutlich, dass der Marktpreis ausschließlich von der Nachfrage bestimmt wird. Je nach Lage der Nachfragekurve (D_1, D_2 in Abb. 6.7) ergibt sich somit ein niedrigerer (P_1) oder ein höherer Preis (P_2).

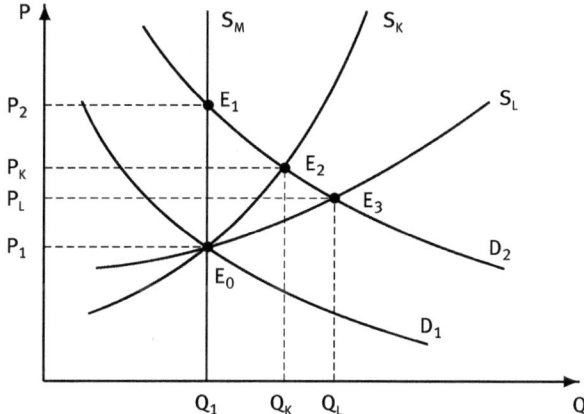

Abb. 6.7: Die Anpassung des Angebots im Zeitablauf

---

[16] Auch die diesbezüglichen wesentlichen Einsichten bzw. Systematisierungen gehen auf den schon erwähnten *Alfred Marshall* zurück.

[17] Bei haltbaren Gütern kann momentan zwar nicht die Produktion, wohl aber das Angebot über die Lagerhaltung variiert werden.

Das Angebot wird nun in dem Maße reagibler, in dem mehr und mehr Zeit zur Anpassung an die unterschiedlichen Nachfragegegebenheiten eingeräumt wird.[18] Kurz- bis mittelfristig können die *variablen, nicht aber die fixen* Einsatzfaktoren entsprechend angepasst werden. Es können beispielsweise entsprechend der Nachfragesituation zusätzliche Schichten gefahren und/oder zusätzliche Arbeitskräfte eingestellt werden.[19] Die Angebotskurve hat dann den üblichen *positiven* Verlauf, d. h. bei steigenden Preisen steigt auch die angebotene Menge.

Langfristig hingegen kann nicht nur die Anpassung *aller* Inputfaktoren, d. h. eine *Variation der Betriebsgröße*, an Änderungen der Marktlage vorgenommen werden, es ist auch der *Eintritt und Austritt* von Unternehmen möglich – ebenfalls ein definitionsgemäß langfristiges Phänomen.

Bei der *langfristigen Angebotskurve der Branche* kann man nun *drei* Fälle unterscheiden:

1. Wenn langfristig beliebige Mengen zu *konstanten Stückkosten* produziert werden können – die langfristige Angebotskurve dieser Branche ist dann eine Horizontale auf Höhe der über beliebige Outputbereiche konstanten Stückkosten (in Abb. 6.7 nicht eingezeichnet) – dann spricht man von einer *constant-cost*-Branche. Das wird insbesondere dann der Fall sein, wenn durch die Outputerhöhung der Branche die Inputpreise für diese Branchen nicht steigen.[20]

2. Normalerweise ist zwar durch den Zutritt neuer Unternehmen eine Erhöhung des Branchenoutputs möglich, ceteris paribus allerdings in der Regel selten zu konstanten Kosten. Durch den Eintritt neuer Unternehmen ist ein *Steigen der Inputpreise* wahrscheinlich. Deshalb ist im Regelfall auch langfristig von einer steigenden Marktangebotskurve auszugehen. Branchen, für die dies zutrifft, nennt man deshalb *increasing-cost*-Branchen.

3. Schließlich ist der Fall einer langfristig fallenden Angebotskurve keinesfalls auszuschließen (in Abb. 6.7 nicht eingezeichnet). Die Ausweitung des Branchenoutputs führt immer wieder auch zu *langfristig fallenden Stückkosten* der Unternehmen. Damit wäre die langfristige Angebotskurve der Branche fallend, man

---

18 Als Maß für die Reagibilität oder Sensitivität der angebotenen Menge auf Preisänderungen wird die *(Preis-)Elastizität des Angebots* verwendet. Diese misst die relative Änderung der angebotenen Menge infolge einer (sie bewirkenden) relativen Änderung des Marktpreises, was sich formal so anschreiben lässt:

$$\kappa = \frac{\Delta Q/Q}{\Delta P/P} = \frac{\Delta Q}{\Delta P}\frac{P}{Q}$$

Die Angebotselastizität ist stets *positiv*, d. h. die angebotene Menge steigt mit steigendem Preis, wobei der exakte prozentuelle Zusammenhang durch die Höhe der Angebotselastizität selbst angegeben wird.

19 Die Outputanpassung des einzelnen Unternehmens erfolgt also entsprechend der (kurzfristigen) Grenzkostenkurve. Siehe dazu Kap. 4.2.3.3.

20 Das *langfristige* Angebot dieser Branche ist also *unendlich elastisch*.

spricht von einer *decreasing-cost*-Branche.[21] So lassen sich durch das Branchenwachstum insbesondere die Transportkosten wie die Ausbildungskosten für die Arbeitnehmer regelmäßig markant senken. In Verbindung mit *Lerneffekten* steigt damit die Produktivität, sodass die Stückkosten fallen.

Abb. 6.7 zeigt nun die Anpassung des Angebots an eine Erhöhung der Nachfrage im Zeitablauf, also vom momentanen S_M über das kurzfristige S_K zum langfristigen Angebot S_L. Das auslösende Moment bildet ein Nachfrageanstieg, dargestellt durch eine Verschiebung der Nachfragekurve nach rechts, von D_1 zu D_2. Da im momentanen Fall überhaupt keine Anpassung des Angebots erfolgen kann, steigt der Preis stark an: von P_1 auf P_2. Kurz- bis mittelfristig erfolgt eine Ausweitung des Angebots über einen Mehreinsatz der variablen Inputs, die Menge steigt auf Q_K, der Preis geht auf P_K zurück. Schließlich kann langfristig gesehen die Kapazität bestehender Unternehmen erweitert werden und es können neue Unternehmen eintreten. Infolgedessen steigt die Menge auf Q_L, der Preis fällt auf P_L.

Diese Analyse der Angebotsreaktionen auf eine Nachfrageänderung macht deutlich, dass *kurzfristig die Preise stärker reagieren als die Mengen, während es langfristig genau umgekehrt ist!*[22]

6.8 Das ‚Wunder' des marktwirtschaftlichen Allokationsergebnisses

Bei der Beurteilung des Ergebnisses bzw. des marktwirtschaftlichen Prozesses sollte man zwischen der *kurzfristigen* und *langfristigen Perspektive* unterscheiden. Der Unterschied zwischen kurz- und langfristig besteht in der Fähigkeit der wirtschaftlichen Akteure, sich geänderten Gegebenheiten anzupassen. Langfristig wird die Anpassung *umfassender* – wie gerade für die Angebotsseite gezeigt wurde – und damit besser ausfallen als kurzfristig. Das *langfristige Gleichgewicht* ist definiert als eine Situation, in der alle Wirtschaftsakteure alle möglichen Anpassungen an vorgefundene bzw. veränderte Gegebenheiten vorgenommen haben.

Zunächst zu den *kurzfristigen* Ergebnissen:

1. Gibt es auf einem Markt hinreichenden Wettbewerb, dann führt der dadurch sichergestellte Wettbewerbsprozess in aller Regel zu einem *Marktgleichgewicht*.

---

21 Eine solche langfristig fallende Angebotskurve einer Branche darf nicht mit *internen Ökonomien des Unternehmens*, also steigenden Skalenerträgen verwechselt werden. Die Angebotskurve einer einzelnen Unternehmung ist hier stets steigend.

22 Reagiert das Angebot nicht auf einen Anstieg der Nachfrage, so entstehen *ökonomische Renten*: Die eingesetzten Faktoren erhalten dann eine über ihre Opportunitätskosten hinausgehende Entlohnung aufgrund der spezifischen Knappheiten!

Dies ist, wie gezeigt wurde, ein Zustand bzw. ein *Allokationsergebnis*, in dem die Pläne *aller* Marktteilnehmer in Erfüllung gegangen sind. Im Marktgleichgewicht herrscht ein Preis, zu dem die angebotene Menge der nachgefragten entspricht. Der Markt generiert also *von selbst* durch den *Gleichgewichtspreis* einen Zustand, bei dem *alle individuellen Pläne der Wirtschaftsakteure miteinander kompatibel* sind. Die Abstimmung von Millionen von individuellen Plänen über den Preismechanismus kann durchaus als ein ‚*Wunder' der Marktwirtschaft* bezeichnet werden.[23]

> Durch die dem Marktsystem innewohnenden Wettbewerbsprozesse werden die individuellen Pläne aller Wirtschaftssubjekte aufeinander abgestimmt, womit die Koordination arbeitsteilig, hoch spezialisiert arbeitender und damit hoch produktiver Wirtschaftseinheiten gelingt. Der marktwirtschaftliche Preismechanismus löst das Koordinationsproblem automatisch, also ohne staatlichen Eingriff in das Marktgeschehen, setzt allerdings entsprechende rechtliche Rahmenbedingungen voraus, die der Staat schaffen muss.

2. Die zum Gleichgewichtspreis gehörige Gleichgewichtsmenge weist darüber hinaus zwei wesentliche Charakteristika auf:

   (a) Sie stellt die auf einem Markt *maximal* umsetzbare Menge dar. Wenn man davon ausgeht, dass jeder Tauschakt ja nur deshalb durchgeführt wird, weil sich dadurch beide Tauschpartner verbessern können, so muss das durch das Marktgleichgewicht realisierte Maximum an umgesetzter Menge gleichzeitig ein *gesellschaftliches Wohlstandsmaximum* bedeuten.

   (b) Die Gleichgewichtsmenge wird schließlich zu den *günstigsten* wirtschaftlichen Bedingungen erstellt, d. h. die umgesetzte Menge hätte *günstiger* nicht hergestellt werden können! Denn zum Einen verbleiben ja im Markt nur die kompetitiven, also die wettbewerbsfähigen Anbieter, zum Zweiten werden die jeweils letzten Einheiten zu den *Grenzkosten* verkauft. Es handelt sich deshalb um eine *effiziente Aufteilung* der gewünschten Menge auf die einzelnen Produzenten, *weil eine Reallokation der Produktion, eine Verlagerung von einem Produzenten zu einem anderen, mit keinerlei Einsparungen mehr verbunden ist.*

> Dass die Gleichgewichtsmenge die maximal umgesetzte Menge und dass sie zu den kostengünstigsten Bedingungen hergestellt wird, bedeutet, dass dadurch ein Maximum an wirtschaftlicher Wohlfahrt für die Haushalte erreicht wird: Die abgesetzte Menge ist maximiert, die dafür erforderlichen Kosten sind minimiert.

---

23 Die theoretische Existenz (im Sinne einer rein logischen Möglichkeit) eines solchen Gleichgewichts kann nun nicht nur für einen einzelnen Markt nachgewiesen werden, in diesem Fall spricht man von einem *partiellen Gleichgewicht*, sondern auch für alle Produkt- und Faktormärkte gleichzeitig, in diesem Fall spricht man von einem *allgemeinen Gleichgewicht*.

In der *langfristigen* Betrachtung zeigt sich, dass bei Wettbewerb die Unternehmen nur eine normale, eine durchschnittliche Profitrate erwirtschaften. Sie können zwar die *Opportunitätskosten* der Produktion decken, erzielen aber *keinen ökonomischen Gewinn*. Das ist allemal ein respektables Ergebnis, denn es bedeutet, dass mit allen im Unternehmen eingesetzten Ressourcen das verdient wird, was damit in der nächstbesten Alternativverwendung verdient worden wäre. Die Opportunitätskosten beinhalten freilich auch einen entsprechenden Unternehmerlohn wie insbesondere auch die Zinsen auf das eingesetzte Eigenkapital.

Kann auf einem Markt ein ökonomischer Gewinn erzielt werden, übersteigen also Erlöse die Opportunitätskosten des Faktoreinsatzes – was kurzfristig immer wieder der Fall ist (und auch so sein soll: Signalfunktion!) –, dann steigen – *Wettbewerb*, d. h. in erster Linie *offene Märkte vorausgesetzt* – dort neue Unternehmen ein. Der Gewinn wird dann aber von *zwei* Seiten ,aufgefressen': Durch das gestiegene Angebot fallen – ceteris paribus – die Produktpreise und durch die stärkere Faktornachfrage steigen die Faktorpreise. Das ist die Aussage des *Zero-Profit-Theorems*:

> Im langfristigen Gleichgewicht von Wettbewerbsmärkten gibt es keinen Gewinn im ökonomischen Sinne. Die Einnahmen aus dem Erlös der Produkte decken im Durchschnitt – über die Perioden hinweg – gerade die Produktionskosten, bewertet freilich zu Opportunitätskosten![24]

6.9 Zusammenfassende Beurteilung

Der *Konkurrenzmechanismus* ist ein *Allokationsmechanismus*, der

1. die in einer Volkswirtschaft vorhandenen (knappen) *Ressourcen* (Produktionsfaktoren) in die durch die *Nachfrage aller Haushalte* angezeigten ,dringendsten' Verwendungsrichtungen, beispielsweise in den Haus- und Wohnungsbau, in die Automobilproduktion oder in die Fremdenverkehrswirtschaft lenkt. Angezeigt bedeutet dabei nicht, dass die Haushalte irgendwelche Fähnchen schwingen oder Signalfeuer abschießen, sondern durch ihre *Kaufentscheidung ihre Präferenzen für bestimmte Güter bekunden* und damit die *Preise* dieser Güter entsprechend beeinflussen. Weil also in einer Marktwirtschaft das produziert wird, was die Konsumenten wollen, spricht man von *Konsumentensouveränität*.[25]

---

24 Dies wiederum beinhaltet die *Reproduktionsbedingung des ökonomischen Systems*. Denn insoweit die Wettbewerbsprozesse für die opportunitätskostendeckenden Erlöse sorgen, kann die Produktion in der nächsten Periode wieder neu aufgenommen werden.

25 Die ,dringendste' Verwendungsrichtung impliziert, dass es sich um finanziell entsprechend ausgestattete Haushalte handelt. Insoweit dies nicht der Fall ist, kann bei einer statischen Betrachtung der Nachfragewunsch nicht in entsprechend kaufkräftige Nachfrage umgesetzt werden.

> Die Preise, als Resultante von Angebot und Nachfrage – (relativ) hohe bzw. steigende für hohe Knappheit, (relativ) geringe bzw. fallende für (relative) Überschüsse –, geben also die entsprechenden Signale, an denen sich der Fluss der Ressourcen orientiert.

Über den Marktmechanismus bzw. im Marktgleichgewicht werden schließlich

2. die produzierten Güter den einzelnen Nachfragern nach bestimmten Regeln zugeteilt. Der Marktmechanismus arbeitet auch als *Distributionsmechanismus: Nur wer den Preis eines Gutes auch zu zahlen in der Lage und willens ist, kommt in den Genuss dieses Gutes.*

Insgesamt generiert der Marktmechanismus ein Ergebnis, bei dem

3. die Pläne *aller* Wirtschaftsakteure berücksichtigt und aufeinander abgestimmt werden und darüber hinaus

4. das durch den Wettbewerbsprozess generierte Allokationsergebnis bestimmten *Effizienzkriterien* entspricht. (Diese werden im nächsten Kapitel noch genauer diskutiert!)

Zu bedenken ist bei all dem, dass der Marktmechanismus diese enorme, in jeder *arbeitsteilig* produzierenden Gesellschaft zu lösende Aufgabe

1. *zu den geringsten Kosten* (!) erledigt.[26] Man denke vergleichsweise nur an die Koordinationsanstrengungen in Großunternehmen, in denen ganze Abteilungen damit befasst sind, nicht wenig Ressourcen beanspruchen und damit keinen geringen Kostenbestandteil darstellen. Man denke auch an die enormen Ressourcen, die eine gesamtwirtschaftliche Planung und Kontrolle (!) des ökonomischen Prozesses in einer Planwirtschaft beanspruchen würde und die dann nicht mehr für produktive oder konsumtive Zwecke zur Verfügung stünden. Knappe Ressourcen würden dann für eine Aufgabe abgestellt, die sie überhaupt nicht bewältigen können, was deshalb zu enormen Fehlentscheidungen und damit zur Ressourcenvernichtung führen *muss*. Ganz abgesehen freilich vom permanenten Zwang und Freiheitsentzug eines planwirtschaftlich organisierten Wirtschaftssystems, der eine eigenverantwortliche Lebensgestaltung wenn überhaupt, so nur sehr eingeschränkt zulässt.[27]

2. Der Marktmechanismus *setzt sich von selbst durch*! Damit ist gemeint, dass es keiner Überwachungsinstitution wie etwa in Unternehmen und Planwirtschaften bedarf, die den einzelnen Wirtschaftssubjekten Sanktionen androhen (und auch durchsetzen), wenn diese das ihnen zugeteilte Plansoll nicht erfüllen. Es ist im Interesse des Unternehmens, jene Güter verstärkt zu produzieren, die die Haushalte im besonderen Maße wünschen, weil sie ja dann auch höhere Preise zu zahlen be-

---

26 Siehe dazu genauer Kap. 8.2 und 9.1.
27 Siehe dazu auch Kap. 8.1.

reit sind. Es ist im Interesse des Unternehmens, die gewünschten Güter möglichst kostengünstig zu produzieren, steigt doch dann ihr Gewinn.

3. Schließlich nimmt der Marktmechanismus *Veränderungen* der relativen Knappheiten und Überschüsse der Güter *sofort* wahr und *reagiert* darauf durch eine *Anpassung der relativen Preise*, die wiederum die entsprechenden *Signale* für die Reallokation der Ressourcen sowie die Güterverwendung und Güterzuteilung darstellen. (Man erinnere sich des Beispiels mit den Äpfeln und Birnen!) Dies verbürgt die ungeheure *Dynamik* und Leistungsfähigkeit des marktwirtschaftlichen Systems.

Die Marktpreise sorgen für eine rasche und höchst effiziente *Informationsbeschaffung und -übermittlung* einerseits und für eine effektive *Disziplinierung* der diese Informationen im Eigeninteresse nützenden Marktteilnehmer andererseits. Dass das dadurch sich einstellende Ergebnis, das *Allokationsergebnis*, das die Pläne aller Wirtschaftssubjekte miteinander kompatibel macht, regelmäßig noch besonderen *Effizienzkriterien* entspricht, ist eine ungeheure Leistung, das ‚Wunder der unsichtbaren Hand‘, dessen sich kaum einer wirklich bewusst ist und das man nur zu gerne als selbstverständlich hinzunehmen geneigt ist. Die Effizienzeigenschaften von Marktgleichgewichten behandelt das nächste Kapitel.

7 Marktergebnis: Beurteilung und Voraussetzungen des Wettbewerbsprozesses

7.1 Eine kurze Rückschau

Zur Rekapitulation: Ausgehend vom *Knappheitsproblem*, dem *ökonomischen Grundproblem*, wurde skizziert, wie damit in *marktwirtschaftlichen Systemen* umgegangen wird: Die ihren *eigenen Vorteil* verfolgenden Individuen arbeiten, *ohne* dies eigentlich zu wissen, *zum Nutzen aller*. Sie arbeiten *zusammen*, ebenfalls, *ohne* dies eigentlich zu wissen. Jeder hat sich auf irgendeine Beschäftigung *spezialisiert*, produziert nur einen Bruchteil der Güter, die er auch konsumiert, selbst. Alles andere tauscht er auf dem Markt gegen Geld, das er aus dem Verkauf seiner eigenen Leistungen auf dem Markt erlöst hat, ein. Produziert man *arbeitsteilig*, wird *Spezialisierung* ermöglicht, damit steigen *Produktivität* und *Wohlstand*.

Die *Koordination* der weltweit arbeitsteilig ablaufenden Produktion erfolgt nun nicht etwa über ein Ministerium, beispielsweise eines für Rohstoff- und Energiebeschaffung, sondern durch die *auf Märkten zustandekommenden Preise:*

> Der auf Märkten wirkende Preismechanismus signalisiert relative Knappheiten und Überschüsse und lenkt damit die einer Volkswirtschaft zur Verfügung stehenden Ressourcen in die benötigten bzw. gewünschten Verwendungsrichtungen.

‚Gewünscht' heißt, dass für ein Produkt tatsächlich eine *Nachfrage*, die Summe der Nachfragewünsche der Haushalte existiert (was graphisch durch die Lage und die Form der Nachfragekurve zum Ausdruck kommt). Miteinander in Konkurrenz stehende gewinnorientierte Unternehmen haben im marktwirtschaftlichen System einen großen Anreiz, diese Nachfrage möglichst effektiv und effizient zu befriedigen. Sie sind daher ständig auf der Suche nach der Verbesserung ihres Produktprogramms, nach neuen und besseren Produkten und nach neuen und besseren, d. h. kostengünstigeren Technologien. Die *Konkurrenz* ist die unabdingbare Voraussetzung dafür, dass die damit verbundenen Vorteile für die Unternehmen, ihre Gewinne, im Laufe der Zeit an die Konsumenten weitergegeben werden *müssen*.

> Damit bilden Technologie auf der einen Seite (Angebotsseite) und die Präferenzen der Haushalte auf der anderen Seite (Nachfrageseite) die beiden Pole, um die herum sich das ökonomische Geschehen in den Phänomenen Produktion, Tausch und Konsum abspielt.

Weder Technologie noch Nachfrage sind nun ein für allemal feststehende Größen. Ganz im Gegenteil! Nach ihnen muss ständig gesucht, sie müssen nach und nach *entdeckt* werden! Diese *Entdeckungsfunktion* übernehmen nun in erster Linie die Unternehmer, sie spielen die zentrale Rolle in jeder Marktwirtschaft: Sie investieren in Forschung und Entwicklung, um neue, kostengünstigere Technologien verfügbar zu machen, sie suchen nach latenten Bedürfnissen und konkreten Bedürfnisbefriedigungsmöglichkeiten. Man kann deshalb sagen:

> Der marktwirtschaftliche Anreizmechanismus führt nicht nur ständig zur Entdeckung neuer Mittel der ‚Bedürfniswelt' und Sicherung einer effizienten Nutzung bereits gegebener Ressourcen. Durch das marktwirtschaftliche Anreizsystem werden darüber hinaus neue Ressourcen und Energievorräte (durch neue Technologien) entdeckt und damit fortlaufende Entknappungsprozesse induziert und vorangetrieben.

Die Marktwirtschaft selbst ist also ein Mittel der Weltentdeckung, das der Mehrzahl der Menschen immer mehr Güter und Genüsse zugänglich macht. Vor gar nicht langer Zeit war das Hören eines klassischen Konzerts ein nur wenigen Leuten vorbehaltener Genuss. Erst die enormen technologischen Neuerungen der Kommunikationsindustrie – das Ergebnis des marktwirtschaftlichen Anreizsystems – bringen diese nunmehr für jedermann erschwinglichen Genüsse ins Haus! Bis vor kurzem war es unmöglich, in einem ‚normalen Menschenleben' so viel von der Welt zu sehen. Die modernen Kommunikations- und Transporttechnologien machen es heute für viele Menschen möglich, die Welt so günstig wie noch niemals zuvor kennenzulernen.

Lassen sich mit einem (neuen) Gut gute Geschäfte machen, was durch den relativ hohen Preis angezeigt wird – womit dieser Preis eine ganz wichtige *Information* weitergibt –, dann werden *bei freiem Marktzutritt* neue Unternehmen in die Produktion dieses Gutes oder ähnlicher Güter einsteigen, das *Angebot* wird steigen und der Preis des nunmehr reichlicher vorhandenen Gutes wird *sinken*.[1]

Solches ist in besonders eindrucksvoller Weise in der IT-Industrie (bei enorm steigender Nachfrage) geschehen. Man denke an die ersten Taschenrechner Ende der 1960er Jahre. Behäbige Geräte zu hohen Preisen! *Dieselben* Geräte würden heute nicht zu einem *Zehntel* ihres damaligen Preises einen Käufer finden! Genau so verhält es sich mit dem ersten Personal Computer. Dinosauriergeräte mit, gemessen an heutigen Maßstäben, lächerlicher Leistung! Und heute sind Personal Computer bereits so günstig, dass es kaum einen Haushalt mehr gibt, in dem man sie nicht finden kann. Ein respektables Ergebnis des marktwirtschaftlichen Prozesses.

> Das Opportunitätskostenkonzept auf Basis des entgangenen Nutzens ist dabei das Kriterium aller ökonomischen Entscheidungen, sowohl der Haushalte als auch der Unternehmen. Erst durch die Beachtung der Opportunitätskosten der Entscheidung ist Effizienz, die Vermeidung von Verschwendung, sichergestellt.

---

1 Wie wiederholt betont wurde, sollten dabei jedoch Eigentumsrechte ‚auf Ideen', ‚geistige Eigentumsrechte', möglichst nicht verletzt werden. Siehe dazu genauer Kap. 5.2.1.

Auf dem Markt, unabhängig davon, wie ein konkreter Markt zu klassifizieren ist, ob als Monopol, Oligopol, monopolistische oder vollständige Konkurrenz, treffen nun Angebot und Nachfrage aufeinander: Hier bilden sich Preis und Menge.

In aller Regel werden Kräfte wirksam, die zu einem Marktgleichgewicht führen. Dieses zeichnet sich dadurch aus, dass durch den Gleichgewichtspreis die Pläne aller Marktteilnehmer (wie auch der Nicht-Marktteilnehmer) aufeinander abgestimmt werden. Damit wird das Koordinationsproblem, das sich bei arbeitsteiligem Wirtschaften stellt, gelöst.

Übersicht 7.1: Charakteristika wichtiger Marktformen

	Vollständige Konkurrenz	Monopolistische Konkurrenz	Oligopol	Monopol
Zahl der Anbieter	sehr viele	viele	wenige	ein einziger
Marktzutritt	frei und jederzeit möglich	frei und jederzeit möglich	kurzfristig schwer bis gar nicht möglich	kurzfristig unmöglich, langfristig Substitute sehr wahrscheinlich
Produktart	perfekte Substitute	nahe Substitute	perf./nahe Substitute	‚keine' Substitute
Nachfrage-struktur	sehr viele Nachfrager ohne Marktmacht	sehr viele Nachfrager ohne Marktmacht	sehr viele Nachfrager ohne Marktmacht	sehr viele Nachfrager ohne Marktmacht
‚Marktmacht'	keine, reine Preisnehmer und Mengenanpasser	sehr bedingt: innerhalb enger Grenzen Preissetzung möglich	groß bei Kollusion gering bei Wettbewerb	sehr groß: Preissetzer
Marktergebnis	kurzfristig Gewinn möglich, langfristig nicht: ‚*Zero-Profit*' Allokative Effizienz	kurzfristig Gewinn, langfristig gewinnlos, doch: *excess capacity*: *LDTK* nicht minimal	unbestimmt, von der Art des Oligopols abhängig	Monopolgewinn, der langfristig erodiert wird

Die *Allokationsergebnisse*, die durch den Marktmechanismus bewerkstelligt werden, bedeuten aber nicht nur *von selbst sich durchsetzende* Koordination der einzelnen Wirtschaftspläne. Die Allokationsergebnisse von Wettbewerbsmärkten verfügen in aller Regel über einen äußerst hohen Grad an *Effizienz*. *Effizienz* bedeutet dabei, ganz einfach formuliert, die *Vermeidung von Verschwendung* welcher Art auch immer, oder, konkreter im Sinne des *ökonomischen Prinzips*, dass – insgesamt gesehen – aus den vorhandenen Mitteln das Beste gemacht wird. In einem marktwirtschaftlichen System ist aufgrund der hier existierenden *Anreizstruktur* jeder um den bestmöglichen Einsatz der *eigenen* Ressourcen intensiv bemüht – ein solches Verhalten liegt ja im Interesse des Einzelnen. Dadurch wird die Wohlfahrt insgesamt gefördert, unter bestimmten Voraussetzungen sogar *maximiert*. Ein *funktionierendes marktwirtschaftliches System*, also ein *funktionsfähiger Wettbewerb*, insbesondere unter den Anbietern, ist dabei eine *zentrale, jedoch keineswegs immer von selbst gegebene Voraussetzung* für eine möglichst breite Verteilung der Nutzen- und Wohlstandsgewinne.[2] Darauf soll nun im Folgenden kurz näher eingegangen werden.

7.2 Marktgleichgewicht auf Wettbewerbsmärkten und Wohlfahrtsmaximierung*

Es sollen nun die Vorteile, die sich im *Gleichgewicht von Wettbewerbsmärkten* regelmäßig allen Marktteilnehmern eröffnen, anhand des Konzepts der *Konsumenten- und Produzentenrente*[3] genauer untersucht werden.

Konsumenten- und Produzentenrente kommen durch den *Tausch* von Gütern auf ‚*perfekten*' oder ‚*vollkommenen*' Märkten zustande. Wesentliches Charakteristikum eines ‚vollkommenen Marktes' ist, dass für das dort gehandelte Gut nur *ein einziger, allen Marktteilnehmern bekannter Preis existiert, zu dem alle Markttransaktionen abgewickelt werden*.

Dass sich auf einem Markt tatsächlich nur ein Preis einstellt, setzt in erster Linie ein *homogenes* Gut sowie *vollständige Information aller Marktteilnehmer,* also *vollständige Markttransparenz* voraus. Wäre nämlich ein homogenes, also ein völlig gleichartiges Gut zu unterschiedlichen Preisen zu haben, was den Nachfragern annahmegemäß bekannt ist, dann würde ja nur dort gekauft, wo es am billigsten wäre. Die Nachfrage würde sich auf diesen Anbieter konzentrieren und damit seinen Preis in die Höhe treiben. Gleichzeitig müsste der Preis bei den anderen Anbietern aufgrund der abgewanderten Nachfrage fallen. Deshalb kann es im Falle eines homogenen Gutes und voll-

---

2 Monopolstellungen haben bei offenen Märkten regelmäßig nur eine kurze Überlebensfrist.
3 Es geht ebenfalls auf den bereits erwähnten englischen Nationalökonomen *Alfred Marshall* zurück.

ständiger Markttransparenz tatsächlich nur einen Preis geben. Man spricht in diesem Zusammenhang vom *Gesetz des einheitlichen Preises* oder vom *law of indifference*.[4]

Dieses Konzept der *vollkommenen Märkte* darf nicht mit dem der *vollständigen Konkurrenz* verwechselt werden.

> Vollständige Konkurrenz liegt auf einem Markt dann vor, wenn zusätzlich zu den Bedingungen des vollkommenen Marktes so viele Anbieter und Nachfrager auftreten, dass der sich auf dem Markt ergebende Preis für alle Marktteilnehmer ein Datum darstellt, also von ihnen nicht geändert werden kann. Alle Marktteilnehmer sind Preisnehmer und Mengenanpasser.

Alle Beteiligten müssen den Preis als gegeben hinnehmen und können ihn durch eigene Aktionen (Wahl der optimalen Produktions- und Konsummenge) nicht beeinflussen. Die logische Konsequenz daraus ist, dass sich die Wirtschaftssubjekte mit ihren *angebotenen und nachgefragten Mengen*, die sie ja frei wählen können, an den herrschenden Preis anpassen werden, sie sind also *Preisnehmer* und *Mengenanpasser*.

Beispiele für vollständige Konkurrenzmärkte sind die meisten Kapitalmärkte, die internationalen Rohstoff- und Agrarmärkte. Auffällig ist, dass diese Märkte zumeist eine bestimmte Organisation (Börsen) aufweisen, die Homogenität und Transparenz erst ermöglichen. Den allermeisten Märkten liegt eine bestimmte rechtliche wie organisatorische Struktur zugrunde, die für ihr Funktionieren eine zentrale Voraussetzung darstellt.

Bedingung für das Zustandekommen der Konsumenten- und der Produzentenrente ist zwar lediglich das Vorliegen vollkommener Märkte, zunächst sei aber zusätzlich *vollständige Konkurrenz*, also ein *Wettbewerbsmarkt*, unterstellt, dessen Allokationsergebnis nun genauer beurteilt werden soll.

---

4 In der Realität ist nun in vielen Fällen weder Homogenität des Produktes, noch vollständige Markttransparenz gegeben. Es bestehen also *sachliche, zeitliche* und *räumliche Präferenzen* der Nachfrager auch in Bezug auf gleichartige Produkte (z. B. Treib- oder Heizstoffe). Die Marktteilnehmer sind darüber hinaus regelmäßig nicht vollständig über Mengen und Preise informiert. Diese *unvollständige Information* bedeutet, dass Information selbst ein knappes Gut ist, also mit ihm gewirtschaftet werden muss. Die Anstrengungen (Kosten) der Informationsbeschaffung müssen mit dem Nutzen der zusätzlichen Information abgewogen werden. Die ganze Stadt nach dem günstigsten Preis für ein bestimmtes Hemd zu durchkämmen, wäre irrational. Weil das gewünschte Hemd beim Händler um die Ecke zwar teurer kommt, aber die Kosten weiterer Informationsbeschaffung bzw. des Kaufs in einem entlegenen Einkaufszentrum (Transport-, Reise-, Zeitkosten!) schwerer wiegen, kauft man beim Händler um die Ecke zum höheren Preis. In diesen Fällen kommt es zu sogenannten *Multi-Preis-Gleichgewichten*.

7.2.1 Konsumentenrente*

Abb. 7.1 zeigt die übliche Darstellung eines Marktgleichgewichtes. Beim sich im Schnittpunkt E von Marktangebotskurve S und Marktnachfragekurve D einstellenden Gleichgewichtspreis P^* wird die *maximale* Menge, die freiwillig angeboten und nachgefragt wird, die *Gleichgewichtsmenge* Q^*, umgesetzt. Die Konsumentenrente ergibt sich nun als Fläche P^*AE, also als Fläche *unterhalb* der Nachfragekurve und *oberhalb* der sogenannten Preislinie beim Gleichgewichtspreis P^*.[5]

> Die Konsumentenrente ergibt sich aus der Tatsache, dass auf dem Markt ein Preis herrscht und für jede Einheit des gehandelten Gutes derselbe Preis zu bezahlen ist, während die Zahlungsbereitschaft (der Grenznutzen) der Konsumenten für geringere Mengen dieses Gutes höher liegt als der zu bezahlende Marktpreis.

Für die insgesamt zum herrschenden Gleichgewichtspreis P^* umgesetzte Menge Q^* muss insgesamt der Betrag $OP^* \times OQ^*$ *bezahlt* werden. Der Nutzen, der den Konsumenten durch die Konsumtion der Menge Q^* entsteht, ist hingegen durch die *gesamte Fläche unterhalb der Nachfragekurve D* bis zur Gleichgewichtsmenge Q^*, also durch die Fläche $OAEQ^*$ repräsentiert. Der Gesamtnutzen dieser Menge Q^* übersteigt damit den für den Kauf dieser Menge aufzuwendenden Betrag, den sogenannten *Marktwert*. Der *Nettovorteil* für die Konsumenten, die *Konsumentenrente*, ist daher die *Differenz* dieser Flächen $OAEQ^* - OP^*EQ^*$. Sie kommt deshalb zustande, weil *alle* Konsumenten in der Lage sind, die *gesamte* Menge Q^* zum herrschenden Preis P^* zu

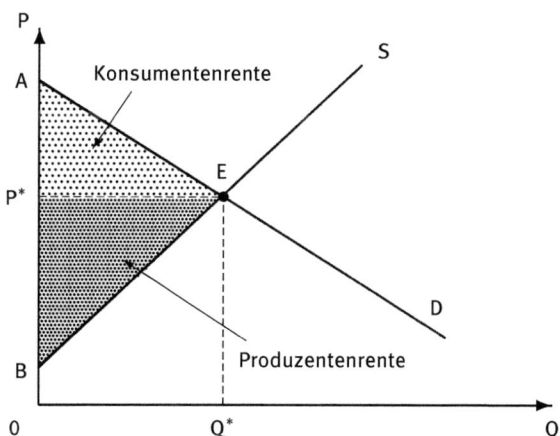

Abb. 7.1: Konsumenten- und Produzentenrente

---

5 Die Preislinie ist eine Horizontale auf der Höhe des Gleichgewichtspreises.

kaufen, obwohl sie für geringere Mengen *bereit* gewesen wären, einen höheren Preis zu bezahlen. Die Konsumentenrente zeigt also den ‚Gewinn' der Konsumenten durch den Tausch und Konsum der Menge Q^*.

7.2.2 Produzentenrente*

Ganz analog zu dieser Vorgehensweise lässt sich die *Produzentenrente* ableiten. Graphisch gesehen ergibt sich die Produzentenrente als Fläche *oberhalb* der Angebotskurve S und *unterhalb* der Preislinie bei P^*, also als Fläche BP^*E.

> Die Produzentenrente ergibt sich ebenfalls aus der Tatsache, dass auf dem Markt ein Preis, der Gleichgewichtspreis P^* herrscht, zu dem die gesamte Menge Q^* abgesetzt bzw. gekauft werden kann, während die Grenzkosten für geringere Mengen unter dem erhaltenen Marktpreis liegen.

Deshalb wären die Produzenten auch *bereit*, geringere Mengen zu niedrigeren Preisen zu verkaufen. Durch den Verkauf der Menge Q^* zum Preis P^* ist den Produzenten ein *Erlös* in Höhe von $OP^* \times OQ^*$ (*Marktwert*) zugeflossen, während die variablen Kosten der Produktion der Menge Q^* als Fläche *unterhalb* der Angebotskurve S (die horizontale Summierung der individuellen *Grenzkostenkurven*[6]), also als Fläche $OBEQ^*$ erkennbar sind. Der *Nettovorteil* für die Produzenten, die *Produzentenrente*, ist daher die *Differenz* dieser Flächen $OP^*EQ^* - OBEQ^*$. Sie kommt eben deshalb zustande, weil die gesamte Menge Q^* auf vollkommenen Märkten zum Gleichgewichtspreis von P^* abgesetzt werden kann, obwohl die Produzenten *bereit* wären, geringere Mengen zu niedrigeren Preisen zu verkaufen.[7]

Produzenten- und Konsumentenrente lassen sich auch durch eine schrittweise Vorgangsweise klar herausarbeiten:

Für die *erste* verkaufte Einheit dieses Gutes wäre gemäß der Nachfragekurve – siehe Abb. 7.2 –, die ja die summierte *Kaufbereitschaft* aller Nachfrager darstellt, die *Bereitschaft* vorhanden, diese erste Einheit zum Preis von OD zu kaufen. Tatsächlich *muss* aber dafür nur der Marktpreis OP^* ausgelegt werden. Der Nutzen OD der ersten Einheit dieses Gutes übersteigt damit den tatsächlich dafür zu bezahlenden Preis beträchtlich. Die Differenz ist die Konsumentenrente desjenigen Nachfragers, der für die erste Einheit dieses Gutes *bereit* gewesen wäre, einen Preis in Höhe von OD zu bezahlen, jedoch nur den am Markt herrschenden Preis P^* bezahlen *muss*.

---

6 Siehe zur Ableitung der individuellen Angebotskurven Kap. 4.2.3.3.

7 Die Produzentenrente darf (für die kurze Frist) nicht als Gewinn des Unternehmens interpretiert werden, sondern als Deckungsbeitrag. Da die Angebotskurve ja nur die *Grenzkosten* des Unternehmens reflektiert, bleibt das darüber hinaus erzielte, d.i. die Produzentenrente, zunächst einmal zur Deckung der Fixkosten. Die Produzentenrente entspricht also dem Deckungsbeitrag.

Umgekehrt wäre der Produzent der *ersten* Einheit dieses Gutes *bereit*, dieses Gut zum Preis *OB* zu verkaufen. Tatsächlich konnte er am Markt einen wesentlich höheren Preis realisieren, nämlich *OP**. Die Differenz zwischen höherem Marktpreis und seinen variablen Kosten für diese Menge, der diesbezüglichen Grenzkosten, ist seine Produzentenrente.

Dehnt man nun diese Überlegungen auf alle Nachfrager und Anbieter aus und führt man dies sukzessive bis zur Gleichgewichtsmenge weiter – wobei sich, wenn man sehr viele Anbieter und Nachfrager für dieses Gut unterstellt, die Kurven glätten und wieder die Gestalt wie in Abb. 7.1 annehmen –, dann sieht man, dass die *gesamte Zahlungsbereitschaft* aller Nachfrager (d.i. die Fläche unter der Nachfragekurve bis zur Gleichgewichtsmenge) die tatsächlich für die gesamte Menge *Q** am Markt zu bezahlende Summe, den *Marktwert*, bei weitem übersteigt. Die gesamte Konsumentenrente resultiert als *Summe aller individuellen Konsumentenrenten* als Fläche *P*DE*. Auf der anderen Seite übersteigt der Marktwert, der dem Erlös der Produzenten entspricht, die Summe der Grenzkosten, also die variablen Kosten der Produktion. Die Differenz ergibt die gesamte Produzentenrente.

7.2.3 Bewertung des Wettbewerbsgleichgewichts*

Untersucht man (siehe Abb. 7.3) das Ergebnis des Wettbewerbsprozesses, das Marktgleichgewicht, mit der einfachen Plus-Minus-, also Kosten-Nutzen-Logik, näher, dann zeigt sich folgendes:

Um die Menge *Q** + 1 absetzen zu können, muss entsprechend der durch die Angebotskurve reflektierten *Kostenstruktur* der Anbieter seitens der Nachfrager die *Bereitschaft* bestehen, die *Grenzkosten* dieser zusätzlichen Outputeinheit auch zu bezah-

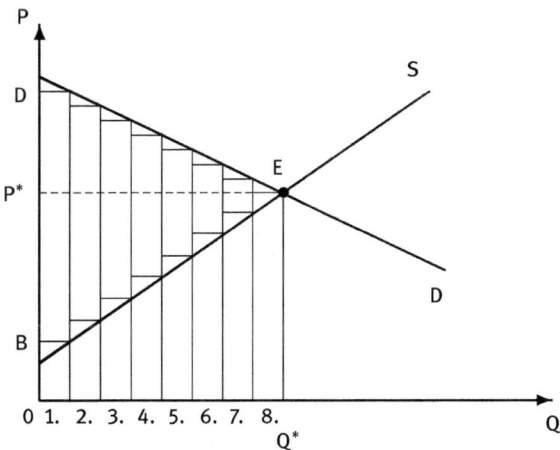

Abb. 7.2: Schrittweises Aufdecken von Konsumenten- und Produzentenrente

len. Gemäß der Nachfragekurve, die ja genau diese *Bereitschaft* der Nachfrager reflektiert, ist aber der *Grenznutzen* dieser zusätzlichen Einheit geringer als deren *Grenzkosten*. Weil die Nachfrager also *nicht bereit* sind, die Grenzkosten dieser Einheit zu übernehmen, unterbleibt die Produktion dieser Einheit. Und das ist auch gut so. Denn warum soll etwas produziert werden, was zu diesen Kosten niemand will?

Umgekehrt wäre bei der Produktion von $Q^* - 1$ Einheiten entsprechend der die Kaufbereitschaft der Nachfrager reflektierenden Nachfragekurve der *Grenznutzen* dieser Einheit größer als deren *Grenzkosten*. Entsprechend erfolgt die Produktion dieser Einheit, weil jemand *bereit* ist, die Kosten dafür zu übernehmen. Dieser jemand ist deshalb dazu bereit, weil er damit einen Gewinn bzw. einen Nutzen erzielen kann.

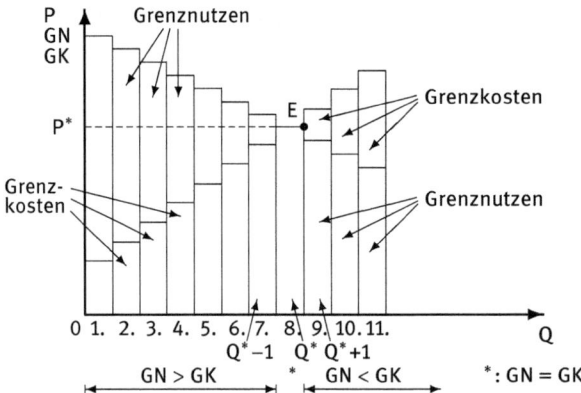

Abb. 7.3: Beurteilung des Marktergebnisses mit Hilfe von Konsumenten- und Produzentenrente

Man sieht: Exakt im über Wettbewerbsprozesse zustandegekommenen Marktgleichgewicht E, bei Gleichgewichtspreis P^* und Gleichgewichtsmenge Q^*, gilt, dass die *Grenzkosten* der zuletzt produzierten Einheit dem *Grenznutzen* der zuletzt nachgefragten Einheit gerade noch entsprechen. Das ist ein besonders interessantes Ergebnis, denn:

> Die Gewinnmaximierungsbedingung des Wettbewerbsunternehmens besagt, dass im Gewinnmaximum die Bedingung
>
> $$GK_q = P_q$$
>
> erfüllt sein muss. Und die Bedingung für das Nutzenmaximum des Haushalts lautet, dass die nachgefragte Menge eines vom Haushalt konsumierten Gutes solange ausgedehnt wird, bis gilt:
>
> $$GN_q = P_q$$
>
> Hier, im Marktgleichgewicht, wo
>
> $$GK_Q = P_Q^* = GN_Q$$
>
> gilt, sind nun beide Bedingungen erfüllt! Die Marktprozesse arbeiten also von selbst auf ein Ergebnis, das Marktgleichgewicht, hin, in dem die Optimalitätsbedingungen für Unternehmen und Haushalt erfüllt sind.

Das bedeutet aber wiederum nichts anderes, als dass die von den Konsumenten insgesamt *gewünschte* Menge *effizient*, d. h. zu den *geringsten Kosten* produziert wurde, also *günstiger nicht* hätte produziert werden können. Die Angebotskurve *S* reflektiert ja die *effiziente* Kostenstruktur der Anbieter, da diese unter kompetitiven Bedingungen regelmäßig am letzten Stand der Technik produzieren. Ein Betrieb, der eine neue Technologie, die die Grenz- und damit die Durchschnittskosten senkt, nicht übernimmt, kann nicht lange im Markt bleiben.[8]

Bewertet man das Ergebnis auf Wettbewerbsmärkten nun mithilfe des Konzepts der Produzenten- und Konsumentenrente, dann sieht man, dass im Marktgleichgewicht die Summe aus Konsumenten- und Produzentenrente und damit – nimmt man dies als Wohlfahrtsmaß – die Wohlfahrt insgesamt in ihrem Maximum ist. Dies lässt sich leicht nachprüfen, indem man die Gleichgewichtssituation *E* mit Ungleichgewichtssituationen vergleicht (siehe Abb. 7.4).

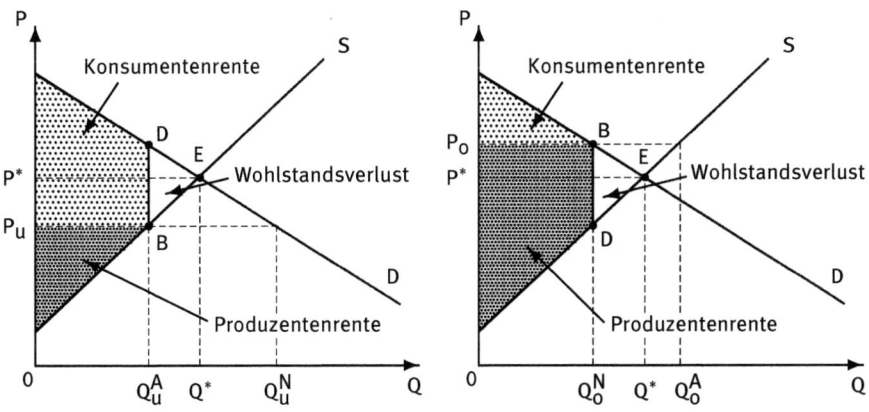

Abb. 7.4: Wohlstandsverlust und Umverteilungseffekt im Ungleichgewicht

Nimmt man zunächst einen Preis, der unter dem Gleichgewichtspreis liegt, P_u – man argumentiert jetzt auf der Preisachse, nicht wie vorhin auf der Mengenachse – dann ist die nachgefragte Menge (die auf der Nachfragekurve abgelesen werden kann) Q_u^N größer als die angebotene Menge Q_u^A (die entsprechend auf der Angebotskurve abzulesen ist). Zu diesem Preis P_u herrscht eine *Überschussnachfrage*. Angebotene und nachgefragte Menge sind also bei diesem Preis nicht ident. Es herrscht kein Gleichgewicht, damit gehen nicht alle Pläne der Marktteilnehmer in Erfüllung, denn: *Nur die kürzere Marktseite*, in diesem Fall die Anbieter, kann/können ihre gesamte zu diesem Preis

---

8 Ein solches Unternehmen wird zunächst zum *marginalen*, zum *Grenzanbieter*, d. h. zu demjenigen Anbieter, der zu den höchsten, gerade noch am Markt unterzubringenden Kosten produziert. Ein auch nur geringes Fallen der Marktpreise zwingt diesen Anbieter zum Marktaustritt.

angebotene Menge auch tatsächlich absetzen. Einige Nachfrager hingegen gehen leer aus, sie können das nicht tun, was sie zum Preis P_u tun wollen. Die *tatsächlich umgesetzte* Menge ist in diesem Falle also Q_u^A!

Man sieht, dass hier:

1. die tatsächlich umgesetzte Menge *geringer* als die Gleichgewichtsmenge ist,
2. Konsumentenrente und Produzentenrente sich verändert haben, es gibt hier eine sogenannte *Verteilungswirkung* und
3. die *Summe* aus Produzenten- und Konsumentenrente jedenfalls *geringer* ist als im Marktgleichgewicht. Damit ergibt sich insgesamt ein *Wohlstandsverlust*, der dem Dreieck *DEB* entspricht.

Genau umgekehrt liegen die Dinge in dem Fall, in dem der Preis (P_o) über dem Gleichgewichtspreis liegt. In diesem Falle ist die angebotene Menge größer als die nachgefragte. Zum Preis von P_o wollen die Unternehmungen die Menge Q_o^A anbieten, die Haushalte aber nur die Menge Q_o^N nachfragen. Entsprechend ergibt sich ein *Angebotsüberschuss* von $Q_o^A - Q_o^N$. Die *tatsächlich* umgesetzte Menge ist aber nur die, die beim Preis von P_o auch nachgefragt wird, also Q_o^N. Auch in diesem Falle bestimmt also die *kürzere* Marktseite die umgesetzte Menge, die auch hier, wie in *jedem Ungleichgewicht jedenfalls geringer* ist als die Gleichgewichtsmenge Q^*. Damit ist aber auch die Summe aus Konsumenten- und Produzentenrente *nicht* maximal.

Sowohl die simple *Plus-Minus-Logik*, die Gegenüberstellung von Grenznutzen und Grenzkosten (zu Opportunitätskosten) einer Handlungsalternative (hier: ‚soll eine zusätzliche Einheit eines Gutes produziert werden oder nicht?') als auch das Produzenten-Konsumentenrenten-Konzept führen zu dem Ergebnis, dass bei vollständiger Konkurrenz (auf ‚Wettbewerbsmärkten') das sich einstellende Ergebnis optimal ist, optimal im Sinne von *Pareto-effizient*. Unter Pareto-Effizienz versteht man eine Situation, in der durch die Reallokation der Güter kein Individuum mehr besser gestellt werden kann, ohne dass dadurch ein anderes schlechter gestellt würde.

> Unter bestimmten Umständen generieren freie Wettbewerbsmärkte von selbst, aus sich heraus, ohne staatlichen Eingriff in den Wirtschaftsablauf ein Ergebnis, bei dem kein Wirtschaftssubjekt mehr besser gestellt werden kann, ohne dass dadurch ein anderes schlechter gestellt würde.

Diese Aussage nennt man den *ersten Hauptsatz der Wohlfahrtsökonomik*. Er gehört zweifellos zu den zentralen Erkenntnissen der Mikroökonomik, ist aber freilich nichts anderes als eine Bestätigung des *Smith'schen* Theorems der *unsichtbaren Hand*.

Allerdings darf hier nicht übersehen werden, dass *drei* zentrale Bedingungen, vorliegen müssen, um dieses ‚Traumergebnis' zu erzielen. Zunächst dürfen keine *externe Effekte (Externalitäten)* und *keine öffentlichen Güter* vorliegen. In beiden Fällen tragen die individuellen Entscheidungsträger nicht die vollen Kosten ihrer Handlungen bzw. kommen in den Genuss von Gütern, für die sie nicht (unmittelbar) die vollen Kosten aufbringen müssen.[9] Schließlich muss noch ,*vollständiger Wettbewerb*' vorliegen, um Pareto-Effizienz zu erzielen.

In der Realität treten nun nicht nur externe Effekte und öffentliche Güter auf, die nach sorgfältiger Prüfung mitunter einen entsprechenden Staatseingriff rechtfertigen. In der Realität herrscht im Sinne der obigen Modellvorstellung sehr oft auch mehr oder weniger ,unvollständiger Wettbewerb'. Dennoch kann man in Bezug auf das ,Wettbewerbspostulat' sagen: Solange grundsätzlich *offene Märkte* bestehen, d. h. der Marktzu- und -austritt grundsätzlich und ohne prohibitive Kosten möglich ist, kann insofern von einem *funktionsfähigen Wettbewerb* gesprochen werden, als eine kontinuierliche Annäherung an das gerade abgeleitete Ergebnis der Übereinstimmung von Grenzkosten und Grenznutzen im Marktgleichgewicht ebenfalls regelmäßig erreicht wird. Schließlich darf nicht übersehen werden, dass sich die unverzichtbaren *dynamischen Wachstums- und Wohlstandswirkungen der Marktwirtschaft* nur unter den Bedingungen ,unvollständigen Wettbewerbs', also bei Vorliegen monopolistischer Elemente einstellen werden.

7.3 Wohlfahrtsverlust beim statischen Monopol*

Verglichen werden nun – aus statischer Sicht – zwei Extremsituationen: das langfristige Gleichgewicht bei vollständiger Konkurrenz mit dem langfristigen Gleichgewicht eines ,echten' Monopols. Dazu seien nicht nur gleiche Nachfragebedingungen unterstellt, sondern zudem, dass sowohl auf dem Wettbewerbsmarkt der *Branchenoutput* als auch der *Marktoutput* des Monopolisten langfristig zu identischen und konstanten Stückkosten hergestellt werden können (constant-cost-industry). Die Angebotskurve des Wettbewerbsmarktes entspricht also der Grenzkostenkurve des Monopolisten. Obwohl in beiden Marktformen dieselben Kostenstrukturen vorliegen, ist der Unterschied im Marktergebnis besonders krass: In Abb. 7.5c ist das langfristige Gleichgewicht des Monopolisten dargestellt: Der Monopolist hat die Macht, durch die Wahl seiner Outputmenge den Marktpreis zu bestimmen. Seinen gewinnmaximierenden Output findet er durch die Gleichsetzung von Grenzerlösen GE_m mit den Grenzkosten GK_m: Diese Übereinstimmung bestimmt sein Marktangebot Q_m^*, das – entsprechend der Marktnachfragekurve (seiner *Preis-Absatz-Kurve*) - zum Preis von P_m^* abgesetzt werden kann. Dies sichert dem Monopolisten den maximalen Gewinn: Er entspricht dem gepunkteten Rechteck *ABCD*.

Man vergleiche dieses Ergebnis nun mit dem langfristigen Gleichgewicht bei vollständiger Konkurrenz bei identer Kostenstruktur: Das Marktangebot setzt sich zusammen aus einer Myriade kleiner Unternehmen, die sich mit ihren Mengen an die herrschende Preislage anpassen. In Abb. 7.5a ist das langfristige Gleichgewicht

---

9 Externalitäten und öffentliche Güter werden im nächsten Kapitel eingehender diskutiert.

eines solchen Wettbewerbsunternehmens dargestellt (zu beachten ist der andere Maßstab). Das Unternehmen produziert im Minimum der langfristigen Durchschnitts-kostenkurve. Dort gilt, dass die langfristigen Grenzkosten den langfristigen Durch-schnittskosten entsprechen und gleich dem Marktpreis sind.[10] Der damit verbun-dene Erlös deckt exakt die Opportunitätskosten der Produktion, das Unternehmen macht *keinen* Profit. Es gilt das *Zero-profit*-Theorem durch freien Marktzu- und Markt-austritt. Da hier eine constant-cost-industry unterstellt wird, ist die *langfristige An-gebotskurve der Branche eine Horizontale* auf der Höhe des Minimums der totalen Durchschnittskosten.[11] Das *Marktgleichgewicht* ergibt sich auf Wettbewerbsmärk-ten beim Schnittpunkt *E* der Marktangebots- mit der Marktnachfragekurve (siehe Abb. 7.5b). Dort gilt, wie gezeigt wurde: $GK_Q = P_Q^* = GN_Q$.

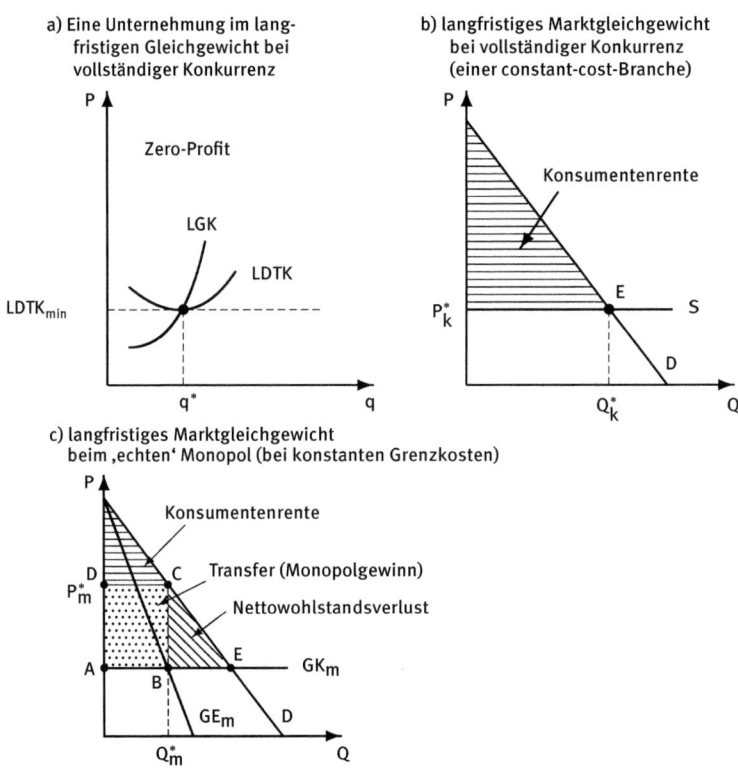

Abb. 7.5: Wohlfahrtsverlust im statischen Monopol

---

10 Also: $LGK = LTDK = P^*$, wobei L für *langfristig* steht.
11 Die kurzfristige Angebotskurve hat hingegen sehr wohl positiven Anstieg. Die kurze Periode ist eben in der Tat zu kurz, dass neue Unternehmen in diese Branche einsteigen könnten bzw. bestehende Unternehmen ihre Kapazitäten anpassen könnten.

Der Unterschied im Ergebnis zum Monopol ist nun frappant. Im hier gezeigten und freilich deutlich überzeichneten Fall ist der Marktoutput des Monopolisten trotz der hier unterstellten *gleichen* Kostenstruktur *nur die Hälfte* (!) des Angebots, das im Marktgleichgewicht der vollständigen Konkurrenz zustande kommt (Q_k^*). Damit nicht genug: Der Monopolist erlöst für sein Angebot einen wesentlich höheren, einen doch deutlich über seinen Grenzkosten liegenden Preis.

Wiederholt man hier das ‚Spielchen' $Q_m^* + 1$ (eine Einheit mehr, eine Einheit weniger, s. o.), dann zeigt sich, dass das Monopolergebnis fernab jeglicher Effizienz liegt. Denn: Der Grenznutzen einer zusätzlichen Einheit $Q_m^* + 1$ übersteigt die Grenzkosten dieser zusätzlichen Einheit deutlich. Daher wäre es effizient, diese Einheit auch zu produzieren, was eben nicht geschieht, weil …

Beurteilt man das Ergebnis nun mithilfe des Konzepts der Konsumenten- und Produzentenrente, so zeigt sich die Ineffizienz ganz deutlich: Bedeutet das Rechteck *ABCD* lediglich einen *Transfer* von den Konsumenten zum Monopolisten – was im Falle der vollständigen Konkurrenz Konsumentenrente war, ist hier zur Produzentenrente des Monopolisten geworden (‚Verteilungswirkung') –, so ist aufgrund des durch den im Vergleich zur Wettbewerbslösung höheren Preis *geringeren Transaktionsvolumens* ein *Nettoverlust* an Konsumenten- *und* Produzentenrente in Form des Dreiecks *CBE*, also ein *Nettowohlfahrtsverlust* festzustellen.

Der hier dargestellte Gewinn des Monopolisten (Rechteck ABCD in Abb. 7.5c) ist nun regelmäßig der Anreiz dafür, eine Monopolstellung einnehmen zu wollen, und der Grund, warum dies *bei grundsätzlich freiem Marktzutritt* nicht lange so bleiben wird. Mit der Zeit werden neue Konkurrenten mit ähnlichen Produkten auftauchen, was ein Schrumpfen des Gewinns des Monopolisten bedeutet. Es entsteht die Marktform der monopolistischen Konkurrenz oder ein Oligopol. Will man das Schrumpfen des Gewinns nicht hinnehmen, so wird man sich um etwas Neues, Besseres umsehen müssen … Was gewiss nicht zum Schaden der Konsumenten sein wird!

7.4 Wohlfahrtsverlust durch monopolistische Konkurrenz?*

Der Vergleich zwischen der langfristigen Gleichgewichtslösung eines ‚echten' Monopolisten und der der vollständigen Konkurrenz ist eine Extremdarstellung. Trotzdem soll die tatsächlich existierende Gefahr nicht verniedlicht werden, dass es im Zuge des Wettbewerbsprozesses auf den Märkten tatsächlich zu Monopolbildungen oder marktbeherrschenden Stellungen von Unternehmen kommen kann. Dann ist, wie bereits erwähnt, ein wirtschaftspolitischer Eingriff in das Marktgeschehen tatsächlich angezeigt.

Da in der wirtschaftlichen Realität sehr oft *unvollständige Konkurrenz* in Form von *Oligopolen* – hier teilen sich einige wenige Anbieter den Markt und beeinflussen sich mit ihren Aktionen gegenseitig – und *monopolistischer Konkurrenz* anzutreffen ist, soll nun das langfristige Gleichgewicht der monopolistischen Konkurrenz mit dem der vollständigen Konkurrenz verglichen werden.

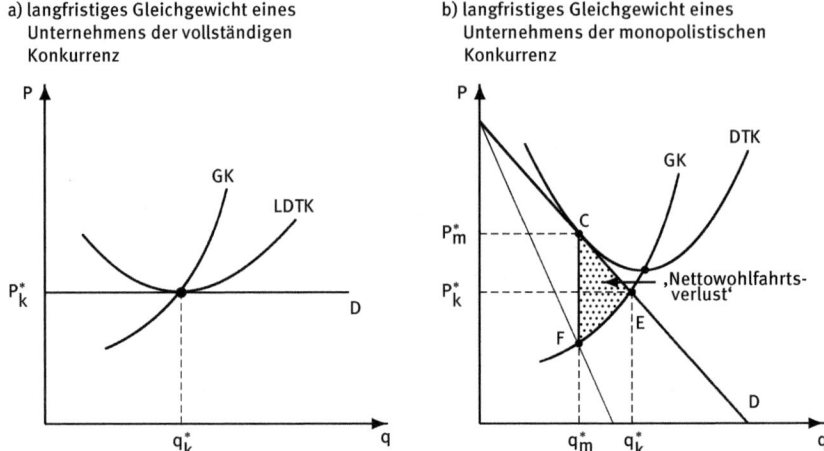

Abb. 7.6: Wohlstandsverlust bei monopolistischer Konkurrenz?

Abb. 7.6 zeigt die beiden Gleichgewichtssituationen, links die Situation eines Unternehmens im langfristigen Gleichgewicht der vollständigen Konkurrenz: Keine Gewinne, aber auch keine Verluste. Rechts ist die ebenfalls bekannte Situation des langfristigen Gleichgewichts eines Unternehmens bei monopolistischer Konkurrenz dargestellt. Im Unterschied zum Monopolisten, der einen Markteintritt potentieller Mitkonkurrenten wirksam verhindern kann, ist dies bei der Marktform der monopolistischen Konkurrenz nicht der Fall. Machen die dort anbietenden Unternehmen einen Gewinn, einen *ökonomischen Gewinn*, dann werden andere, neue Unternehmen in diese Branche einsteigen. Damit sinkt unter sonst gleichbleibenden Umständen die Nachfrage der einzelnen Anbieter (was graphisch in einer *Linksverschiebung der einzelnen Nachfragekurven und damit auch der Grenzerlöskurven* zum Ausdruck kommt.) Im langfristigen Gleichgewicht tangiert die Nachfragekurve eines monopolistischen Konkurrenten gerade noch seine Durchschnittskostenkurve. Die Durchschnittserlöse entsprechen damit gerade den Durchschnittskosten, aus einem Gewinn wird also langfristig auch hier nichts. Doch zum Unterschied vom Ergebnis bei vollständiger Konkurrenz produzieren bei monopolistischer Konkurrenz die einzelnen Anbieter *nicht im Minimum ihrer Durchschnittskosten*. Hier herrscht *Überschusskapazität, excess capacity!*

Um einen Vergleich mit der Referenzsituation der vollständigen Konkurrenz vornehmen zu können, muss man allerdings unterstellen, dass das produzierte Gut auf beiden Märkten im Wesentlichen das Gleiche ist. Das ist etwas problematisch, denn die vollständige Konkurrenz war ja gerade durch die Homogenität, die monopolistische Konkurrenz durch die Differenziertheit ('Heterogenität') des dort gehandelten Produkts gekennzeichnet. Nimmt man als Beispiel den Markt für Zahnpasta, so ist das Grundprodukt an sich vielleicht homogen, die Details aber von Anbieter zu Anbieter unterschiedlich. Geht man deshalb von der weitgehenden Ähnlichkeit des betrachteten Produktes aus, dann kann man das Marktergebnis der monopolistischen Konkurrenz mit dem der vollständigen Konkurrenz mit Hilfe des Konzepts der Produzenten- und Konsumentenrente vergleichen.

Auch hier kommt es zu einer Reduktion des Transaktionsvolumens durch den höheren Preis. Es ergibt sich ein Wohlfahrtsverlust an Konsumenten- und Produzentenrente in Höhe des Dreiecks *FCE*.[12] Das ist also das *Minus,* die Kosten der Produktvielfalt. Es gibt aber auch ein *Plus* bei monopolistischer Konkurrenz. Dieses Plus besteht eben im Nutzen, der aus der Produktvielfalt resultiert.[13]

Als Resümee lässt sich festhalten, dass weniger die konkrete Marktstruktur zählt, als vielmehr die Offenheit der Märkte und der beobachtbare Wettbewerb *in und um* den Markt. Dies aber ist nicht immer selbstverständlich, macht also mitunter Politikmaßnahmen, im konkreten *Wettbewerbspolitik* notwendig.

7.5 Die Voraussetzungen eines funktionsfähigen Wettbewerbs

Zentrale Voraussetzung für das Eintreten der marktwirtschaftlichen Wohlfahrtseffekte, die ja unter anderem bedeuten, dass die Konsumenten langfristig für die Produkte nur die Produktionskosten bezahlen müssen, ist ein *funktionsfähiger Wettbewerb.* Eine wesentliche Voraussetzung, für die mitunter die staatliche *Wettbewerbspolitik* zu sorgen hat, ist die schon erwähnte grundsätzliche *Offenheit der Märkte,* d. h. dass ein Marktzu- und -austritt jederzeit möglich sein muss. Wünschenswert, weil den Wettbewerb stimulierend bzw. oligopolistische Kooperationslösungen erschwerend, ist darüber hinaus, dass möglichst *viele* Konkurrenten im Spiel sind.

Gibt es beispielsweise nur *wenige Anbieter* – man spricht von der Marktform des *Oligopols* – so ist für die Produzenten die Verlockung sehr groß, untereinander Absprachen (Kartellvereinbarungen) zu treffen, die das Angebot reduzieren und damit die Preise hochhalten, um den Gewinn zu erhöhen. Dies ist im Falle weniger Anbieter

---

12 Allerdings gibt es hier keinen Transfer von den Konsumenten zu den Produzenten, wie das beim Monopol der Fall ist. Die Durchschnittserlöse des monopolistischen Konkurrenten decken im langfristigen Gleichgewicht ja gerade seine Durchschnittskosten. Auch sieht man in Abb. 7.6 eine unterschiedliche Kostenstruktur der beiden Anbieter. Man könnte argumentieren, dass die Durchschnittskostenkurve des vollständigen Konkurrenten deshalb tiefer liegt als die des monopolistischen Konkurrenten, weil er sich die Kosten der Differenzierung seines Produktes erspart.
13 Besitzen die Haushalte eine Präferenz für differenzierte Produkte, dann ist die Nachfrage auf dem Markt der monopolistischen Konkurrenz größer, was einen Zuwachs an Konsumentenrente im Vergleich zur vollständigen Konkurrenz bedeuten könnte.

deshalb naheliegend, weil die *Transaktionskosten,* die Kosten, untereinander Kontakt aufzunehmen und eine Vereinbarung zu treffen, gering, die Wahrscheinlichkeit, beim Schwindeln, also bei einem über die dem einzelnen Anbieter zugestandene Menge hinausgehenden Verkauf, erwischt zu werden, hingegen klein ist. Beide Umstände begünstigen das Entstehen von Preis- und Mengenabsprachen der Anbieter, von *Kartellen.* Aus diesem Grund besteht berechtigte Sorge um die Aufrechterhaltung der Konkurrenz bei oligopolistischer Marktstruktur. Entsprechende gesetzliche Regelungen verbieten daher solche Absprachen, sind aber freilich keine Gewähr, dass diese nicht trotzdem, mitunter sogar stillschweigend, d. h. ohne irgendwelche explizite Absprachen, getroffen werden.[14]

Aufgabe der Wettbewerbspolitik ist es also, die Voraussetzungen für Wettbewerb bzw. diesen selbst sicherzustellen. d. h. konkret die Zerschlagung von Kartellen, Offenhaltung der Märkte und Sicherstellung einer Vielzahl von Anbietern durch internationalen Freihandel und Elimination von Protektionismus. Interessanterweise zeigt die politische Praxis ein anderes Bild. Es sind nicht selten gerade staatliche Regelungen wie vor allem Außenhandelsbeschränkungen, die offene Märkte verhindern.[15]

Zu den *zentralen Voraussetzungen für einen funktionsfähigen Wettbewerb* zählen vor allem jene Bedingungen rechtlich-institutioneller Art, die weitestgehend sicherstellen, dass die Wirtschaftsakteure ihre Transaktionen möglichst reibungs- und komplikationslos vereinbaren und abwickeln können. Diese *rechtlich-institutionellen* Voraussetzungen sind stets von staatlicher Seite sicherzustellen.[16] Sind sie nicht oder nicht hinreichend gegeben, wie beispielsweise in den ehemaligen ‚Ostwirtschaften‘, den so genannten ‚Transformationsökonomien‘, oder in vielen Ländern der so genannten ‚Dritten Welt‘, dann kann eine Tauschwirtschaft nicht oder nur schlecht funktionieren.

Zu diesen grundsätzlichen und vom Staat sicherzustellenden Voraussetzungen marktwirtschaftlichen Tätigwerdens der Wirtschaftsakteure gehören:

1. *die Gewährung und Sicherung von Privateigentum bzw. entsprechenden Verfügungsrechten an möglichst allen knappen Gütern sowie einer möglichst freien Verfügungsmacht über diese Güter bzw. Rechte.* Durch das Institut des *Privateigentums,* man spricht hier auch von der *Definition entsprechender Eigentumsrechte*[17] an möglichst allen knappen Gütern, wie insbesondere auch an ‚geistigen Gütern‘, ist für die Wirtschaftssubjekte der entsprechende *Anreiz* gegeben, überhaupt wirtschaftlich tätig zu werden, d. h. sparsam mit den knappen Ressourcen umzugehen und zusätzliche und neue Güter in ausreichender Quantität und Qualität

---

14 Siehe dazu Kap. 5.7.
15 Siehe zum diesbezüglichen Erklärungsansatz Kap. 10.
16 Sie sind, wie noch zu zeigen sein wird (siehe Kap. 9.2), ein reines öffentliches Gut.
17 Siehe dazu auch Kap. 9.2.2.

zu produzieren. Nur dadurch kommen sie nämlich auch an die Früchte ihrer Bemühungen und ohne diesen Anreiz besteht kein Anlass, produktiv zu werden. Die Praxis zeigt überwältigend: Um Güter, die allen oder sehr vielen gehören, kümmert sich (zumeist) niemand. Die Konkursmasse der planwirtschaftlichen Systeme führt das drastisch vor Augen. Augenscheinlich wird dieses Phänomen auch in weiten Bereichen der *Umwelt:* Ist sie ein *öffentliches und kein privates* Gut, wird sie nicht von privater Seite produziert, sondern gerade im Gegenteil, von allen – ohne dafür zahlen zu müssen – genutzt und damit vielleicht dramatisch und zum Schaden aller *übernutzt,* sodass sich ,*Tragedy of the Commons'*-Probleme stellen. Aufgrund der herrschenden Eigentumsrechte wird mit dem kostbaren Gut Umwelt also falsch bzw. überhaupt nicht gewirtschaftet.[18] Man kann davon ausgehen, dass *private* Wohnungen, Häuser und Gärten überwiegend gepflegt und in Ordnung sind, dass dort Energie gespart wird, wo solche Energiesparmaßnahmen sinnvoll sind.[19] Im *öffentlichen* Bereich zeigt sich ein ganz anderes Bild: schmutzige Straßen, Ressourcen- und Energieverschwendung aller Orten! Dies ist so, *weil die Eigentumsrechte, die die Anreizstruktur festlegen, unterschiedlich bzw. mangel- und fehlerhaft definiert sind!*

2. Mit der Definition von Eigentumsrechten eng verbunden ist die für wirtschaftliches Tätigwerden unabdingbare *Klarheit über Eigentums-, Verfügungs- und Haftungs-, wie nicht zuletzt auch über Konkursrechte. Ohne ausreichende Rechtsklarheit und Rechtssicherheit kann wirtschaftliches Handeln nur sehr eingeschränkt entfaltet werden.* Paradebeispiel hiefür sind wiederum die ehemaligen Ostblockstaaten. Dort Investitionen zu tätigen und das heißt, sich mit großem Einsatz wirtschaftlich langfristig zu binden, ist aufgrund der bestehenden *Rechtsunsicherheit* kaum möglich. Niemand weiß genau, wem was gehört, wer welche Rechte geltend machen kann, welche Verpflichtungen bestehen etc. Unter solchen Voraussetzungen wie freilich auch bei *politischer Instabilität* kann die Wirtschaft nicht in Schwung kommen!

3. Ebenfalls eng mit den Eigentumsrechten hängt die Institution der *Vertragsfreiheit* zusammen, d. h. die Wirtschaftssubjekte können nicht nur Privateigentum an Gütern erlangen, sondern haben in Bezug auf die Verwendung dieser Güter auch weitestgehende Handlungsfreiheit. Für Grundbesitz ist diese Handlungsfreiheit in sehr vielen Staaten stark eingeschränkt, man kann beispielsweise nicht bauen oder mieten bzw. vermieten, wie man das möchte und auch der Verkauf an bestimmte Personengruppen (z. B. an EU-Ausländer, Nicht-Landwirte) ist unter Umständen nur sehr schwer möglich. Auch das hat zum Teil negative wirtschaftliche Folgen. An die Vertragsfreiheit knüpft

---

18 Siehe dazu auch Kap. 9.2.2.1.

19 Das heißt, dass die diesbezüglichen Kosten geringer sind als die Nutzen.

4. die *Vertragssicherheit* an. Eingegangene Verträge müssen entsprechend erfüllt werden, wussten schon die Römer: ‚*Pacta sunt servanda.*' Werden sie es nicht und wird dadurch ein Tauschpartner geschädigt, dann steht der Staat mit seinem Justizsystem bereit, der geschädigten Partei zu ihrem Recht zu verhelfen. Wie bereits erwähnt, veranlasst allein die Existenz des *Leviatan* Staat viele, sich an die eingegangenen Verträge auch zu halten, d. h. die einmal zugesagte Leistung, für die vielleicht schon bezahlt wurde, auch entsprechend zu erbringen. Es wurde ebenfalls schon darauf hingewiesen, dass für ein funktionierendes marktwirtschaftliches System das Einhalten bestimmter *ethischer Grundregeln* unabdingbar ist. Die weitaus überwiegende Mehrzahl der am Wirtschaftsleben Teilhabenden hält sich an die eingegangenen Verträge, erbringt die zugesagte Leistung. Verstöße gegen dieses Verhalten, beispielsweise die nicht ordnungsgemäße Erfüllung beim Bau eines Hauses oder der zugesagten Qualität eines Reiseservice sind nach wie vor Ausnahmen von der Regel. Würde die grundlegende ‚*Ethik des Tausches*' nicht mehr generell eingehalten und sich statt dessen der sogenannte ‚*Grab the money and run!*'-*Approach* auf breiter Front durchsetzen, bräche das marktwirtschaftliche System zusammen.[20]

5. Sich auf ethisches Verhalten allein zu verlassen, ist jedenfalls nicht ausreichend. Was für eine funktionierende Marktwirtschaft ebenfalls essentiell ist (im Wesentlichen schon bei Eigentumsrechten enthalten), ist ein *entsprechend durchsetzbares Haftungsrecht*. Eigentums- und Verfügungsrechte sowie Vertragsfreiheit bedeuten Verantwortung für die eigenen Entscheidungen, für das eigene Verhalten. Kommt infolge von Entscheidungen eines Akteurs jemand zu Schaden, geht z. B. ein Unternehmen pleite, dann muss der Verursacher für den Schaden aufkommen. Marktwirtschaft heißt, etwas verkürzt, Pleite gehen zu können. Diese Gefahr des wirtschaftlichen Untergangs werden die Akteure antizipieren und sich entsprechend verhalten. Tun sie es nicht, haben sie also die Möglichkeit, Kosten des eigenen Verhaltens auf andere abzuwälzen, dann drohen nicht nur Ineffizienzen, sondern Chaos. Marktwirtschaft heißt, Gewinne machen zu können, *aber auch seine Verluste selbst zu tragen*. Gerade das muss die Rechtsordnung auch entsprechend vorsehen.

> Wirtschaften spielt sich keineswegs in einem (rechtlichen oder menschlichen) Vakuum ab. Vielmehr ist effizientes Wirtschaften von einem bestimmten ethischen Grundkodex sowie einer rechtlich-institutionellen Infrastruktur, die klare private Eigentums-, Verfügungs- und Haftungsrechte, Rechtsklarheit und Rechtssicherheit gewährleisten im entscheidenden Maße abhängig, sodass ein möglichst reibungsloses Tauschgeschehen ermöglicht ist.

---

20 Wenn mitunter von Kritikern der Marktwirtschaft behauptet wird, in bzw. bei ihr gelte das ‚Gesetz des Dschungels', so zeugt dies von völligem Unverständnis für marktwirtschaftliche Zusammenhänge bzw. für deren Funktionsbedingungen.

Werden die ethischen Grundregeln menschlichen Umgangs eingehalten und sind die zentralen *Ordnungsaufgaben* des Staates, das Verteilen von Eigentums- und Verfügungsrechten, ein Haftungsrecht[21] und die Aufrechterhaltung der Rechtssicherheit, erfüllt – man spricht in diesem Zusammenhang auch von *Ordnungspolitik* –, dann ist der Weg zu funktionsfähigem Wettbewerb geebnet.

Ein *funktionsfähiger Wettbewerb* ist jedenfalls sichergestellt, wenn *zwei* grundlegende Bedingungen erfüllt sind:

1. Es muss zuallererst ein möglichst *freier Zutritt zu und Abgang von* den Märkten gewährleistet sein. Dies ist schon wiederholt als eine zentrale Aufgabe der *Wettbewerbspolitik* angesprochen worden. Es ist sicherzustellen, dass keine oder ohne größere Schwierigkeiten zu überwindende Marktzutrittsbeschränkungen bestehen.[22] Im Falle nicht bzw. äußerst schwer überwindbarer Zugangsbeschränkungen, beispielsweise durch enorme Kapitalerfordernisse (Papierfabrik, Stahlwerk, Atomindustrie) und damit einer oligopolistischen Marktstruktur sowie eines *natürlichen Monopols*[23] ist jedenfalls eine staatliche Marktaufsicht angezeigt. Dies ist deshalb eine besonders wichtige Bedingung für funktionsfähigen Wettbewerb, weil damit sichergestellt ist, dass in Zeiten, in denen in einer Branche gut verdient wird, also Profite, *ökonomische Gewinne*, erzielt werden – was als Signal für eine optimale Ressourcenallokation unverzichtbar ist – sehr schnell viele neue Unternehmen in diese Branche ,wandern' werden, damit das Angebot der Branche steigt und – ceteris paribus – der *Preis* wieder fällt, *beides zum Vorteil der Konsumenten*. Die Gewinne der Branche verschwinden also durch den Wettbewerbsmechanismus wieder. ,Erwirtschaftet' hingegen eine Branche große Verluste, so verbessern sich die Bedingungen für die verbleibenden Unternehmen durch den *Abzug der Grenzanbieter*. Durch ihren Abzug können die in ihnen gebundenen Ressourcen dann in anderen Branchen, wo sie dringender gebraucht werden, eingesetzt werden.

2. Als weitere Bedingung für funktionsfähigen Wettbewerb kann eine *große Anzahl von Marktteilnehmern*, sowohl auf der Anbieter- als auch auf der Nachfragerseite, angesehen werden. Dies ist am besten durch *internationalen Freihandel* sichergestellt. Damit ist gewährleistet, dass die Anbieter stets versuchen, einander entweder durch Preisreduktionen zu unterbieten, und zwar solange, bis der *Marktpreis*

---

21 Diese rechtliche Infrastruktur selbst bedarf von Zeit zu Zeit freilich ebenfalls einer Anpassung, ist also nicht ein für alle mal feststehend, wie gerade auch die Diskussion der *Tragedy of the Commons*, siehe dazu unten Kap. 9.2.2.1, zeigt.

22 Interessanterweise bestehen Marktzutrittsbeschränkungen sehr oft gerade aufgrund staatlichen Eingriffs! Man denke an die Vielzahl administrativer (nicht-tarifärer) Hemmnisse und die Zölle im internationalen Handel.

23 Siehe dazu Kapitel 5.2.4.

den Grenzkosten der Produktion entspricht – man spricht hier von *Preiswettbewerb* –, oder über Qualitätsverbesserungen ihrer Produkte versuchen, Kunden zu gewinnen und zu halten – man spricht dann von *Differenzierungswettbewerb.*

Liegen diese beiden Bedingungen, freier Marktzu- und -austritt sowie die Existenz möglichst vieler Marktteilnehmer auf beiden Marktseiten vor, so ist ein funktionsfähiger Wettbewerb, d. h. ein solcher, der die Preise tendenziell auf das Kostenniveau drückt und ständige Qualitätsverbesserungen der Produkte bewirkt, sichergestellt.

Die insbesondere in den Kapiteln 4, 6 und 7 vorgestellte Theorie ist im Wesentlichen die der sogenannten *Neoklassische Ökonomik,* einer der bedeutendsten Schulen der Ökonomik, die gegen Ende des 19. Jahrhunderts in Cambridge (England), in der Schweiz und in Österreich in unterschiedlicher Ausprägung, aber überwiegend gleicher Methodik entstanden ist und die Klassik der ökonomischen Wissenschaft maßgeblich weiterentwickelt hat. Charakteristisch für die Neoklassik ist vor allem das *Marginalprinzip,* die Ausformulierung der *Angebots-Nachfrage-Logik* und die Idee des *Allgemeinen Gleichgewichts.* Verbunden ist die Neoklassik vor allem mit dem Namen von *Alfred Marshall,* der in seinem berühmten Lehrbuch ,*Principles of Economics*‘ (erschienen 1891) das erste Angebots-Nachfrage-Diagramm vorstellt, das bis heute den Kern eines jeden Ökonomielehrbuchs ausmacht; des weiteren mit dem Schweizer *Leon Walras* (1834–1910) und dem Österreicher *Karl Menger* (1840–1921). In der schweizerischen und britischen Ausprägung der Neoklassik erfolgt auch eine starke Mathematisierung der Ökonomik und ein elaboriertes und schlüssiges System, das man heute unter ,Mikroökonomik‘ oder ,Preistheorie‘ kennt. Der Neoklassik gelang schließlich in der Wertlehre ein Durchbruch: Mit der *subjektiven Wertlehre* konnten die Neoklassiker die *objektive Arbeitswertlehre* der Klassiker definitiv überwinden. Mit ihrer Gleichgewichtsorientierung verlor die Neoklassik vor allem in der turbulenten Zwischenkriegszeit und der Weltwirtschaftskrise an Bedeutung und trat in den Schatten der von *John M. Keynes* (1883–1946) grundgelegten ,Makroökonomik‘. Eine deutliche Wiederbelebung der Neoklassik erfolgte vor allem von *Milton Friedman* (1912–2006) in den 1950er- und 1960er-Jahren.

8 Vorteile, Hindernisse und Probleme des Tauschens

8.1 Zur grundsätzlichen Logik des Tauschens

Den hier umrissenen ‚Segnungen der Marktwirtschaft' wird sehr oft und etwas nebulos eine Art ‚Ausbeutungstheorie' gegenübergestellt[1], die behauptet, dass Tauschaktivitäten immer mit der Übervorteilung eines der beteiligten Tauschpartner verbunden seien. Was der eine bei einem Tausch gewinne, müsse notwendigerweise der andere verlieren. Der Tausch wird also als *Null-Summen-Spiel* angesehen.

Dieses Vorurteil bzw. Missverständnis in Bezug auf die Marktwirtschaft ist durch die grundsätzliche Überlegung überzeugend entkräftet, dass ein Tausch – eine *freiwillige* und *zweiseitige* Aktion – regelmäßig *beiden Seiten Vorteile bringt*. Denn die beteiligten Akteure werden ein Tauschgeschäft ja nur eingehen, wenn sie sich dadurch einen Vorteil versprechen. Niemand willigt freiwillig in eine Transaktion ein, die offensichtlich mit Nachteilen verbunden ist. Der Tausch ist also regelmäßig keine Ausbeutung, sondern gerade das Gegenteil davon, ein Gewinn für beide Tauschpartner.

An dieser Stelle ist es zunächst entscheidend zu erkennen, dass die Vorteilhaftigkeit einer Transaktion ganz wesentlich davon abhängig ist, *wie viele unterschiedliche Transaktionsmöglichkeiten* dem Einzelnen überhaupt zur Verfügung stehen. Gibt es nur *eine* Transaktionsmöglichkeit, beispielsweise für die Arbeitsleistung eines Arbeiters nur *einen* Arbeitgeber – man spricht von einem *Monopson* – oder für die Nahrungsmittelbeschaffung eines Haushalts nur *einen* Anbieter von Nahrungsmitteln (Monopol), dann ist die Entscheidungssituation in der Tat sehr ‚eng', denn dann besteht de facto nur die Möglichkeit zu tauschen oder nicht zu tauschen.[2] In solchen Situationen kann das Tauschen freilich nur mehr sehr bedingt als freiwillig, als das geringere Übel angesehen werden. Es kommt hier aber gerade deshalb zu Zwangslagen bzw. unter Umständen tatsächlich zu einer Ausbeutung, weil die zentrale Voraussetzung für die Wohlstandsschaffung, nämlich Wettbewerb und damit viele verschiedene Handlungsoptionen nicht gegeben ist.

Damit ist es aber nicht die Marktwirtschaft, die zur Ausbeutung führt, sondern das Nicht-Vorliegen eines ihrer wichtigsten Charakteristika, nämlich des Wettbewerbs. Gerade die Marktwirtschaft ist es, die solche Engpässe bei grundsätzlich offenen Märk-

---

1 Der bedeutendste Vertreter dieser Ausbeutungstheorie, der Ansicht, dass im kapitalistischen Wirtschaftssystem die Arbeiterklasse, der bei weitem überwiegende Teil der Bevölkerung, notwendigerweise von den Kapitalisten, der Kapitalistenklasse, einer Minorität, ausgebeutet würde, war freilich niemand anderer als *Karl Marx* (1818–1883).

2 Es ist sehr aufschlussreich, wenn man bedenkt, dass gerade die kommunistischen Parteien der ehemals totalitären Regime des Ostblocks ihre Macht aus der umfangreichen *Monopolisierung* nahezu aller Lebensbereiche herleiteten. Ihre Macht beruhte auf einer historisch einzigartigen Monopolstellung.

ten regelmäßig sprengt, d. h. ständig aus sich selbst heraus eine Vielzahl von *neuen* Handlungsalternativen generiert. Es *konkurrieren* regelmäßig *mehrere* Arbeitgeber um die Arbeitsanbieter, eine ungeheure *Vielzahl* von Produkten *konkurriert* um die Haushaltsbudgets der Konsumenten. Wäre dies nicht der Fall, gäbe es keine durch Wettbewerb gekennzeichnete Marktwirtschaft, dann wäre es um den Wohlstand schlecht bestellt, denn dann bestünde kein Anreiz zur ständigen Verbesserung der Leistungen, sondern einer zur möglichst umfassenden Ausnutzung ungefährdeter Monopolsituationen. Man erkennt:

> Wettbewerb ist ein machteinschränkender und als solcher unverzichtbarer Faktor. Gerade die durch Wettbewerb charakterisierte Marktwirtschaft ist ein System, in dem wirschaftliche Macht einer der effektivsten Disziplinierungen unterliegt.

Erlahmt bzw. verschwindet der Wettbewerb, ,*vermachten*' einzelne Märkte, eine Gefahr, die durchaus gegeben ist, dann freilich kann wirtschaftspolitischer Handlungsbedarf seitens des Staates bestehen und die Notwendigkeit gegeben sein, die Machtstellung einzelner Beteiligter, z. B. ungerechtfertigter Monopole, zu zerschlagen. Die Realität zeigt hingegen bedauerlicherweise, dass sich mitunter gerade der Staat als Mittel, den Wettbewerb auszuschalten, missbrauchen lässt. Die schon erwähnten *Rent-Seeking-Aktivitäten* sind weit verbreitet und treten in den unterschiedlichsten Kostümen auf.[3]

Der Tausch auf offenen Märkten, der sich durch die Möglichkeit der *Substitution,* d. h. des Wechsels des Tauschpartners, auszeichnet, ist also regelmäßig für *beide Tauschpartner vorteilhaft.* Er ist aber nicht nur die zentrale Voraussetzung für individuelle, sondern auch für die gesellschaftliche Wohlfahrtssteigerung. Nur durch die Existenz von Märkten ist eine *produktivitätssteigernde* Arbeitsteilung und weiterführende *Spezialisierung* einerseits und eine *nutzensteigernde Diversifikation* im Konsum andererseits möglich. Nur durch eine *Erweiterung* der Märkte durch *internationalen Freihandel* kann eine Vertiefung der Arbeitsteilung und Spezialisierung erreicht werden, und zwar gerade auf jenen Gebieten, auf denen die Tauschpartner über relative Vorteile in der Produktion verfügen – sei es durch die natürliche Ausstattung mit Ressourcen, sei es durch die unterschiedliche Verteilung technologischen Wissens und menschlicher Qualifikationen. Nur durch möglichst umfangreiche Tauschmöglichkeiten, also internationalen Freihandel, wird Macht wirksam diszipliniert und nur dadurch kann das insgesamt zur Verfügung stehende Gütervolumen sowie die Kaufkraft und damit der Wohlstand der Konsumenten beachtlich erhöht werden.

---

3 Siehe dazu genauer Kap. 10.

Übersicht 8.1: Die Vorteile des Tausches

1. Tausch auf Märkten ist regelmäßig mit Vorteilen für beide Tauschpartner verbunden.

2. Tausch auf Märkten ermöglicht Arbeitsteilung und Spezialisierung, damit eine höhere Produktivität und einen höheren Wohlstand.

3. Tausch auf Märkten ermöglicht eine Diversifikation im Konsum und damit ein höheres Nutzenniveau für den Konsumenten.

4. Eine Erweiterung der Märkte durch internationalen Freihandel fördert den Wettbewerb, ermöglicht weitere Produktivitätsgewinne durch die Reallokation der Ressourcen zu den in einem Produktionsbereich jeweils kompetitivsten Produzenten. Dies sowie die Ausschöpfung der Vorteile der Massenproduktion sowie der Lerneffekte führt zu einer Erhöhung der Realeinkommen und damit der Wohlfahrt der Haushalte.

5. Höhere Einkommen ihrerseits erlauben nicht nur höheren Konsum, sondern auch ein erhöhtes Sparen. Erhöhtes Sparen erlaubt die Finanzierung eines höheren Investitionsvolumens. Durch eine umfangreichere Kapitalausstattung kann die Produktivität weiter erhöht werden. Wachstums- und Einkommenssteigerungen setzen sich fort.

In einer Marktwirtschaft, d. h. bei grundsätzlich offenen Märkten bzw. bei funktionsfähigem Wettbewerb werden die Wahlmöglichkeiten, die dem Einzelnen offenstehen, fortlaufend erweitert, was die Stellung des Haushalts sowohl als Konsument als auch als Ressourcenanbieter verbessert. Kann er doch aus der ständig ansteigenden Anzahl von Alternativen immer besser diejenigen heraussuchen, die seinen individuellen Vorstellungen am besten entsprechen. Dann geht er die Transaktion ein, freiwillig! Der ‚Gewinn' für alle Beteiligten liegt damit in der enormen Bereicherung, die im marktwirtschaftlichen System durch die stets zunehmenden Auswahlmöglichkeiten erfolgt. Gerade dadurch wird individuelle Macht auch wirksam diszipliniert. Das marktwirtschaftliche System bevorzugt also keineswegs große Unternehmen, noch kleine Unternehmen, sondern arbeitet ständig zum Vorteil der Haushalte, der Konsumenten.

8.2 Das Theorem der komparativen Kostenvorteile von David Ricardo

Aufbauend auf dem von *Adam Smith* in die Metapher der ‚*unsichtbaren Hand*' gekleideten fundamentalen Tauschtheorem formulierte der klassische englische Nationalökonom *David Ricardo* (1772–1823)[4] das berühmte *Theorem der komparativen Kostenvorteile*.

---

4 *David Ricardo* zählt neben *Adam Smith* und *John Stuart Mill* zu den wichtigsten Vertretern der Klassik der ökonomischen Wissenschaft. So hat Ricardo ökonomische Theorien formuliert, die bis heute weder an Aktualität, noch an Gültigkeit verloren haben, gleichwohl indes in der breiten Öffentlichkeit kaum bekannt sind.

> Das Theorem der komparativen Kostenvorteile besagt, dass bei Vorliegen unterschiedlicher relativer Kosten in zwei Ländern der internationale Warenaustausch auch dann von Vorteil für beide Tauschpartner ist, wenn ein Land beide Güter absolut günstiger, d. h. mit geringerem Ressourceneinsatz herstellen kann.

Wie kann das sein? Wie kann es sein, dass ein Land, das alle Güter, gemessen am dafür notwendigen Ressourcenverbrauch, also absolut günstiger produziert, dennoch aus dem internationalen Handel Vorteile ziehen kann? Und umgekehrt: Wie kann es sein, dass auch Länder, die alle Güter, gemessen am dafür notwendigen Ressourcenverbrauch, also absolut teurer produzieren als andere Länder, dennoch erfolgreich exportieren können, also eine Teilnahme am internationalen Freihandel positiv ist?

Dies ist am einfachsten anhand eines Beispiels, des sogenannten *Zwei-Länder-Zwei-Güter-Falls* zu erklären. Dazu sei angenommen, dass alle Faktoraufwendungen für die Herstellung der beiden Güter Holz und Wein, die in beiden Ländern produziert werden, in Arbeitsstunden angegeben werden können. Betrachtet werden nun diese in Arbeitsstunden gemessenen Produktionskosten in zwei verschiedenen Ländern *A* und *B*, die vorerst in gegenseitiger Isolation, also ohne (miteinander) Handelsbeziehungen zu unterhalten – man spricht in diesem Fall von *Autarkie* –, leben. Bei beiden Produkten habe ein Land (Land *A*) *absolute Kostenvorteile*, d. h. beide Produkte können in Land *A* absolut günstiger hergestellt werden. So benötigt man in Land *A* für eine Einheit Wein 5, für eine Einheit Holz 25 Arbeitsstunden. In Land *B* dagegen müssen für eine Einheit Wein 10 Arbeitsstunden und für eine Einheit Holz 30 Arbeitsstunden aufgewendet werden. Das zeigt auch Tabelle 8.1:

Tab. 8.1: Unterschiedliche Kosten für Holz und Wein

Arbeitseinsatz in Stunden		
1 Einheit von	Land *A*	Land *B*
Holz	25 Std	30 Std
Wein	5 Std	10 Std

Aus dieser Tabelle ersieht man, dass in Land *A* für die Produktion einer Einheit Holz *fünfmal soviel* Arbeit aufgewendet werden muss wie für die Produktion von Wein. Ausgedrückt in Opportunitätskosten (was muss aufgegeben werden, um etwas zu erhalten?), bedeutet die Produktion einer Einheit von Holz in Land *A* den Verzicht auf fünf Einheiten Wein, in Land B hingegen nur den Verzicht von 3 Einheiten Wein. Es liegen in den beiden Ländern also *unterschiedliche Opportunitätskosten* vor. Diese Opportunitätskosten in den beiden Ländern zeigt Tabelle 8.2:

Tab. 8.2: Unterschiedliche Opportunitätskosten

Kosten durch Verzicht auf alternativen Output		
1 Einheit von	Land *A*	Land *B*
Holz	5 Einheiten Wein	3 Einheiten Wein
Wein	1/5 Einheiten Holz	1/3 Einheiten Holz

Bei vollständiger Konkurrenz im Land *A* ist aufgrund der Kostenstruktur der Preis von Holz fünfmal so hoch wie der von Wein: Die Herstellung einer Einheit Holz ist ja fünfmal so teuer wie die Herstellung einer Einheit Wein. Holz und Wein tauschen sich damit im Land *A* im Verhältnis 1 : 5, d. h. für eine Einheit Holz erhält man in Land *A* fünf Einheiten Wein.

Im Land *B*, das beide Produkte *absolut teurer* herstellt als Land *A*, gelten aufgrund derselben Überlegungen andere *relative Preise*. Hier ist eine Einheit Holz *dreimal* so teuer wie eine Einheit Wein. Holz und Wein tauschen sich also in Land *B* 1 : 3, d. h. für eine Einheit Holz erhält man in Land *B* 3 Einheiten Wein.

Die Frage, die sich nun stellt, ist, was passiert, wenn die Autarkie beider Länder aufgehoben und freier Handel zwischen ihnen zugelassen wird. Wie ist es unter den gegebenen Umständen – absolute Kostenvorteile für *beide* Güter in Land *A* – möglich, dass sich dennoch für *beide Länder ein Austausch dieser Waren lohnt?*

Ein schrittweises Vorgehen bringt Aufklärung: Wird nun bei Freihandel eine Einheit Holz von Land *B* nach Land *A exportiert*, dann können dort für diese *eine* Einheit Holz bei den in Land *A* geltenden Tauschverhältnissen fünf Einheiten Wein eingetauscht werden. Land *B* profitiert bei dieser Aktion, weil es um *zwei Einheiten mehr* Wein bekommt als ‚zu Hause', während Land *A* gleich gut gestellt bleibt. Führt Land *B* diese Transaktion dreimal durch, tauscht es also 3 Einheiten Holz für 15 Einheiten Wein ein, dann erspart es sich 150 Stunden Arbeit für die Weinproduktion im eigenen Land. Diese freigewordenen 150 Stunden können nun in der Holzproduktion eingesetzt werden, was *fünf* zusätzliche Einheiten Holz ergibt. Da für den Import von 15 Einheiten Wein nur drei Einheiten von Holz notwendig waren, ist der Output *insgesamt* um zwei Einheiten Holz gestiegen. Das zeigt: *Durch diese Reallokation der Ressourcen, die durch Freihandel möglich wird, ist der Output an Holz insgesamt gestiegen!*

Was wird jedoch passieren, wenn Land *B* diese äußerst vorteilhafte Transaktion immer öfter setzt? Dann wird, nach den *Regeln von Angebot und Nachfrage* ceteris paribus, durch die *Erhöhung des Angebots an Holz* in Land *A* dessen Tauschverhältnis (Preis) sinken. Man wird dann nicht mehr fünf Einheiten Wein für eine Einheit Holz eintauschen können, sondern vielleicht nur mehr vier! In diesem Fall hat aber auch Land *A* gewonnen, denn seine Versorgung mit Holz ist billiger geworden, es muss *weniger* Einheiten Wein dafür aufwenden. Nach den *Regeln von Angebot und Nachfrage* wird ceteris paribus durch die *Erhöhung der Nachfrage nach Holz* in Land *B* dessen

Tauschverhältnis (Preis) dort steigen, womit sich die Vorteilhaftigkeit dieser Transaktion mit zunehmendem Transaktionsvolumen reduziert.[5]

Nun die Argumentation in die Gegenrichtung: Will Land *A* eine Einheit Holz aus Land *B importieren*, dann braucht es für diese *eine* Einheit Holz bei den in Land *B* geltenden Tauschverhältnissen nur drei Einheiten Wein aufzugeben, also um zwei Einheiten weniger als ‚zu Hause‘. Land *A* profitiert also bei dieser Aktion, während nunmehr Land *B* gleichgut gestellt bleibt.[6] Dieser Profit von Land *A* ergibt sich wie folgt: Da es nun eine Einheit Holz importiert, werden in der dortigen Holzproduktion 25 Arbeitsstunden frei. Setzt man diese in der Weinproduktion ein, so erhöht sich der Output von Wein um 5 Einheiten. Da nur drei Einheiten Wein für den Import einer Einheit Holz notwendig waren, ist der Weinoutput insgesamt um zwei Einheiten gestiegen. Wiederum zeigt sich: *Durch diese Reallokation der Ressourcen, die durch Freihandel möglich wird, ist der Output an Wein insgesamt gestiegen!* Tabelle 8.3 zeigt den Anstieg der Weltproduktion von Holz und Wein, wenn internationaler Freihandel erlaubt ist:

Tab. 8.3: Erhöhung des Outputs durch Freihandel

Gut	Land *A*	Land *B*	Nettoeffekt
Holz	− 1 Einheit	+ 1 Einheit	—
Wein	+ 5 Einheiten	− 3 Einheiten	+ 2 Einheiten

Was wird jedoch passieren, wenn Land *A* seine vorteilhaften Importe aus Land *B* weiter ausdehnt? Wiederum wird es, nach den *Regeln von Angebot und Nachfrage* ceteris paribus, durch die *Erhöhung der Nachfrage nach Holz* in Land *B* zu einem Steigen von dessen Tauschverhältnis (relativer Preis) kommen. Man wird dann nicht mehr nur drei Einheiten Wein für eine Einheit Holz eintauschen können, sondern vielleicht vier Einheiten Wein für eine Einheit Holz in Land *B* aufwenden müssen. In diesem Fall hat

---

5 Ganz allgemein bezeichnet man die konkreten Austauschbedingungen bei einem Tausch als *Terms-of-Trade (ToT)*. Im Außenhandel geben sie an, auf welche Menge an inländischen Gütern ein Land verzichten muss, wenn eine bestimmte Menge von ausländischen Gütern importiert werden soll. Z. B.: Wie viele ‚Ferientage‘ muss Österreich exportieren, um sich ein deutsches Auto leisten zu können? Je geringer der Verzicht, desto besser. Die ToT geben also die Menge an importierten Gütern an, die pro Einheit exportierter Güter eingetauscht werden kann, sie sind damit die reale internationale Kaufkraft einer Volkswirtschaft.

6 Beide Argumentationsführungen machen klar, dass nicht etwa des *Exportierens* bzw. eines *Exportüberschusses* wegen exportiert wird, sondern um damit Güter, die andere Länder billiger herstellen, *importieren zu können!* Der Zweck des Exportierens ist nicht, Reserven anzuhäufen, sondern um den Import, d. h. letztlich den Konsum zu finanzieren. Man erinnere sich an Adam Smiths berühmte Aussage: *Consumption is the sole end and purpose of all production.* Man erinnere sich an die Logik der Budgetgleichung.

aber auch Land *B* gewonnen, denn seine Versorgung mit Wein ist nunmehr billiger geworden, es muss weniger Einheiten Holz für eine Einheit Wein aufwenden. Nach den *Regeln von Angebot und Nachfrage* wird ceteris paribus durch die *Erhöhung der Nachfrage nach Wein* in Land *A* dessen Tauschverhältnis (relativer Preis) dort steigen, womit sich die Vorteilhaftigkeit dieser Transaktion mit zunehmendem Transaktionsvolumen reduziert.

Grundsätzlich kann festgehalten werden:

> Bei internationalem Freihandel wird sich jedes Land verstärkt auf die Produktion jener Güter spezialisieren, bei denen es relative, also komparative Kostenvorteile aufweist. Davon profitieren beide Länder. Das für sie jeweils teurere Gut wird billiger, weil durch die Reallokation der Produktionsfaktoren mit den insgesamt zur Verfügung stehenden Ressourcen mehr an Output produziert wird. Freihandel ermöglicht eine bessere Allokation der Ressourcen, der Weltoutput steigt, bei unverändert gebliebener Menge an Produktionsfaktoren.

Nicht die absoluten Kosten, vielmehr die relativen Kosten, also unterschiedliche Opportunitätskosten, sind das entscheidende Kriterium für die Vorteilhaftigkeit des internationalen Freihandels. Von daher ist es unbegründet, sich vor Ländern zu fürchten, die alle Güter, absolut gesehen, günstiger produzieren können. Ganz abgesehen davon: Auch diese Länder exportieren ja letztlich, um importieren zu können, wozu sonst nehmen sie die Mühsal der Produktion auf sich, wenn sie die produzierten Güter nicht selbst oder eben dafür eingetauschte konsumieren?

Freihandel bedeutet aber nicht, dass in einem Land nur mehr wenige oder gar nur mehr ein Gut produziert würde. Denn mit zunehmender Produktion eines Gutes setzt schließlich das Gesetz der fallenden Grenzerträge ein, d. h. die Produktion zusätzlicher Einheiten wird schließlich immer teurer, womit der komparative Vorteil sukzessive schwindet. Es zeigt sich auch, dass sich nach Ausschöpfung aller Gewinnmöglichkeiten die relativen Preise in beiden Ländern angeglichen haben werden.

8.3 Die Bedeutung der Transaktionskosten

Wie (insbesondere in den Kapiteln 6 und 7) gezeigt wurde, arbeiten die Marktkräfte nicht nur in Richtung Koordination von Millionen von einzelnen Wirtschaftsplänen, sondern darüber hinaus sogar auf eine gesellschaftliche Wohlfahrtsmaximierung hin. Dieses Ergebnis lässt sich allerdings nur ableiten, wenn ganz bestimmte *Voraussetzungen* vorliegen, für die wiederum in erster Linie der Staat verantwortlich ist. *Privates* Agieren ist also nicht grundsätzlich gegen staatliches Agieren auszuspielen, es geht vielmehr darum, den jeweiligen Verantwortungsbereich von Privat und Staat richtig abzustecken. Privat und Staat ergänzen einander insofern, als das wirtschaftliche Handeln der Privaten staatliches Handeln im Sinne staatlich festzulegender *Rahmenbedingungen* voraussetzt. Während der Staat für die Spielregeln und für die Überwachung ihrer Einhaltung seitens der privaten Spieler zu sorgen hat, machen die Privaten das Spiel selbst unter sich aus, wobei die Regeln des Spiels für alle gleichermaßen Gültigkeit haben sollten.

Tagtäglich schließt man unzählige Transaktionen, Tauschgeschäfte, mit vielen zum Teil völlig unbekannten Tauschpartnern ab. Warum eigentlich? Insoweit ein Tausch eine *freiwillige* Transaktion ist, ist der Schluss zulässig, dass sich durch den Abschluss eines Tauschgeschäftes *beide* Tauschpartner verbessern, d. h. *ihre Wohlfahrt erhöhen* konnten. Warum hätten sie sonst wohl getauscht?

Zu übersehen ist dabei keineswegs, dass bei einem Tauschakt regelmäßig auch Tauschkosten – man spricht in diesem Zusammenhang von *Transaktionskosten* – entstehen. Diese Transaktionskosten sind alle Aufwendungen, die für das Zustandekommen eines Tauschakts selbst erforderlich sind, sie sind also ein mit dem Tausch selbst verbundenes Minus. Transaktionskosten spielen im wirtschaftlichen Geschehen eine ganz entscheidende Rolle.

Vereinfachend könnte man als Transaktionskosten auch all jene Kosten eines Tauschgeschäftes ansehen, *die über den Marktpreis eines Gutes hinausgehen.* Beim schon erwähnten Beispiel des Kaufs dieses Buches entstanden nicht nur Kosten, die sich unmittelbar im Kaufpreis (der für andere Verwendungen nicht mehr zur Verfügung steht) niederschlagen, sondern auch Zeitkosten, die mit dem Kaufakt selbst verbunden sind.

Übersicht 8.2: Transaktionskosten: Definition und Begründung

---

1. Transaktionskosten sind all jene Kosten, die mit einer/einem Transaktion/Tausch in Zusammenhang stehen, die also durch die Suche nach einem passenden/dem passendsten Tauschpartner, durch den Abschluss und die Abwicklung eines Tauschgeschäftes bedingt sind.

2. Es geht dabei also um die Frage: Welche Aufwendungen sind notwendig, um ein vorteilhaftes Tauschgeschäft einzugehen und durchzuführen?

3. Entscheidend ist damit, was die Höhe der Transaktionskosten bestimmt und wie sie reduziert werden können?

Um die Transaktionskosten zu eruieren, ist zu fragen, welche Aufwendungen nötig sind, *damit* es überhaupt zu einem vorteilhaften Tauschgeschäft kommen kann: Sieht man von der *rechtlich-institutionellen Infrastruktur* ab, deren grundsätzliche Bedeutung für das Funktionieren des marktwirtschaftlichen Prozesses nicht oft genug unterstrichen werden kann und die auch für die Höhe der Transaktionskosten von entscheidender Bedeutung ist, so stehen an erster Stelle, wie schon erwähnt, die Aufwendungen, die nötig sind, um aus der ungeheuren Menge möglicher Tauschpartner einen geeigneten bzw. möglichst den geeignetsten Tauschpartner ausfindig zu machen.

Im Einzelnen zählen zu den Transaktionskosten:

1. die Kosten der *Bekanntgabe der eigenen Angebote* (z. B. Werbung & Marketing) bzw. die Kosten des *In-Erfahrung-Bringens* fremder Angebote (z. B. Kauf von entsprechenden (Fach-) Zeitschriften und Studium des (eines bestimmten) Wohnungsmarktes bzw. Kosten einer Annonce). Man bezeichnet all diese Kosten auch als *Suchkosten*;
2. die Kosten der *Prüfung der einzelnen Alternativen* (hohe Zeitkosten);
3. die Kosten des *Vertragsabschlusses* selbst (z. B. Notariats- und Rechtsanwaltsgebühren oder bloß Vertragsgebühren);
4. die Kosten der *Sicherstellung* der Ausführung (z. B. Zeitkosten für regelmäßige Überwachung der Erfüllung durch den Partner etc.) bzw. die Kosten der Schlichtung von Meinungsverschiedenheiten bzw. bei nicht vereinbarungsgemäßer Vertragserfüllung.

Transaktionskosten verteuern Transaktionen, verteuern Tauschgeschäfte, sie können unter Umständen so hoch sein, dass ein Tausch selbst nicht mehr lohnend erscheint. Märkte können daher aufgrund zu hoher Transaktionskosten erst gar nicht entstehen.[7]

Es ist leicht zu erkennen, welche grundlegende Bedeutung in diesem Zusammenhang der *ethischen Grundeinstellung der Tauschenden* wie der *rechtlich-institutionellen Infrastruktur* zukommt. Das durch die ‚Tauschethik' hergestellte *Vertrauensverhältnis* und die durch das Rechtssystem bewirkte *Rechtsklarheit* und *Rechtssicherheit* reduzieren die Transaktionskosten beträchtlich.[8] *Umsatz-* oder *Mehrwertsteuern.* können gewissermaßen als Tribut für die Nutzung dieser vom Staat bereitgestellten *öffentlichen Güter* Rechtsklarheit und Rechtssicherheit interpretiert werden, die ja auch finanziert werden müssen. Andererseits reduzieren diese *Transaktionssteuern* das Transaktionsvolumen – weil sie jede Transaktion verteuern – und wirken insoweit wiederum wohlfahrtssenkend.[9]

Gingen dieser *ethische Grundkonsens* bzw. *Rechtsklarheit* und *Rechtssicherheit* verloren, dann würde das Transaktionsvolumen, die Anzahl der Tauschhandlungen, drastisch sinken. Der Mann, der die tägliche Zeitung bringt, muss jetzt täglich bezahlt werden, denn wird er im Vorhinein bezahlt, kommt er vielleicht nicht mehr; wenn er

---

7 Diese Problematik ist insbesondere auch bei externen Effekten im Umweltbereich relevant. Siehe dazu Kap. 9.2.2.1.

8 ‚Vertrauen' ist also ein wertvolles Gut und insbesondere bei langfristig angelegten Geschäftsbeziehungen von zentraler Bedeutung.

9 Zu dem mit einer Umsatz- oder Stücksteuer verbundenen Nettowohlfahrtsverlust siehe z. B. F. Stocker – K. Strobach: Mikroökonomik: Repetitorium und Übungen, 4. Aufl., München 2012, Kap. 11.1.3.

bis zum Monatsende mit der Bezahlung wartet, bekommt er sein Geld vielleicht nicht mehr, weil der Empfänger die Leistung bestreitet.

Anhand dieses simplen Beispiels erkennt man deutlich, wie bedeutsam ein bestimmtes ethisches Verhalten, Rechtssicherheit und Rechtsklarheit, also die ‚*kulturell-normativ*‘ *und staatlich festgelegten und notfalls auch durchgesetzten Spielregeln* für das möglichst reibungslose Funktionieren unserer ‚Tauschwelt‘ sind.

Transaktionskostensenkend wirkt auch die Einführung von Handelsklassen, die eine genaue Spezifizierung von Gütern erlaubt. Bei allen auf Börsen gehandelten Gütern muss deren Homogenität (Gleichartigkeit) sichergestellt sein. Dadurch herrscht absolute Klarheit über das zu handelnde Gut, eine weitere Diskussion über die Qualität wird überflüssig, und von den Tauschparteien sind lediglich die Bedingungen des Tausches (Preis und Lieferkonditionen, wobei letztere sehr oft ebenso genau spezifiziert sind) selbst auszumachen. Ähnlich wirken Produktnormen und (technische) Standards. Auch sie machen ein näheres Spezifizieren des gehandelten Gutes überflüssig und erleichtern so das Handeln enorm.

Der *marktwirtschaftliche* Prozess selbst trägt ebenfalls wesentlich zur Senkung der Transaktionskosten und damit zur Nutzenerhöhung aller bei. Denn der Konkurrenzmechanismus bewirkt eine hohe *Transparenz*, d. h. Übersichtlichkeit der in der Realität stets mehr oder minder stark *segmentierten Märkte.*[10] Der Markt ‚produziert‘ Informationen, die für ein effizientes Handeln eine grundlegende Voraussetzung darstellen. Als Nachfrager nach ‚Urlaub‘ stünde man den unzähligen Urlaubsanbietern in vielen unterschiedlichen Ländern reichlich verloren gegenüber. Den gewünschten Marktüberblick verschafft in dieser Situation ein Reisebüro. Dieses – freilich diszipliniert durch seine Mitkonkurrenten – tritt als Mittler auf. Es verfügt über die Marktübersicht, es kennt die verschiedenen Urlaubsanbieter im In- und im Ausland, ihre Preise, ihre Produkte, die Qualität etc. In dieser Kenntnis stellt es sein Sortiment zusammen, wobei es bemüht sein muss, dies möglichst gut zu tun, möglichst besser als das Konkurrenzreisebüro, das der Konsument vielleicht auch aufsuchen wird. Die Reputation, die Marke des Reiseveranstalters reduziert dabei die Gefahr, dass der Konsument aufgrund der hier vorliegenden *asymmetrischen Informationsverteilung*[11] übervorteilt wird.

Vermittler, Groß-, Zwischen- und *Kleinhändler* wie auch *Einkaufszentren* erfüllen im Grunde dieselbe Funktion wie die des eben erwähnten Reisebüros. Sie verschaffen den Konsumenten (den Nachfragern) einen Marktüberblick, den sie sich ohne diese

---

10 Segmentierte Märkte liegen vor, wenn dasselbe Produkt in unterschiedlichen Märkten, beispielsweise auf dem Inlands- und dem Auslandsmarkt, zu unterschiedlichen Preisen angeboten wird. In diesem Fall ist es sehr wahrscheinlich, dass *Arbitrage* einsetzt, also Händler dort kaufen, wo ein Gut billig ist, und es dort verkaufen, wo es teuer ist. Automatisch führt dies zur Elimination von Preisdifferenzen, abgesehen von Transaktions- und Transportkosten wie freilich auch von dem Fall, in dem z. B. aus rechtlichen Gründen dieser Handel nicht bzw. nur eingeschränkt möglich ist.
11 Siehe dazu gleich das nächste Kapitel.

Vermittlungstätigkeit viel teurer erkaufen müssten. Man denke nur an den mit dieser Informationssuche verbundenen Zeitaufwand. Diese Zeit ist dann *anderweitig*, also für Produktions- und/oder für Konsumtionsaktivitäten nicht mehr verfügbar. Der Handel beschafft den Konsumenten freilich auch die Güter dort, wo man diese bequem kaufen kann. Auch damit reduzieren Händler die Transaktionskosten der Haushalte.[12]

Denn mit der *reinen Abwicklung einer Transaktion*, beispielsweise dem Lebensmitteleinkauf eines Haushalts, sind ganz spezifische *Transaktionskosten* verbunden, nämlich die Zeit und Mühe des Einkaufen-Gehens selbst. Genau deshalb kauft man nicht jedes einzelne Stück separat ein, sondern geht in bestimmten Abständen zum Lebensmittelhändler, um gleich mehreres auf einmal zu besorgen. Damit sinken die Transaktionskosten des Lebensmitteleinkaufs.[13] Einen Teil dessen, was man sich durch diese Aktivitäten des Handels erspart, verlangt der Händler freilich als sein Honorar, das Entgelt seiner Leistung (er selbst muss ja teurer verkaufen als er einkauft, andernfalls kann er nicht im Markt bleiben). Der Handel arbeitet zudem auch gegen die Segmentierung der Märkte und ebnet damit bestehende Preisunterschiede tendenziell ein: Es wird dort gekauft, wo eine Ware billig ist, und dort verkauft, wo eine Ware teuer ist, also in der Einschätzung der Konsumenten hoch steht.

Eines der wichtigsten Instrumente zur Senkung der Transaktionskosten ist das *Tauschmedium Geld*. Geld ist ein gesetzliches und allgemein akzeptiertes, d. h. von jedem zur Tilgung einer Schuld anzunehmendes und regelmäßig auch gerne angenommenes Zahlungsmittel. Es reduziert die Transaktionskosten vor allem deshalb ungemein, weil es die Suche nach einem geeigneten Tauschpartner, der exakt den ‚gegengleichen' Tauschwunsch hat, überflüssig macht. In einer Tauschwirtschaft ohne Geld – man spricht auch von einer *Naturaltauschwirtschaft* oder auch von einer *barter-economy* – müssen, damit es zu einer Transaktion kommt, die Tauschpartner in ihrem Tauschwunsch spiegelbildlich übereinstimmen. Wollen beispielsweise sizilianische Bauern ihre Zitronen und Orangen gegen Holz aus den gemäßigten Breiten eintauschen, so müssen sie einen Tauschpartner finden, der seinerseits Holz aus gemäßigten Breiten gegen sizilianische Zitronen und Orangen und nicht gegen sizilianische Tomaten tauschen will. Es versteht sich von selbst, dass die Suche nach einem Tauschpartner mit exakt dem ‚gegengleichen' Tauschwunsch – man spricht dann vom Vorliegen der *doppelten Koinzidenz* – einer Suche nach der Nadel im Heuhaufen gleichkommt.[14] Da in diesem Fall die Transaktionskosten extrem hoch sind,

---

12 Die Kosten des Transports, des physischen Bewegens der Waren *durch die Händler* von einem Ort zum anderen sind jedoch *keine* Transaktionskosten. Es handelt sich dabei um ganz normale Produktionskosten, wobei die Produktion hier in der Überwindung von räumlichen Distanzen besteht.

13 Die Existenz von großen Einkaufszentren ebenso wie die Überlebensprobleme kleiner, doch nunmehr abseits liegender Geschäfte können durch derartige Transaktionskostenüberlegungen einfach und überzeugend zugleich begründet werden.

14 Das Problem der *doppelten Koinzidenz* ist beispielsweise auf dem Heiratsmarkt nicht zu umgehen. Interpretiert man eine Ehe als den Austausch von gegenseitiger Zuneigung, so besteht der Ideal-

wird erst gar kein Tausch zustandekommen. Die einzelnen Wirtschaftssubjekte können sich damit aber nicht auf einen marktmäßigen Austausch in größerem Umfang einstellen. Die *Spezialisierung in der Produktion* wäre drastisch eingeschränkt und die Produktivität deshalb sehr *gering*. Damit sind bei gegebenem Stand an Ressourcen weniger Güter verfügbar. Auf der anderen Seite ist ohne die Existenz eines allgemein akzeptierten Tauschmittels auch nur eine äußerst bescheidene Diversifizierung im Konsum möglich. Jeder Tauschakt fordert ja das Vorliegen exakt spiegelbildlicher Tauschwünsche! Der Wohlstand wäre damit in Tauschwirtschaften um einiges geringer als in einer Geldwirtschaft.[15]

> Die Einführung von Geld als ein allgemein akzeptiertes Zahlungsmittel macht das Vorliegen von doppelter Koinzidenz überflüssig. Dies erleichtert den Tausch von Gütern ungemein und ist damit mit einem enormen Produktivitätsschub und Nutzengewinnen verbunden.

Die Geldwirtschaften wiederum sind beim Versuch, immer kostengünstigeres, d. h. Transaktionskosten sparendes Geld zu finden, also auf der Suche nach der *transaktionskostenminimalen Form des Geldes* sehr erfolgreich gewesen. In früheren Zeiten war Gold das allgemein akzeptierte Zahlungsmittel, also das Geld, dessen Handling jedoch mit großen Kosten und Risiken verbunden war. Heute sind es immer seltener die leicht transportierbaren Banknoten. Mit dem *Buchgeld*, über das man mit Scheck oder Anweisung sehr einfach verfügen kann, sowie den *Kreditkarten,* die die Bezahlung von Verbindlichkeiten wo auch immer auf eine Unterschrift reduzieren, hat man wohl das bis dato effizienteste Tauschmittel entdeckt.[16]

---

fall ja darin, dass eine Person ihre Zuneigung zu einer ganz bestimmten und gerade nicht irgendeiner anderen Person gegen deren Zuneigung austauscht. Die Transaktionskosten, die mit dem Finden des richtigen Partners verbunden sind, sind dementsprechend hoch. Man vergegenwärtige sich die Zustände, die einträten, würden alltägliche Tauschakte mit den gleichen Problemen wie auf dem Heiratsmarkt verbunden sein. Interessant ist in diesem Zusammenhang der infolge der modernen Kommunikationstechnologien ermöglichte Lösungsvorschlag, der Partnerbörsen im Internet. Der Reiz dieses Geschäftsmodells besteht darin, dass die Transaktionskosten für die Suche nach einem geeigneten Partner drastisch sinken. Dieser Vorteil kommt aber mit einem Pferdefuß: Das Minus, ein Teil der Kosten dieser Suchvariante, liegen in möglichen Missbräuchen, vor allem auch privater Daten.

15 Hinzu kommt, dass in einer reinen Tauschwirtschaft ohne Geld auch die Funktion des Geldes als einfaches und probates *Rechenmittel* nicht zum Tragen kommen würde. Schon bei relativ geringer Anzahl von Gütern in dieser Wirtschaft, würde die Anzahl der Tauschraten der einzelnen Güter zueinander schlichtweg explodieren. So gibt es bei n Gütern nicht weniger als $\frac{n(n-1)}{2}$ *relative* Preise. Die hier nötige Informationsverarbeitung wäre eine enorme, aber völlig unnötige Mühsal. Einigte man sich nun, dass ein bestimmtes Gut die Zahlungsmittelfunktion übernimmt, also zu Geld im weitesten Sinne wird, dann reduziert sich die Zahl der Preise in dieser Wirtschaft auf $(n - 1)$ *Geldpreise* der einzelnen Güter. Die *Rechenmittelfunktion* des Geldes wirkt also ebenfalls transaktions- und damit wohlfahrtssteigernd.

16 Geld dient neben seiner Funktion als Zahlungsmittel und als Recheneinheit noch als *Wertaufbewahrungsmittel*. Diese Eigenschaft des Geldes kann unter Umständen zu gewissen Problemen füh-

8.4 Probleme aufgrund asymmetrischer Informationsverteilung

Die beidseitige Vorteilhaftigkeit eines Tausches ist zweifelsfrei die Regel. Dessen ungeachtet kann sich hin und wieder die *erwartete* Vorteilhaftigkeit für einen der Tauschpartner oder auch für beide als ein *Irrtum* herausstellen. Wohl niemand trifft ständig die richtigen Entscheidungen, immer wieder einmal passieren Fehler. Irren ist eben menschlich. An dieser menschlichen Schwäche kann kein System etwas ändern![17]

So kann sich beispielsweise der Käufer einer Ware über die Qualitäten bzw. das Bedürfnisbefriedigungspotenzial eines Produktes falsche Vorstellungen machen. Das gerade erworbene Auto, der neue DVD-Player, der Theaterbesuch oder das Abendessen in einem unbekannten Restaurant stellen sich als weniger befriedigend heraus als erwartet, vielleicht sogar als enttäuschend.

Ein ganz anderer Fall liegt jedoch dann vor, wenn der Verkäufer einer Ware etwas verspricht, das mit den Tatsachen nur wenig bis gar nichts zu tun hat. Bei Kenntnis der näheren Umstände, die der Verkäufer *bewusst gefälscht* hat, wäre aber *erst gar kein Tauschgeschäft zustande gekommen*. Hier liegt dann eindeutig Betrug vor!

Ein leider immer wieder vorkommendes Beispiel für den Fall, in dem der eine Tauschpartner eine Sache anpreist, die de facto ganz anders aussieht, tritt bei bestimmten Urlaubsreisen und -arrangements auf. Was laut Urlaubsprospekt als luxuriöse Suite mit Blick auf das Meer und eigenem, binnen einer Minute erreichbaren Badestrand angepriesen wurde, entpuppt sich als schmuddeliges und enges Hinterhofzimmer eines drittklassigen Hotels, das über einen eigenen Strand gar nicht verfügt.

Solche Transaktionen, die bei *richtiger Kenntnis der Sachlage* erst gar nicht zustande gekommen wären, passieren immer wieder einmal. Charakteristikum solcher Fälle ist die *asymmetrische Informationsverteilung*. Dabei weiß eine Marktseite, beispielsweise der Verkäufer, über die Qualität einer Ware besser Bescheid als die andere Seite, der Käufer, der gewissermaßen ‚die Katze im Sack‘ kaufen ‚muss‘. In diesem Kontext besteht nun ein gewisser Anreiz für den Verkäufer, die Transaktion zum Nachteil, zu Ungunsten des Käufers zu beeinflussen.

---

ren. In einer Geldwirtschaft hat man nämlich die Möglichkeit, den Verkauf seiner Waren und den Kauf anderer Waren *zeitlich* zu trennen. Geschieht dies massiv, d. h. immer mehr Wirtschaftsakteure verschieben ihre Käufe in die Zukunft (beispielsweise aufgrund der Erwartung sinkender Preise), dann kann es dadurch zu *Nachfrageausfällen* im größeren Umfang und damit zu *makroökonomischen* Problemen, wie beispielsweise zu Arbeitslosigkeit kommen. *Inflation* dagegen kann zum Wegfall der Wertaufbewahrungsfunktion, ja sogar zur Zerstörung der Tauschmittelfunktion des Geldes führen, was ebenfalls mit dramatischen Wohlstandseinbußen verbunden ist. Siehe dazu Kap. 9.2.1 sowie die Ausführungen im Makro-Teil ab Kapitel 11.

17 Allerdings lassen sich im marktwirtschaftlichen System die Wahrscheinlichkeit und damit auch die Kosten von Fehlentscheidungen minimieren – siehe dazu Kap. 9.1 – sowie durch eine entsprechende Ausbildung der Entscheidungsträger das Entscheidungsverhalten verbessern – siehe dazu Kap. 9.2.4.

Für solche Situationen, die gar nicht so selten sind, hat man sich freilich etwas einfallen lassen. *Markenartikel, freiwillige Garantien* der Produzenten für ihre Produkte, *die Reputation,* das *Renommée* einer Kaufhauskette oder eines großen Reiseveranstalters sollen dem Käufer die Qualität des Produktes, über die er an sich im Ungewissen ist, *signalisieren.* Man spricht deshalb in diesem Zusammenhang auch von *Signalling.* Der vergleichsweise *höhere* Preis, der regelmäßig für Markenartikel bzw. für die Produkte eines renommierten Hauses auf den Tisch gelegt werden muss, kann also teilweise als Entgelt für die Reduktion von Unsicherheit, als eine Art Versicherungsprämie, interpretiert werden. Auf der anderen Seite erspart sich der Konsument, der zu Markenartikeln greift bzw. bei einem bekannten Reiseveranstalter bucht, die kostenaufwendige Informationssuche, die Mühe einer Qualitätsprüfung und reduziert so das Risiko eines Reinfalls.

Bei nicht ordnungsgemäßer Erfüllung seiner Vertragsverpflichtung kann der Verkäufer natürlich zur Haftung und zu Schadenersatz herangezogen werden. Auch in diesem Fällen wird wieder evident, welche zentrale Rolle einer entsprechenden rechtlichen Struktur für eine funktionierende Marktwirtschaft zukommt. Diese Rechtsstruktur muss sicherstellen, dass ein Geschädigter rasch und kostengünstig zu seinem Recht kommt – wobei nicht selten ein Großteil der Rechtsdurchsetzung – man denke bloß an die Kosten von Polizei- und Gerichtswesen von der Allgemeinheit getragen wird.

Darüber hinaus versucht eine Fülle unterschiedlicher gesetzlicher Regelungen, Schutz vor Übervorteilung durch eine Marktseite zu bieten, was bei Asymmetrien rasch der Fall sein kann. Man denke an die Gesetzgebung zum *Konsumentenschutz* sowie insbesondere auch an die *Arbeitsschutzgesetzgebung.* Beides ist durch die auf diesen Märkten mitunter vorliegende *Asymmetrie,* einer *ungleichen Machtverteilung* auf die beiden Tauschpartner, gerechtfertigt, die zumeist im *unterschiedlichen Informationsstand* bezüglich des Tauschobjekts und der Tauschbedingungen begründet ist.[18] Der Staat versucht dann, durch eine entsprechende Gesetzgebung die schwächere Markt- und Verhandlungsposition von Konsumenten und Arbeitnehmern wieder auszugleichen.[19]

Betrug, bewusste Irreführung und Übervorteilung des Tauschpartners – wie im obigen Beispiel des Zimmers mit Meerblick und Badestrand – sind freilich nicht die

---

18 Bei vollständiger Information der Tauschpartner bezüglich der Produktqualitäten, der Tauschbedingungen und der Alternativen stellt sich dieses Problem der Schutzbedüftigkeit einer Marktseite vor Übervorteilung gar nicht. Angesichts der vollständigen Information kann es zu einer solchen Übervorteilung gar nicht kommen.

19 Allerdings darf dabei nicht – wie dies wohl oft der Fall ist – angenommen werden, dass diese Bestimmungen ohne Auswirkungen auf die Preise der Produkte bleiben. Die den Produzenten durch gesetzliche Bestimmungen zusätzlich entstehenden Kosten müssen letztlich auf den Preis der Produkte durchschlagen. Die exakte Aufteilung der Kosten auf Produzenten und Konsumenten lässt sich freilich nur bei genauer Kenntnis der Angebots- und Nachfrageelastizitäten (siehe dazu Kap. 6.2.1.1.) angeben.

Regel des Wirtschaftens, es sind unzulässige Tricks von *Falschspielern*. Diesen das Handwerk zu legen, ist die Aufgabe des Staates, der die *Einhaltung der Spielregeln überwacht*, also im Fall des Falles den Geschädigten zu ihrem Recht verhilft und die Schädiger entsprechend zur Verantwortung zieht.

Es ist in diesem Zusammenhang sehr wichtig, dass der Geschädigte über seine Rechte Bescheid weiß, um davon gegebenenfalls auch Gebrauch machen zu können. Das setzt ein bestimmtes Bildungsniveau voraus sowie möglichst geringe Kosten der Rechtsdurchsetzung, die für Akteure mit Schädigungsabsicht, die schwarzen Schafe, die Kosten ihres Handelns entsprechend erhöht. Gesetzlich eingerichtete Behörden (Konsumentenanwalt, Arbeitsinspektorate und Arbeitsgerichte) wie vereinsmäßig konstituierte Institutionen wie Konsumentenschutzverbände, Autofahrerclubs, oder auch Umweltschutzorganisationen spielen hiebei eine wichtige Rolle. Oft sind sie es, die mit ihren Entscheidungen und Aktionen – und gerade auch durch deren Öffentlichwirksamkeit – Missstände beseitigen, vielleicht zum Teil sogar präventiv verhindern.

Die zentrale Rolle von Information liegt auf der Hand, insbesondere in Bezug auf ökonomisch korrekte Entscheidungen. Je besser die Kenntnis der Konsequenzen der einzelnen Alternativen, desto besser lässt sich die richtige Alternative bestimmen. Der diesbezügliche Kenntnisstand des Entscheidenden ist aber in der Realität stets mangelhaft.

Zum einen ist Information bzw. Wissen selbst ein wertvolles und knappes Gut, es muss produziert werden und ist damit mit Kosten verbunden. Das grundsätzlich ungewisse Plus einer zusätzlichen Informationssuche, das in der Verbesserung der Entscheidungsqualität liegt, sollte deshalb mit dem Minus, den Kosten dieser zusätzlichen Informationssuche, abgewogen werden.[20]

Zum anderen ist Information eben oft *asymmetrisch auf die Tauschpartner verteilt*. Das birgt die Gefahr von *Marktversagen* in sich. Grob vereinfachend versteht man un-

---

20 Märkte für Information bzw. Wissen sind bereits gut entwickelt. Neben den zumeist von der öffentlichen Hand zur Verfügung gestellten bzw. finanzierten Schulen, Hochschulen und Forschungsinstitutionen als Orte der Wissensproduktion gibt es mehr oder weniger private Think Tanks, eine boomende Consulting-Branche und einen florierenden ‚Seminarmarkt‘, auf dem vom Luxus-Gärtnern, über Nouvelle-Cuisine-Kochen bis zu Managementtechniken alles Erdenkliche angeboten wird. Des weiteren gibt es Märkte für Auskünfte und Ratschläge der unterschiedlichsten Art (man denke an Auskunfteien oder die Consulting-Branche). Allerdings gibt es beim Gut Information auch ganz spezifische Probleme. Der Grund dafür liegt darin, dass Information über weite Bereiche ein *öffentliches Gut* ist, ein Gut, das von einer Person genutzt werden kann, ohne dadurch den Konsum anderer Personen zu reduzieren – Beispiel: Wetterbericht – und das (oft) auch konsumiert werden kann, ohne dass man dafür bezahlen müsste. Deshalb wird es von privater Seite aus tendenziell in zu geringen Mengen produziert. Denn sobald die Information einmal bekannt ist, kann sie jeder nutzen, ohne dafür zu bezahlen. Es ist mitunter extrem leicht, in den Besitz dieser Information zu gelangen, zum Beispiel durch das Kopieren von Büchern und Unterlagen, von Computer-Programmen, chemischen Formeln u. a. m.

ter Marktversagen Situationen, in denen Märkte das optimale Allokationsergebnis verfehlen, sich also mit hoher Wahrscheinlichkeit ein ineffizientes Allokationsergebnis einstellt. Dies deshalb, weil bei asymmetrischer Informationsverteilung – wie bereits erwähnt – ein Tauschpartner aus seinem spezifischen Wissen in Bezug auf ein Gut solche Vorteile ziehen kann, die die Transaktion zum Nachteil seines Tauschpartners bzw. der Wohlfahrt generell beeinflussen.[21]

Die zwei bedeutsamsten Arten von Marktversagen, die sich im Falle asymmetrischer, also privat gehaltener Information im Tauschfall ergeben können, sind *Moralische Wagnisse (moral hazard)* und *falsche (negative) Auslese (adverse selection)*.

8.4.1 Moral Hazard

Moral hazard liegt vor, wenn ein Tauschpartner sowohl die Möglichkeit wie auch den Anreiz hat, Kosten auf den anderen Tauschpartner überzuwälzen.

Solche moral hazard Probleme – im Deutschen spricht man von *moralischen Wagnissen* – ergeben sich beispielsweise besonders oft bei Versicherungsverträgen. Nach dem Abschluss einer entsprechenden Versicherung kümmert sich beispielsweise ein Hauseigentümer nicht mehr um den Schnee vor seinem Haus oder auf dem Dach seines Hauses, weil er weiß, dass dadurch eventuell Dritten entstehende Schäden von der Versicherung gedeckt werden.

Die Kosten dieses Verhaltens eines nachlässigen Hauseigentümers tragen nun andere, und zwar nicht nur der Verunglückte/Geschädigte und die Versicherung, die für den Schaden aufzukommen hat, sondern auch andere Personen, die den gleichen Versicherungsschutz kaufen. Denn damit die Versicherung ihre Kosten decken kann, muss sie die Prämie für solche Versicherungen erhöhen, was sich für entsprechend sorgfältige Hausbesitzer nachteilig auswirkt.

Man erkennt, dass Versicherte sich (unter Umständen) anders als Nicht-Versicherte benehmen. Man denke an die Änderung des Fahrverhaltens nach dem Abschluss einer Voll-Kasko-Versicherung. Auch hier zeigt sich die zentrale Erkenntnis der Mikroökonomik, nämlich dass es für das Allokationsergebnis entscheidend auf die *Anreizstruktur* ankommt, der die Handelnden ausgesetzt sind. Schließen sie eine

---

21 Allerdings ist hier grundsätzlich festzuhalten, dass es das enlightened self-interest, das aufgeklärte Selbstinteresse ist, das die Handelnden zweimal darüber nachdenken lässt, ob sie tatsächlich die oft bestehende Möglichkeit, einen Kunden zu täuschen, ausnutzen. Denn: Kommt der Kunde dahinter, dass er getäuscht, übervorteilt wurde, dann ist er längst ein Kunde des Verkäufers gewesen. Jeder ‚aufgeklärte' Verkäufer hat starkes Interesse daran, dass der Kunde wiederkommt, ist an langfristigen Kundenbeziehungen und damit positiver Mundpropaganda interessiert. Genau dies wird disziplinierend wirken, nicht kurzfristig zulasten eines Kunden seinen Profit zu erhöhen!

Versicherung ab, sind sie in der Regel weniger umsichtig und vorsorgend. Den möglichen Schaden bezahlt ja die Versicherung! Sie verhalten sich deshalb so, weil sie dann einerseits selbst nicht mehr alle Kosten des Risikos tragen, wohl aber andererseits alle Kosten, den Schadenseintritt zu verhindern, also aller Handlungen, die das Risiko vermindern.[22]

Dies führt zum paradoxen und natürlich ineffizienten Resultat, dass die bloße Existenz von Versicherungen, die idealerweise nur eine Verteilung bereits existierenden Risikos vornehmen sollte, zu einer *Erhöhung des allgemeinen Risikos* führt, eben weil aufgrund des Problems des moral hazard aufgrund von Nachlässigkeit und mangelnder Vorsicht mit einem Ansteigen der Schadensfälle zu rechnen ist.

Probleme aufgrund asymmetrischer Informationsverteilung ergeben sich auch bei der sogenannten *Principal-Agent*-Beziehung. *Manager* handeln de facto als ‚Agenten' der Aktionäre, die Eigentümer des Unternehmens delegieren an die Manager die Aufgabe, über die Ressourcen des Unternehmens zu verfügen (ähnlich freilich delegieren Manager eine Vielzahl von Aufgaben an ihre Mitarbeiter). Dabei ergibt sich eine mitunter krasse *Informationsasymmetrie*. Manager sind viel besser über die Lage des Unternehmens und die möglichen Strategien informiert als Aktionäre. Tatsächlich werden Manager ja ihres speziellen Wissens, ihrer Kenntnisse und Informationen wegen angeheuert. Da es extrem kostspielig ist, die Manager ständig zu überwachen, können diese auch *andere* Ziele verfolgen als jene der Aktionäre, der Eigentümer der Unternehmung, die den Unternehmenswert maximiert sehen wollen.[23] Diese Informationsasymmetrie eröffnet den Managern nun nicht unbeträchtliche Handlungsspielräume, die sie zum eigenen Vorteil und gleichzeitig zum Nachteil der Aktionäre nutzen können. Insoweit die Maximierung des Unternehmenswerts durch Verhaltensweisen und Handlungen der Manager wie beispielsweise durch zu viele Sekretärinnen oder besonders aufwendige und luxuriöse Büroausstattung wie auch durch das Aufblähen des Mitarbeiterstabs generell – all dies zum Nutzen der Manager – zurückgedrängt wird, erleiden die Aktionäre einen Schaden.[24]

---

22 Das Marktversagen ergibt sich, weil der *marginale private Vorteil einer Handlung nicht den marginalen sozialen Kosten der Handlung entspricht*. Es liegen also *externe Effekte* vor, also Auswirkungen von Handlungen auf Dritte, die dafür – im negativen Fall – weder entschädigt, noch – im positiven Fall – dafür etwas bezahlen müssen. Siehe dazu Kap. 9.2.2.

23 Die Maximierung des langfristigen Unternehmenswerts ist, ökonomisch gesehen, synonym zur Gewinnmaximierung und wird auch als *Shareholder-Value*-Ansatz oder -Philosophie bezeichnet.

24 Vor diesem Hintergrund ist die sogenannte *Corporate Governance*-Debatte zu sehen. Bei Corporate Governance geht es um die Suche nach Anreiz- und Kontrollstrukturen im bzw. für Unternehmungen, um all jene Probleme, die sich aufgrund von asymmetrischer Informationsverteilung ergeben, entsprechend zu erfassen bzw. zu minimieren. Eine der zentralen Fragen in diesem Zusammenhang lautet z. B., wie die Entlohnung von Top-Managern bzw. leitenden Mitarbeitern im Unternehmen gestaltet sein soll, um Interessenkonflikte zwischen Managern und Eigentümern möglichst zu minimieren. Ist also die Entlohnung von Managern direkt an den Gewinn des Unternehmens geknüpft, so ergibt sich kaum mehr ein Interessenkonflikt zwischen Eigentümern und Management. Ein (großes) Problem

Andere Fälle von *moral hazard* treten im Bereich hoch spezialisierter, professioneller Handlungen auf. Fragt man einen Arzt, ob man krank und eine Behandlung nötig ist, einen Apotheker, ob man ein Medikament braucht, oder einen Rechtsanwalt, ob man in einer Streitangelegenheit Aussicht auf Erfolg hat, dann haben die befragten Personen einen starken Anreiz, eine positive Antwort zu geben, obwohl objektiv die Sachlage ganz anders liegen könnte. Für die eine Seite ist es angesichts der asymmetrischen Informationsverteilung sehr schwer, die Korrektheit der Antwort bzw. die Notwendigkeit der vorgeschlagenen Transaktion zu beurteilen. Dasselbe Problem taucht bei einem Autoservice oder bloß bei einem Ölwechsel auf, bei dem normale Konsumenten regelmäßig nicht in der Lage sind, die Notwendig- bzw. Sinnhaftigkeit bestimmter Aktionen zu beurteilen. Autofahrerclubs, die Mitgliedern mit Rat und Tat zur Seite stehen, sind hier ein möglicher Lösungsweg – und im Übrigen ein eindrucksvolles Beispiel für die Lösung eines Problems auf freiwilliger Basis – also ohne hoheitlichen Zwangscharakter.

Arzt, Apotheker, Rechtsanwalt und KfZ-Mechaniker befinden sich in einer *moral hazard*-Situation, weil sie ein finanzielles Interesse daran haben, jene Antworten zu geben, die zum Kauf der von ihnen angebotenen Güter und Dienste führen.[25] Es ist damit für die eine Seite sehr schwer herauszufinden, ob diese Ratschläge tatsächlich ‚gute' Ratschläge sind.[26]

In all diesen Fällen tritt das Charakteristikum von moral hazard auf: Eine Marktseite verfügt über ein spezifisches Wissen, das sich zu ihrem Vorteil *und* zum Nachteil des Tauschpartners nutzen lässt.

Verkauft der Automechaniker hingegen nur den Ratschlag, was zu tun ist, nicht aber die Leistung selbst, dann gibt es keine Probleme. Gerade das wird er aber nicht tun, eben weil er, wenn er selbst auch repariert, mehr verdienen kann.

In all diesen Fällen sind Standesrichtlinien (‚Standesethik') und Zulassungsbestimmungen etc. bestimmter Berufsgruppen Versuche, diese Probleme zumindest etwas zu entschärfen. Nicht selten verbirgt sich allerdings hinter solchen Regelungen

---

freilich bleibt bestehen: Es ist durch dieses *performance related pay* nicht sichergestellt, dass Manager kurzfristig und zulasten der langfristigen Gewinnmaximierung Profite aufblasen, durch entsprechende Handlungen oder kreative Buchführung, weil ja ihr Einkommen sich als Teil davon berechnet.

25 Instruktiv und amüsant ist die in diesem Zusammenhang gebräuchliche Frage: *‚Do you ask a barber, if you need a haircut?'*

26 Besonders drastisch ist die Lage freilich im Gesundheitsbereich: Dort hängt die Nachfrage nach Gesundheitsleistungen nahezu gänzlich von der Einschätzung der Gesundheit und den vom Arzt vorgeschlagenen Remeduren ab – ärztliche Behandlungen sind in der überwiegenden Mehrzahl der Fälle eben *Credence-Güter*. Die Nachfrage wird demnach durch das Angebot an medizinischen Leistungen bestimmt, weil der Nachfrager selbst ja gar nicht weiß, was er will bzw. braucht. Die Patienten (= Nachfrager) haben überdies dann gar keinen Anreiz, die Diagnose zu hinterfragen bzw. in Frage zu stellen, insofern sie die Therapie nicht selbst zahlen, sondern eine Versicherung bzw. das staatliche Gesundheitssystem. Infolgedessen muss es hier zu massiven Ineffizienzen sowie Finanzierungsproblemen kommen, die durch zunehmende Alterung der Bevölkerung noch drastischer verschärft werden.

wirksames *Rent-Seeking*,[27] das den Zugang zu bestimmten Berufen beschränkt und damit die Verdienstmöglichkeiten der dort Tätigen erhöht.

8.4.2 Falsche Auslese (Adverse Selection)

Eng mit dem Problem von *moral hazard* verbunden ist das Problem der sogenannten *falschen (negativen) Auslese:*

> Falsche Auslese (adverse selection) bedeutet, dass nicht wie im Falle normaler Marktprozesse die leistungsfähigen, kompetitiven, ‚ordentlichen', kurz: die ‚richtigen' Teilnehmer im Markt bleiben, sondern gerade die ‚Schlechten', während die ‚Guten' ausscheiden.

So besteht in Versicherungsmärkten die Tendenz, dass Leute mit dem *höchsten Risiko* die meisten Versicherungen kaufen. Leute, die Versicherungen kaufen, wissen eben immer besser über ihre eigene Risikosituation Bescheid als der Anbieter der Versicherungsleistung. Zur negativen Auslese kommt es deshalb, weil jene, die ein *erhöhtes* Risiko haben, aber die *Durchschnitts*prämie zahlen, dabei ein gutes Geschäft machen. Sie kaufen daher mehr Versicherungsschutz (Auto-, Feuer-, Haushalts- und andere Versicherungen) als das normalerweise der Fall sein würde. Das bedeutet aber nichts anderes, als dass deren Versicherungsprämien nicht den zu erwartenden Schaden decken. Die Versicherung hat dann genau jene Kunden, die sie eigentlich *nicht* haben will, nämlich jene, die mit höchster Wahrscheinlichkeit einen Schadensfall aufweisen werden.[28] Will die Versicherung überleben, ist sie gezwungen, die Prämien zu erhöhen.

Auf der anderen Seite ist deshalb für jemanden, der *weiß*, dass er/sie eine Person mit einem geringen Risiko ist, die Prämie zu hoch. Diese Personen werden also weniger Versicherungsschutz nachfragen. Weil die Versicherung wegen der vielen ‚Risikofälle', die sich gerade aufgrund ihres hohen Risikos versichern lassen, gezwungen ist, die Prämie zu erhöhen, scheiden immer mehr ‚gute' Kunden, also solche mit geringem Risiko aus. Diesen Personen (mit geringem Risiko) ist die Prämie zu hoch. Insoweit die Versicherung nicht feststellen kann, welcher Kunde ein hohes oder ein geringes Risiko darstellt und daher die Durchschnittsprämie verrechnet, ist für Leute mit geringem Risiko die Versicherung zu teuer.

---

27 Siehe dazu genauer Kap. 10.1.

28 Die Versicherungsunternehmung ihrerseits versucht, dieses Risiko zu minimieren, indem sie beispielsweise bei Lebensversicherungen zwingende ärztliche Untersuchungen vorschreibt, Selbstbehaltsklauseln vorsieht oder bestimmte Gruppenbildungen vornimmt, wie nach Beruf oder Alter des Versicherungsnehmers.

Negative Selektion kann auch am Arbeitsmarkt auftreten, wenn es dort nur *einen* Lohnsatz gibt, aber zwei Arten von Arbeitsanbietern, nämlich ‚fleißige' und ‚faule' und dies der Arbeitgeber nur sehr schwer oder gar nicht erkennen kann. So werden in dieser Situation ebenfalls zu viele ‚schlechte' Arbeiter im Markt bleiben, während die fleißigen sukzessive ausscheiden. Denn bei nur *einem* Lohnsatz sind die faulen Arbeiter im Vergleich zu ihrer Produktivität *über*bezahlt, während die fleißigen Arbeiter im Vergleich zu ihrer Produktivität *unter*bezahlt sind. Deshalb werden in erster Linie die relativ überbezahlten Arbeiter im Markt sein – für sie ist die Bezahlung sehr attraktiv –, während die fleißigen Arbeiter aufgrund ihrer Unterbezahlung im Markt unterrepräsentiert sein werden. Auch in diesem Fall selektiert der Markt die falschen Teilnehmer aus.

Von daher wird es für überdurchschnittlich produktive Arbeitnehmer bei asymmetrischer Informationsverteilung zentral, der Gegenseite zu signalisieren, worum es sich bei ihnen handelt. Auch hier – wie bei Garantien und Marken – spricht man von *Signalling*. Eine Möglichkeit dafür sind entsprechende Bildungsabschlüsse. Der erfolgreiche Abschluss eines Hochschulstudiums beispielsweise kann den zukünftigen Arbeitgebern als Indikator für die Qualität, für Eigenschaften und Charakteristika eines Bewerbers dienen, die sie für eine zu besetzende Stelle suchen. Für Bewerber mit geringerer Produktivität oder geringerer Einsatzbereitschaft kommt ein Hochschulstudium wesentlich teurer als für höher talentierte Mitbewerber.

Umgekehrt hat freilich auch der künftige Arbeitgeber die Möglichkeit, die Bewerber zu durchleuchten, zu *screenen*, man spricht hier von *Screening*. So kann der Arbeitgeber den in die engere Wahl gezogenen Job-Bewerbern mehrere Formen von Dienstverträgen vorlegen und aus der Wahl eines Dienstvertrags durch den Bewerber Rückschlüsse auf bestimmte Eigenschaften ziehen. Wählt ein Bewerber z. B. einen Dienstvertrag mit hohem Fixum und einer geringen Erfolgskomponente, so ist er einerseits eher risikoscheu bzw. von den Resultaten seiner Leistungen wohl weniger überzeugt wie ein prospektiver Dienstnehmer, der einen Dienstvertrag mit geringem Fixum und hoher Erfolgskomponente wählt.

Gerade auch Kreditbeziehungen werden vom Problem der adversen Selektion geplagt. Denn es ist fraglich, ob der Zinssatz ‚gute' und ‚schlechte' Kreditnehmer, also Schuldner entsprechend auseinanderhalten kann. Und das kann zu einem ernsthaften Problem für die Gläubiger werden. Diese nämlich haben Interesse an ‚guten' Schuldnern, also solchen, die sich einen Kredit gut überlegen, sprich: das damit zu finanzierende Investitionsprojekt entsprechend sorgfältig durchrechnen. Steigt nun der Zinssatz, so werden diese Kreditnehmer gerade aufgrund ihrer sorgfältigen Kalkulation, die ihnen nunmehr steigende Kosten signalisiert, ausscheiden. Nicht aber besonders risikofreudige bzw. unbedachte Kreditnehmer, für die die Höhe des Zinssatzes eine eher untergeordnete Rolle spielt. Steigt also der Zinssatz, so werden eher die ‚guten' Schuldner aus dem Markt ausscheiden, während die ‚schlechten' im Markt bleiben werden. Und darüber werden die Gläubiger trotz der steigenden Zinsen wenig

Freude haben. Was nützt ein hoher Zinssatz, wenn ein Schuldner nach dem anderen in die Pleite schlittert?

Generell lässt sich festhalten, dass in jenen Fällen, in denen eine Vertragspartei in Bezug auf den Tauschgegenstand mehr weiß als die andere oder Ansprüche vortäuschen kann, eine Tendenz zu ineffizienten Marktergebnissen besteht, weil eine falsche Selektion unter den Marktteilnehmern stattfindet. In solchen Situationen können Märkte ineffiziente Ergebnisse generieren. Dabei ist es rein ökonomisch, *nicht aber rechtlich* gesehen, nur ein kleiner Schritt von der asymmetrischen Informationsverteilung zu handfestem Betrug.

Eine todkranke Person hat ohne eine verpflichtend vorgeschriebene ärztliche Untersuchung den Anreiz, ‚möglichst viel zusätzliche Lebensversicherung zu kaufen‘. Ein kurz vor der Pleite stehender Bankrotteur hat einen Anreiz, möglichst viel zusätzliche Kredite aufzunehmen und die Feuerversicherung kräftig zu erhöhen, bevor er sein Haus ‚warm abträgt‘.

Eines der gängigsten Beispiele für das Phänomen der negativen Auslese ist der Markt für Gebrauchtautos, man spricht auch vom *market for lemons*, wobei mit ‚lemon‘ ein fehlerhaftes Auto bezeichnet wird. Dieses Beispiel geht auf den bekannten US-amerikanischen Ökonomen *George Akerlof* zurück, der die grundlegenden Forschungsarbeiten zur asymmetrischen Information geleistet hat.[29] Auf dem Gebrauchtwagenmarkt liegt eine asymmetrische Informationsverteilung par excellence vor: Der Verkäufer weiß über die Qualität des angebotenen Autos wesentlich besser Bescheid als die potenziellen Käufer. Potenzielle Käufer laufen also das Risiko, eine schlechtes, also besonders reparaturanfälliges Auto zu erwischen. Um für dieses Risiko kompensiert zu werden, gibt es einen Preisabschlag für Gebrauchtwagen. Allerdings ist dieser Abschlag höher als die anteilige Abschreibung eines durchschnittlichen Modells.[30] Eben weil es am Gebrauchtwarenmarkt sehr schwer ist, eine ‚lemon‘ zu identifizieren, ist ein Käufer nur bereit, einen sehr geringen Preis für ein Gebrauchtauto zu bezahlen. Dieser geringe Preis für Gebrauchtautos entschädigt den Käufer für dieses erhöhte Risiko, tatsächlich eine ‚lemon‘ zu erstehen. Wenn die Preise für Gebrauchtautos aber aufgrund dieser Erwartungen der Käufer so gering sind, dann werden die Verkäufer tatsächlich wenig für ihr Auto erlösen. Wenn ein Gebrauchtwagen nun in Ordnung ist, besteht für den an sich verkaufswilligen Besitzer eines guten Gebrauchtwagens der Anreiz, diesen nicht zu verkaufen, weil er ja so wenig dafür erhält. Vielmehr ist es aufgrund der geringen Preise für Gebrauchtwagen ratsam, sein Auto so lange zu fahren, bis es wirklich nichts mehr taugt. Dann wird es verkauft. Und der Käufer erwirbt dann tatsächlich eine ‚lemon‘!

---

29 *George A. Akerlof*, geboren 1949, bekam dafür 2001 den Nobelpreis für Nationalökonomie, gemeinsam mit den Ökonomen *Michael Spence* und *Joseph Stiglitz*, die ebenfalls zum Gebiet der asymmetrischen Informationsverteilung fundamentale Beiträge geliefert haben.
30 Der erwartete Nutzenstrom eines ein Jahr alten Autos, das am Gebrauchtwagenmarkt erstanden wird, ist geringer als derjenige eines durchschnittlichen ein Jahr alten Autos.

9 Logik des staatlichen Handelns: Der Staat als Spielleiter

9.1 Die Informationsleistung der Marktwirtschaft

Die Analyse des marktwirtschaftlichen Systems macht dessen enorme Leistungsfähigkeit und Leistungskraft evident. Die diesem System inhärente beachtliche Wachstumsdynamik beruht auf der spezifischen Art der *Informationsgewinnung, -verarbeitung und -vermittlung,* gekoppelt mit der marktwirtschaftlichen *Anreizwirkung.* Die für die Qualität einer Entscheidung unabdingbare Voraussetzung ist, *im Besitz der entscheidungsrelevanten Information zu sein.* Dies gilt gerade auch für die zentralen wirtschaftlichen Entscheidungen:

1. ‚Was soll produziert werden?‘ und
2. ‚Wie soll produziert werden?‘

Die diesbezüglich erforderliche Information, d. h. das Wissen um bestimmte Faktorbestände und Fähigkeiten, liegt aber immer nur *dezentral,* d. h. nicht an irgendeiner Stelle konzentriert, sondern über die gesamte Ökonomie verteilt, vor. Das heißt, über spezifische Faktorausstattungen und Fähigkeiten *weiß* der Besitzer der Faktoren selbst am besten Bescheid. Als solcher hat man einen starken Anreiz, diese Fähigkeiten und Begabungen auszutesten und damit *neues, besseres Wissen* zu generieren. In Kenntnis seiner Fähigkeiten und Begabungen *fällt man selbst* – wiederum *dezentral* – die Entscheidung über den Einsatz seiner Faktoren. Weil der Ressourcenbesitzer also einerseits die Informationen darüber besitzt, was er tun *kann,* sowie andererseits, vor allem *über die Preissignale,* über die *relativen Preise* vermittelt, erfährt, was er tun *soll,* sind die Voraussetzungen für eine richtige, d. h. *gewinnbringende* Entscheidung gegeben. Nach der grundsätzlichen Tauschlogik nützt man damit die eigenen Fähigkeiten gerade auch *zum Wohle der anderen.*

Die *einzelnen Wirtschaftsakteure,* die Haushalte und Unternehmungen, stellen also in Kenntnis dieser Informationen *einzelne Wirtschaftspläne* auf, deren *Koordination* über die von Angebot und Nachfrage bestimmten *Preissignale* erfolgt – eine enorme und von keiner bewussten menschlichen Organisation in gleicher Weise durchführbare Aufgabe. Damit kommt es auch zur *Minimierung der Kosten von möglichen Fehlentscheidungen,* die ja auch immer wieder einmal vorkommen. Zunächst erfolgt die Minimierung von Fehlentscheidungen aus dem Umstand, dass die zentrale Voraussetzung für eine richtige Entscheidung gegeben ist: Diejenigen, die über die Informationen verfügen, entscheiden. Zum Zweiten entscheiden sie jeweils nur über einen limitierten Ressourceneinsatz. Wenn ein Unternehmen über die Durchführung einer Großinvestition entscheidet, dann steht gewiss eine beachtliche Summe auf dem Spiel. Geht dieses Investitionsprojekt daneben, dann sind zwar wertvolle Ressourcen verloren, doch bedeutet das nicht den Untergang der Volkswirtschaft.

Im krassen Gegensatz dazu steht die *Unlogik eines planwirtschaftlichen Systems*. Hier wird versucht, die stets dezentral vorliegende Information zu sammeln, zu *zentralisieren*, um dann auch *zentral über den Ressourceneinsatz zu entscheiden*.

Zunächst muss also ein enormer Aufwand betrieben werden, um die Information zu zentralisieren. Was letztlich jedoch nicht gelingen kann, weil wichtige Informationen *privater* Natur sind und der Besitzer dieser Information *keinerlei Anreiz* hat, diese Information auch *wahrheitsgemäß* preiszugeben. Denn sagt man, was man tun bzw. leisten kann, dann bekommt man das auch als *Plansoll* vorgeschrieben! Das kann aber nicht im eigenen Interesse liegen, da man keinen, der Leistung entsprechenden Anteil am Produktionsergebnis hat. Deshalb gibt man an die datensammelnde Stelle eine *falsche* Information weiter.

Weil also die Informationssammlung nur äußerst lückenhaft möglich ist, die gesammelte Information also falsch und/oder veraltet ist, wenn sie in der Zentrale vorliegt – der Prozess der Informationsgewinnung braucht ja Zeit –, wird die darauf beruhende Entscheidung ebenfalls mit größter Wahrscheinlichkeit falsch sein. Diese Fehlentscheidung ist nun nicht eine über *ein bestimmtes* Investitionsprojekt in der Volkswirtschaft, sondern betrifft ein Ressourcenvolumen enormen Ausmaßes. Die zentralen Planer entscheiden ja über die Zukunft gesamter volkswirtschaftlicher Sektoren. Das Zusammenbrechen dieses Systems ist also nur eine Frage der Zeit.[1]

Zu bedenken ist auch, dass in einem planwirtschaftlichen System die zentral gefällten Entscheidungen auch entsprechend *durchgesetzt* werden müssen. Da der Befehlsempfänger regelmäßig keinen Anreiz hat, der an ihn adressierten Anweisung nachzukommen – sein Anreiz besteht unter diesen Bedingungen in der *persönlichen Aufwandsminimierung* –, bedarf es eines enormen Bewachungs- und Beaufsichtigungsapparates mit entsprechender Sanktionskompetenz. Dies macht nicht nur die persönliche Handlungsfreiheit des Einzelnen unmöglich und erstickt jede Art von Privatinitiative und den daraus resultierenden technischen Fortschritt, sondern absorbiert, ebenso wie der Planungsapparat, Ressourcen im gewaltigen Ausmaß, die freilich für die Produktion von Gütern und Dienstleistungen *nicht mehr* zur Verfügung stehen. Das Opportunitätskostenprinzip verkörpert eine grundsätzliche Logik, die sich aus der Knappheit ergibt und die nichts mit einem spezifischen Wirtschaftssystem zu tun hat.

Im planwirtschaftlichen System wird also neben der gewaltsamen Unterdrückung von individueller Entscheidungsfreiheit von staatlichen Institutionen eine Aufgabe übernommen, die *sie nicht leisten können*. Es ist nachgerade grotesk, sich mit Problemen zu befassen, die sich eigentlich nicht stellen. Im marktwirtschaftlichen System übernimmt der Preismechanismus die *Informationsübermittlung* und *Anreizfunktion*

---

1 Eine weitere entscheidende Frage ist, welche *Ziele* die Planer ihrem Entscheidungsverhalten zugrundelegen. Regelmäßig spielen hier *Eigeninteressen*, nicht die Interessen der Gesellschaft insgesamt, eine große Rolle. Ein planwirtschaftliches System ist damit die ‚Autobahn in die Korruption‘!

und erfüllt diese zentralen Aufgaben, wie gezeigt, *von selbst und vergleichsweise nahezu gratis!* Bei einem planwirtschaftlichen System handelt es sich also um eine beispiellose *‚Anmaßung von Wissen‘,* um einen *konstruktivistischen Irrtum,* denn man verfällt der fatalen Illusion, das Gesamtergebnis der Wirtschaft *quantitativ ex ante bestimmen zu können.*[2] Vor allem aber handelt es sich dabei um eine drastische Herabwürdigung individueller menschlicher Freiheitsrechte.[3]

Der marktwirtschaftliche Prozess dagegen führt, wie geschildert, zu einer kontinuierlichen Erweiterung individueller Wahlmöglichkeiten und damit zu einer beständigen *Erhöhung des individuellen Freiheitsspielraumes.* Die individuelle Beweglichkeit wird dadurch enorm erleichtert, dass einerseits dezentrales Entscheiden in einer Marktwirtschaft die ‚Informationsmenge‘, die der einzelne Entscheidende benötigt, verringert: Der Informationsbedarf wird auf ein akzeptables Maß, d. h. in bewältigbarer Weise reduziert. Andererseits ermöglicht das marktwirtschaftliche System, dass jeder Akteur viel mehr Information nutzt, als er selbst besitzt. Durch den Besuch eines Feinschmecker-Restaurants wie eines Beisls kommt man, ohne über das Rezept Bescheid zu wissen, in den Genuss herrlicher Gerichte, man nutzt die Vorteile der Elektrizität, der Telekommunikation, des Computers, des Autos und unzählig vieler anderer Annehmlichkeiten mehr, zumeist ohne irgendeine Ahnung von der dahintersteckenden Technologie, also ohne das nötige und enorme Wissen über die Produktion dieser Güter zu haben.

In diesem Zusammenhang sollte die sogenannte *Effizienzmarkthypothese (‚efficient market hypothesis‘)* nicht unerwähnt bleiben. Sie geht davon aus, dass die sich am Markt bildenden Preise, vor allem auch die Preise von *Vermögensgütern* wie z. B. von Aktien, alle verfügbaren Informationen betreffend dieses Gut beinhalten. Die Effizienzmarkthypothese beruht auf der schon erwähnten *homo oeconomicus-Annahme,* dass sich die einzelnen Akteure rational verhalten und unter den gegebenen Rahmenbedingungen ihren Gewinn bzw. Nutzen maximieren. Dadurch verdichten sich die nur individuell verfügbaren und über die ganze Welt verstreuten Informationen der einzelnen Akteure letztlich in den Preisen. Vermögensgüter kaufen wird jemand dann, wenn er der Ansicht ist, dass der gegenwärtige Preis in Zukunft steigen wird. Und für diese Überlegung wird der Käufer wohl gute Gründe haben, z. B. sehr genau über die Erfolgswahrscheinlichkeit einer Innovation eines Unternehmens Bescheid wissen. Schätzt er diese Erfolgswahrscheinlichkeit entsprechend hoch ein, wird sich auch die Marktposition des Unternehmens verbessern, damit steigen auch die Ge-

---

2 Das bedeutet nicht, dass man der wirtschaftlichen Entwicklung keine *Richtung* geben, d. h. sie nicht *qualitativ prägen* könnte. Siehe dazu gleich den Abschnitt 9.2.2.

3 Auf die entscheidende *Informationsverarbeitungskapazität durch den Preismechanismus* hat insbesondere der schon erwähnte österreichische Ökonom *Friedrich August von Hayek* (1899–1992, Nobelpreisträger 1974) verwiesen. Diese Logik liegt freilich schon in *Adam Smith's* Hauptwerk *Wohlstand der Nationen,* wenngleich nicht so deutlich ausgeformt, beschlossen.

winne und der Aktienkurs. Die Effizienzmarkthypothese hat freilich einen Pferdefuß: Sie gilt zwar durchaus sehr oft, aber nicht immer. Bei Vermögensgütern, deren ‚innerer Wert' sich nicht ohne weiteres bestimmten lässt, wie z. B. der ‚Fundamentalwert' einer Aktie oder auch ein Wechselkurs, sind die Akteure sehr stark auf Vermutungen angewiesen. Und das kann nun bestimmte Marktgesetze, die bei normalen Gütern fast immer gelten, wie z. B. das Gesetz der Nachfrage, außer Kraft setzen. Sieht man also, dass der Kurs einer Aktie oder der Wechselkurs des US-Dollar steigt, dann könnte man vermuten, dass es dafür wohl einen guten Grund geben muss. Und man beginnt, diese Aktie bzw. den US-Dollar zu kaufen, *weil* der Kurs gestiegen ist. Damit steigt dieser weiter, was die Akteure in ihrer Annahme bestärkt. Auf diese Weise kann sich eine *Vermögenspreisblase,* ein *Assetprice Bubble,* entwickeln. Umgekehrt könnten die Preise von Vermögensgütern auch nach unten hin überschießen, ohne dass es dafür auch nur einen rationalen Grund gäbe.[4]

Übersicht 9.1: ‚Logik der Marktwirtschaft'

1. Grundlegendes Phänomen bzw. Problem des Wirtschaftens ist die Entscheidung über den Einsatz knapper Mittel/Ressourcen, für die es alternative Verwendungsmöglichkeiten gibt.

2. Richtiges, d. h. wirtschaftlich zielführendes, gewinn- bzw. nutzenmaximierendes Entscheiden setzt notwendigerweise ausreichende und richtige Information voraus.

3. Diese Information bezieht sich auf die Quantität und die Qualität der verfügbaren knappen Ressourcen einerseits sowie über deren zielführende Einsatzmöglichkeiten andererseits.

4. Die entscheidungsrelevante Information bezüglich der Quantität und der Qualität der verfügbaren knappen Ressourcen liegt in den Händen der Besitzer (bzw. der Verfügungsberechtigten) der Ressourcen: Sie wissen selbst am besten Bescheid, was sie damit tun *können.* Die Preissignale (relativen Preise) vermitteln ihnen die Information, was sie mit ihren Ressourcen tun *sollen.*

5. Diejenigen, die die entscheidungsrelevanten Informationen besitzen, haben auch den Anreiz, diese Informationen wirtschaftlich, d. h. gewinn- bzw. nutzenmaximierend zu nutzen, weil und insofern der Gewinn dieses Verhaltens ihnen selbst zugute kommt.

---

4 Die Effizienzmarkthypothese basiert dabei auf einem Paradoxon: Die Marktpreise sind effizient, d. h. sie beinhalten alle verfügbaren Informationen, weil die einzelnen Akteure glauben, dass die Marktpreise *nicht effizient* sind. Würden die Marktteilnehmer nämlich glauben, dass die Vermögenspreise schon alle verfügbaren Informationen beinhalten, dann würden sie ja gar kein Vermögensgut kaufen oder verkaufen, weil sich dann mit dieser Transaktion kein Gewinn machen lässt.

6. Es bleibt aber nicht beim individuellen Gewinn: Über die fundamentale Tauschlogik (Tausch bringt für beide Tauschpartner Vorteile) wird individuelles Vorteilsstreben in eine allgemeine und kontinuierliche Wohlstandsmehrung umgelegt.

7. Wird die über die Volkswirtschaft/Welt verstreute Information wirtschaftlich genutzt, was durch ein entsprechendes marktwirtschaftliches Anreizsystem gewährleistet ist, kommt es insgesamt zu einer effizienten, d. h. optimalen Nutzung der Ressourcen, zu einem Optimum: Aus den weltweit verfügbaren Ressourcen wird bei internationalem Freihandel das Beste gemacht.

8. Damit dieses Ergebnis eintritt, bedarf es bestimmter unabdingbarer Voraussetzungen rechtlich-institutioneller Art (d.s. Eigentums- und Verfügungsrechte, Vertragsfreiheit und Konkurrenz) sowie einer bestimmten Gesinnung, d. h. einer bestimmten ‚Ethik' (‚Fair Play').

9. Der Staat hat die zentrale Aufgabe der Festsetzung der Spielregeln (Eigentumsrechte und Wettbewerb) und ist auch für deren Überwachung zuständig. Er ist also für den rechtlich-institutionellen Rahmen verantwortlich, für Wettbewerb sowie für ein stabiles Umfeld, insbesondere auch für eine stabile Geldverfassung, für Geldwertstabilität.

Marktwirtschaft spielt sich also keineswegs in einem ‚Vakuum' ab: Sie bedarf bestimmter, zentraler Voraussetzungen rechtlich-institutioneller Art und einer bestimmten ‚Einstellung' der Teilnehmer. Das marktwirtschaftliche System zeichnet sich durch doppelte Dezentralität aus: Die entscheidungsrelevante Information liegt (1.) immer nur dezentral vor. Deshalb soll (2.) auch dezentral entschieden werden. Weil die entscheidungsrelevante Information im Besitz derer ist, die über den Einsatz knapper Faktoren bestimmen, ist die ‚zentrale' Voraussetzung für eine richtige, d. h. gewinnbringende Entscheidung gegeben. Gleichzeitig sind die Gefahren von Fehlentscheidungen sowie von deren Konsequenzen minimiert. Effiziente Produktion im Sinne einer maximalen Bedürfnisbefriedigung der Haushalte setzt effiziente Nutzung aller verfügbaren Informationen voraus.

9.2 Voraussetzungen des Wirtschaftens als staatliche Verantwortung

Die wichtigste Aufgabe des Staates besteht in der Schaffung der *Voraussetzungen und der Sicherung der Rahmenbedingungen* für eine funktionierende Tauschwirtschaft. Der Staat ist – worauf wiederholt hingewiesen wurde – für die *Spielregeln des Wirtschaftens, für deren Einhaltung,* für den *Ordnungsrahmen* verantwortlich. Man spricht in diesem Zusammenhang deshalb auch von *Ordnungspolitik.*[5] Ohne diese Voraus-

---

5 Dagegen spricht man von *Ablaufpolitik,* wenn der Staat direkt in das Marktgeschehen eingreift, beispielsweise auf der *Makroebene* in Form von Staatsausgaben und Steuern zur Konjunkturstabilisierung, die eben aufgrund der nicht überwindbaren *Informationsmängel* mehr schaden als nützen können. Auch auf der *Mikroebene* greift der Staat massiv in das Wirtschaftsgeschehen ein, beispielsweise durch das verbindliche Vorgeben von Mindest- und Höchstpreisen auf bestimmten Märkten. In

setzungen rechtlich-institutioneller Art, quasi im luftleeren Raum, kann die Marktwirtschaft nicht existieren.

Im Einzelnen geht es um

1. die *Definition von (übertragbaren) Eigentumsrechten* (möglichst an allen knappen Gütern),
2. die *Sicherung der Vertragsfreiheit* sowie die Überwachung der Einhaltung der Spielregeln ('pacta sunt servanda') der Wirtschaftsakteure,
3. um die *Sicherstellung von Wettbewerb*,
4. sowie vor allem auch um die *Sicherstellung einer stabilen Geldverfassung (monetäre Stabilität)* und *Finanzmarktstabilität*.

9.2.1 Monetäre Stabilität und Finanzmarktstabilität

Eine der wichtigsten Aufgaben Voraussetzungen des Wirtschaftens – und d. h. des Tauschens – ist die Versorgung der Wirtschaft mit verlässlichen, d. h. *wertstabilen Zahlungsmitteln*. *Stabilität des Geldes* ist gleichbedeutend mit einer möglichst konstanten Inflation auf niedrigem Niveau. Dies ist deshalb von grundlegender Bedeutung, weil die entscheidungsrelevanten Informationen ja primär über die Preissignale vermittelt werden. Aufgrund der Preissignale werden die wirtschaftlichen Entscheidungen getroffen. Werden diese Preissignale durch *monetäre Instabilitäten* gestört bzw. verfälscht, beispielsweise durch *inflationäre Schocks* – das Preisniveau steigt hier überraschend an, wobei aber die einzelnen Preise im unterschiedlichen Ausmaß steigen –, dann kommt es zu Verzerrungen der relativen Preise. Das Preissystem läuft Gefahr, seine zentrale Funktion der Informationsübermittlung einzubüßen. Falsche Preise, d. s. solche, die die Knappheiten nicht korrekt widerspiegeln, müssen zu falschen Ressourcenverwendungsentscheidungen führen. Falsch verwendete Ressourcen können zum Zusammenbruch von Unternehmen und damit zu volkswirtschaftlicher Ressourcenvernichtung führen: Der Wohlstand muss fallen.

Bedeutsam ist in diesem Zusammenhang die Unterscheidung zwischen *antizipierter* und *nicht-antizipierter* Inflation. Während erstere erwartet wird und damit gegen sie Vorkehrungen getroffen werden (können), ist letztere für die Wirtschaftsakteure eine Überraschung. Deshalb spricht man auch von *Überraschungsinflation (surprise inflation)*. *Nicht korrekt antizipierte*, d. h. nicht vorweggenommene Preisänderungen führen auch zu *Umverteilungseffekten*. Hiebei wird Vermögen (Kaufkraft) von den Gläubigern zu den Schuldnern umverteilt. Generell erleiden Bezieher nominell fixierter Einkommen (man spricht hier auch von *Kontrakteinkünften*) einen Kaufkraftverlust.

---

der Mehrzahl dieser Fälle wird durch solche Staatseingriffe in das Marktgeschehen die Situation nicht verbessert, sondern verschlechtert.

Inflationäre Tendenzen erhöhen außerdem die allgemeine Unsicherheit. Je unsicherer die Einschätzung bezüglich künftiger Entwicklungen, desto weniger wird investiert werden, desto geringer fällt das Wachstum aus![6]

Instabilitäten im Geldwesen der Volkswirtschaft führen vor allem auch dazu, dass knappe Ressourcen nunmehr für etwas verwendet werden müssen, was vorher ‚gratis' verfügbar war, nämlich für die Information über die Kosten unterschiedlicher Handlungsalternativen. Steht man vor der Entscheidung, wie das Abendessen ausfallen soll, so kennt man die zur Verfügung stehenden Alternativen einerseits sowie die *Preise*, also die Kosten derselben andererseits. Man kann zum Franzosen oder Italiener gehen, Junk Food oder eine Pizza wählen, fein im Restaurant speisen oder sich aus dem Kühlschrank bedienen. Wenn man mit dieser Entscheidung konfrontiert ist, kennt man also seine Präferenzen, die Alternativen und deren Preise. Herrscht jedoch monetäre Instabilität, d. h. es kommt zu einem zwar allgemeinen, im Einzelnen aber ganz unterschiedlichen Steigen der Preise, so hat man die Information bezüglich der Preise der einzelnen Alternativen nicht mehr parat. Man muss nun zuerst Erkundigungen anstellen, was welche Alternative kostet, ehe man entscheiden kann. Die Ressourcen, die bei monetärer Instabilität für Informationsbeschaffung und zur Absicherung gegen mögliche Schadenseintritte (im internationalen Bereich zur Absicherung vor Wechselkursschwankungen) aufgewendet werden müssen, sind nun jedoch für produktive und konsumtive Verwendungen nicht mehr verfügbar. Auch dadurch fällt der Wohlstand.

> Damit das marktwirtschaftliche System seine Informationsleistung entsprechend erbringen kann, bedarf es monetärer Stabilität. Dafür, d. h. für eine möglichst geringe Inflation, ist in erster Linie die Zentralbank aufgrund ihrer Einflussmöglichkeit auf die Geldmenge verantwortlich. Sie sollte

---

6 Inflation ist ein komplexes Phänomen, das im Rahmen der *Makroökonomik* eingehend untersucht wird und das auf mehrere Ursachen zurückzuführen ist. Die bedeutendste Ursache ist eine über das reale Produktionswachstum der Volkswirtschaft hinausgehende *Ausweitung der Geldmenge*. Dies zu verhindern, ist die Aufgabe der Zentralbank. Wächst diese schneller als das Gütervolumen einer Volkswirtschaft, dann muss die Kaufkraft des Geldes fallen. Es kommen dann auf eine Geldeinheit weniger Gütereinheiten. Auch darf nicht übersehen werden, dass bei *funktionsfähigem Wettbewerb* willkürliche Preissteigerungen ausgeschlossen sind und die Disziplinierung durch Wettbewerb markant preis- und damit auch inflationsdämpfend wirkt. Vor allem aber muss bedacht werden, dass der Staat den steigenden Widerstand der Steuerzahler gegen höhere Besteuerung durch Inflationierung geschickt zu umgehen versucht. Einerseits erleichtert er sich damit die Schuldenlast – er zahlt ‚schlechteres' Geld (i.e. solches mit geringerer Kaufkraft) zurück als er ausgeborgt hat –, andererseits steigen seine Steuereinnahmen, da auch die Einkommen durch die Inflation nominell steigen und damit in höhere Steuerklassen (Progressionsstufen) hineinwachsen. Man spricht hier auch von ‚*kalter Progression'*. Staatsverschuldung und Inflation hängen also nicht nur über Nachfrageeffekte der Staatsausgaben zusammen, Staatshaushaltsdisziplin reduziert inflationäre Tendenzen. Gerade deshalb hat man auch für die Mitglieder der Europäischen Währungsunion (EWU) Grenzen der Staatsverschuldung definiert. Siehe dazu auch Kap. 17.5

dem Regierungseinfluss weitestgehend entzogen sein. Die Regierung wiederum ist für Staatshaushaltsdisziplin sowie für die Sicherung eines funktionsfähigen Wettbewerbs verantwortlich. Ist monetäre Stabilität nicht mehr gegeben, droht die Informationsleistung des marktwirtschaftlichen Systems zusammenzubrechen. Infolgedessen kommt es zu massiven Wohlstandseinbußen.

Die Vorteile einer relativ stabilen Währungsordnung, wie das vor allem in Deutschland in den 50 Jahren der Deutschen Mark (1948–1998) der Fall war, möglichst allen Mitgliedstaaten der Europäischen Union (EU) zugänglich zu machen, wäre eine wesentliche Zielsetzung der gemeinsamen europäischen Währung, des Euro, gewesen. Die Allokation kann in einem gemeinsamen Markt durch ein einheitliches und wertstabiles gesetzliches Zahlungsmittel deutlich verbessert werden, weil Transaktionskosten und Unsicherheit sinken (die Wechselkurse und damit mögliche Wechselkursschwankungen entfallen ja) und gleichzeitig die Transparenz erhöht wird. Freilich setzt eine Währungsunion eine erhöhte Flexibilität von Preisen und Löhnen, eine entsprechende Mobilität der Ressourcen wie nicht zuletzt ein solides Management der Währungsunion selbst durch die Zentralbank voraus. Die Krise in der Eurozone hat diesbezüglich indes große Zweifel aufkommen lassen.

Stabile monetäre Verhältnisse, die längere Zeit andauern, können nämlich auch zu einer ‚falschen Sicherheit' führen. Aufgrund von niedriger und relativ stabiler Inflation und damit auch niedrigen und relativ stabilen Zinsen beginnen die Akteure, sich sicherer zu fühlen. Sie werden zunehmend risikofreudiger und sind damit verstärkt bereit, sich mehr und mehr auf riskantere Finanztransaktionen einzulassen. Sie beginnen vor allem auch, mit dem Geld anderer, also auf Kredit, zunehmend riskantere Anlagegeschäfte zu tätigen, also zu *spekulieren*.[7] Auf diese Weise kann Stabilität – insbesondere auf Finanzmärkten, auf Märkten, auf denen Vermögensgüter (Assets) und Kredite gehandelt werden – sehr rasch in Instabilität umschlagen.

Das plötzliche Ausbrechen wie die enormen Dimension und Folgen der 2007 von den USA ausgehenden Finanzkrise haben dies nur zu deutlich vor Augen geführt. Dabei ist es besonders bemerkenswert, dass gerade die Banken bzw. das Finanzsystem die Krisenursache und deren Epizentrum zugleich waren. Gerade Banken zählen ja in jedem Staat zu den am intensivsten regulierten und beaufsichtigten Sektoren. Tatsächlich haben die Regulierungen, die auf die Stabilität der Finanzmärkte im Allgemeinen und die der Banken im Besonderen abzielten, die Finanzkrise verursacht. Vor allem die implizite Versicherung der Banken durch die Staaten – die sogenannte ‚too big to fail-Annahme' – in Verbindung mit historisch einzigartig geringen und von den

---

7 Sie nutzen dabei die sogenannte *Hebelwirkung*, den *Leverage-Effekt:* Dabei kann die Rentabilität des Eigenkapitals durch die Aufnahme von Fremdkapital stark erhöht werden. Dies allerdings nicht ohne ein entsprechend höheres Risiko.

nationalen wie internationalen Regulierungen befürworteten Eigenkapitalausstattungen haben zur Krise geführt.[8]

Finanzmarktstabilität könnte so verstanden werden, dass, wenn unerwartete Ereignisse negativer Natur eine Bank betreffen, das Finanzsystem den Zusammenbruch einer Bank ohne ernste Gefährdung verkraftet. Finanzmarktstabilität hat also etwas mit der Widerstandsfähigkeit des Finanzsystems zu tun und nicht damit, dass verhindert werden soll, dass eine Bank pleitegeht. Und nur wenn auch Banken durch den möglichen Untergang bedroht sind, werden sie die Risiken ihrer Handlungen entsprechend berücksichtigen.[9] Bei der *Finanzmarktstabilität* geht es also um die Widerstandsfähigkeit der Banken und des Finanzsystems gegenüber widrigen ökonomischen Entwicklungen. Und bei der *Finanzmarktstabilitätspolitik* geht es darum, durch welche staatlichen Regelungen diese Widerstandsfähigkeit erhalten bzw. erhöht werden kann. Dies wird grundsätzlich nur möglich sein, wenn zwei Prinzipien eingehalten werden: Einerseits müssen die Banken ausreichend Eigenkapital halten, damit sie auch durch größere Verlust nicht gefährdet werden. Andererseits ist es unabdingbar, dass – wie erwähnt – auch Banken jederzeit damit rechnen müssen, dass auch sie untergehen, also Konkurs gehen können. Nur diese konstante Bedrohung des möglichen Ausscheidens, die der marktwirtschaftliche Wettbewerbsprozess darstellt und die *Marktdisziplin* genannt wird, veranlasst die Akteure zu entsprechend vorsichtigen Handlungen. Die Bankmanager, die Bankeigentümer wie die nicht abgesicherten Bankgläubiger werden unter diesen Umständen, also unter dem Wegfall der impliziten Staatsgarantie, ihr Verhalten ändern.[10]

Tatsächlich aber waren und sind die meisten Banken von dieser Disziplinierung ausgenommen. Droht eine große Bank nämlich tatsächlich der Untergang, so wird die Zentralbank in der Regel die Rolle des ‚*Lenders of last resort*' übernehmen und die in Schwierigkeiten steckende Bank ‚retten'. Dieses implizite Versicherungssystem führt, wie nahezu jede Versicherung, zu dem Verhalten der Versicherten, das in Kapitel 8.3.1 als ‚*moralische Wagnisse*' (‚*moral hazard*') vorgestellt wurde. Aufgrund der Tatsache, dass man versichert ist, dass also der Schaden von Dritten, z. B. von der Versicherung, gedeckt wird, wird man weniger vorsichtig, manchmal fahrlässig. Moralische Wagnisse nehmen überhand. Man trägt ja nicht mehr die gesamten Kosten

---

8 Siehe dazu auch die Ausführungen in Kapitel 16.4 sowie z. B.: F. Stocker: Zahltag: Finanz- und Wirtschaftskrise und ökonomische Prinzipien. 2. Aufl., Wien 2010.

9 Gesetzliche Regelungen sehen z. B. vor, dass Banken Großkredite nur bis zu einem bestimmten Teil ihres Eigenkapitals vergeben können. Fällt dieser Großschuldner nämlich tatsächlich aus – ein negativer Schock –, dann ist nur ein Teil des Eigenkapitals der Bank verloren, nicht alles. Diese gesetzliche Regelung, die von Land zu Land etwas unterschiedlich ist, sollte indes im Grunde im Interesse der Bank selbst sein. Warum braucht es aber dann eine derartige Regelung? Die Antwort ist, weil Banken infolge der impliziten Staatsversicherung stark zu zu riskanten Geschäften neigen.

10 Das *Einlagenschutzsystem* für Sparer sollte erhalten bleiben. Es sollte gesetzlich vorgeschrieben werden, nicht aber in einer Staatshaftung für Spareinlagen bestehen.

seines Handelns. Deshalb haben viele Bankmanager erst begonnen, sich auf äußerst riskante Geschäfte einzulassen.

Gerade die bestehenden Regelungen zur Finanzmarktstabilität und insbesondere die implizite Staatsversicherung haben also zu derartigen Exzessen im Finanzbereich geführt, dass dieser im Jahr 2008 weltweit am Rand des Zusammenbruchs stand. Durch enorme Liquiditätszuschüsse der Zentralbanken und durch ebensolche Haftungsübernahmen und Kapitalbeteiligungen von Regierungen ist es gelungen, die schlimmsten Auswirkungen der Finanzkrise zu vermeiden. Deren Ursachen sind damit freilich noch nicht beseitigt. Finanzmarktstabilität bedeutet nämlich nicht in erster Linie Krisenbekämpfung durch Zentralbanken und Regierungen, sondern die Sicherung von entsprechendem Vertrauen in die Banken und Finanzinstitutionen.

9.2.2 Definition handelbarer Eigentumsrechte

Damit die Marktwirtschaft ihre Wohlfahrtseffekte möglichst umfassend entfalten kann, kommen dem Staat die entscheidenden Aufgaben der *Festlegung der Spielregeln* sowie der *Sicherstellung von deren Einhaltung* seitens der einzelnen Wirtschaftsakteure zu. Konkret bedeutet das die *Definition von handelbaren Eigentumsrechten an möglichst allen knappen Gütern*. Dies ist deshalb von grundlegender Bedeutung, weil die *Eigentumsrechte die Anreizstruktur der Akteure* bestimmen.

Aufgrund seines Gewalt- bzw. Gesetzgebungsmonopols hat der Staat die Macht für solche Entscheidungen und fungiert gleichzeitig als Sicherungsanstalt für die Einhaltung der Eigentums- und Verfügungsrechte sowie deren vereinbarungsgemäße Übertragung. Der Staat garantiert also, dass Eigentumsrechte respektiert werden und dass – freiwillig, und das impliziert zum gegenseitigen Vorteil – abgeschlossene Verträge – dabei handelt es sich stets um die Übertragung von Eigentums- und Verfügungsrechten – auch eingehalten werden. Bei Verletzungen von Eigentumsrechten greift das Haftungsrecht. Wird beispielsweise im Nachhinein nicht die zugesagte Leistung erbracht, steht der Staat mit seinem Rechts- und Ordnungssystem zur ‚Richtigstellung‘ der Verhältnisse zur Verfügung. Wird Eigentum Dritter verletzt, so muss das Haftungsrecht dafür sorgen, dass der Geschädigte vom Schädiger entsprechende Kompensation erhält. Diese Regeln sind, wie immer wieder betont, ein wesentlicher Grund dafür, dass sich die Akteure an die Spielregeln, d. h. an die Beachtung der Eigentumsrechte, halten.

Die spezifische Definition von Eigentumsrechten, d. h. von Rechten, die festlegen, ‚was man mit einer Sache tun darf und was nicht‘, ist nun eigentlich Reflex bestimmter historischer Knappheits- und Machtbedingungen sowie des kulturellen Umfeldes. In freiheitlich-demokratischen Gesellschaften hat jede Person das ‚Recht auf sich selbst‘! Es gibt also keine Sklaverei und dies nicht bloß aus ökonomischer Zweckmäßigkeit! Es leuchtet nämlich unmittelbar ein, dass sich das individuelle Verhalten danach richten wird, ob man ‚frei‘ ist oder als Sklave sein Dasein fristet. ‚Gehört man sich selbst‘, hat man persönliche Entscheidungsfreiheit über sich selbst, wird man eher bereit sein, ‚in sich selbst zu investieren' als im Falle einer Sklavenexistenz. Die Früchte dieser Investition kommen einem ja auch selbst zugute. Als Sklave schaut das ganz anders aus. Hier wird Aufwandsminimierung zur dominanten Verhaltensweise. Man erkennt also deutlich, dass die Eigentumsrechte die Anreizstruktur festlegen und damit den Umgang mit den einzelnen Dingen bestimmen.

Mit Veränderungen technologischer, demographischer und anderer Art ergibt bzw. ergäbe sich von Zeit zu Zeit die Notwendigkeit der Anpassung dieser Eigentumsrechtsstruktur. Weil die Eigentumsrechte ökonomische Machtverhältnisse festlegen, ist klar, dass deren Änderung auf massiven Widerstand derer treffen muss, die vom status quo profitieren. Besonders deutlich werden diese Zusammenhänge bei der aktuellen Umweltproblematik. Diese bildet daher den geeigneten Hintergrund zur Erörterung der grundlegenden Relevanz der Eigentumsrechte im marktwirtschaftlichen System.

9.2.2.1 Umweltverschmutzung: Markt- oder Staatsversagen?

Der Augenschein bestätigt die ökonomische Theorie (der Umwelt) in überwältigender Weise: Dem enorm gestiegenen Wohlstand, der schier unermesslichen Fülle von Gütern und Dienstleistungen, die im marktwirtschaftlichen System in stets besserer Qualität und steigender Quantität hergestellt und immer mehr Menschen unserer Gesellschaft zugänglich werden – dem ‚Überfluss' – steht auf der anderen Seite eine zunehmende und möglicherweise zurecht besorgniserregende *Verknappung* des *Gutes* ‚Umwelt' gegenüber.

Die entscheidende Frage in diesem Zusammenhang ist: *Warum werden viele Güter immer zahlreicher und immer leichter verfügbar, während die ‚Umwelt', ein wichtiges und allgemein hoch geschätztes Gut, immer knapper wird?*

Schon im ersten Kapitel wurde ein *Gut* ganz allgemein als etwas, das als positiv, als *gut* eingeschätzt wird, definiert. Darunter kann man dann sehr viel verstehen: eine Tafel Schokolade, ein Auto, einen Computer, eine Fernreise ... aber auch ein Gespräch mit einem Freund, die Zuneigung eines Menschen oder eben eine intakte, ‚heile' Natur, eine saubere und adrett gepflegte Landschaft, gute Luft und sauberes Wasser sowie das Singen der Vögel. Wird also der Gutsbegriff nur weit genug ausgelegt, dann ist eben all das als ein ‚Gut' zu verstehen, was man im persönlichen (= subjektiven) Empfinden als ‚gut', als nutzenstiftend ansieht.

Dann kann man eine wichtige Unterteilung vornehmen: Man kann nämlich Güter unterscheiden, die *marktfähig* sind, d. h. die man *kaufen und verkaufen kann*, und solche, für die das nicht zutrifft. *Marktfähige* oder auch *private* Güter sind durch das *Ausschlussprinzip* charakterisiert: Das herrlich knusprige Brötchen bekommt man *nur, wenn* man den *Preis* dafür auf den Ladentisch des Bäckers legt, der seinerseits – und das ist das hier Entscheidende – das Brötchen, ein *marktfähiges Gut, nur* deshalb produziert, weil er sie *verkaufen*, also *für Geld eintauschen* kann.

> Güter werden also nur dann produziert und auf Märkten angeboten, wenn sie marktfähig sind und sich mit ihrer Produktion ein Gewinn erzielen lässt.

Private Güter besitzen einen Preis. Wird ein Gut nun knapper, so steigt sein Preis und signalisiert damit die relative Knappheit (dieses Gutes im Vergleich zu anderen Gütern). Das ist eine wichtige und *unverzichtbare Information* für alle wirtschaftlichen Akteure. Steigt nämlich der Preis, dann ist es angezeigt – signalisiert – mit diesem Gut sparsamer umzugehen – man will ja Kosten vermeiden. Gleichzeitig wird es *vorteilhafter*, dieses Gut verstärkt zu produzieren oder aber nach *Substituten* für dieses Gut zu suchen. *Substitute* sind Güter, die das knapper werdende Gut ersetzen können. Dies wird ja vorteilhafter, weil mit steigendem Preis die Gewinne in der Produktion des Gutes sowie für seine erfolgreiche Substitution steigen.

Genau der hier geschilderte marktwirtschaftliche Entknappungsprozess ist nun wiederholt zu beobachten, *vorausgesetzt* das Gut, um das es sich handelt, hat einen Preis, ist also ein privates, ein marktfähiges Gut.

Während sowie infolge der beiden Erdölschocks (1973 und 1979) hat sich der *Preis* für Erdöl jeweils um ein Vielfaches erhöht und damit bewirkt, dass mit Erdöl viel *sparsamer* umgegangen wird. Man denke an die Bemühungen um eine bessere Wärmedämmung sowie an neue, wesentlich sparsamere Motorgenerationen. Durch die dramatische Verteuerung wird also ein sparsamerer Umgang mit Öl bewirkt und es besteht jetzt ein *Anreiz*, verstärkt nach *Substituten* für Erdöl zu suchen. Neue, zukunftsweisende und umweltschonende Treibstoffe (wie Biodiesel oder Wasserstoff) mit den zugehörigen Motoren wurden und werden entwickelt. Indem die Produktion ausgedehnt wird und der Substitutionsprozess erfolgreich ist[11], kommt es schließlich wieder zu einer *Reduktion von Knappheit* und damit zu einer *Preissenkung*. Damit gewinnen wiederum die Konsumenten. Diese Kausalkette lässt sich zusammenfassend so darstellen:

> Ausgangstatbestand: *Öl wird knapper.* → Der Preis für Öl steigt: $P_{Öl}$ ↑. Folgen: 1. Die nachgefragte Menge nach Öl geht zurück: $D_{Öl}$ ↓ 2. Der Bestand an (wirtschaftlich nutz- bzw. abbaubaren Rohölvorkommen steigt: $Res_{Öl}$ ↑ 3. Substitutionsbemühungen werden intensiviert, denn – sind sie erfolgreich – winkt ein üppiger Profit: $Substitution_{Öl}$ ↑. Konsequenz all dieser Effekte: Langfristig wird der Ölpreis wieder fallen: $P_{Öl}$ ↓. Es ist dann durch marktwirtschaftliche Automatismen eine erfolgreiche Entknappung eingetreten.

Gerade auch an diesem einfachen Beispiel erkennt man das Wirken der *unsichtbaren Hand* und die grundlegende Voraussetzung, die dabei vorliegen muss:

---

11 Je länger der Anpassungszeitraum, desto größer ist die Angebotselastizität. Siehe Kap. 6.7.

> Das knappe Gut muss einen Preis haben. Das ist aber nur der Fall, wenn es ein marktfähiges, ein privates Gut ist. Letzteres wird durch Eigentumsrechte festgelegt.

Übersicht 9.2: Marktwirtschaftlicher Entknappungsprozess

1. Der Preis eines Gutes steigt, wenn es (relativ) knapper wird. Das ist das Signal zur Änderung des Verhaltens im Umgang mit diesem Gut.

2. Das Gut wird dann von den Nachfragern sparsamer eingesetzt.

3. Es wird nach Substituten für dieses Gut gesucht. Substitute sind Güter, die dieses knapper gewordene Gut in Konsum und/oder Produktion ersetzen können.

↓ ↓ ↓

4. Weil weltweit und systematisch nach Substituten gesucht wird, steigt die Wahrscheinlichkeit einer erfolgreichen Substitution.

↓ ↓ ↓

5. Ist die Substitution erfolgreich, dann fällt der Preis des anfänglich knapper gewordenen Gutes wieder. Es ist eine erfolgreiche ‚Entknappung' eingetreten.

9.2.2.2 Umwelt als öffentliches Gut

Ganz anders liegen nun aber die Dinge, wenn es sich um *öffentliche Güter* handelt, um Güter, für die das Ausschlussprinzip *nicht* gilt. Diese Güter kann man konsumieren, ohne dafür zu bezahlen und eröffnen damit den Individuen die Möglichkeit des *Freifahrens*, des *free riding!* Darunter versteht man den Konsum eines Gutes, ohne dafür bezahlen zu müssen. Zu den klassischen Beispielen für öffentliche Güter gehören die Landesverteidigung, die innere Sicherheit oder die Straßenbeleuchtung. Niemand kann vom Konsum dieser Güter ausgeschlossen werden, d. h. man konsumiert sie, ohne dafür zu bezahlen. ‚Man fährt frei!'[12]

Gilt für ein Gut aber das Ausschlussprinzip nicht, wird es von privater Seite erst gar nicht produziert und über Märkte angeboten. Denn es fehlt hier der Preis und damit der *Anreiz* zur Produktion. Und genau das ist beim ‚Gut' Umwelt über weite Bereiche der Fall: Niemand produziert eine Einheit ‚gute Luft' (was durch die Vermeidung von Emissionen leicht möglich wäre), eben weil man vom Konsum dieses Gutes niemanden *ausschließen* und für eine produzierte Einheit dieses Gutes nichts erlö-

---

12 Zudem gilt, dass der Konsum dieser Güter durch eine Person den Konsum anderer Personen nicht schmälert. Man spricht in diesen Fällen von *Nicht-Rivalität* im Konsum.

sen könnte. Sobald es sich aber um private Güter wie beispielsweise Luftbefeuchter, Klimaanlagen, Duftströmer, ja sogar ‚Luft besonderer Qualität', nämlich Sauerstoff für Spitzensportler (der abgepackt erhältlich ist), handelt, wird eilends produziert. Auch gibt es nicht wenige Orte, deren besondere Luftqualität verkauft wird. Es handelt sich um Luftkurorte und ähnliche Feriendomizile, aber auch um bestimmte Stadtteile und bei der dortigen Luftqualität um lokale öffentliche Güter. Der Preis für gute Luft ist in diesem Fall in den Übernachtungs- und Aufenthalts- bzw. in den Grundstücks- und Mietpreisen dieser Gegenden enthalten.

Das Gut Umwelt wird, wenn es als *öffentliches Gut* in Erscheinung tritt, also zunächst einmal nicht von privater Seite produziert. Auf der anderen Seite droht ein öffentliches Gut *übernutzt* zu werden, gerade weil für seinen Konsum, der ja auch mit Ressourcenverbrauch verbunden ist, nichts bezahlt werden muss. Weil der Preis dafür so gering, in der Regel null ist, ist die nachgefragte Menge enorm.

> Weil die ‚Umwelt' über weite Bereiche kein marktfähiges, sondern ein öffentliches Gut ist, ein Gut, für das das Ausschlussprinzip nicht gilt und das damit von jedermann gratis beansprucht werden kann, wird es auf der einen Seite nicht privat produziert, auf der anderen Seite aber von allen genutzt und damit – weil es ‚gratis' ist – regelmäßig auch übernutzt. Weil die Umwelt über weite Bereiche ein öffentliches Gut ist, gibt es für dieses Gut keinen Preis und damit auch keinen Knappheitsanzeiger, sodass ein Anreiz bestünde, dieses Gut bei Bedarf zu produzieren und mit diesem Gut ‚Umwelt' sparsam und wirtschaftlich umzugehen.

9.2.2.3 Externe Effekte aufgrund fehlender Eigentumsrechte

Es ist allerdings weiterzufragen, warum es sich im Fall der Umwelt über weite Bereiche um ein öffentliches Gut handelt? Die Antwort ist: Weil *Eigentumsrechte* betreffend diese Güter nicht entsprechend definiert sind. Deshalb ist die Anreizstruktur falsch und deshalb wird mit knappen Gütern nicht sparsam, nicht wirtschaftlich umgegangen.

> Das Problem der Umwelt ist, dass mit ihr aufgrund mangelnder Eigentumsrechte gerade nicht gewirtschaftet, also sparsam umgegangen wird. Sind Eigentumsrechte nicht ausreichend definiert, so kommt es zu externen Effekten positiver oder negativer Art. Und negative externe Effekten massieren sich gerade im Umweltbereich.

Fest steht: Man verbraucht das Gut ‚Umwelt' (reine Luft, reines Wasser und sauberes Land), beispielsweise durch die Abgase, die bei einer ‚Fahrt ins Grüne' freigesetzt bzw. durch Abwässer und Abfälle, die von Unternehmen *und* Haushalten an die Umwelt abgegeben werden. Auch für die schöne warme Stube beansprucht man nicht nur Ressourcen, für die man zahlen muss *und mit denen man daher sparsam umgeht*, wie eben die Brennstoffe selbst, sondern auch Ressourcen (hier wieder die Luft), *die man zwar auch beansprucht, wofür man aber nichts bezahlen muss.* Und gerade deshalb geht man mit dem ‚Luftverbrauch', mit der Ressource ‚Luft', *nicht sparsam*, nicht *wirtschaftlich* um.

> Mit dem kostbaren Gut Umwelt wird deshalb nicht sparsam umgegangen, weil sich das Marktsystem auf wesentliche Teile der Umwelt gar nicht erstreckt.

Das entscheidende Signal, der Preis für die knappe Ressource (saubere) ‚Luft' existiert nicht. Für das Gut (saubere) ‚Luft' existieren eben keine privaten Eigentumsrechte, es ist damit kein privates Gut, mit dem wirtschaftlich und d. h. *sparsam* umgegangen wird.

> Obwohl also alle die Umwelt in vielfältiger Weise in Anspruch nehmen, trägt niemand die mit dieser Nutzung verbundenen tatsächlichen Kosten. Diese werden auf andere, die Gesellschaft insgesamt oder auf künftige Generationen abgewälzt. Verursacht jemand Kosten, die er selbst nicht trägt, oder Nutzen, der anderen zugute kommt, dann liegen externe Effekte (Externalitäten) vor. Dann kommt es in der Regel zu ineffizienten Allokationsergebnissen.

Jeder, der mit dem Auto ins Grüne fährt, seine Toilettenspülung bedient, sein Essgeschirr und seine Wäsche reinigt oder einfach nur seine Stube wohlig wärmt, verursacht negative Auswirkungen auf den *Nutzen* anderer Haushalte oder auf die *Produktion* von Unternehmen – man spricht hier von *negativen externen Effekten bzw. Externalitäten –*, ohne dass er das beabsichtigte und ohne dass er die damit verbundenen Kosten selbst tragen würde. Ein ganz entscheidendes Charakteristikum externer Effekte ist, dass für die Inanspruchnahme von Ressourcen bzw. für Nutzeneinbußen keine bzw. eine zu geringe geldliche Entschädigung erfolgt. Neben den hier genannten negativen externen Effekten gibt es freilich auch positive: Eine pittoreske Landschaft, ein hübsches Haus mitsamt adrett gepflegtem Garten stiftet Vorbeikommenden einen Nutzen, ohne dass sie dafür etwas bezahlen müssten.[13]

> Externe Effekte (Externalitäten) sind Auswirkungen irgendwelcher Aktivitäten, die den Nutzen von Haushalten oder die Produktion von Unternehmen beeinflussen, ohne dass die betroffenen Haushalte oder Unternehmen im Falle eines positiven externen Effektes etwas bezahlen müssten oder im Falle eines negativen externen Effektes dafür entschädigt würden. Externe Effekte (Externalitäten) sind also durch das Auseinanderfallen von privaten Kosten/Nutzen und sozialen Kosten/Nutzen gekennzeichnet.

---

13 Externe Effekte können auch aufgrund zu hoher Transaktionskosten, die ihre Internalisierung verhindern, bestehen. Dann sind sie aber – wie *Ronald Harry Coase* gezeigt hat – nicht ineffizient. In diesem Kontext ist auch die provokante Definition von *Effizienz* der *Chicago-Schule* zu sehen, die da lautet: ‚*Efficient is, what is, otherwise people would change it!*'

Externe Effekte haben nun besondere Relevanz für die Umweltqualität, denn gerade hier kommt es zu einer unangenehmen Häufung *negativer* externer Effekte, wobei als Verursacher dieser Effekte eigentlich jeder Einzelne anzusprechen ist. Man denke wieder an die Fahrt ins Grüne oder an das Heizen der Wohnung.

Bei Existenz von externen Effekten verfehlen die Marktkräfte das Wohlfahrtsmaximum. Denn der Angebots-Nachfrage-Logik liegt eine zentrale Bedingung zugrunde:

> Eigennütziges Verhalten der Wirtschaftssubjekte führt in einer Wettbewerbswirtschaft nur dann zu einer allgemeinen Wohlstandsmaximierung, wenn alle mit einer Aktivität zusammenhängenden Kosten von den ‚Verursachern' selbst getragen werden bzw. jeglicher von einer Aktivität ausgehende Nutzen den jeweiligen Wirtschaftssubjekten unmittelbar selbst zugute kommt.

In Worten des Plus-Minus-Kalküls: Die individuelle Vorteilslogik führt nur dann zu einer allgemeinen Wohlstandsmaximierung, wenn den Handelnden auch tatsächlich ‚alle Plus', also alle Erträge zufallen und sie ‚alle Minus', also Kosten einer Handlung auch selbst tragen müssen.

Die graphische Darstellung macht das hier auftretende Problem besonders deutlich (siehe Abb. 9.1): Im Schnittpunkt E von Angebots- (S) und Nachfragekurve (D) ergibt sich zwar auch hier das *Marktgleichgewicht* – gekennzeichnet durch *Gleichgewichtspreis und Gleichgewichtsmenge* (P^*, Q^*) – allerdings ist dieses Ergebnis des Marktprozesses nicht mehr optimal. Denn wenn *externe* Effekte auftreten, dann gilt die Voraussetzung, dass alle Akteure alle Kosten und Nutzen einer Handlung selbst tragen, nicht mehr. Graphisch gesehen bedeutet das, dass die Kurven nicht mehr alle relevanten Kosten und Nutzen enthalten. Teile der Kosten und der Nutzen sind eben *externalisiert!* So treten beispielsweise im Falle negativer externer Effekte in der Produktion Kosten auf, die eben nicht das einzelne Unternehmen, sondern Dritte, die Gesellschaft insgesamt oder künftige Generationen tragen müssen. Die gesamten Produktionskosten, die *sozialen Kosten,* sind größer als die vom Unternehmen getragenen *privaten Kosten.* Und in diesem Fall wird das Wohlfahrtsmaximum verfehlt.

In Abb. 9.1 ist über der privaten Angebotskurve die tatsächliche Kostenkurve *SK,* man spricht hier von *Sozialkosten,* eingezeichnet. Sie zeige die tatsächlichen (Grenz-) Kosten der Stromproduktion in einem kalorischen Kraftwerk: Hier gibt es zunächst die privaten Kosten, die die Errichtungs- und Betriebskosten des Kraftwerks umfassen. Durch die Stromerzeugung wird aber auch die Ressource Luft (als Aufnahmemedium für Schadstoffe) verbraucht, allerdings ohne, dass dafür etwas zu bezahlen ist. Dritte oder die Gesellschaft insgesamt tragen diese Kosten, die in der Nutzeneinbuße durch eine Verschlechterung der Luftqualität (oder in der Erhöhung des Reinigungsaufwandes) bestehen.

Da sich die Marktteilnehmer aber an den privaten Kosten und Erträgen orientieren, werden diese sozialen Zusatzkosten nicht im individuellen Kalkül berücksichtigt. Das Ergebnis des Marktprozesses, das Gleichgewicht E, ist nun nicht mehr gleichzei-

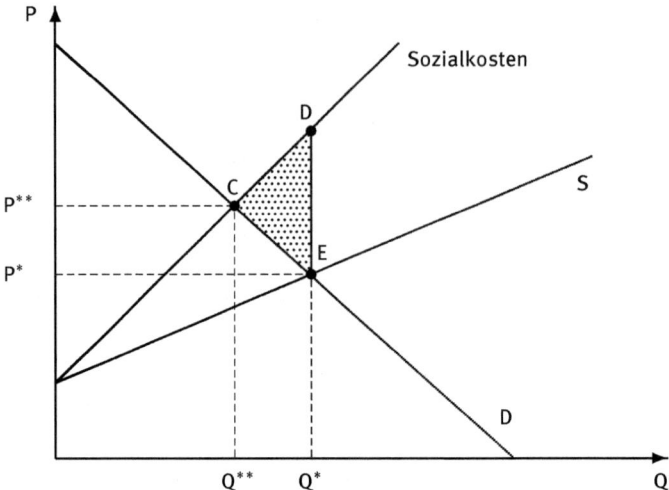

Abb. 9.1: Produktionsexternalitäten

tig ein Optimum. Zuviel Strom wird produziert, weil in diesem Punkt die Kosten der Stromerzeugung den Nutzen des Stromkonsums übersteigen. Graphisch kommt diese Ineffizienz im schraffierten Dreieck *ECD* zum Ausdruck: Das bedeutet: Bei Produktion der Menge Q^* übersteigen die Kosten der letzten Outputeinheiten den Nutzen derselben.[14] Der optimale Output Q^{**} ist vielmehr durch den Schnittpunkt der Nachfragekurve mit der *sozialen Grenzkostenkurve*, die die tatsächlichen Opportunitätskosten der Produktion abbildet, bestimmt.

Während der Stromproduzent also für die im Produktionsprozess benötigten Betriebsstoffe, für Kapital und natürlich auch für die eingesetzte Arbeit *zahlen muss*, weil es sich dabei um mittels *Eigentumsrechte* festgelegte marktfähige Güter handelt, ist dies im Fall der Luft anders. Es sind hier *keine privaten Eigentumsrechte* definiert. Es handelt sich hier vielmehr um ein öffentliches Gut, das dementsprechend für den Einzelnen ‚*umsonst*‘ genutzt werden kann. Damit besteht aber die kostengünstigste Alternative, die Emissionen loszuwerden, darin, sie zum Preis von null in die Luft zu blasen. Deshalb wird diese Alternative auch gewählt.

Was könnte die Politik in diesem Falle tun? Mehrere Optionen stehen zur Auswahl: Einerseits könnte sie Emissionen mit *Steuern* belegen. Das macht Emissionen teurer, was die Emittenten – freilich in Abhängigkeit der Höhe der Steuer – veranlassen wird, Emissionen möglichst zu reduzieren bzw. zu vermeiden.[15]

---

14 Siehe zur Vorgehensweise Kap. 7.2.3.
15 Diese Idee geht auf den berühmten britischen Ökonomen *Arthur Cecil Pigou (1877–1959)* zurück, der in seinem 1920 erschienenen Buch *The Economics of Welfare* die Wohlfahrtsökonomik im Allgemeinen und die theoretische Basis der Umweltökonomik im Besonderen gelegt hat. Er hat sich erst-

Andererseits käme auch eine *Zertifikatslösung* in Frage, wobei derlei Emissionszertifikate ein Recht darstellen, Emissionen zu tätigen. Insoweit dieses Recht verkauft werden kann, was für das Funktionieren dieses Systems zentral ist, stellt sich für den Inhaber die Frage, was mehr bringt: Verkauf des Emissionsrechts (wenn die Vermeidung billiger kommt als der Erlös aus dem Verkauf) oder Behalt (im gegenteiligen Fall). Durch diesen Mechanismus wiederum ist sicher gestellt, dass die angestrebte Emissionsvermeidung jedenfalls *kosteneffizient* erfolgt, d. h. dass dort Emissionen vermieden bzw. reduziert werden, wo es am günstigsten ist.

Auch darf nicht übersehen werden, dass, welche Maßnahme zur Emissionsvermeidung auch immer gewählt wird, die damit verbundenen Kosten der Produzenten steigen und diese gestiegenen Kosten letztlich auf die Preise der Produkte übergewälzt werden. Auch hier gilt: Eine bessere Umweltqualität ist nicht umsonst zu haben: *There is no such thing as a free lunch!*[16]

Schließlich kann die Politik auch *Regulierungen,* sprich: Auflagen festlegen, die den Produzenten bestimmte Emissionsvermeidungsaktivitäten (z. B. bestimmte Filter) verpflichtend vorschreiben. Bei Regulierungen spricht man vom ‚*command and control-Ansatz*' der Umweltpolitik. Doch stellen sich hier zwei Probleme, die mit dem privaten Charakter von Information zu tun haben und zu Ineffizienzen führen. Denn in diesem Kontext haben die Betroffenen keinen Anreiz, diese Informationen gesellschaftlich optimal zu nutzen.

Zum einen geht es um die Frage, woher die Politik wissen will, welche Emissionsvermeidungsmaßnahmen die (jeweils) ‚passendsten' sind. Das können nur die Betroffenen selbst wissen, in diesem Fall die Industrie, die die negativen Effekte verursacht. Doch sie haben keinen Anreiz, diese Information preiszugeben, weil sie damit rechnen müssten, dass dies dann bei ihnen selbst zu höheren Kosten führt. Andererseits ist es aus der Sicht der Regulierten verständlich, dass sie z. B. an einer einmal installierten Filteranlage festhalten wollen. Und zwar auch dann, wenn es schon bessere

---

mals intensiv mit der Problematik der Externalitäten befasst und darauf hingewiesen, dass negative Externalitäten mithilfe einer Steuer internalisiert werden können. Die Höhe dieser Steuer ergibt sich als Differenz zwischen den privaten und den sozialen Grenzkosten im Wohlfahrtsoptimum. Seither spricht man in Anerkennung dieser Leistung auch von *Pigou-Steuer.*

16 Dieses Beispiel führt zu der interessanten Frage der *Steuerinzidenz.* Hier geht es darum, wer eine Steuer letztlich zu tragen hat. Das ist unabhängig davon, wer die Steuer an den Fiskus abführt. Um beim Beispiel erhöhter Umweltauflagen für Unternehmen zu bleiben. Diese erhöhen eindeutig die Kosten. Die Durchschnitts- wie die Grenzkostenkurven verschieben sich nach oben. Damit liegt auch der Break-Even-Punkt, das langfristige Gleichgewicht (abgeleitet in Kapitel 4.2.3), höher und damit sind auch die Preise für diese unter nunmehr verschärften Umweltauflagen produzierten Güter höher. Die Steuerinzidenzanalyse zeigt also, dass die Konsumenten diese Steuer letztlich tragen müssen. Eine Einschränkung ist freilich angebracht: Denn wenn der Preis höher ist, geht auch die nachgefragte Menge zurück. Wie stark diese zurückgeht, hängt von der Preiselastizität der Nachfrage ab. Je höher diese ist, desto stärker reagieren die Konsumenten auf die Preiserhöhung mit einer reduzierten Nachfrage. Das aber trifft dann auch den Absatz und den Umsatz der Unternehmen.

und günstigere Möglichkeiten der Emissionsvermeidung gibt. Sind dagegen die Emissionen mit Steuern belegt, dann besteht (freilich in Abhängigkeit der Höhe der Steuer) ein starker Anreiz, die Emissionen zu reduzieren und damit ständig nach entsprechenden Technologien zu suchen. Die Regulierung hingegen behindert den Fortschritt in der Emissionsvermeidungstechnologie.

Eigentumsrechte bestimmen also den individuellen Umgang mit den einzelnen Dingen. Eigentumsrechte legen fest, ‚wer mit einer Sache was tun darf und was nicht.' Für einen effizienten Umgang mit Ressourcen kommt es nun entscheidend darauf an, dass

1. diesbezügliche Eigentumsrechte zunächst einmal klar definiert sind. D.h. einer Person ist ein klares Verfügungsrecht an einer Sache zugeteilt, und zwar so, dass sie, der Eigentümer, das ausschließbare Recht an dieser Sache hat. Das bedeutet, dass dem Eigentümer alle Nutzen und Kosten der Verwendung dieser Sache selbst zufallen, dass er über diese Sache selbst entscheiden kann; das schließt auch ein,

2. dass man das Eigentumsrecht an andere (meist gegen Entgelt) übertragen kann sowie

3. dass man im Falle der Verletzung seines Eigentumsrechts staatlichen Schutz anfordern kann und regelmäßig auch erhält, d. h. dass der Eigentümer sein Recht auch durchsetzen kann.

Trifft man beispielsweise in der *eigenen* Wohnung – um die man sich kümmert, eben weil sie die *eigene* Wohnung ist (privates Eigentums- bzw. exklusives Nutzungsrecht) – auf ungebetene Gäste, so steht der Staat mit seinem Polizei- und Gerichtswesen zur Verfügung, diese loszuwerden und eine entsprechende Entschädigung für entstandene Vermögensnachteile durchzusetzen. Macht man jedoch einen Spaziergang im (öffentlichen) Park, so wird man – unter Umständen – durch lärmende Kinder, Radfahrer oder ganz einfach durch *zu* viele andere Parkbesucher in seinem Erholungsuchen – mitunter empfindlich – gestört: Es treten hier also zu bestimmten Zeiten eine ganze Menge externer Effekte auf.[17] Man kann deshalb wohl kaum die Polizei zu Hilfe rufen und die anderen Parkbesucher vertreiben. Es handelt sich ja nicht um einen *privaten* Park, aus dem man nicht eingeladene Dritte sehr wohl ausschließen kann.

Ein *öffentlicher* Park oder das *öffentliche* Straßennetz sind – genauso wie weite Bereiche der Umwelt – im Gegensatz zum *privaten* Garten öffentliche Güter. In diesem Fall spricht man von *Common-Property-Ressourcen*. Das sind Güter, die im *Gemeineigentum*, im Eigentum *aller*, stehen und um die sich daher *niemand* kümmert. Entsprechend präsentierte sich das Erscheinungsbild eines öffentlichen Parks, *ohne irgendwelche Pflegemaßnahmen* und das eines privaten Gartens.[18] Jeder nutzt dieses

---

17 Hier gilt dann das Prinzip der Nicht-Rivalität im Konsum nicht mehr. Ab einer bestimmten Anzahl von Parkbenutzern *rivalisiert* die Nutzung des Parks durch eine Person mit der einer anderen.
18 Parkwächter und Stadtgärtner sind Gemeindebedienstete. Sie bekommen ihren Sold von der Gemeinde, die also die Erhaltung des öffentlichen Gutes mit Steuern (Zwangsabgaben) finanziert. Doch welches Problem stellt sich hier?

Gut also gratis, verursacht aber dabei oft anderen Nutzern einen negativen externen Effekt. Die Kumulierung dieser negativen externen Effekte führt dann oft zu einer massiven Übernutzung mit zumeist äußerst unangenehmen, mitunter auch drastischen Folgen. In diesem Zusammenhang spricht man dann auch von der *Tragedy of the Commons.*

> In Bezug auf weite Bereiche des Gutes ,Umwelt' gibt es nun keine diesbezüglichen Eigentums-rechte, die eine effiziente Nutzung des Gutes gewährleisten würden. Es handelt sich oft um eine Common-Property-Ressource, eine Ressource, die im Gemeineigentum, im ,Eigentum aller' steht, um deren Erhalt sich daher niemand kümmert. Sie wird von allen zum Nulltarif genutzt und da-mit regelmäßig auch übernutzt. Im schlimmsten Fall droht die Zerstörung dieser Ressource, die sogenannte Tragedy of the Commons.

Die größten und drängendsten Umweltprobleme vom Treibhauseffekt (= Übernut-zung der Atmosphäre), dem Abholzen der Regenwälder, der Verschmutzung von Luft und Wasser, der Übernutzung internationaler Gewässer bis zu den (Mega-)Staus und den Übernutzungsphänomenen in Stadtzentren oder anderen beliebten Orten, las-sen sich mit diesem Ansatz erstaunlich einfach erklären: Stets handelt es sich um ein aufgrund der Eigentumsrechtsstruktur so festgelegtes öffliches Gut, um eine Common-Property-Ressource, die von jedermann ohne entsprechende Kostentragung in Anspruch genommen wird.

Allerdings muss hier auf einen Umstand besonders verwiesen werden: Die be-stehende Ausgestaltung der Eigentumsrechte rührt aus einer Zeit, in der es aufgrund der *geringen Bevölkerungszahl und des nicht vorhandenen Massenwohlstandes* einer diesbezüglichen Einschränkung der Nutzung solcher Ressourcen wie (Regen-)Wald, Wasser, Luft und Straßen überhaupt nicht bedurfte, eben weil es eine solche Bean-spruchung gar nicht bzw. lediglich im vernachlässigbaren Umfang gab. Bis vor Kurzem bestand noch keine Notwendigkeit, die Nutzung der Luft durch das Heizen von Woh-nungen und durch das Autofahren, die Nutzung der Wälder durch Mountain-Biker, der Flüsse durch Rafter oder die Nutzung von Stadtzentren und Seen durch Touristen, die Nutzung der Weltmeere durch Fischflotten und die Nutzung der Urwälder durch Sied-ler zu regeln, weil insgesamt – *durch die noch äußerst geringe Zahl der Nutzer* – nicht so viel davon konsumiert wurde, dass dies den Bestand der jeweiligen Ressource in Mit-leidenschaft gezogen hätte. Bis vor Kurzem hat es überhaupt keine Autos, Mountain-Biker, Rafter, Touristen, Siedler im Regenwald und Hochseefischer gegeben. Bis vor Kurzem waren die angesprochenen Teile der Umwelt eben tatsächlich noch *freie Gü-ter*, Güter, die so umfangreich vorhanden waren, dass ein Wirtschaften mit ihnen gar nicht notwendig war.[19] Das hat sich mittlerweile geändert. Und deshalb muss eben

---

19 Ein freies Gut liegt in der Logik von Angebot und Nachfrage dann vor, wenn zum Preis von null die angebotene Menge größer ist als die nachgefragte. Man muss also nichts aufwenden, um dieses Gut konsumieren zu können.

auch die Nutzung dieser zumeist sehr kostbaren Ressourcen neu geregelt werden. Dies wiederum stößt auf massive Widerstände von Seiten derer, die vom status quo profitieren.[20]

> Fehlende oder unklar definierte Eigentumsrechte sind der Grund für die Übernutzung der Umwelt. Es gibt deshalb (noch) keine Institutionen, die eine effiziente Nutzung des Gutes ‚Umwelt' sicherstellen, weil bis vor einiger Zeit noch überhaupt keine Notwendigkeit bestand, mit diesen Gütern zu wirtschaften.

Die Lösung des Problems liegt demnach in der *Ausweitung der marktwirtschaftlichen Entscheidungs- und Allokationslogik* auch auf diese Bereiche, um den derzeit ineffizienten und möglicherweise bedrohlichen Umgang mit diesen kostbaren, knappen Gütern zu beenden. Jene Kräfte, die die privaten Güter in der bekannten Fülle hervorbringen, sind also so zu kanalisieren, dass sie in gleicher Weise die Beseitigung der Umweltknappheiten bewirken. Das setzt eine Änderung der *Anreizstruktur* voraus, weil diese Anreizstruktur durch die Eigentumsrechte bestimmt ist, eine *Änderung der Eigentumsrechte*.

Grundvoraussetzung für einen insgesamt effizienten Umgang mit knappen Ressourcen sowie für eine kontinuierliche Entschärfung des Knappheitsproblems – das ja gerade auch dort überzeugend demonstriert wird, wo der Umwelt der Charakter eines *privaten* Gutes zukommt, nämlich bei marktfähigen Rohstoffen – ist, dass den handelnden Personen *alle Plus und alle Minus ihrer Aktivitäten* auch entsprechend zugeordnet werden. Dies sollte über entsprechende Preis- und Kostensignale geschehen, die die *Anreizstruktur* im Umgang mit der natürlichen Umwelt verändern.[21]

Um im obigen Beispiel zu bleiben: Der Stromproduzent muss für *alle* benutzten Ressourcen bezahlen, nicht mehr bloß (und selbstverständlich) für die Arbeiter, sondern auch für die Beanspruchung der Ressource Luft. Dies kann nun – wie oben bereits erwähnt – in vielerlei Art geschehen. Eine Möglichkeit wäre die *Besteuerung* jenes Inputeinsatzes, der letztlich zur Luftverschmutzung führt. Kohle oder Erdöl könnten entsprechend ihres CO_2-Ausstoßes besteuert werden. Und damit wäre das Entscheidende passiert: Nunmehr haben die Akteure ein unzweideutiges *Signal* erhalten, auf das sie mit Sicherheit reagieren werden. Da die Benutzung von Luft nunmehr mit Kosten verbunden ist und die Akteure den *Anreiz* haben, Kosten zu vermeiden, werden sie mit dem Gut Luft sparsamer umgehen. Sie werden beginnen, *Technologien* nachzufra-

---

20 An die Parkraumbewirtschaftung in Ballungsräumen, auch wenn diese mitunter alles andere als optimal erfolgt, haben wir uns mittlerweile gewöhnt bzw. akzeptieren wir das Prinzip. Früher, bei wesentlich weniger Fahrzeugen, war Parkraum nicht so knapp wie heute. Deshalb ist ein Parkplatz nicht mehr ‚gratis' bzw. das ‚Recht' – wie vormals – eines Autofahrers.
21 Man nennt diesen Ansatz, der die Anreizstruktur so verändern möchte, dass Umweltschutz zum Vorteil des Entscheidungsträgers wird, in der Umweltökonomik auch ‚incentive-based-approach'.

gen, die diesbezügliche Kosten einsparen helfen. Mit solchen Technologien lässt sich also Geld verdienen. Damit setzt eine *neue Entwicklung* ein: Die Entstehung von Märkten für Umweltschutz, die Entwicklung umweltschonender Produktionsverfahren und ressourcensparender Produkte. Die Wirtschaft würde damit tatsächlich in eine umweltverträgliche Richtung *gesteuert*.

Derzeit passiert durch die massive Besteuerung von Arbeit gerade das Gegenteil. Dadurch wird nicht nur der Einsatz von menschlicher Arbeit teurer und damit de facto bestraft, sondern *relativ* dazu die Verwendung von Roh- und Energiestoffen deutlich günstiger. Zur Erinnerung: *Die relativen Preise bestimmen die Allokationsentscheidungen:* Die derzeitig umwelt- und ressourcenintensive Produktionsstruktur wie auch das insbesondere in Europa grassierende Arbeitslosigkeitsproblem ist damit nicht zuletzt durch eine massive *staatliche Fehlsteuerung,* die extrem hohe Besteuerung von Arbeit, die die anderen Ressourcen relativ zu günstig macht, bedingt.[22]

Dagegen drohen bei der sogenannten *Auflagenlösung* – hier verwendet man Ge- und Verbote – kontraproduktive Effekte. Zum Einen werden die mit derlei Auflagen verbundenen Kosten nicht *transparent,* d. h. sie treten nicht in das Bewusstsein einer breiten Öffentlichkeit. Am Schwersten wiegt jedoch, dass die Regulierungen, die Ge- und Verbote – wie erwähnt – *keine Anreize* zur Verbesserung der Umwelttechnologie vermitteln. Für eine einmal genehmigte Anlage werden seitens der Produzenten keine weiteren Emissionsreduktionsschritte gesetzt, weil damit keine Erträge verbunden sind. Und damit verbesserte Umwelttechnologien erst nicht vorgeschrieben werden können, werden sie geheimgehalten bzw. deren Entwicklung tendenziell unterbunden. Es kommt zum sogenannten ‚*Schweigekartell der Oberingenieure‘.*

Die gegenwärtige Umweltmalaise ist also nicht auf das marktwirtschaftliche System oder auf Marktfehler zurückzuführen, sondern vielmehr auf *staatliches Versagen:* Dieses besteht

1. in nicht ausreichend definierten handelbaren Eigentumsrechten,
2. in staatlich falsch gesetzten Anreizen (hohe Besteuerung von Arbeit, keine bzw. zu geringe Besteuerung von Rohstoffen und Energie), die zu vermehrtem Umweltverbrauch führen,
3. in staatlich zu umfangreich und zum Nulltarif bereitgestellten öffentlichen Gütern (z. B. Straßennetz), die mit massiven Übernutzungsproblemen und negativen Umweltproblemen verbunden sind und schließlich noch
4. in massiver Subventionierung von Industrien mit hohem Umweltverbrauch (z. B. Kohlebergbau, Landwirtschaft, Fischerei, Stahlindustrie).[23]

---

[22] Das Verdikt von einer *Wegwerfwirtschaft* ist nicht ganz unzutreffend, wenngleich die Ursachen hiefür in staatlichen Regulierungen zu finden sind, denn in marktwirtschaftlichen Bedingtheiten. Es ist oft schlichtweg zu teuer, ein Radio oder Schuhe zu reparieren: Die Abgabenbelastung auf Arbeit macht Arbeit, in diesem Fall Reparaturarbeit, eben extrem teuer.

[23] Zusätzliche Probleme ergeben sich aufgrund staatlich verordneter Handelsbarrieren, die den Ländern der Dritten Welt den Marktzutritt in den Industrieländern erschweren und es ihnen damit nur

Übersicht 9.3: Externalitäten: Definition, Begründung und ‚Elimination'

1. Externalitäten treten auf, wenn die privaten Kosten/Nutzen einer Handlung nicht mit den tatsächlichen/sozialen Kosten/Nutzen einer Handlung übereinstimmen. Das ist gleichbedeutend mit: Einem Wirtschaftssubjekt wird das von seinen Handlungen bewirkte Plus und Minus nicht vollständig zugerechnet. D.h., dass Güter produziert oder benutzt werden, dafür aber kein oder ein viel zu geringes Entgelt bezahlt werden muss.

↓   ↓   ↓

2. Dies ist deshalb so, weil Eigentumsrechte für jene Güter/Ressourcen, für deren Produktion und Nutzung nichts bzw. zu wenig bezahlt wird, mangelhaft bzw. überhaupt nicht definiert bzw. definierbar sind.

↓   ↓   ↓

3. Fehlen Eigentumsrechte, dann fehlen private Güter, mit denen sich ein wirtschaftlicher Umgang lohnt.

↓   ↓   ↓

4. Damit fehlen die Voraussetzungen dafür, dass ein Markt entstehen kann. Wo aber gar kein Markt besteht, kann nicht der Marktmechanismus, der hier gar nicht zur Wirkung gelangt, als Ursache für ein Übel bezeichnet werden.

↓   ↓   ↓

5. Zur Beseitigung der Ineffizienzen kommt es darauf an, den einzelnen Akteuren alle Plus (= alle Erträge) und alle Minus (= alle Kosten) ihrer Handlungen möglichst vollständig zuzurechnen. Dies kann durch die Neudefinition von Eigentumsrechten geschehen, aber auch durch die Besteuerung negativer und die Subventionierung positiver externer Effekte.

↓   ↓   ↓

Basierend auf den Einsichten zur marktwirtschaftlichen Informationsnutzung sollte eine Anreizstruktur geschaffen werden, die alle vorhandenen Informationen (Kenntnisse) für einen sparsameren Umgang mit der Umwelt mobilisiert und einen diesbezüglichen technischen Fortschritt induziert.

9.2.3 Herstellung von Kostentransparenz

Es darf also nicht übersehen werden, dass die Handelnden grundsätzlich bestrebt sind, die positiven Wirkungen ihrer Handlungen (das Plus) selbst einzustecken, die mit einer Handlung verbundenen negativen Wirkungen aber nach Möglichkeit auf andere abzuwälzen. Wo immer sich dafür Gelegenheiten ergeben, werden diese auch wahrgenommen werden. Das gilt nicht nur für die Nutzung des öffentlichen Straßennetzes, des öffentlichen Verkehrs sowie öffentlicher Parks mit den entsprechenden Konsequenzen der Übernutzung. Auch das *Sozialsystem* bietet eine Fülle von Möglichkeiten, private Vorteile zulasten der Öffentlichkeit zu lukrieren. Mitunter geschieht

---

eingeschränkt erlauben, ihre komparativen Kostenvorteile zu nutzen. De facto werden dadurch den Ländern der Dritten Welt Einkommenserzielungschancen vorenthalten, der Druck zur Nutzung natürlicher Ressourcen wie beispielsweise der tropischen Wälder steigt dadurch noch stärker an!

dies gar nicht aus böser Absicht, sondern einfach in Unkenntnis der mit einer Aktivität verbundenen Kosten. Die Herstellung von *Kostentransparenz* ist ein wichtiges Gebot für effizienten Umgang mit knappen Mitteln. Allein dadurch würden viele ihr Handeln entsprechend anpassen. So ist das ‚freizeitmäßige Konsultieren‘ von Ärzten, Mehrfachdiagnosen, der ‚Übergenuss‘ von teuren Medikamenten und Therapien oder ‚sinnloses Autofahren‘ und unbedachtsames Wegwerfen gefährlicher Produkte (z. B. von Batterien) ebenso eine Folge mangelnder Kostentransparenz wie das probeweise Antreten zu einer Prüfung oder das willkürliche Belegen von Lehrveranstaltungen auf Universitäten und Hochschulen. In den meisten Fällen wissen die Handelnden von den dadurch verursachten Kosten gar nichts. Sie werden deshalb die angebotenen Güter über Gebühr in Anspruch nehmen, weshalb ein Sozial- und Gesundheitssystem bzw. der freie Zugang zu Hochschulen unfinanzierbar zu werden droht und damit die eigentlichen sozialen Aufgaben des Staates nicht mehr erfüllen können.[24]

Gerade auch für ‚öffentliches‘, für politisches Handeln gilt die ‚Plus-Minus-Logik‘. Und so ist eben auch bei der Ausgestaltung des Sozialsystems darauf zu achten, dass die Vorteile dieses Versicherungssystems, die in einer möglichen Produktivitätserhöhung aufgrund der erhöhten Sicherheit liegen, nicht durch die Nachteile, durch übermäßiges Freifahren, zunichte gemacht werden bzw. das individuelle Leistungsstreben aufgrund der marktwirtschaftlichen Anreizstruktur ausgehöhlt wird.

9.2.4 Sicherung des Wettbewerbs

Neben der Definition von Eigentumsrechten ist – wie schon mehrfach erwähnt – die Sicherung des Wettbewerbs eine der wichtigsten Aufgaben des Staates im Rahmen der *Ordnungs-* und *Wettbewerbspolitik*. Die Voraussetzungen für einen *funktionsfähigen Wettbewerb*[25] herzustellen, d. h. in erster Linie *Offenheit der Märkte* und *möglichst umfassende Vertragsfreiheit* und *Vertragssicherheit* zu gewährleisten, liegen ebenso in staatlicher Verantwortung wie die Überwachung des Wettbewerbs auf seine *Ordnungsgemäßheit und ‚Fairness‘*.

Es ist die zentrale, aber besonders schwierige Aufgabe der Wettbewerbspolitik, *Kartelle* zu zerschlagen, ungerechtfertigte Monopole möglichst zu verhindern und sicherzustellen, dass der Austausch von Gütern sowie dessen Bedingungen (‚terms of trade‘) von den beteiligten Parteien frei ausgehandelt werden können. Ist das nicht der

---

24 Die Finanzierung dieser Güter erfolgt ja über Steuern und Sozialabgaben. ‚Explodieren‘ die Ausgaben der Sozialversicherung, müssen zur Abdeckung dieser Defizite die Sozialversicherungsbeiträge erhöht werden. Aufgrund dieser Erhöhung der Sozialversicherungsbeiträge vergrößert sich der individuelle Anreiz, die Leistungen der Sozialversicherung ‚erst recht‘ in Anspruch zu nehmen. Die Aufwendungen der Sozialversicherungsanstalten und damit deren Defizite steigen weiter, was erneute Beitragserhöhungen nötig machte ... man gerät in einen *circulus vitiosus*.

25 Siehe dazu genauer Kap. 7.5.

Fall, so werden einige Akteure zu einer für sie nicht optimalen Alternative ‚gezwungen'. Eine Option, die sie bevorzugen würden, ist ihnen dann nicht zugänglich. Genau das ist ja im Falle eines Monopols gegeben. Das Einkaufen bestimmter Zigarettensorten und Spirituosen im Inland sowie gewünschter Möbel und Teppiche im Ausland ist hingegen deshalb nicht unbeschränkt möglich, weil staatliche Handelsbeschränkungen vorliegen.

Es wurde auch wiederholt auf die disziplinierende und unverzichtbare Rolle des Staates hingewiesen, der bei *Asymmetrien auf Märkten* für den Schutz der schwächeren Parteien[26] zu sorgen, der das Verletzen der Spielregeln seitens der Spieler (z. B. das Nicht-Einhalten von abgeschlossenen Verträgen, Übervorteilung) zu ahnden hat bzw. Falschspielern (Betrug etc.) das Handwerk legen muss.

Auch in diesem Zusammenhang spielen Eigentumsrechte, insbesondere auch das *Haftungsrecht*, eine große Rolle. Den handelnden Personen sollten stets alle Konsequenzen ihrer Handlungen zugeschrieben werden. Die Akteure müssen also für ihre Handlungen entsprechend verantwortlich sein. Fehler und Lücken im Rechtssystem, die beispielsweise eine eingeschränkte Haftung erlauben, können zu großen Problemen führen. Damit die Wirtschaftssubjekte entsprechend verantwortungsvoll agieren, müssen sie, insbesondere bei Entscheidungen über das Vermögen Dritter (dies trifft insbesondere auch Manager[27]), entsprechend zur Verantwortung gezogen werden können. Andernfalls besteht die Gefahr des Abgleitens in eine ‚Casino-Society', in der Ressourcenverwendungsentscheidungen eben nicht mehr verantwortungsbewusst getroffen werden, gerade weil das Risiko einer Entscheidung auf andere abgewälzt werden kann. So würde z. B. die Einführung eines entsprechenden *Umwelthaftungsrechts* (Neufestlegung von Eigentumsrechten), das die ‚Verursacher' von Umweltschäden[28] für diese haftbar macht, zu einer grundsätzlichen Verhaltensänderung führen. Es ist alles eine Frage der Anreize!

> Die allgemeinen Wohlfahrtswirkungen individuellen Vorteilsstrebens haben nicht nur die unmittelbare Zurechnung aller mit einer Handlung verbundenen Kosten und Nutzen, sondern auch einen funktionsfähigen Wettbewerb und die Einhaltung von ‚fair play' zur unabdingbaren Voraussetzung.

Der Wettbewerb fordert von allen Teilnehmern nicht geringe Anstrengungen. Deshalb besteht stets die Gefahr vielfältiger Einschränkungsversuche, die sich freilich effektiv nur mit staatlicher Unterstützung durchsetzen lassen. Die Einflussnahme seitens bestimmter Gesellschaftsgruppen, von *Partikularinteressen* auf Regierung und Bürokra-

---

26 Siehe dazu Kap. 8.3.
27 Siehe dazu die Ausführungen zum *Principal-Agent-Problem* in Kap. 8.3.1.
28 Wer nun freilich Schädiger und wer Geschädigter ist, ist seit *Ronald H. Coase* nicht mehr so einfach festzustellen.

tie, die auf eben diese Einschränkung des Wettbewerbs abzielt, verwundert deshalb kaum. Dazu wird im letzten Kapitel (10.1) noch näher Stellung bezogen.

9.2.5 Bildungspolitik: Hilfe zur Selbsthilfe

Für das erfolgreiche persönliche Wohlfahrtsstreben ist das individuelle *Entscheidungsvermögen*, die *Qualität des individuellen Entscheidens* buchstäblich *entscheidend*. Ist doch die individuelle ökonomische Situation von der eigenen Entscheidungs- und Informationsverarbeitungsfähigkeit, dem Einfallsreichtum und der Tatkraft abhängig.

Der Staat kann nun vor allem dadurch versuchen, den individuellen und damit auch den gesellschaftlichen Wohlstand zu erhöhen, indem er einerseits die individuelle Entscheidungsfähigkeit und andererseits die Informationsbasis der Entscheidungsträger verbessert. Ersteres ist eine Funktion der Bildung, letzteres hängt von dem möglichst reibungslosen Funktionieren der Marktwirtschaft ab. Für beides trägt der Staat im besonderen Maße Verantwortung.

Bei der *Bildungspolitik* geht es im Wesentlichen um die Herstellung von *Chancengleichheit*, d. h. jeder sollte die gleichen *Startvoraussetzungen* haben. Die *Wettbewerbspolitik* hat zusätzlich sicherzustellen, dass für jeden die *gleichen Regeln* gelten sollten. Es geht bei beiden Politiken um die Sicherstellung der *Fairness des Prozesses*, d. h. um die *Gleichheit der Regeln, nicht um die Gleichheit des Ergebnisses*.

Zum Anderen bestehen bei Bildungsaktivitäten positive externe Effekte, weil die Erträge von Bildungsinvestitionen auch Dritten zugute kommen. Deshalb würde es tendenziell zu einer Unterversorgung mit Bildung kommen, würde man diese Entscheidung ganz dem Einzelnen überlassen. Weil der Einzelne also nicht die gesamten Früchte seiner Bildungsinvestition einsteckt, wird er tendenziell zu wenig in Bildung investieren![29] Der Konsum des Gutes ‚Bildung' ist deshalb in einem bestimmten Umfang zwingend vorgeschrieben (Schulpflicht), weil der Staat der Ansicht ist, dass die einzelnen Individuen diese Entscheidungen selbst nicht vernünftig treffen können, insbesondere dann, wenn sie selbst unmittelbar für die Kosten aufkommen

---

29 Zwar ist es richtig, dass in demokratischen Gesellschaften die Eigentumsrechte bezüglich der Verfügung über die eigene Person dem Individuum selbst zukommen (es gibt keine Sklaverei mehr), weshalb der Anreiz besteht, in die eigene Person in Form von Bildung zu investieren. Doch ergäben sich bei der Finanzierung der (Aus-)Bildung große Probleme, wenn man diese Kosten unmittelbar selbst tragen müsste. So wären beispielsweise bei Mittellosigkeit keine Sicherheiten für einen aufzunehmenden Kredit (um die Ausbildung zu bezahlen) verfügbar. Müsste man die Kosten der Bildung also unmittelbar selbst bezahlen, würde man deutlich weniger in die eigene Bildung investieren und damit weniger Bildung nachfragen. Andererseits werden durch die hohe Einkommensbesteuerung die Erträge der Bildungsinvestitionen vermindert, was auch den Anreiz, in die private Bildung zu investieren, reduziert.

müssten. Die ‚gratis' Zur-Verfügung-Stellung des Gutes übernimmt der Staat[30], allerdings mit einer entsprechenden Verpflichtung zum ‚Konsum'. Man spricht hier von einem *meritorischen Gut*.

Ein anderes Beispiel für ein meritorisches Gut sind verpflichtend vorgeschriebene Impfungen. Auch hier hat nicht der Einzelne (und auch nicht dessen Eltern) die Wahl, sondern vielmehr die Verpflichtung zur Impfung. Dies aus einem guten Grund, handelt es sich doch um einen positiven externen Effekt, zumal damit nicht nur die Gesundheit von Individuen erhalten, sondern die Ausbreitung von Krankheiten auf andere bzw. weite Gesellschaftskreise verhindert werden kann.

Kaum jemand wird die Sinnhaftigkeit von Bildung oder Impfung bezweifeln. Ebensowenig zu leugnen ist indes, dass meritorische Güter Ausdruck von *Paternalismus* sind, einer Grundhaltung, derzufolge die oder der Einzelne oft nicht entscheiden kann, was für sie bzw. für ihn ‚gut' ist. Und diesbezüglich stellt sich freilich die Frage nach der Grenze, also danach, wie weit dieser Paternalismus geht und damit mit individueller Freiheit kollidiert. Tatsächlich wird diese Frage in den einzelnen Gesellschaften jeweils politisch zu entscheiden sein.

Dass der Staat also den Konsum einer bestimmten Menge an Bildung oder bestimmter medizinischer Leistungen zwingend vorschreibt und dafür keine unmittelbare Gegenleistung verrechnet, ist aus den oben geschilderten Gründen sinnvoll und notwendig. Die staatliche Zur-Verfügung-Stellung des Gutes ‚Bildung' oder ‚medizinische Versorgung' bedeutet jedoch nicht gleichzeitig, dass der Staat dieses Gut auch selbst produzieren, also Schulen, Universitäten und Hochschulen sowie Krankenhäuser auch selbst führen sollte. Der Grund dafür liegt in den vielfältigen Ineffizienzen, die regelmäßig bei der staatlichen Produktion von Gütern auftreten.

Im Zusammenhang mit Bildung stellt sich die Frage: Welchen *Anreiz* hat ein Lehrer, die bestmögliche Ausbildung der ihm anvertrauten Schüler oder Studenten zu bieten? Es ist mehr als fraglich, ob im staatlichen Bildungsmonopol überhaupt ein solcher Anreiz besteht. Bekäme jeder Staatsbürger hingegen ‚Bildungsschecks', die man bei unterschiedlichen, d. h. vor allem auch bei privaten Bildungsinstitutionen einlösen könnte, (wobei sich alle an dieselben Regeln halten müssten) dann entstünde um diese Schecks lebhafte *Konkurrenz* zwischen den Anbietern von Bildungsleistungen und damit ein *Anreiz* für die Lehrenden, sich im Sinne einer ständig verbesserten Ausbildung besonders anzustrengen.

Eine möglichst umfassende Bildung der Wirtschaftssubjekte ist schließlich vor allem vor dem Hintergrund einer zunehmenden Arbeitsteilung und Spezialisierung erforderlich. Da sich dabei die produktiven Tätigkeiten bei der Mehrzahl der Akteure nur auf einen sehr begrenzten Ausschnitt der Lebenswelt beziehen, läuft ein

---

30 ‚Gratis' ist ein staatlich zur Verfügung gestelltes Schulsystem freilich nicht! Es bindet ja knappe Ressourcen, die anderweitig nicht mehr verfügbar sind und die auch (aus den Steuern gut ausgebildeter und damit besser verdienender Staatsbürger) bezahlt werden müssen.

arbeitsteilig Produzierender stets große Gefahr, ‚geistig zu verkümmern' und über den eigenen Tellerrand nicht mehr hinauszusehen. Es droht also ein geistiger Verfall und damit die Gefahr, ‚wesentliche Dimensionen des menschlichen Daseins' nicht zu erkennen. Schon am Beginn der Industriellen Revolution erkannte *Adam Smith* diese negative Seite der Arbeitsteilung, die mangels Abwechslungsreichtum und Herausforderungen zu einer geistigen Verarmung und Verrohung der Menschen führen kann. Umfassende Bildung wirkt hier als notwendiges Korrektiv, indem sie den ‚Blick auf die Totalität der Lebenswelten' eröffnet und solcherart die Vielfalt und Schönheit der Welt wie die Voraussetzung zu deren ‚Genuss' erschließt.[31]

Das Prinzip ‚*Hilfe zur Selbsthilfe*' wurde schon von *John Stuart Mill* (1806–1873), einem der neben Adam Smith und David Ricardo ebenfalls herausragenden klassischen Ökonomen in besonderer Weise betont. Mill, in guter klassischer Tradition um die Freiheit des Individuums bemüht, ist erstmals mit der vollen Wucht des mit der Industriellen Revolution verbundenen sozialen Elends konfrontiert. Gerade das Sozialsystem versucht, den ‚auf der Strecke gebliebenen' und den Schwachen, denjenigen also, die nicht leisten können, eine Unterstützung zukommen zu lassen. Dabei stellt sich dann das Problem, dass gerade das Sozialsystem selbst besondere Anreize schaffen kann, ‚schwach', leistungsunfähig zu werden (oder so zu tun), um in den Genuss der Sozialleistungen zu kommen. Gilt nun aber ‚Armut als Einkunftsquelle', so ist dies nun freilich just das, was die Sozialsysteme überfordern muss und letztlich in den finanziellen Kollaps treibt. In diesem Konflikt bietet die Strategie ‚Hilfe zur Selbsthilfe', bei der der Empfänger auch seinen Teil zur Lösung des Problems beitragen muss, einen Ausweg.[32]

Bildung ist daher nicht zuletzt deshalb nötig, weil dadurch die zur Wahl stehenden Arbeits- und Konsummöglichkeiten viel besser überblickt und damit auch besser genutzt werden können. Eine umfassende Bildung bedeutet also eine grundlegende Verbesserung des Entscheidungsverhaltens und der individuellen Informationsverarbeitungskapazität. Eine Ausbildung in volkswirtschaftlichen Belangen hilft über ein besseres Verstehen wirtschaftlicher Zusammenhänge zu einem gezielten Absuchen der offenstehenden Handlungsalternativen und zu einem besseren Durchdenken von deren Konsequenzen. Nicht zuletzt könnte volkswirtschaftliches Wissen zu einer maßgeblichen Disziplinierung des politischen Prozesses und damit zu nicht unbedeutenden Wohlstandsgewinnen führen. Wie notwendig diese Disziplinierung wäre, zeigen die Ausführungen des nächsten Kapitels.

---

31 Doch schon Adam Smith spricht sich für eine Gebührenfinanzierung dieser öffentlichen Dienste, für ein Schulgeld, aus, eben um die Lehrenden effektiv zu disziplinieren.

32 So haben schon die Klassiker der Ökonomik das Prinzip formuliert, dass derjenige, der soziale Unterstützungsleistungen erhält, nicht besser gestellt werden darf, als der am schlechtest gestellte Nicht-Sozialhilfe-Empfänger. Würde dieses Prinzip heute unsere Sozialsysteme dominieren, …

10 Unlogik des staatlichen Handelns: Der Staat als Spielverderber

10.1 Zur Logik der Partikularinteressen: Rent-Seeking

Monetäre Stabilität, Wettbewerb, Sicherung von Recht und Ordnung sind typische *öffentliche Güter*, Güter, die weder im Konsum noch in der Produktion miteinander *rivalisieren* und die (für die Staatsbürger) *nicht ausschließbar* sind. Diese Güter *rivalisieren* nicht, weil der Konsum des Gutes ‚Sicherheit' durch eine Person nicht den Konsum desselben Gutes durch eine andere Person schmälert. Diese Güter sind nicht ausschließbar, weil jeder Staatsbürger diese Güter nutzen kann, ohne dafür unmittelbar etwas bezahlen zu müssen.

Weil der Markt keine öffentlichen Güter bereitstellt, ist die Versorgung der Gesellschaft mit solchen öffentlichen Gütern Aufgabe des Staates. Dazu zählen neben den bereits genannten Gütern wie der Landesverteidigung, der inneren Sicherheit, dem Straßennetz oder der Straßenbeleuchtung beispielsweise auch die Aufrechterhaltung der Sauberkeit im öffentlichen Bereich (Straßenreinigung) und im herkömmlichen, wenngleich nicht im ökonomischen Verständnis vor allem das Gesundheits- und Bildungssystem.[1] Es ist damit darüber zu *entscheiden, welche öffentlichen Güter und in welchem Umfang* zur Verfügung gestellt werden sollen?[2]

Doch wer entscheidet darüber? *Wer* ist der ‚Staat'? Öffentliche Entscheidungen dieser und ähnlicher Art werden in demokratischen Gesellschaften von einer gewählten *Regierung* gefällt und von einer zumeist beamteten *Bürokratie* durchgesetzt.

Zu gerne neigt man nun zur Vorstellung, dass Regierung bzw. Bürokratie unparteiische Diener der öffentlichen Wohlfahrt seien, gewissermaßen Instrumente zur Maximierung des nationalen Wohlergehens. Diese Vorstellung ist (leider) reichlich blauäugig. Die ökonomische Theorie, genauer das Teilgebiet der *Neuen Politischen Ökonomie*, auch *Public Choice-Theorie* genannt[3], wendet nun das individuelle Entscheidungs- und Vorteilskalkül sowie die Logik von Angebot und Nachfrage auch im staatlichen Bereich an. Politiker, politische Parteien, Regierung und Beamte werden als *stimmenmaximierende Unternehmer* bzw. als *nutzenmaximierende Bürokraten* analysiert. Die Grundannahme ist dabei, dass auch die politischen Entscheidungsträger wie Beamte

---

1 Bei den Gütern ‚Gesundheit' und ‚Bildung' handelt es sich um private, also ausschließbare Güter, die aber aus *sozialen* Überlegungen in den meisten Industriestaaten der westlichen Tradition als öffentliche und weitgehend *meritorische* Güter angesehen werden und als solche allen Bürgern im gleichen Maße zugänglich sind bzw. sein sollten.

2 Daraus ergibt sich freilich noch nicht die Notwendigkeit, dass der ‚Staat' diese Güter auch selbst produziert. Siehe dazu unten Punkt 10.4.

3 Zu den ‚Vätern' der Public Choice Theorie zählen neben den beiden Nobelpreisträgern *Kenneth Arrow* und *James M. Buchanan* vor allem *Gordon Tullock, Anthony Downs* und *William A. Niskanen*.

in der Regel vor allem auch *eigennützige* Ziele verfolgen. *James M. Buchanan* definiert treffend: ,*public choice is politics without romance.*'[4]

Ein wesentliches Ziel der Politiker ist es, an die Macht zu kommen bzw. an der Macht zu bleiben. Dazu braucht es maßgebende Unterstützung seitens der Wähler, der ,Kunden' der Politiker. Diese Unterstützung soll durch entsprechende staatliche Maßnahmen, entweder durch eine bestimmte Gesetzgebung oder eine bestimmte Mittelverwendung, das ,*Angebot*' der Regierung, sichergestellt werden. Allerdings besteht das ,Angebot' aus ganz bestimmten gesetzlichen Regelungen, die nun aber *nicht auf die Maximierung der Gesamtwohlfahrt abzielen, sondern bestimmten Gruppen der Gesellschaft Vorteile verschaffen.* Und für Regelungen solcher Art gibt es natürlich auch eine starke *Nachfrage.* Die Nachfrage nach Gesetzen bzw. die Beeinflussung der Gesetzgebung und der staatlichen Mittelverwendung läuft darauf hinaus, jeweils ganz bestimmten Gruppen Vorteile zu verschaffen. Anstatt der Gesamtwohlfahrt der Gesellschaft werden im politischen Prozess demokratischer Gesellschaften deshalb regelmäßig die *Partikularinteressen bestimmter gesellschaftlicher Gruppen* (Special-Interest-Groups) im Vordergrund stehen.

Ebensowenig wie es den ,Staat' als solchen oder die ,Regierung' als solche gibt, sondern diese Institutionen aus ganz bestimmten Personen mit ganz bestimmten, auch – oder vielleicht vor allem – individuell orientierten Zielen bestehen, so hat es die Regierung auch nicht mit der Gesellschaft oder Nation als solcher, sondern mit *konkreten Individuen* oder ganz *spezifischen Gruppen* der Gesellschaft zu tun.

Innerhalb einer Gesellschaft, eines Staates, gibt es eine Reihe von konfliktären Interessen. Den inländischen Agrarproduzenten wird an einem möglichst hohen Agraraußenschutz (Zoll, mengenmäßige Einfuhrbeschränkungen und bestimmte Produkt- und Produktionsrichtlinien) und damit an möglichst hohen Preisen für ihre Produkte liegen, während die Konsumenten an einer großen Auswahl von Nahrungsmitteln und an möglichst niedrigen Preisen interessiert sind. Während vom gesellschaftlichen Standpunkt aus eine effiziente, d. h. *unter Beachtung von Nutzen und Kosten* möglichst gute medizinische Versorgung erstrebenswert wäre, insistieren Ärzte und Apotheker einerseits auf drastischen Marktzutrittsbeschränkungen auf der *Angebotsseite,* weil dadurch – ihrem Erklären zufolge – eine gute Qualität der Leistungen gewährleistet ist, und auf einem ,Gratis-Zugang' zur medizinischen Versorgung andererseits. Tatsache ist, dass sie durch diese Einschränkung des *Angebots* gezielt Knappheiten schaffen (weniger Ärzte teilen sich den Kuchen), während auf der *Nachfrageseite* mangels

---

4 Die Verfolgung *auch* eigennütziger Ziele schließt andere Bestrebungen der Politiker wie die der Förderung des Allgemeinwohls nicht aus. Mit diesem ökonomischen Ansatz der Politikanalyse sollen altruistisches Verhalten und ,höhere' Ziele der Beteiligten nicht zurückgesetzt bzw. ausgeschlossen werden. Ebenso wie den Haushalten und Unternehmern ein bestimmtes ethisches Verhalten unterstellt wird, wird hier Politikern und Bürokraten die grundsätzliche Beachtung eines bestimmten ethischen Kodex nicht abgesprochen.

Kostentransparenz und aufgrund fehlender Anreize zum Sparen keinerlei Absatzprobleme bestehen (der ‚Kuchen' also sehr groß ist). Damit ist den Ärzten und Apothekern ein weit überdurchschnittliches Einkommen sicher.

Für den Einzelnen oder für eine Gruppe ist es naturgemäß verlockend (und auch rational), weil allemal leichter, über nicht für jedermann leicht durchschaubare Maßnahmen zum Geld anderer zu kommen, als selbst – durch Wettbewerb erzwungen – möglichst produktive Beiträge zu leisten. Wenig verwunderlich also, dass einzelne Akteure oder Gruppen versuchen, auf die Regierung entsprechenden Einfluss zu nehmen. Dieser Einfluss zielt darauf ab, diesem Akteur oder dieser Gruppe Vorteile zu verschaffen, was, ökonomisch gesehen, nur durch die *Einschränkung von Wettbewerb* auf der einen Seite und durch die *Ausdehnung der Nachfrage nach ihren Produkten* auf der anderen Seite möglich ist.

Kleine Gruppen haben den Vorteil, sich besser organisieren zu können. Die *Transaktionskosten* der Kontaktaufnahme untereinander und die Kosten der Politikformulierung sind gering, weil sich eine Gruppe gerade durch gemeinsame Interessen auszeichnet. Weil es im Falle des erfolgreichen Durchboxens einer Gesetzesbestimmung oder einer Auflage regelmäßig sehr viel zu verdienen gibt, kann man sich hoch bezahlte Spezialisten (‚Lobbyisten') leisten, die kontinuierlich auf Regierung und Bürokratie einwirken und die Gruppeninteressen mit allen Tricks durchzusetzen versuchen, dabei aber stets bemüht sind, das Allgemeinwohl ihrer Aktionen herauszustreichen.[5]

> Aktivitäten, die auf die künstliche Reduktion bzw. Restriktion des Angebots durch staatliche Mitwirkung, also auf staatlich abgesicherte Marktzutritts- und Wettbewerbsbeschränkungen der unterschiedlichsten Art sowie auf eine künstliche, also ebenfalls staatliche Ausdehnung der Nachfrage nach bestimmten Produkten zielen, nennt man Rent-Seeking-Aktivitäten.

Aus der Sicht der Gesellschaft gesehen, handelt es sich bei Rent-Seeking-Aktivitäten um Ressourcenverschwendung, regelmäßig im beachtlichen Umfang. Dass solche Rent-Seeking-Aktivitäten durchaus Aussicht auf Erfolg haben, liegt in der *asymmetrischen Anreizstruktur* zugunsten von Partikularinteressen in demokratischen Gesellschaften begründet. Denn der *Gewinn der Gruppe* ist deutlich spürbar, damit der Anreiz groß, eine Maßnahme durchzusetzen, der *Verlust* bei den einzelnen ‚Opfern', d. h. bei *der Allgemeinheit*, hingegen kaum wahrzunehmen, weshalb deren Opposition dagegen unwahrscheinlich ist.

Dies lässt sich am einfachsten anhand eines Beispiels erläutern. Eine Gesellschaft bestehe aus 50 Millionen Bürgern. Gelingt es einer Gruppe, sie bestehe aus 1000 Per-

---

5 Die Grundlagen dieser Analyse schufen *James M. Buchanan* und *Gordon Tullock* mit ihrem Buch ‚*The Calculus of Consent: Logical Foundations of Constitutional Democracy*' 1962 und *Mancur Olson* mit seinem 1965 erschienen Werk ‚*The Logic of Collective Action*'.

sonen, eine bestimmte gesetzliche Regelung durchzusetzen, beispielsweise dass nur eine *limitierte Anzahl* von ‚staatlich geprüften Batterieentsorgern' das Recht habe, Batterien zu entsorgen,[6] dann entstünden dadurch jedem Gesellschaftsmitglied Kosten in Höhe von 2 Geldeinheiten, insgesamt also 100 Millionen Geldeinheiten pro Jahr. (Diese Kosten kommen nicht durch eine sichtbare Steuer zum Vorschein, sondern in höheren Preisen. Damit ist die Auswirkung dieser Maßnahme für die Allgemeinheit schwer erkennbar!) Diese 100 Millionen Geldeinheiten kommen den 1 000 Personen zugute, die also pro Person in Höhe von 100 000 Geldeinheiten profitieren. Damit haben diese 1 000 Personen einen besonders starken *Anreiz*, sich für diese Maßnahme entsprechend einzusetzen. Da alle übrigen Staatsbürger dadurch aber nur mit 2 Geldeinheiten pro Jahr belastet würden, haben sie *keinerlei Anreiz*, sich gegen diese Maßnahme zur Wehr zu setzen. Es entstünden jedem durch die Blockierung dieses Antrags ja Kosten, die wahrscheinlich weit über den 2 Geldeinheiten liegen werden. Man spricht in diesem Zusammenhang auch von ‚*rationaler Ignoranz'*: Es ist rational, gegen solche Rent-Seeking Aktivitäten einzelner Gruppen nichts zu unternehmen. Denn die Kosten derartiger Aktivitäten müsste man selbst tragen. Im Erfolgsfall käme der Nutzen aber allen Gesellschaftsmitgliedern zugute. Folglich unterbleibt eine Blockierung dieses politischen Vorschlages.

Zur Realisierung dieser Maßnahme ist die begünstigte Gruppe bereit, Ressourcen aufzuwenden, die bis zur Höhe des erwarteten Gewinns reichen können. Auch erhält man Unterstützung von seiten anderer Gruppen der Gesellschaft, die im Wissen um diese Logik sich dann von dieser Gruppe Unterstützung erwarten, wenn diese selbst ihre eigenen Partikularinteressen durchsetzen wollen. Man nennt dieses Vorgehen des *Austausches* von Unterstützung zur Durchsetzung von Partikularinteressen im politischen Prozess nach dem Motto: ‚Hilfst Du mir, helf' ich Dir!' *log-rolling*. Über diesen Mechanismus erhält der Vorschlag schließlich die notwendige Mehrheit im parlamentarischen Prozess und damit Gesetzeskraft.

Die volkswirtschaftlichen Kosten von Rent-Seeking bestehen einmal in all den Aufwendungen, die in der Hoffnung auf staatlich abgesicherte Monopolstellungen bzw. Wettbewerbsbeschränkungen aufgebracht wurden. Diese Aufwendungen (Kosten) führen indes nicht zu einem gesellschaftlich wünschenswerten Output, sondern es handelt sich dabei ausschließlich um Umverteilungen, um Transfers, die die (abgezinste) Monopolrente durchaus übersteigen können, wenn mehrere Gruppen um dasselbe Privileg, beispielsweise um Importkonzessionen oder um andere Angebotsberechtigungen konkurrieren, aber nur eine Gruppe den Zuschlag erhalten kann. Zum anderen entstehen schließlich volkswirtschaftliche Verluste durch die Monopolstellung bzw. Wettbewerbsbeschränkung selbst. Diese Monopolstellung ist ja der Grund für die Rent-Seeking-Aktivitäten.[7]

---

6 Die richtige Regel wäre, für alle Batterieentsorger *die gleichen Regeln* festzulegen, nicht aber die *Zahl* der Batterieentsorger zu beschränken.

7 Zur in Aussicht stehenden Monopolrente siehe Kap. 5.3.

10.2 Eroberung von Regierung und Bürokratie

In dem Maße, in dem die Regierung diesem Druck der Partikularinteressen nachgibt, handelt sie nicht zum Wohle der Gesellschaft insgesamt, sondern sie fördert die wohlstandshemmende Koalition von Partikularinteressen.

Zweifelsfrei ist der Druck, der auf Regierung und Bürokraten ausgeübt wird, sehr groß, die Mittel und Wege, Regierung und Bürokratie dazu zu bewegen, entsprechende gesetzliche Regelungen zu erlassen, äußerst vielfältig.

Die Beispiele hiefür sind zahlreich: Die Autoindustrie fordert mehr Straßen und wird dabei tatkräftig von der Straßenbaubranche unterstützt. Airlines verlangen größere Flughäfen und vor allem keine Besteuerung von Kerosin, Einkaufszentren am Stadtrand umfangreiche Anbindungen an das öffentliche Verkehrsnetz, womöglich Autobahnabfahrten und öffentliche Parkplätze. Unternehmungen wollen ihr Produkt bzw. ihr Produktionsverfahren als Norm (DIN, ÖNORM) verankert wissen u. v. a. m.

Generell werden die Verkäufer bestimmter Produkte bzw. Dienstleistungen die Regierung bzw. die Bürokratie drängen, entweder die Nachfrage für ihre Produkte oder für Komplementärgüter (durch staatliche Aufträge) auszudehnen, die Konkurrenz für ihre Güter zu beschränken (beispielsweise durch einen entsprechenden Zollschutz oder durch andere Handelshemmnisse wie bestimmte Produktnormen) oder auf den betroffenen Märkten Wettbewerb durch erschwerten Marktzutritt abzumildern oder grundsätzlich zu verbieten.

Dies ist erreichbar durch eine Vielzahl von direkten und indirekten Einflussnahmen auf Politiker, beispielsweise durch Parteispenden bzw. Wahlkampffinanzierungen. Wenn man ‚seine Leute‘ dann an die Macht gehievt hat, erwartet man eine Gegenleistung: Das entsprechende *Angebot an staatlichen Maßnahmen*. Dazu zählen dann höhere, staatlich festgesetzte Preise für eine Vielzahl von Produkten und Dienstleistungen, Subventionen vielfältigster Art, staatliche Aufträge und wettbewerbsbeschränkende Regelungen. Bei erfolgreichem Rent-Seeking spricht man deshalb sogar von der *Eroberung der Regierung!*

Neben der Regierung sind auch die Bürokraten, die regelmäßig Entscheidungen über ein enormes Ressourcenvolumen treffen, Ziel von Rent-Seeking-Aktivitäten. Die Bürokraten, die mit der Verwaltung bestimmter Bereiche, mit der Durchführung der von den Politikern beschlossenen Maßnahmen befasst sind, verfolgen bei ihren Tätigkeiten ebenfalls auch Eigeninteressen. Die Vergrößerung ihres Macht- und Einflussbereichs ist auch hier eine der dominierenden Zielsetzungen. Deshalb bevorzugen die Bürokraten, die auch wesentlich im Gesetzgebungsprozess mitmischen, *Ermessensregelungen*. Gerade dadurch wächst ihnen Entscheidungsspielraum und damit Macht zu.

Da das offizielle Salär der Bürokraten meist unumrückbar feststeht, kann der individuelle Nutzen durch die Minimierung des zu erbringenen Arbeitseinsatzes, durch die Maximierung des zur Verfügung stehenden Budgets sowie der Anzahl der ‚Untergebenen‘ – beides führt zur Ausweitung der Macht der Bürokraten –, durch prestigeträchtige Titel und durch eine Reihe von anderen Annehmlichkeiten – beispielsweise Dienstwagen und diverse Vergünstigungen – erhöht werden. All dies lässt die Bürokratie kontinuierlich wachsen, ohne dass dafür eigentlich ein Bedarf im marktwirtschaftlichen Sinne bestünde. Auch besteht in bürokratischen Strukturen regelmäßig keinerlei Anreiz zur Kosteneinsparung. Kameralistische Buchführungsgrundsätze bestimmen, dass ein verfügbares Budget in der nächsten Periode gekürzt wird, wenn es nicht zur Gänze in der laufenden Periode verausgabt wird. Unter diesem *Anreizsystem* wird das volle Ausschöpfen der Budgets zu Pflicht, auch wenn für die damit getätigten Anschaffungen überhaupt keine Verwendung gegeben ist. Und so kaufen öffentliche Schulen und Universitäten, Kliniken und Kindergärten, Polizei, Heer und ,Verwaltungsburgen' Geräte, Ausrüstung und vielerlei sonstiges, was eigentlich gar nicht benötigt wird, in vielfacher Millionenhöhe.

Schließlich bekommen Bürokraten regelmäßig ,Belohnungen' unterschiedlichster Art für jenes Verhalten, das im Vorteil der von ihnen Verwalteten liegt. Es kommt hier zu einer systematischen Beeinflussung der Beamten, der Verwalter durch die Verwalteten, zur *Eroberung der Bürokratie!*

So wird das die agrarische Produktion überwachende (aus marktwirtschaftlicher Sicht indes kaum begründbare) Agrarministerium von ,Agrariern',[8] das das Gesundheitswesen regulierende Gesundheitsministerium von Ärzten dominiert. Bauernvertreter sitzen in den wichtigen Außenhandels- und Subventionskommissionen, Ärzte in Zulassungskommissionen für Jungärzte, in den Entscheidungsgremien für die Festlegung des Tätigkeitsbereichs von Ärzten, Krankenschwestern, etc. Ähnliches gilt für Apotheker, Fahrschulen, Rauchfangkehrer und viele andere Berufsstände mehr. Und es versteht sich von selbst: Diejenigen, die hier Entscheidungen treffen, treffen sie eher zugunsten der von ihnen Reguliertern und zulasten des Allgemeinwohls als umgekehrt.

Noch grundsätzlicher ist die Überlegung, dass die Bürokraten, die Regulierenden, ihren Job letztlich durch die Regulierten erhalten und von daher einen *Anreiz* haben, sich diese auch gewogen zu halten. Um ihren Job zu sichern, ihr Prestige und ihren Einfluss zu erhöhen, sind Bürokraten also regelmäßig an der Ausweitung ihres Einflussbereiches und damit an der Vergrößerung des Verwaltungsapparates interessiert, ohne dass dafür ein ,objektiver' Bedarf, eine entsprechende Nachfrage, gegeben wäre. Das Phänomen, dass Bürokratien wachsen, ohne dass dafür eigentlich eine Notwendigkeit bzw. Nachfrage besteht, ist als *Parkinson'sches Gesetz* bekannt.[9]

---

8 Im Falle der Agrarbürokratie ist deren Eigendynamik besonders schön erkennbar: Trotz dramatischer Abnahme der Agrarproduzenten während der letzten Dezennien steigt die Anzahl der Agrarbürokraten kontinuierlich weiter an.

9 Dieses Gesetz geht auf den britischen Historiker *Cyril Northcote Parkinson* (1909–1993) zurück, der es in die berühmten Worte fasste: ,*Work expands so as to fill the time available for its completion.*' In freier Übersetzung: Die Arbeitsmenge steigt mit dem Umfang der Zeit, die man zur Verfügung hat. In Bezug auf die Verwaltung, die Bürokratie, ist damit gemeint, dass deren Wachstum bestimmt ist durch das

10.3 Folgewirkungen von Staatseingriffen in das Marktgeschehen

Von der Sicherstellung der Rahmenbedingungen, den Spielregeln für die Marktwirtschaft, der sogenannten Ordnungspolitik, streng zu unterscheiden, ist der *direkte Eingriff des Staates in das Marktgeschehen*, in das Spiel selbst. Bei Letzterem spricht man von *Ablaufpolitik.* Die ökonomische Theorie öffentlicher Entscheidungen erklärt über die asymmetrische Anreizstruktur, dass auch derlei Markteingriffe eher zugunsten bestimmter gesellschaftlicher Gruppen als zugunsten der Gesellschaft insgesamt erfolgen. Diese Eingriffe sind dann aber nicht nur mit den gewünschten *Distributions-*, also *Umverteilungswirkungen*, sondern vor allem auch mit – zumeist negativen – *Allokationsfolgen*, d. h. mit einer nicht optimalen Nutzung der Ressourcen, einem Wohlstandsverlust, verbunden.

Während es bei der Ordnungspolitik um gleiche Spielregeln für alle und damit um gleiche Chancen (Regeln) geht – man spricht hier auch von *Prozessgerechtigkeit* –, zielen staatliche Eingriffe in das Marktgeschehen auf das *Herstellen bestimmter Resultate,* was – zumeist fälschlich – als *distributive Gerechtigkeit* bezeichnet wird.

Am bekanntesten ist die ‚*Robin-Hood-Politik*‘: Die ‚Reichen‘ werden besteuert, die ‚Armen‘ unterstützt. Freiwillige private Wohltätigkeit allein wird als unzureichend für die Unterstützung sozial Schwacher angesehen und so verteilt der Staat über eine Vielzahl unterschiedlicher Zwangsmaßnahmen Einkommen um. Es besteht dabei ein Rechtsanspruch auf Unterstützungen unterschiedlichster Art. Über einen progressiv gestalteten Einkommensteuertarif, am Einkommen orientierte Sozialabgaben und staatliche (Zwangs-)Versicherungssysteme (Kranken-, Pensions- Arbeitslosenversicherung etc.) werden die nötigen Mittel zur Unterstützung sozial Schwacher aufgebracht.

Nur wenige Ökonomen bestreiten die grundsätzliche Sinnhaftigkeit eines sozialen Sicherungssystems.[10] Sie teilen den unsere Gesellschaft mittragenden Konsens, dass Personen, *die noch nicht, nicht* oder *nicht mehr leisten können,* also Kinder, kranke und alte Menschen von der Gesellschaft unterstützt werden sollen.[11] Meinungsunter-

---

Bestreben der Bürokraten, den eigenen Einflussbereich auszuweiten, indem die Anzahl ihrer ‚Untergebenen‘ erhöht wird und dass – darüber hinaus – Bürokraten für sich selbst Aufgabenbereiche und Arbeit, und damit Beschäftigung für Bürokraten schaffen.

10 Obschon sich dagegen natürlich gute Gründe anführen lassen: Wenn jemand die jedem Bürger zugängliche ‚Basisausstattung an Humankapital‘ (Ausbildung) erhalten hat und damit auch über die Risiken unserer Welt entsprechend informiert ist (als Ziel der Bildungspolitik), warum sollte dann die Entscheidung, für Notfälle entsprechend selbst vorzusorgen, nicht auch ihm/ihr selbst überlassen bleiben. Warum wird er/sie mit Zwangsversicherungsbeiträgen ‚beglückt‘, die er/sie für sich und seine/ihre Familie nach Gutdünken nicht mehr anderweitig, eben gerade auch für *persönliche* Vorsorge, verwenden kann?

11 Auch hier lässt sich das Argument anführen, dass nicht die Gesellschaft für diese Personen sorgen sollte, sondern zunächst die Familie, der sie angehören bzw. sie selbst (*Subsidiaritätsprinzip*). Nur wenn diese nicht für sie bzw. sich sorgen können, sollte der Staat einspringen. Und weiter: Der Ein-

schiede ergeben sich jedoch bei der konkreten Ausgestaltung eines solchen Sozialsystems. Dies deshalb, weil dadurch die *Anreizstruktur* geändert wird und damit neben den gewünschten Distributionseffekten zumeist negative Allokationsfolgen auftreten.

> Bei staatlichen Eingriffen in das Marktgeschehen ergeben sich deshalb Probleme, weil solche Maßnahmen regelmäßig mit marktwirtschaftlichen Anreizmechanismen, die für die Wohlstandsschaffung unabdingbar sind, kollidieren, weil sie den Leistungsanreiz schmälern.

Deutlich treten diese Problem bei sozialen Unterstützungsmaßnahmen und bei Subventionen auf. Höhe und Dauer der Arbeitslosenunterstützung können den Anreiz zu leistungsorientiertem Verhalten reduzieren, sodass in bestimmten Branchen schwer bzw. überhaupt keine Arbeitskräfte zu finden sind. Damit können weniger Güter und Dienstleistungen produziert werden. Auch wird offizielles Arbeitslosendasein nicht selten zu einträglichen Nebenbeschäftigungen (Schwarzarbeit) genutzt bzw. missbraucht.[12] Die exzessive Inanspruchnahme des Sozialversicherungssystems, an dem ganz bestimmte Gesellschafts*gruppen* natürlich ein besonderes Interesse haben, führt zu rasant ansteigenden Kosten. Dies erfordert eine sukzessive Erhöhung der Sozialversicherungsbeiträge, was einen Teufelskreis in Gang setzt, weil diese Beitragserhöhungen mit weiteren negativen Anreizen verbunden sind: Nunmehr fühlen sich die Beitragszahler in besonderer Weise zur Inanspruchnahme aller möglichen Leistungen berechtigt, gerade weil ihre Sozialversicherungsbeiträge so hoch sind. Die Kosten des Sozialsystems explodieren, was schließlich zu dessen Zusammenbruch führen kann. Damit kann es den eigentlichen Zweck, nämlich die Unterstützung der Menschen in Notsituationen, aber nicht mehr erfüllen.

Besonders nachteilig wirken sich Subventionen zur ‚Arbeitsplatzsicherung' aus. Verändern sich beispielsweise aufgrund von Angebots- und Nachfrageänderungen die relativen Preise, die für Stahl sinken, während die für Baumaterialien und Bau- und Handwerksleistungen steigen, dann wäre dies für die in der Stahlproduktion eingesetzten Ressourcen das *Signal zur Reallokation*, also das Signal, in andere, lukrative Branchen abzuwandern und dort die Knappheit zu reduzieren. Es ist ja die Nachfrage der Haushalte, die über die Preise die Dringlichkeit des Wunsches nach eigenen vier Wänden signalisiert.

---

zelne bzw. die Familien können sich heute nicht im ausreichenden Umfang darum kümmern, weil ihnen der Staat via Besteuerung und Sozialabgaben mehr und mehr die nötigen Mittel dafür entzieht. Dieser Argumentation zufolge ist es der Staat, der dafür ‚sorgt', dass die einzelnen Personen bzw. Familien nicht das tun können, was sie wollen bzw. sollten.

12 Besonders auffällig ist der stark negative Zusammenhang zwischen Anzahl von Krankenständen und Konjunkturverlauf. Dabei scheint zu gelten: Je *schlechter* die Konjunktur, desto *gesünder* also die werktätige Bevölkerung.

Subventioniert der Staat nun die Stahlproduktion, um Stahlunternehmen und die diesbezüglichen Arbeitsplätze zu erhalten, dann besteht keinerlei Anreiz mehr für Faktorreallokationen. Durch diese Maßnahme wird eine verhängnisvolle Botschaft mit dementsprechenden Folgewirkungen verbreitet: Durch eine Subventionierungspolitik wird Anpassung an die vom Markt diktierte Situation eine individuell oder branchenbezogen schlechtere, weil mühsamere Strategie als Beharrung, die man sich durch den Erhalt von Subventionen leisten kann. *Es ist dann de facto gleichgültig, was man produziert. Man bekommt so und so das gleiche Einkommen.* Die Erfahrung zeigt jedoch überwältigend, dass alle Versuche, gegen die Marktkräfte anzukämpfen mit enorm steigenden Kosten verbunden sind. Letztlich ist man dann doch zur Aufgabe gezwungen. Allerdings sind die Subventionsgelder, die besser als Anpassungshilfen (Weiterbildung und Umschulung etc.) eingesetzt worden wären, verloren.

Mit der Subventionierung tritt zudem eine *Verzerrung der relativen Preise* ein. Da die Ressourcenreallokation nicht erfolgt, bleiben die Preise in der Bauindustrie höher als unter marktwirtschaftlichen Bedingungen. Würden die Produktionsfaktoren in die Bauindustrie wechseln, stiege deren Angebot, was ceteris paribus zur Freude der Haushalte zum Fallen der Preise führen müsste. Das Resultat der Subventionierung: Die Haushalte, für die ja eigentlich Politik gemacht werden sollte, weil es letztlich um ihren Wohlstand geht, können sich dann das gewünschte Haus unter Umständen nicht leisten, eben weil die Preise dafür zu hoch sind.

Hinzu kommt, dass Subventionen natürlich *finanziert werden müssen*. Die gut verdienenden (leistungswilligen) Baumaterialerzeuger, die Bauhandwerker, die Bauindustrie bzw. generell diejenigen, die sich am Markt erfolgreich bewähren, weil sie jene Güter produzieren, die die Haushalte/Konsumenten kaufen wollen, werden *besteuert*. Ihre erfolgreichen produktiven Aktivitäten werden damit *bestraft*, weshalb sie ihre Produktion zurücknehmen. Damit sinkt aber das Angebot und steigen die Preise im Wohnbausektor, erneut zum Schaden der Haushalte, die einerseits wiederum einem geringeren Angebot zu höheren Preisen gegenüberstehen und andererseits sich auch selbst – infolge der höheren Steuerbelastung – weniger leisten können, als im jenem Fall, in dem nicht mit Subventionen eingegriffen worden wäre.

In diesem Zusammenhang wird immer rasch eingewendet, dass infolge des Staatseingriffs, infolge der Subventionen, Unternehmen und Arbeitsplätze erhalten bleiben, ja die Politik ‚rettend eingegriffen hätte‘, was für die Wirtschaft allgemein und die Kaufkraft und damit die Nachfrage im Besonderen ganz wichtig sei. Das ist nicht ganz unrichtig, es handelt sich um die kurzfristig *sichtbaren* Effekte der Subventionspolitik. Die *nicht unmittelbar sichtbaren* bzw. einsichtigen, dafür aber umso gefährlicheren anderen Konsequenzen der Subventionspolitik werden allerdings oft negiert: Sowohl der Preisverzerrungseffekt, der negative Anreizeffekt (‚Leistung lohnt nicht‘) sowie die Finanzierungsnotwendigkeit von Subventionen müssen den ‚positiven‘ Effekten von Subventionierungen gegenübergestellt werden. Und dabei zeigt sich in der überwiegenden Mehrzahl der Fälle, dass Subventionierung eine ressourcenvernichtende und damit wohlstandsmindernde Politik ist. Einzig im Fall von Aktivitäten, die mit *positiven externen Effekten* verbunden sind, z. B. im Bereich der Grundlagenforschung und der Bildung, deren Ergebnisse der Gesellschaft insgesamt zugute kommen, ist eine Subvention erwägenswert.[13]

Durch die Subventionierung kommt es nicht zu einer Ressourcenallokation, wie sie von den Haushalten gewünscht wird und de facto zu einer Belohnung des Faktoreinsatzes ohne Rücksicht auf die Erwünschtheit des damit erzielten Ergebnisses, des Outputs. Dies aber konterkariert gänzlich den marktwirtschaftlichen Allokationsmechanismus und bedeutet damit Einbußen an Wohlstand und Wachstum.

> Ohne preisliche Steuerung gibt es keine effiziente Ressourcenallokation. Besteht keine deutliche Verbindung zwischen dem erhaltenen Einkommen und dem geleisteten und von den Konsumenten geschätzten produktiven Beitrag bzw. mit dem übernommenen Risiko, dann fehlt der Anreiz zu einer nutzenstiftenden produktiven Tätigkeit. Der Output der von den Haushalten gewünschten Güter und Dienstleistungen muss fallen, die Versorgung mit Gütern und Dienstleistungen verschlechtert sich.

Dieser zentrale Konnex zwischen leistungs- und risikoorientiertem Verhalten und entsprechender Entlohnung würde bei einer völlig gleichen (egalisierten) Einkommenszuteilung außer Kraft gesetzt. Orientierte man sich tatsächlich an einer solchen ‚Gleichverteilungsregel‘, d. h. jeder bekommt das gleiche Einkommen, unabhängig davon, was er/sie tut, dann würde die Produktion kollabieren. Denn worin besteht unter diesen Umständen der *Anreiz* zu arbeiten, (eine außergewöhnliche) Leistung zu vollbringen oder das Risiko einer Produkteinführung einzugehen? Wenn man ohne Bezug zur erbrachten Leistung das Gleiche bekommt wie jeder andere auch, dann tut man am besten nur ganz wenig. Was man also verteilen wollte, ist dann – aufgrund der geänderten Anreizstruktur – nicht mehr da! Jeder hätte nun zwar das Gleiche, aber das Gleiche ist bei Weitem nicht mehr so viel wie zuvor.

Auch bleibt das Steuersystem nicht ohne Auswirkungen auf die Anreizstruktur und damit die *Leistungswilligkeit* der wirtschaftlichen Akteure.[14] Je höher die Grenzsteuersätze, desto weniger rentiert sich zusätzliches Arbeiten. Da der Anreiz zum Mehr-Arbeiten reduziert wird, wird auch der Output reduziert. Der Wohlstand muss damit sinken. Je höher die Grenzsteuersätze, desto größer der Anreiz zur Steuerhinterziehung einerseits bzw. die Gefahr von Fehlinvestitionen, die primär aus ‚Steuersparüberlegungen‘ erfolgen, andererseits. Hohe Grenzsteuersätze machen nämlich

---

13 Man bedenke allerdings die diesbezügliche Befangenheit des Autors.

14 Steuern können durchaus als die moderne Erscheinungsform der Zwangsarbeit interpretiert werden. Während bei klassischer Sklavenhaltung die auszuführende Tätigkeit, also die zu verrichtende Arbeit selbst vom Sklavenhalter anbefohlen wurde, hat man in der heutigen Gesellschaft zwar die *Freiheit,* den Inhalt der Arbeit selbst zu bestimmen (man ist daher stärker motiviert als ein klassischer Sklave seine Talente zu entwickeln), die Früchte derselben *muss* man indes in mehr oder weniger großem Umfang an den ‚Staat‘ abführen.

Ausweichstrategien lohnend und können in Verbindung mit der Möglichkeit von Steuervorteilen ('Abzugsposten' und 'Abschreibegesellschaften') bei spezifischen Aktivitäten zu Fehlallokationen von Ressourcen im beachtlichen Ausmaß führen.

Da Steuern sichtbar, d. h. leicht erkennbar sind, ergibt sich die Möglichkeit, dagegen zu opponieren. Je höher die Steuern, desto höher wird auch der Widerstand dagegen sein. Andere Maßnahmen wie Handelsbeschränkungen der unterschiedlichsten Art und Weise (Zollschutz, Einfuhrkontingente wie auch Produktnormen und vielerlei Marktzutrittsbeschränkungen) verstecken sich aber in höheren Preisen bzw. in verzerrten relativen Preisen und sind damit nicht mehr leicht zu erkennen. Damit wird es – seitens der Begünstigten – leichter, diese durchzusetzen, und – seitens der Betroffenen – ungleich schwerer, dagegen aufzutreten.

Die ökonomische Theorie argumentiert schlüssig und die Empirie belegt überwältigend, dass die marktwirtschaftlichen Allokationsmechanismen planwirtschaftlichem Vorgehen und Eingriffen gegenüber in Bezug auf Effizienz und Gerechtigkeit haushoch überlegen ist. Das heißt freilich nicht 'laissez fair pure', also keinerlei staatliche Aktivität. Neben der unverzichtbaren Ordnungspolitik, der Sicherstellung der *institutionellen Grundlagen der Marktwirtschaft,* ist die Politik darüber hinaus gefordert, funktionsfähigen Wettbewerb – eine Aufgabe der Wettbewerbspolitik –, eine entsprechende Bildungspolitik und eine gegen unberechenbare Notfälle ausreichend Schutz bietende Sozialpolitik sicherzustellen.

Einer Vielzahl von gesetzlichen bzw. behördlichen Bestimmungen und Eingriffen in das Marktgeschehen liegt die Annahme zugrunde, eine über 'freie Märkte' bewirkte Allokation verbessern zu können. Diesbezüglich ist jedoch größte Skepsis angebracht. Eingriffe in das Marktgeschehen verfolgen regelmäßig das Ziel der *Umverteilung zugunsten einer bestimmten gesellschaftlichen Gruppe* und sind stets mit *negativen Allokationsfolgen* verbunden. Abschließend soll dies für zwei sehr populäre Maßnahmen wie die Fixierung eines über dem Marktgleichgewicht liegenden *Mindestlohns auf dem Arbeitsmarkt* und von über dem Marktgleichgewicht liegenden *Agrarpreisen auf den Agrarmärkten* kurz erläutert werden.

Dazu betrachte man Abb. 10.1. Diese stelle zunächst den Arbeitsmarkt als Wettbewerbsmarkt dar, wobei Angebots- und Nachfragekurven den üblichen Verlauf aufweisen: Je höher der Preis, den man für eine Stunde Arbeit erlösen kann, desto höher ist die angebotene Menge Arbeit. Je höher der Preis für Arbeit, desto höher jedoch die Kosten für die Arbeitsnachfrager, die Unternehmen, und desto geringer wird die nachgefragte Menge nach Arbeit sein.[15] Marktkräfte würden nun in Richtung auf das

---

[15] Der fallenden Nachfragekurve nach Arbeit liegt das *Gesetz der fallenden Grenzerträge* (siehe dazu genauer Kap. 4.2.3.1) zugrunde. Je mehr Arbeit im Produktionsprozess eingesetzt wird, desto geringer ist das zusätzlich damit Erwirtschaftete, desto geringer also das *Grenzprodukt*. Multipliziert man dieses (physische) Grenzprodukt mit dem Preis des erstellten Gutes, dann erhält man das *Wertgrenzprodukt*. Dies ist das Plus der Entscheidung, einen zusätzlichen Arbeiter einzustellen, das zugehörige Minus ist der Lohnsatz. Zur Erinnerung: Plus und Minus werden miteinander verglichen und entspre-

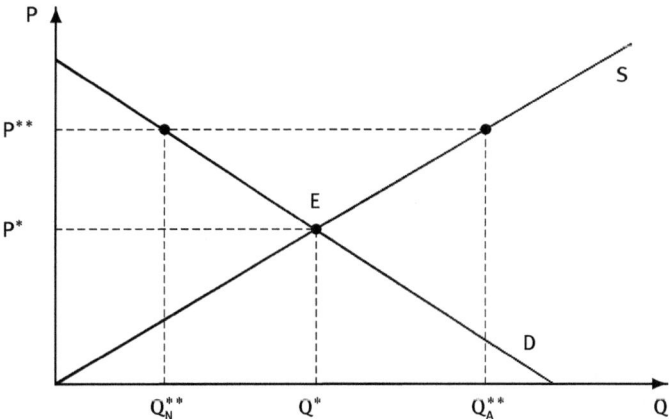

Abb. 10.1: Allokationswirkungen von über dem Gleichgewichtspreis liegenden Mindestpreisen

Marktgleichgewicht E zuarbeiten. Im Marktgleichgewicht gehen dann die Pläne *aller* Akteure, also aller Arbeitsanbieter und Arbeitsnachfrager *in Erfüllung*! Denn bei diesem Preis (= Lohnsatz) P^* wird exakt jene Menge Q^* an Arbeit angeboten, die auch nachgefragt wird.

Führt der Staat nun, ‚zum Wohle der arbeitenden Bevölkerung', einen über diesem Gleichgewichtspreis liegenden Mindestlohn P^{**} ein, so passiert *zweierlei:* Zum einen *wollen* zum nunmehr höheren Lohn naturgemäß mehr Leute arbeiten. Die zum Preis P^{**} angebotene Menge ist Q_A^{**}. Das *können* sie aber nicht! Dies umso mehr als andererseits zum nunmehr höheren Lohn die Nachfrager nach Arbeit nur mehr bereit sind, eine *geringere* Menge, nämlich Q_N^{**}, nachzufragen. Das Resultat: Die Einführung eines über dem Gleichgewichtspreis liegenden Mindestlohns führt zum Entstehen von *Arbeitslosigkeit,* und zwar im Ausmaß der Differenz zwischen dem, was die Arbeitsanbieter zum Lohnsatz von P^{**} tun *wollen*, und dem, was sie zu diesem Lohnsatz P^{**} tatsächlich tun *können.* Man kann es auch etwas anders formulieren: Die Einführung eines über dem Gleichgewichtspreis liegenden Mindestlohns versperrt Personen mit geringer Produktivität die Möglichkeit bzw. Chance, sich selbst ein eigenes Einkommen zu schaffen. Gerade die Personen mit geringer Produktivität – für die eine solche Politik vordergründig gemacht erscheint – bekommen nun gar keinen Arbeitsplatz. Das ist aber noch nicht die ganze Geschichte. Aufgrund des ceteris paribus geringeren Arbeitseinsatzes wird auch weniger Output produziert. Ceteris paribus ist das Angebot insgesamt geringer, die Preise der Güter sind damit höher.

---

chend wird entschieden. Solange also das Wertgrenzprodukt eines zusätzlichen Arbeiters höher ist als der Lohnsatz, lohnt der Einsatz eines zusätzlichen Arbeiters. Im Optimum gilt, dass Wertgrenzprodukt und Lohnsatz gleich sind.

Aber es wird noch ein *weiterer Staatseingriff* notwendig: Denn die durch einen Staatseingriff in das Marktgeschehen entstandenen Arbeitslosen erhalten regelmäßig eine staatliche Arbeitslosenunterstützung. Diese muss durch Steuern finanziert werden (3. Staatseingriff). Dadurch aber ist der Arbeitsanreiz geringer, womit der Output noch einmal fällt.

Ob also eine Mindestlohnpolitik eine Verbesserung für die Arbeitsanbieter bringt, muss mehr als bezweifelt werden. Ihnen wäre mit einer Unterstützung in Form einer umfassenden (Weiter-)Bildung bzw. (Um-)Schulung, die zu einer Erhöhung ihrer Produktivität führt, sicherlich mehr gedient. Denn je höher die Produktivität der Arbeitskräfte, desto größer die Wahrscheinlichkeit, Arbeit zu finden und damit selbst Einkommen zu schaffen. Auch geht von einer Reduzierung der Einkommens- und Ertragssteuersätze regelmäßig ein positiver Beschäftigungsimpuls aus: Da sich dadurch nämlich die Gewinne erhöhen, wird verstärkt investiert werden. Entsprechend steigt auch die Nachfrage nach Arbeitskräften.

An diesem Beispiel erkennt man deutlich, dass ein Staatseingriff in das Marktgeschehen mit einer Vielzahl an sich nicht beabsichtigter Folgewirkungen verbunden ist und regelmäßig viele andere Staatseingriffe nach sich zieht – man spricht von einer *Interventionsspirale* –, wobei die damit verbundenen Ineffizienzen, die Ressourcenvernichtung, immer größer zu werden drohen.

Nun stelle Abb. 10.1 einen Agrarmarkt, beispielsweise den für Milch, dar, wobei die Angebots- und Nachfragekurven auch hier den üblichen Verlauf aufweisen: Je höher der Preis für einen Liter Milch, desto höher ist die angebotene Menge. Je höher der Preis für Milch, desto geringer wird die nachgefragte Menge nach Milch sein.[16] Auch auf diesem Markt würden die Marktkräfte in Richtung auf das Marktgleichgewicht *E* zuarbeiten, in dem dann wiederum die Pläne *aller* Anbieter von und Nachfrager nach Milch *in Erfüllung* gehen. Denn bei diesem Preis P^* wird exakt jene Menge Q^* an Milch angeboten, die auch nachgefragt wird. Führt nun der Staat – diesmal ‚zum Wohle der Agrarproduzenten' – einen über diesem Gleichgewichtspreis liegenden Milchpreis P^{**} ein, so geschieht dasselbe, wie oben geschildert: Zum Einen wird zum nunmehr höheren Milchpreis naturgemäß mehr Milch angeboten, allerdings weniger Milch nachgefragt. Um einen Preisverfall zu vermeiden, muss die *Überschussmenge* nun vom Staat aufgekauft und verwertet werden.[17] Das kostet Geld, das aber nur von den Steuern anderer kommen bzw. über höhere Milchpreise aufgebracht werden

---

16 Zur Begründung der fallenden Nachfragekurve siehe Kap. 4.1.1.2 und 6.2.1.

17 Aufgrund der explodierenden Kosten dieser Art der Agrarpreisstützung musste in den meisten westeuropäischen Ländern zusätzlich zu *Mengenregelungen* (‚Kontingentierungen') übergegangen werden. Dieses System, das jedem Milchbauern ein ganz bestimmtes Kontingent zuordnet, das er zum festgesetzten Preis ausschöpfen darf, erfordert eine enorme Agrarbürokratie. Die sogenannten ‚Agrar*markt*ordnungen' haben mit einem Markt nichts mehr gemein. Es handelt sich vielmehr um ein planwirtschaftliches Konstrukt par excellence mit all den dargelegten Problemen.

kann. Damit könnte ceteris paribus weniger Milch nachgefragt werden.[18] Da sich solche Agrarpreisstützungen regelmäßig auf alle wichtigen Agrarprodukte erstrecken, ist das Agrarpreisniveau generell im Vergleich zu einer marktwirtschaftlichen Allokation stark überhöht. Ein höheres Agrarpreisniveau führt zu einer Erhöhung der Lebenshaltungskosten, damit auch zu höheren Löhnen. Das aber reduziert ceteris paribus die Beschäftigung!

Über Preise geführte Agrarsubventionen können das vorgegebene Ziel der Agrarpolitik, die Stützung einkommensschwacher Agrarproduzenten, außerdem gar nicht erreichen, sondern führen zur *Rentenbildung* im Agrarsektor. Denn einkommensschwache Agrarproduzenten zeichnen sich gerade durch einen geringen Output aus, erhalten demgemäß nur eine geringe Förderung, während ‚Großagrarier‘, die einer Stützung an sich gar nicht bedürften, den Großteil der Subventionen einstreichen.

Doch ergeben sich noch weitere negative Allokationswirkungen. Eine wirksame Agrarpreisstützung erfordert einen durchgängigen *Außenhandelsschutz*, d. h. Importe günstigerer Agrarwaren müssen durch Zölle oder andere Einfuhrbeschränkungen unterbunden werden. Damit teilt sich aber die Volkswirtschaft in *zwei* Sektoren, in einen *geschützten*, das ist der Agrarsektor, und in einen *exponierten*, das sind in diesem Beispiel die anderen Sektoren, die keinen Außenhandelsschutz genießen.

Die exponierten Sektoren sind damit dem *internationalen Wettbewerb* voll ausgesetzt. Durch die Agrarpreisstützungen geraten indes nun gerade diese exponierten Sektoren ins Hintertreffen. Denn während für die ausländische Konkurrenz aufgrund des dort nicht existenten Agrarschutzes die *(Lohn-)Kosten* geringer sind, muss die heimische Industrie höhere Löhne und Vorleistungspreise bezahlen, weil die inländischen Agrarpreise, die die Lebenshaltungs- und andere Vorleistungskosten mitbestimmen, höher sind.

So kommt es zu einem paradoxen Resultat: Jene Industrien, die ohnedies dem internationalen Wettbewerb ausgesetzt sind, kommen unter Druck, und zwar aufgrund der Stützung bzw. des Schutzes *anderer* Bereiche bzw. Sektoren. Kommt es nun in diesen exponierten Industrien zu Problemen, werden sich die betroffenen Arbeitnehmer *und* Arbeitgeber gleichermaßen dafür stark machen, auch für ihren Bereich Zollschutz bzw. Subventionen durchzusetzen. Werden solche ‚Schutzmaßnahmen‘ tatsächlich ergriffen, dann laufen immer mehr Bereiche der Wirtschaft Gefahr, ihre internationale Wettbewerbsfähigkeit einzubüßen, immer mehr Bereiche driften damit in den *Protektionismus*. Internationale Wettbewerbsfähigkeit kann indes nur durch das Bestehen im internationalen Wettbewerb, nicht aber durch Protektionismus errungen werden.

---

18 Die Nachfragekurve nach Milch würde sich dann nach links verschieben, was zu weiteren Kosten führen würde, da der Angebotsüberschuss weiter steigt.

Protektionismus ist der Gegenbegriff zu internationalem Freihandel, zur ‚free trade-Doktin'. Man subsumiert unter dem Begriff des Protektionismus eine Vielzahl von handelsbeschränkenden Maßnahmen, die vorgeben, dadurch die inländische Produktion zu schützen. Theorie wie Empirie zeigen überwältigend, dass Protektionismus indes keine zielführende Politik der Wohlstands-erhöhung ist. Im Gegenteil: Das Verharren in ineffizienten Produktionsstrukturen ist mit stark zunehmenden Kosten verbunden und erzwingt später eine umso größere und schmerzhaftere Anpassungsnotwendigkeit.

Eine Politik der staatlichen Preisfestsetzung verkennt grundsätzlich eine zentrale Aufgabe von Märkten, nämlich die der *Preisbildung* und damit der Koordination individueller Wirtschaftspläne. Ebenso wie im Fall staatlich verordneter Mindestlöhne auf dem Arbeitsmarkt ist es bei einer Agrarpreisstützung mehr als fraglich, ob dadurch irgendeine Verbesserung erreicht werden kann.[19]

Vor dem Hintergrund der bisherigen Ausführungen, der Informationsleistungen wie der Effizienzeigenschaften von Märkten auf der einen und der enormen Ineffizienzen und Freiheitseinschränkungen in bzw. durch den politischen Prozess und Bereich auf der anderen Seite sollte klar geworden sein, dass die Ausweitung marktwirtschaftlicher Allokationsmechanismen, wie es im Kern der *Neoliberalismus* fordert, eine deutliche Verbesserung für die Haushalte und Konsumenten darstellt – freilich mit Ausnahme derer, die vom gegenwärtigen polit-ökonomischen System profitieren (und das sind sehr viele). Den Neoliberalismus als Sammelbegriff für alle Übel der Welt zu verteufeln, ist daher grundfalsch und bloß ein – wenngleich immer wieder gelingendes – Ablenkungsmanöver.

10.4 Schlussfolgerungen

Eine entscheidende, sich aus all den Überlegungen zur Marktwirtschaft ergebende Schlussfolgerung erscheint in der Tat *paradox*. Eine Theorie, die das ‚freie Spiel der Kräfte', das ‚freie Spiel der Privaten' mit *möglichst geringer Einmischung in das Spiel seitens des Staates* als die ‚beste der möglichen Welten' zelebriert, kommt dennoch nicht ohne ‚Staat' aus. Die Marktwirtschaft bedarf eines *‚starken Staates', eines Leviathan, als unverzichtbaren Spielleiter, als Ordnungshüter!* Warum?

1. Die Marktwirtschaft braucht einen *starken Staat,* um den *Wettbewerb effektiv durchzusetzen* und damit enorm einflussreichen gesellschaftlichen Gruppen trotzen zu können. Arbeitgeber *und* Arbeitnehmer einer bestimmten Branche – beispielsweise der Stahl-, Papier- oder Automobilindustrie – werden hier Hand in

---

[19] Damit wird weder die Notwendigkeit der Unterstützung Arbeitsloser noch der einkommensschwacher Agrarproduzenten geleugnet, sondern lediglich die Art und Weise ihrer Praktizierung, also die Mindestlohnregelung und Agrarpreisstützung an sich.

Hand marschieren, um ihre Partikularinteressen, also den ‚Schutz‘ ihrer Industrie durchzusetzen.

2. Die Marktwirtschaft braucht einen *starken Staat*, um die *Einhaltung der Regeln eines fairen Wettbewerbs sicherzustellen* und um diesbezügliche Übertretungen glaubhaft und energisch korrigieren zu können.

3. Die Marktwirtschaft braucht einen *starken Staat*, um bei *Asymmetrien auf Märkten* gegen die Interessen der starken Marktseite einen wirksamen Schutz der schwachen Marktseite durchsetzen zu können. Entsprechender Konsumenten- und Arbeitnehmerschutz gehört aufgrund der in diesen Bereichen oft vorliegenden *asymmetrischen Informationsverteilung* zu den *Spielregeln!*

4. Ebenso braucht es einen starken Staat, um *den wirtschaftlichen Akteuren möglichst alle Kosten* ihrer Handlungen durch eine entsprechende Festlegung von Eigentumsrechten auch zuzuordnen. Dies ist gerade in Bezug auf die Umwelt ein Problem, das *Verteilungsfragen* berührt.[20] Die Herstellung von *Kostentransparenz*, also die Bewusstmachung aller Kosten einer Handlung ist aber auch in vielen anderen Bereichen noch ausständig. So beispielsweise im Gesundheitswesen und generell im Sozialsystem, das seine an sich wichtige Aufgabe dann nicht mehr erfüllen kann, wenn es eben gerade mangels Kostentransparenz und ‚Anreizumkehr‘ überbeansprucht wird.

Die Forderung nach einem starken im Sinne von *unparteiischen* Staat zur Durchsetzung und Aufrechterhaltung einer Wettbewerbsordnung, innerhalb derer einerseits die einzelnen Akteure ihre Privatinitiative zum Wohle der Gesellschaft einsetzen und kanalisieren und durch die andererseits errungene Marktpositionen ständig in Frage gestellt und übermäßige Machtkonzentrationen effektiv verhindert werden, ist das Credo des *Ordoliberalismus* bzw. der *Freiburger Schule*, einer in Westdeutschland der Nachkriegszeit entwickelten Schule der Nationalökonomie, die vor allem mit dem Namen *Walter Eucken* verbunden ist.[21]

Wettbewerb als konstitutives, Wachstums- und Wohlfahrtseffekte verbürgendes Element einer Marktwirtschaft wird – nicht zuletzt vor dem spezifischen Hintergrund

---

20 Will man zwecks Erhaltung der Umwelt einen wirtschaftlichen Umgang mit ihr, so sind – wie gezeigt wurde – jene ihrer Teile zu bepreisen, die bisher nicht vom Marktsystem erfasst waren. Das bedeutet jedoch, dass für etwas, was bisher *für den Einzelnen, nicht jedoch für die Gesellschaft gratis* war – beispielsweise die Nutzung der Luft beim Autofahren oder beim Heizen – nunmehr individuell, nach Maßgabe der Nutzung, bezahlt werden muss.

21 Walter Eucken (1891–1950) lehrte erst in Berlin und Tübingen, eher er 1927 einem Ruf nach Freiburg folgte und dort, gemeinsam mit dem Juristen Franz Böhm, die Grundlagen für die *Freiburger Schule* legte. Seine noch heute aktuellen Hauptwerke, die 1940 erschienenen *Grundlagen der Nationalökonomie* und die 1950 erschienenen *Grundsätze der Wirtschaftspolitik* basieren auf der Idee des ‚Ordo‘, einer Ordnungstheorie und Ordnungspolitik, die den Rahmen für ein möglichst freies individuelles Handeln vorgibt und verteidigt.

demokratiepolitischer Eigengesetzlichkeiten – als ständig gefährdet angesehen, erhält sich im ‚freien Spiel der Kräfte' kaum selbst und droht daher als *‚private Veranstaltung'* zu scheitern. Wettbewerb wird freilich schon bei den klassischen Ökonomen als zentrale Voraussetzung des Wohlfahrtsprozesses und als konstitutives Element einer Marktwirtschaft angesehen, der Frage der Beschränkung bzw. des Erlahmens des Wettbewerbs infolge von Marktprozessen selbst indes nicht entsprechende Bedeutung beigemessen. Der Ordoliberalismus sieht nun Wettbewerb explizit als *‚staatliche Veranstaltung'*, seine Aufrechterhaltung und Durchsetzung auch äußerst machtvollen Interessengruppierungen gegenüber als erste Aufgabe der Wirtschaftspolitik. Dabei gelten freilich nicht Eingriffe in die Marktprozesse selbst, sondern die Sicherstellung von Wettbewerb als primäres Ordnungs- bzw. Gestaltungsprinzip.

Wesentlich umfassender und vielgestaltiger stellt sich die staatliche Einflussnahme hingegen im Rahmen der Konzeption der *Sozialen Marktwirtschaft* dar.[22] Zwar beruht auch dieses, vor allem in Westdeutschland und Österreich praktizierte und mitunter als sogenannter *‚Dritter Weg'* bezeichnete Wirtschaftssystem – der klassischen Tradition und der ordoliberalen Schule folgend – auf dem Prinzip des Wettbewerbs als ordnungspolitische Grundlage. Doch ist das Allokationsergebnis in der Marktwirtschaft, die auch an sich schon als ‚sozial' gewertet wird, aus verteilungspolitischer Sicht durch einen *progressiven Einkommensteuertarif* zu korrigieren. Damit wird die *Primärverteilung*, das ist die Verteilung von Einkommen auf die Mitglieder der Gesellschaft, die sich aufgrund von Marktmechanismen einstellt, zur *Sekundärverteilung*. Diese ergibt sich somit, nachdem durch Steuern und Transfers Einkommen umverteilt wurde. Die *Sozialpolitik* gilt als weiteres konstitutives Element in der Konzeption der Sozialen Marktwirtschaft. Ihr kommt die wichtige Rolle des ‚sozialen Ausgleichs' zu. Hinzu kommt schließlich, dass in der Sozialen Marktwirtschaft, was die gesamtwirtschaftliche Ausnutzung des Produktionspotenzials betrifft, nicht allein den Marktkräften vertraut wird, sondern eine *aktive Konjunkturpolitik* durchaus Platz hat.[23]

---

22 Die ebenfalls in Westdeutschland der Nachkriegszeit entwickelte Konzeption der Sozialen Marktwirtschaft ist untrennbar verbunden mit *Manfred Müller-Armack (1901–1978)*, der die theoretische Ausformulierung leistete, sowie mit *Ludwig Erhard (1897–1977)*, der als Bundesfinanzminister für die praktische wirtschaftspolitische Umsetzung steht. Eucken stellt in seinem 1946 erschienenen Buch ‚*Wirtschaftslenkung und Marktwirtschaft'* erstmals die Bezeichung ‚Soziale Marktwirtschaft' und das dahinterstehende Konzept vor, wobei die leitende Idee eine *‚irenische'* ist, nämlich jene der ‚Versöhnung gegensätzlicher Interessen' im Kapitalismus. Sozialpartnerschaft und Sozialpolitik nach dem Subsidiaritätsprinzip stehen gleichberechtigt neben dem Wettbewerbsprinzip des Kapitalismus, der auch begrifflich durch ‚Soziale Marktwirtschaft' ersetzt und damit für alle wesentlichen gesellschaftlichen Gruppen akzeptabel wird. So klar und eindeutig die Intention, so offen die jeweilige Konkretisierung der ‚Sozialen Marktwirtschaft' im Sinne eines – um mit Müller-Armack zu sprechen – *‚der Ausgestaltung harrenden, progressiven Stilgedankens.'* Gerade diese Offen- bzw. Unbestimmtheit freilich war Einfallstor für eine zunehmende Vielzahl interventionistischer und Partikularinteressen begünstigender Entwicklungen, denen Müller-Armack selbst sehr kritisch und ablehnend gegenüberstand.
23 Der gezielte Versuch, mittels staatlicher Ein- und Ausgaben (Fiskalpolitik) und monetärer Steuerung durch die Zentralbank (Geldpolitik) die gesamtwirtschaftliche Aktivität auf hohem Niveau zu

Zumindest in der Konzeption der Sozialen Marktwirtschaft findet sich schließlich das Postulat der *Marktkonformität* der wirtschaftspolitischen Eingriffe und Maßnahmen als viertes Element. Gemeint ist damit, dass wirtschaftspolitische Eingriffe des Staates die Funktion der Preise als Steuerungselement für die Allokation der knappen Ressourcen möglichst nicht bzw. geringst-möglich beeinträchtigen sollten. Die wenigen oben gebrachten exemplarischen Beispiele haben indes schon deutlich vor Augen geführt, dass es diesbezüglich zumeist nur beim Postulat bleibt und in der Realität die Vielzahl der staatlichen Eingriffe in der Regel nicht nur eine Interventionsspirale auslösen, sondern sich als kontraproduktiv und wohlfahrtshemmend erweisen.

Gerade staatliches Handeln bedarf daher – ebenso wie privates (durch den Wettbewerb) – einer energischen Disziplinierung. So erfordert z. B. die Entscheidung über die Bereitstellung öffentlicher Güter zunächst eine peinlich genaue Prüfung, ob diese Güter nicht doch von den Privaten selbst zur Verfügung gestellt werden können. Liegt die Notwendigkeit einer öffentlichen Bereitstellung vor, so bedeutet dies keineswegs, dass der ‚Staat‘ diese Güter auch selbst herstellt. Wo immer dies möglich erscheint, ist die Produktion dieser Güter zu privatisieren. Durch eine öffentliche, d. h. möglichst transparente Ausschreibung der zu erstellenden Leistungen sollte *Konkurrenz* und damit *Kosteneffizienz*[24] dieser Projekte weitestgehend sichergesellt werden. *Privatisierungen* im Bereich kommunaler Dienste wie der Müllabfuhr, der Straßenreinigung und Straßenerhaltung, der Parkpflege und ähnlichem mehr erschließen enorme Kostensenkungspotenziale. Sie führen zu einer Zurückdrängung des kaum an Effizienzkriterien orientierten politischen Einflusses, zu einer Entlastung öffentlicher Haushalte und ermöglichen damit eine Senkung der Steuerbelastung.[25]

Sind staatliche Eingriffe in das Marktgeschehen unumgehbar, beispielsweise aus politischen Gründen, so ist nach dem Staatseingriff *mit den geringsten negativen Begleiterscheinungen, mit den geringsten negativen Allokationswirkungen*, zu suchen.

Für jeden Mitteleinsatz, so auch für den staatlichen gilt das *ökonomische Prinzip*. Staatliche Budgets sind

1. so gering wie irgend möglich zu halten. Schließlich müssen sie ja immer über *Steuern*, d.s. *Zwangsabgaben*, finanziert werden. Es handelt sich stets um einen *erzwungenen* Ressourcentransfer vom privaten in den öffentlichen Sektor, von den Taschen der Staatsbürger in die Taschen des ‚Staates‘![26]

---

stabilisieren, ist ein ebenso zentrales wie hoch umstrittenes Thema der Makroökonomik. Darauf wird in den folgenden Kapiteln näher eingegangen.

24 Darunter versteht man, dass eine bestimmte Menge eines Gutes zu den geringsten Kosten hergestellt wird.

25 Freilich zeigt die Praxis, dass der Privatisierungsprozess selbst oft unökonomisch, wenn nicht korrupt abläuft, damit aber nicht selten die Intention denunziert.

26 Politiker sind mit den öffentlichen Mitteln so spendabel, gerade weil es *nicht* ihre eigenen sind!

2. Budgets sind stets limitiert, damit muss die Frage gestellt werden, was damit *am Besten* getan werden kann. Für staatlichen Mitteleinsatz ist eine genaue *Kosten-Nutzen-Analyse*, d. h. eine möglichst genaue Erfassung aller Vor- und Nachteile (aller Plus und Minus) eines Projektes wie auch von Gesetzesvorhaben, unabdingbar und sollte – trotz des freilich stets verbleibenden Ermessensspielraums – für größere Projekte verpflichtend vorgeschrieben sein.

,Staatliches' Handeln sollte *idealerweise* auf die Maximierung der gesellschaftlichen Wohlfahrt insgesamt, also auf die Maximierung der Wohlfahrt *aller Haushalte* gerichtet sein. Dass dem regelmäßig nicht so ist, zeigt die Praxis ebenso überwältigend wie es die ökonomische Theorie überzeugend erklärt.

Die Disziplinierung des politischen Prozesses erfolgt neben den Märkten selbst (durch die Kapitalmärkte, die den Staaten Zinsen für Kredite in Abhängigkeit von ihrer Bonität verrechnen sollten) am Besten über mündige, d. h. ,aufgeklärte', also möglichst gut auch über ökonomische und polit-ökonomische Zusammenhänge informierte Staatsbürger. Umfassende Bildung ist auch vor diesem Hintergrund unverzichtbar. Der Staat sollte jedem Staatsbürger ein umfangreiches und qualitativ hochwertiges Bildungsangebot zugänglich machen, das über *Konkurrenzmechanismen* (,Bildungsschecks') vor allem auch privatwirtschaftlich bereitgestellt wird. Ein staatlich monopolisiertes Bildungswesen erscheint hingegen äußerst fragwürdig.

11 Wozu überhaupt eine eigene Makroökonomik?

11.1 Ein Caveat vorweg

Die in den vorhergehenden Kapiteln dargelegte grundsätzliche Analyse zeigte die enorme Leistungskraft eines marktwirtschaftlichen Anreizsystems: Die im Eigeninteresse agierenden Entscheidungsträger mobilisieren die stets nur dezentral vorliegenden Ressourcen, Kenntnisse und Informationen, die via unsichtbare Hand in enorme gesamtgesellschaftliche Wohlfahrts- und Wachstumseffekte umgelegt werden. Die unsichtbare Hand des Marktes koordiniert die Entscheidungen der einzelnen Akteure hin zu einem Marktgleichgewicht, eine Situation, die ausführlich in den Kapiteln 6 und 7 untersucht wurde.

Dabei wurde immer wieder darauf hingewiesen, dass die unsichtbare Hand des Marktes der sichtbaren Hand des Staates bedarf, der erst die Voraussetzungen für eine funktionierende Marktwirtschaft schaffen bzw. entwickeln muss und in gewisser Weise als Spielleiter angesehen werden kann. Markt und Staat sind daher *komplementäre Institutionen* und in ihrem Funktionieren aufeinander angewiesen. So kann der Staat durch die Definition von handelbaren Eigentumsrechten die Transaktionskosten wesentlich bestimmen, damit Märkte überhaupt erst eröffnen (z. B. den Markt für Emissionszertifikate). Auch spielt das Rechtssystem bei der Bekämpfung von asymmetrischer Informationsverteilung, die viele Märkte plagt, eine wichtige Rolle. Eine stabile Geldverfassung erlaubt den einzelnen Akteuren schließlich das einfache und rasche Rechnen mit (nominellen) Preisen und erleichtert das langfristige Planen und Investieren.

Auf der anderen Seite wurde in Kapitel 10 ausführlich dargelegt, welche Probleme von staatlichem Handeln in demokratischen Gesellschaften ausgehen. Aufgrund der diesen Gesellschaften innewohnenden *Dynamik der Partikularinteressen* sind sehr viele staatliche Regelungen nicht darauf ausgerichtet, das Wohl der Gesellschaft insgesamt zu erhöhen bzw. zu maximieren, sondern das von bestimmten Gruppen der Gesellschaft, die sich durch vielerlei Einschränkungen der marktwirtschaftlichen Konkurrenzmechanismen Vorteile zulasten von anderen bzw. der Gesellschaft insgesamt sichern. Allerorten trifft man auf Rent-Seeking. Die Störungen und Verzerrungen, die darauf auf Märkte und Preise ausgehen, sind enorm und drohen letztlich die Leistungsfähigkeit der Marktwirtschaft insgesamt zu untergraben, weil nicht mehr produktive Leistung, sondern Einschränkungen von Wettbewerb und vielfältige redistributive Aktivitäten zum Erfolgskriterium werden.

Gerade auch vor dem Hintergrund funktionierender Marktprozesse einerseits und den Störungen infolge politischer Prozesse andererseits (Politikversagen) ist der makroökonomische Ansatz grundsätzlich sehr skeptisch zu betrachten. Zwar soll und kann die Makroökonomik durch das Aufklären der gesamtwirtschaftlichen Zusammenhänge und Probleme der Politik Leitlinien und Lösungsvorschläge für eine

Stabilisierungs- und *Wachstumspolitik* geben. Angesichts der speziellen Entscheidungssituation von Politikern und Bürokraten ist aber nicht zu erwarten, dass eine ‚optimale Politik' betrieben wird, sondern eine solche, die den jeweiligen Partikularinteressen, denen die Politik verpflichtet ist, sowie eine solche, die die Erfolgs-, Macht- und Wiederwahlaussichten der handelnden Politiker selbst erhöht.

Damit aber wird die Politik zu einem zentralen Störfaktor! Nichts zeigt diese Zusammenhänge deutlicher als der sogenannte *Politische Konjunkturzyklus*. Wie schon in Kapitel 2.2 erwähnt, ist ein Hauptthema der Makroökonomik der mitunter stark schwankende Grad der Auslastung der gesamtwirtschaftlichen Produktionskapazität, also der Konjunkturzyklus. Als eine Ursache dafür kommen die Politiker selbst in Frage, die vor einer Wahl die Staatsausgaben stark erhöhen, weil sie durch diese ‚Geschenke' hoffen, wieder gewählt zu werden. Vor einer Wahl steigen also die Staatsausgaben stark an, die bei vielen Unternehmen Einnahmen darstellen und sie damit zu einer Erhöhung der Produktion wie auch der Beschäftigung anreizen. Es steigen damit die Profite der Unternehmen wie die Beschäftigung, freilich auch das *Staatsdefizit (Budgetdefizit)*: Die Ausgaben wurden erhöht, vielleicht als ein weiteres Wahlzuckerl auch die Steuern gesenkt. Genau dieses Defizit, das *vor Wahlen* bzw. in Wahljahren oft stark steigt, muss *nach den Wahlen* wieder in den Griff bekommen, also gesenkt werden. Nach den Wahlen heißt die Devise damit Steuererhöhung und Staatsausgabensenkung, was kurzfristig dämpfend auf die gesamtwirtschaftliche Nachfrage wirkt und damit den vor den Wahlen eingeleiteten Aufschwung ins Gegenteil, in einen Abschwung, verkehrt. Daraus ergibt sich ein Konjunkturzyklus, der nicht durch Marktprozesse, sondern durch politische Prozesse bedingt ist. Instabilität, erhöhte Unsicherheit und Unberechenbarkeit kommen in diesem Fall nicht aus dem privaten Sektor, aus marktwirtschaftlichen Prozessen, sie kommt aus dem politischen Bereich und politischem Einfluss.

Und noch ein Caveat gehört an den Beginn einer Einführung in die Makroökonomik. Der Versuch, gesamtwirtschaftliche Prozesse zu durchschauen, dazu Modelle der Makroökonomik zu entwickeln und tatsächlich Einblicke in makroökonomische Abläufe zu gewinnen, verführt allzu leicht zur Illusion, makroökonomische Prozesse selbst steuern, ja sogar ‚feinsteuern' zu können. Wie noch zu zeigen sein wird, sind wirtschaftspolitische Eingriffe in die Makroökonomie seitens der Regierung oder seitens der Zentralbank mit allergrößter Vorsicht zu betrachten. Die Wirkungen, die von diesen Politiken ausgehen, sind mit großen Unsicherheitsfaktoren wie mit gefährlichen Nebenwirkungen verbunden, sodass es angesichts der Anreizstruktur, der die politischen Akteure (auch die der Zentralbanken) ausgesetzt sind, äußerst fraglich erscheint, ob mit Eingriffen in makroökonomische Abläufe die erklärten Ziele wirklich erreicht und eine Verbesserung bewirkt werden kann. Gerade auch in der Makroökonomik begegnen uns die *Anmaßung von Wissen* und der *konstruktivistische Irrtum*, vor denen Hayek so eindringlich warnt. Die Erwartung freilich, dass ‚die Politik' durch aktive makroökonomische Steuerung die Ökonomie positiv beeinflussen bzw. steuern könnte, ist weit verbreitet und wird – verständlicherweise – gerade von der Politik selbst genährt. Eine zentrale Aufgabe der Volkswirtschaftslehre wäre daher, genau zu prüfen, ob derartige Erwartungen an die Politik wirklich gerechtfertigt sind.

11.2 Zur Bedeutung der Erwartungen

Damit sollte gleich zu Beginn der makroökonomischen Überlegungen klar geworden sein, was in der Makroökonomie, also der gesamten Volkswirtschaft wie in der Lehre davon, in der Makroökonomik, die zentrale Rolle spielt, nämlich *Erwartungen*. Einerlei, ob als Haushalt oder als Unternehmen: Wirtschaftliche Akteure sehen sich in weiten Bereichen und vor allem bei bedeutsamen Entscheidungen mit Unsicherheit konfrontiert: Unsicherheit darüber, ob das geplante Einkommen realisiert werden kann; Unsicherheit darüber, ob die Produktion am Markt abgesetzt werden kann; Unsicherheit darüber, ob die durchgeführten Investitionen, die in der Regel große Mittel binden und langfristig laufen, tatsächlich profitabel sein werden. Und angesichts dieser Unsicherheit müssen die Akteure Erwartungen bilden. Diese Erwartungen können nun eintreten oder nicht, diese Erwartungen können vor allem auch *selbsterfüllend* werden – man spricht dann von *self-fulfilling prophesies*. Und gerade auch diese Erwartungen und ihre Veränderungen bestimmen die Makroökonomie und die Konjunktur.

Erwarten nämlich mehr und mehr Akteure wirtschaftlich gute Zeiten, so werden sie als Haushalte bereis jetzt *mehr* konsumieren und als Unternehmen bereits jetzt *mehr* investieren. Die Unternehmen spüren damit bereits jetzt die höhere Nachfrage. Um diese in der Zukunft auch decken zu können, gilt es jetzt mehr zu investieren. Erhöhter Konsum wie erhöhte Investitionen beflügeln die Konjunktur: Die positiven Erwartungen der Akteure werden infolge der auf dieser Grundlage getroffenen Entscheidungen Realität, eine selbsterfüllende Prognose. Umgekehrt gilt Entsprechendes: Wenn mehr und mehr Akteure wirtschaftlich schlechte Zeiten auf sich zukommen sehen, so werden sie als Haushalte *jetzt mehr sparen* und als Unternehmen *jetzt weniger investieren*. Wenn aber die Haushalte jetzt mehr sparen, dann konsumieren sie jetzt weniger: Die Nachfrage der Unternehmen sinkt. Diese sehen ihre negativen Zukunftserwartungen durch die schon in der Gegenwart fallende Nachfrage bestätigt. Nicht nur fahren sie die Investitionen zurück, womit die gesamtwirtschaftliche Nachfrage noch einmal fällt. Aufgrund der schlechten Auftragslage entlassen sie auch Arbeitskräfte: Die Arbeitslosigkeit steigt, die Einkommen fallen, damit fällt die Nachfrage noch weiter: Die Rezession, oder schlimmer noch: eine Depression, ist da. Auch in diesem Fall sind die Erwartungen der Akteure, in diesem Fall die negativen, Realität geworden.

Erwartungen bestimmen gerade in der Makroökonomik nahezu alles, wodurch es zentral wird zu verstehen, wie Erwartungen gebildet werden. Und auch hier zeigt sich, dass, je mehr man den mikroökonomischen Ansatz und damit die Hypothese vom *homo oeconomicus* vertritt, desto bedenklicher, ja letztlich irrelevant, staatliche Konjunkturprogramme werden. Kehren wir zurück zum oben erwähnten Politischen

Konjunkturzyklus: Damit staatliche Ausgabenprogramme überhaupt wirken, bedarf es einer bestimmten Annahme über das Verhalten der privaten Akteure, das seinerseits wiederum von Erwartungen bestimmt ist. Angenommen, die Akteure bilden *rationale Erwartungen* und verhalten sich dementsprechend, also rational. Dann gehen staatliche Ausgaben- bzw. Konjunkturprogramme ins Leere. Es steigt zwar infolge der zusätzlichen Staatsausgaben die gesamtwirtschaftliche Nachfrage an, aber die privaten Ausgaben gehen im selben Umfang zurück. Wie das? Bilden die Wirtschaftsakteure rationale Erwartungen, so antizipieren sie, dass der Staat zur Finanzierung der gegenwärtigen Ausgaben Kredite aufnimmt, die *in Zukunft* zu bedienen sind. Diese zukünftig höheren Aufwendungen des Staates zur Bedienung der gestiegenen Staatsschulden müssen zu *höheren Steuern in der Zukunft* führen. Damit die Akteure in der Zukunft nicht schlechter gestellt sind, beginnen sie *jetzt mehr zu sparen*. Das jetzt höhere Sparen ist der Grund für die Rücknahme des gegenwärtigen Konsums. Die staatlichen Ausgaben haben zu-, die privaten abgenommen, die gesamtwirtschaftliche Nachfrage ist in Summe nicht gestiegen.[1] Die staatliche Politik zur Beeinflussung der Konjunktur ist damit – im besten Falle – irrelevant. Das ist die Aussage des sogenannten *Irrelevanztheorems*, das die traditionelle Makroökonomik, die auf der Annahme eines ‚wohlwollenden Diktators‘ und der ‚Optimalität der makroökonomischen Politik‘ beruht, gehörig in Frage stellt.

Allein diese einführenden Bemerkungen zeigen, dass die Makroökonomik kein derart einheitliches Theoriegebäude ist wie die Mikroökonomik, sondern die Ergebnisse und damit die Politikempfehlungen in erster Linie davon abhängen, welche Grundannahmen unterstellt werden. Es ist deshalb wichtig, diese Grundannahmen offenzulegen. An ihnen entzündet sich der makroökonomische Diskurs, in den in den nächsten Kapiteln eingeführt werden soll und der, etwas vereinfacht, auf zwei Positionen reduziert werden kann: Jene Schulen, die Staatseingriffen in die Makroökonomie positiv gegenüberstehen, das sind die ‚*Interventionisten*‘, und jenen, die diese Eingriffe sehr skeptisch bzw. ablehnend beurteilen und damit in der Tradition der ‚*Klassiker*‘ stehen.

Unbestritten ist, dass es einer eigenen Methodik bedarf, um die makroökonomischen Fragen zu verstehen und zu beantworten, weil es Fälle geben kann, in denen individuelles Vorteilsstreben nur eingeschränkt bzw. gar nicht zu einer allgemeinen Wohlfahrtserhöhung führt. Ganz allgemein kann man diese Fälle als *Aggregationsparadoxa* bezeichnen.

---

1 Wohl aber hat sich die *Zusammensetzung der gesamtwirtschaftlichen Nachfrage* bzw. des *Bruttoinlandsprodukts (BIP)* verändert: Der Staatsanteil wird größer, der Marktanteil kleiner. Damit werden knappe Ressourcen vom privaten in den öffentlichen Sektor transferiert. Mehr und mehr Ressourcen sind damit der disziplinierenden Kraft des Wettbewerbs entzogen. Zumal der Druck des Wettbewerbs entfällt, steigen die Ineffizienzen. Als Ergebnis muss das Wachstum sinken.

11.3 Aggregationsparadoxa

Die Notwendigkeit für eine eigene makroökonomische Analyse ist also unter anderem deshalb gegeben, weil auf *gesamtwirtschaftlicher* Ebene nicht immer auch das gelten muss, was auf *einzelwirtschaftlicher, individueller* Ebene gilt. Mikroökonomische Überlegungen werden oft unter der *ceteris paribus-Annahme* getroffen, derzufolge ‚alles andere unverändert bleibt'. Was aber passiert, wenn viele einzelne Akteure dieselben Handlungen setzen?

Zur Erläuterung dieser Zusammenhänge seien die wichtigsten ‚*Aggregationsparadoxa*' angeführt:

1. Unbestritten gilt auf individueller Ebene, dass ein Wirtschaftssubjekt durch Sparen reicher wird. Doch gilt das Gleiche auch gesamtwirtschaftlich betrachtet? Das (keynesianische) *Sparparadoxon* besagt, dass, *wenn alle mehr sparen,* in einer Ökonomie also insgesamt *mehr* gespart wird, es aufgrund der damit verbundenen *Nachfrageausfälle am Gütermarkt* zu Produktionseinschränkungen kommen kann. Mehr Sparen heißt ja weniger Konsumieren, die gesamtwirtschaftliche Nachfrage geht zurück. Daraufhin fahren die Unternehmen die Produktion zurück und setzen auch Arbeitskräfte frei: Die Arbeitslosigkeit steigt, das Einkommen fällt. Bei einem geringeren Einkommen kann aber auch weniger gespart werden. Es käme zu einem *neuen Gleichgewicht bei geringerer Beschäftigung*! Gesamtwirtschaftliches ‚Mehrsparen' macht eine Ökonomie also unter Umständen nicht reicher, sondern ärmer: Es gibt dann mehr Arbeitslose und ein geringeres Volkseinkommen! Infolge des Sparparadoxons wurde das Gegenteil dessen erreicht, was man durch erhöhtes Sparen erreichen wollte, nämlich reicher zu werden: Die Ökonomie ist ärmer geworden.[2]

2. Das *Lohnsatzparadoxon*, die sogenannte ‚*Lohnsenkungsfalle*' liegt dann vor, wenn bei Lohnsenkungen – entgegen ersten Vermutungen – die gesamtwirtschaftliche Beschäftigung *nicht* steigt. Zwar wird durch eine Lohnsenkung auf einzelwirtschaftlicher Ebene *für das einzelne Unternehmen* die Arbeitskraft billiger und es sollten daher *ceteris paribus* mehr Arbeitskräfte eingestellt werden (es gilt ja auch hier das Gesetz der Nachfrage!). Doch könnten durch die Lohnsenkungen auch die Einkommen der Arbeitnehmer insgesamt sinken. Geringere Einkommen führen zu einer Einschränkung der Nachfrage wie auch zu fallenden Preisen. Infolge von geringerer Nachfrage bzw. eines niedrigeren Umsatzes fahren die Unternehmen die Produktion zurück und entlassen Arbeitskräfte: Die Arbeitslosigkeit steigt. Durch die Lohnsatzsenkung wurde das Gegenteil dessen erreicht, was man da-

---

2 Diese Überlegung steht im scharfen Gegensatz zur *klassischen* Auffassung, dass ‚Sparen eine Tugend' – weil Voraussetzung für das Investieren – sei. Die Klassiker würde ein Anstieg des Sparens und damit ein Rückgang des Konsums und der Nachfrage wenig irritieren. Geht die Nachfrage zurück, dann fallen eben die Preise; fallende Preise aber verleiten wieder zu mehr Konsum.

mit erreichen wollte, nämlich anstatt einer höheren Beschäftigung wird diese zurückgefahren.[3]

3. Eine irrige, dennoch weit verbreitete Vorstellung ist die, dass Geld mit Reichtum bzw. Wohlstand gleichzusetzen wäre. Dies gilt, *ceteris paribus,* nur auf einzelwirtschaftlicher Ebene: Gewinnt jemand Millionen im Lotto, so ist sie/er unzweifelhaft reicher. Sie/er hat nun *mehr Geld* und damit mehr Wahlmöglichkeiten und Kaufkraft. Gewinnen aber alle Millionen im Lotto, so ist keiner reicher geworden. Gesamtwirtschaftlich entspricht dies einer starken *Geldmengenerhöhung.* Die Gewinner wollen freilich ihren Gewinn genießen und das Geld ausgeben – in ökonomischer Diktion: Sie wollen ihre Kassenhaltungsüberschüsse abbauen! Damit aber steigt die gesamtwirtschaftliche Nachfrage stark an, was letztlich nur zu einer *Erhöhung des Preisniveaus,* nicht aber zu einer Erhöhung des Wohlstandes dieser Ökonomie führen würde. Würden beispielsweise die Geldbestände aller Individuen verdoppelt, so würde die dann ‚explodierende' Nachfrage nach Gütern und Dienstleistungen in Preiserhöhungen, letztlich in einer Verdopplung des Preisniveaus, verpuffen. Es stimmt: Man hat dann zwar mehr Geld, allerdings kauft eine Geldeinheit wesentlich weniger als vorher. Die Kaufkraft ist nicht gestiegen: Die *realen* Geldbestände sind gleich groß wie vor der Geldmengenerhöhung geblieben.

4. Ein weiteres Aggregationsparadoxon ist im Zusammenhang mit den Auswirkungen der Finanzkrise von 2007ff. offenbar geworden. Die Finanzkrise selbst geht auf eine starke Überschuldung zahlreicher Wirtschaftsakteure, insbesondere der privaten Immobilienbesitzer in den USA wie überschuldeter Staatshaushalte in der Eurozone, zurück.[4] Als sich die Projekte, in die das Geld investiert wurde, nicht mehr entsprechend rechneten bzw. die Hauspreise nicht mehr weiter stiegen, wohl aber plötzlich die Zinsen wie auch die Inflation, kamen mehr und mehr Akteure in Liquiditätsschwierigkeiten. Sie hatten also immer größere Probleme, ihren Zahlungsverpflichtungen nachzukommen. Um Illiquidität abzuwenden bzw. unter den nunmehr schwierigeren ökonomischen Bedingungen Schulden abzubauen,[5] versuchten sie, sich durch den Verkauf von Vermögens-

---

3 Ob infolge einer Lohnsenkung das Volkseinkommen wirklich fällt, ist eine Frage der Preiselastizität der Nachfrage. Ein kann sowohl sein, dass infolge von Lohnsenkungen die Lohnsumme steigt (wenn die Nachfrage nach Arbeitskräften elastisch ist) und auch, dass die Lohnsumme fällt (wenn die Nachfrage nach Arbeitskräften unelastisch ist). Weil man das nicht weiß, ist die Auswirkung der Lohnsenkung unsicher. Weil die Auswirkung unsicher ist, sollte man auf diese Möglichkeit der Beschäftigungspolitik verzichten.

4 Diese viel zu hohe Verschuldung ist ihrerseits durch viel zu günstiges Geld, also durch eine fehlgeleitete Geldpolitik wichtiger Zentralbanken sowie einen enormen Sparüberschuss der *Aufstrebenden Volkswirtschaften (Emerging Economies),* also durch makroökonomische Faktoren, verursacht bzw. angetrieben worden.

5 Den Abbau von Schulden bzw. den Versuch, diese zu reduzieren, nennt man *Deleveraging.*

gütern (Assets), Liquidität zu beschaffen. Weil immer mehr Akteure versuchten, Assets zu verkaufen, begannen die Preise dieser Assets stark zu fallen. Die Akteure konnten nun vielleicht ihren Zahlungsverpflichtungen einigermaßen nachkommen, gerieten aber in zunehmende *Insolvenzgefahr*. Insolvenz liegt vor, wenn die Schulden eines Akteurs den Wert seiner Aktiva übersteigen. Schuldenabbau im Aggregat führt zu stark fallenden Preisen für Vermögensgüter (die ja den Markt überschwemmen) und kann – wie in der Finanz- und nachfolgenden Wirtschaftskrise auch geschehen – dazu führen, dass die *Schuldenquote, das* Verhältnis von Schulden zu Aktiva steigt (weil der Wert der Aktiva so stark verfällt). Der Versuch, Schulden abzubauen, kann also darin enden, dass, wenn mehr und mehr Akteure das tun wollen, man umso schneller insolvent wird bzw. die Schuldenquote steigt.

Die hier erläuterten Aggregationsparadoxa, die alle zentral mit dem Phänomen *Geld* verbunden sind, zeigen, dass das, was auf einzelwirtschaftlicher Ebene unter ceterisparibus-Bedingungen gilt, auf gesamtwirtschaftlicher Ebene nicht nur nicht gelten muss, sondern das Gegenteil dessen bewirken kann, was die einzelnen Akteure beabsichtigt haben. Durch Sparen kann man manchmal ärmer werden, durch Lohnreduktion entlassen, durch einen Lottogewinn nicht reicher und durch den Verkauf von Vermögensgütern, der der Sicherstellung der Liquidität dienen soll, noch mehr überschuldet. Dass Situationen eintreten können, die das Gegenteil dessen sind, was die einzelnen Akteure mit ihren Handlungen bezweckt haben, nennt man auch *Rationalitätenfalle*. Denn die individuellen Entscheidungsträger handeln in den dargestellten Fällen durchaus rational, das Ergebnis dieser Entscheidungen ist aber aus individueller wie gesellschaftlicher Perspektive ‚irrational‘, eine Situation, die niemand wünscht.

Zweifellos beschreiben diese Aggregationsparadoxa bzw. Rationalitätenfallen eher seltene, aber nicht unmögliche Ereignisse. Wie die, auch für die meisten Ökonomen völlig überraschend ausgebrochenen und in ihrer Dimension einzigartigen Finanz-, Wirtschafts- und Staatsschuldenkrisen der Jahre 2007ff. gezeigt haben, ist es notwendig, sich gerade auch mit derartigen makroökonomischen Ausnahmezuständen zu befassen. Diese äußerst selten auftretenden makroökonomischen Ausnahmezustände sind aber in ‚makroökonomische Normalitäten‘ eingebettet, in die normalen Konjunktur- und Wachstumsphänomene, die den Analyserahmen abstecken und in ihren Grundzügen erläutert werden müssen. Dazu ist es zunächst erforderlich, sich mit der Art und Weise auseinander zu setzen, wie man eine (Makro)Ökonomie und ihre Performance überhaupt erfasst, wie man makroökonomisch ‚rechnet‘. Das soll im folgenden Kapitel geschehen.

12 Wichtige makroökonomische Größen

Sich ein Bild von der Lage einer Volkswirtschaft zu machen, ist alles andere als leicht. Zunächst aus der grundsätzlichen Überlegung, dass empirische Daten immer mit großer Vorsicht zu genießen sind. Es gibt nämlich große Erfassungsprobleme. Der Prozess, empirische Daten überhaupt korrekt zu gewinnen, zu erfassen und zu aggregieren bzw. zu berechnen, ist mit vielen möglichen Fehlerquellen – und nicht selten auch mit bestimmten Intentionen – behaftet. Von daher empfiehlt sich, stets mehrere Eckdaten bzw. Indikatoren zur Analyse bzw. zur Urteilsbildung heranzuziehen. Auch sollte weniger auf Niveaugrößen als auf Veränderungen derselben geschaut und immer die Plausibilität dieser Daten in unterschiedlichen Zusammenhängen geprüft werden. Die *Volkswirtschaftliche Gesamtrechnung (VGR)* ist also – wie die Volkswirtschaftslehre – keine exakte Wissenschaft.

Bei volkswirtschaftlich relevanten Größen ist zunächst einmal die Unterscheidung zwischen *Bestandsgrößen (stocks)* und *Fluss-* oder *Stromgrößen (flows)* zentral. Während sich Bestandsgrößen wie z. B. der Kapitalstock oder Vorräte auf einen Zeitpunkt beziehen,[1] sind Flussgrößen nur in Bezug auf einen klar definierten Zeitraum sinnvoll zu interpretieren (der zumeist durch Konvention festgelegt ist). So sind Einkommen und Umsatz Stromgrößen und sie werden nur dann gehaltvoll, wenn man den Zeitraum kennt, auf den sie sich beziehen.

Bei der Volkswirtschaftlichen Gesamtrechnung handelt es sich um eine *ex-post* Betrachtung, den Versuch einer Beschreibung des Zustands einer Volkswirtschaft und seiner Veränderung in der Vergangenheit. Wenn die Daten endlich einmal vorliegen, sind sie schon wieder veraltet. Aus diesen Daten Schlüsse für die zukünftige Entwicklung der Volkswirtschaft zu ziehen, also vergangene Entwicklungen fortzuschreiben, zu extrapolieren, ist zwar verständlich, aber durchaus nicht unproblematisch. Um eine *Prognose* für die künftige Entwicklung einer Volkswirtschaft zu erstellen, bedarf es viel mehr als der Verfügbarkeit und Interpretation von ökonomischen Daten der Vergangenheit, es braucht eine Theorie.

12.1 Von der Wertschöpfung zum Bruttoinlandsprodukt

Die Erfassung der ‚gesamtwirtschaftlichen Aktivität', der ‚gesamtwirtschaftlichen Leistung' einer Ökonomie ist freilich keineswegs theorielos. Ganz im Gegenteil: Die Volkswirtschaftliche Gesamtrechnung bedient sich der für die Makroökonomik insgesamt zentralen *Kreislaufidee*. Folgende Überlegung dient dabei als Ausgangspunkt: Wird etwas produziert, also ein Output erstellt, so werden dafür Inputs eingesetzt.

---

1 Alle Elemente einer Bilanz sind Bestandsgrößen und beziehen sich auf den Bilanzstichtag.

Die Besitzer der Inputs müssen für ihre Faktorleistung entlohnt werden. Die ‚Ansprüche‘, die die einzelnen Inputs an den Output stellen, sind das ‚Einkommen der Inputs‘, das freilich den Wert des Outputs nicht übersteigen kann. Vielmehr muss die grundlegende Identität gelten, dass das ‚*Einkommen der Inputs*‘ dem *Wert des Outputs* entsprechen muss.

Wie aber soll die gesamtwirtschaftliche Leistung einer Periode (in der Regel eines Jahres) erfasst werden? Sollen beispielsweise die Umsätze der einzelnen Unternehmen aufsummiert werden? Dieser Vorschlag ist deshalb zu verwerfen, weil der *Output* eines Unternehmens ja sehr oft der *Input* (= Vorleistung) eines anderen Unternehmens ist und es bei der Aufsummierung aller Unternehmensumsätze zu Mehrfachzählungen und damit zu einer drastischen Überschätzung der Wirtschaftsleistung eines Landes kommen würde.

Die Produktion erfolgt in der Regel ‚in Stufen‘, in ‚einander nachgeschalteten‘ Unternehmen. Um Mehrfachzählungen zu vermeiden, müssen deshalb die *Umsätze von ‚Zwischengütern‘*, von Vorleistungen, z. B. von Halbfabrikaten, Roh-, Hilfs- und Betriebsstoffen, die ein Unternehmen von einem anderen bezieht, ausgeschaltet und scharf von den ‚*Letztumsätzen*‘ der Unternehmen an die Endverbraucher abgegrenzt werden.

Ein Beispiel macht dies deutlich. Man betrachte eine Ökonomie, die mit den Produktionsfaktoren Arbeit und Kapital ausschließlich Brot produziere. ‚Brot‘ steht hier also für alle *Konsumgüter*. Bis das Brot jedoch in die Hände der Konsumenten (Letztverbraucher) gelangt, sind einige *Produktionsstufen* zu durchlaufen, die hier auf vier verkürzt wurden:

– Die Getreidebauern (U 1) produzieren auf der 1. Stufe das erforderliche Getreide. (Der *primäre Sektor* einer Volkswirtschaft umfasst die Land- und Forstwirtschaft sowie das Bergbau- & Energieversorgungswesen.) Dieses Getreide im Wert von 100 wird an die Mühlen verkauft. Da die Getreidebauern aber auch Gebäude, Erntemaschinen etc., also *Sachkapital* einsetzen, muss für die in der Periode erfolgte Abnutzung eine *Abschreibung* angesetzt werden. Da diese hier annahmegemäß 20 beträgt, ergibt sich nach Abzug dieser Abschreibung vom Umsatz eine Faktorentlohnung in Höhe von 80. Dies ist die *Wertschöpfung* auf dieser Stufe.

– Die Mühlen (U 2) stellen nun die 2. Stufe der Brotproduktion dar. Sie kaufen das Getreide von den Bauern, es entstehen also Vorleistungen von 100, vermahlen es und verkaufen es den Bäckereien um 200 (Umsatz: 200). Auch die Mühlen verwenden für ihre Produktion Kapital und Arbeit. Ihre Abschreibungen, die den Kapitalverzehr angeben, betragen 30. Nach Abzug der Abschreibungen sowie der Vorleistungen vom Umsatz erhält man die *Wertschöpfung* der Mühlen: Sie beträgt 70.

– Die 3. Stufe sind die Bäckereien (U 3). Sie kaufen das Getreide – Vorleistungen in Höhe von 200 – und backen damit das Brot. (Mühlen und Bäckereien zählen zum *sekundären* Sektor, dem *industriellen* Sektor einer Volkswirtschaft, dem das gesamte produzierende Gewerbe und die Industrie zuzurechnen ist.) Auch hier errechnet sich das Faktoreinkommen, nachdem vom Umsatz (350) – das Brot wird an den *Einzelhandel* verkauft – die Vorleistungen (200) und die Abschreibungen (50) abgezogen werden. Die Wertschöpfung – die Summe der Faktoreinkommen – beträgt damit auf dieser Stufe 100.

– Die 4. Stufe stelle der Einzelhandel (U 4) dar, der das Brot an die Konsumenten weiterverkauft. Jetzt kommt es zum Konsum. (Der Handel gehört zum *tertiären* Sektor der Volkswirtschaft, zum sogenannten *Dienstleistungssektor*. Dieser umfasst heute in fast allen ‚Industriestaaten‘ ca. zwei Drittel des gesamtwirtschaftlichen Outputs.) Die Vorleistungen des Einzelhandels entsprechen den Umsätzen der Bäckereien (350), die Abschreibungen belaufen sich auf 50. Beläuft sich der Umsatz der Einzelhändler auf 450, ergibt sich eine Wertschöpfung auf dieser Stufe in Höhe von 50.

Übersicht 12.1: Wertschöpfungsprozess: Vier ‚Produktionsstufen‘ der Konsumgütererzeugung

	U 1	U 2	U 3	U 4		
A. Vorleistungen	0	100	200	350	650	∑ Vorleistungen
B. Abschreibungen	20	30	50	50	150	∑ Abschreibungen
C. Faktoreinkommen	80	70	100	50	300	∑ Wertschöpfung
A + B + C: ‚Outputwert‘ = Umsatz	100	200	350	450	1100	∑ Umsätze

Aus diesem Beispiel erkennt man:

– Würden die einzelnen Unternehmensumsätze aufsummiert (= 1100), so käme es aufgrund der damit verbundenen Mehrfachzählungen zu einer *drastischen Überschätzung* der Wirtschaftsleistung dieser Ökonomie.

– Die tatsächliche Wirtschaftsleistung besteht in der *Summe der Wertschöpfung jeden Unternehmens/jedes Sektors*, also aus der *Summe der Faktoreinkommen*. Die volkswirtschaftliche Wertschöpfung macht in diesem Beispiel 300 aus.

– Dies entspricht dem um die *Summe der Abschreibungen* verminderten ‚Letztumsatz‘:

Umsatz auf der letzten Stufe	...	450
abzg. der Summe der Abschreibungen	...	–150
Wertschöpfung = Summe der Faktoreinkommen	...	300

Unter Wertschöpfung ('value added') versteht man den Wert der Produktion abzüglich aller Vorleistungen (i.e. Inputs, die von anderen Unternehmen bezogen wurden) und abzüglich der Abschreibungen. Die volkswirtschaftliche Wertschöpfung entspricht der Summe aller Faktoreinkommen. Zur Wertschöpfung zählen nur solche Transaktionen, die über produktive Tätigkeiten zu Einkommen führen.

Das Wertschöpfungskonzept vermeidet also die Probleme der Mehrfachzählung, denn es wird nur der *Beitrag eines Unternehmens zum Sozialprodukt*, also die *Summe der im Zuge der Produktion entstandenen Faktoreinkommen* gezählt. Zum *Bruttoinlandsprodukt (BIP)* gelangt man nun, indem man zur Summe der Wertschöpfungen der einzelnen Unternehmen bzw. Sektoren die Abschreibungen hinzuzählt:

Das *Bruttoinlandsprodukt (BIP)* umfasst die Summe aller Güter und Dienstleistungen des Endverbrauchs, die in einem Land während eines Jahres produziert werden. Das BIP basiert auf dem Inlandskonzept und stellt auf ein räumlich genau begrenztes Gebiet (Staatsgebiet) ab ('Territorialprinzip').

Zentral für das Verständnis dieser Zusammenhänge ist das in Übersicht 12.2 dargestellte *gesamtwirtschaftliche Produktionskonto*, aus dem alle wichtigen Beziehungen abzulesen sind.

Übersicht 12.2: Gesamtwirtschaftliches Produktionskonto

,Input'	,Output'
Vorleistungen	Umsätze $(P \times Q)$
Abschreibungen	
Indirekte Steuern abzügl. Subventionen	
Faktoreinkommen: – Löhne & Gehälter – Mieten & Pachten – Zinsen & Gewinne	Positive Bestandsveränderungen
	Aktivierte Eigenleistungen

Auf der rechten Seite des gesamtwirtschaftlichen Produktionskontos scheint der gesamtwirtschaftliche Output, der sogenannte *Bruttoproduktionswert* auf. Er besteht neben den ,Letztumsätzen' aus den *positiven Bestandsveränderungen* (positive Lagerbestandsveränderung) sowie den *aktivierten Eigenleistungen*. All diese Aktivitäten führen ja zur Schaffung von Einkommen.

Auf der *linken* Seite des gesamtwirtschaftlichen Produktionskontos scheint all das auf, was zur Herstellung des gesamtwirtschaftlichen Outputs ('der rechten Seite') erforderlich war. Bereinigt man den Bruttoproduktionswert um die Vorleistungen, das ist makroökonomisch betrachtet all das, was diese Ökonomie von außerhalb bezieht, so erhält man das *Bruttoinlandsprodukt zu Marktpreisen*. Dieses, vermindert um die Abschreibungen, ergibt das *Nettoinlandsprodukt zu Marktpreisen*. Korrigiert man dieses um die indirekten Steuern und die Subventionen, so verbleibt die Summe der Faktoreinkommen, also die *Wertschöpfung*, was auch *Nettoinlandsprodukt zu Faktorkosten* genannt wird.

12.2 Entstehung – Verteilung – Verwendung

Der Wert dessen, was (auf jeder Stufe) produziert wurde (= Wertschöpfung), entspricht den Faktoreinkommen, die ja 'Forderungen an den Output' darstellen. Die Summe der Wertschöpfungen entspricht somit dem, was insgesamt in einer Ökonomie (Territorialprinzip) in einem bestimmten Jahr produziert wurde und auch konsumiert werden kann, ohne dabei den Kapitalstock zu reduzieren.

Eine der grundsätzlichen Identitäten der volkswirtschaftlichen Gesamtrechnung lautet daher vereinfacht:

> Der gesamtwirtschaftliche Output entspricht dem gesamtwirtschaftlichen Einkommen.[2]

Diese in Bezug auf die gesamtwirtschaftliche Produktion geltende Identität auf der 'Entstehungsseite' wird nun insoweit ergänzt, als das die *Faktoreinkommen* sich zum einen auf die einzelnen Produktionsfaktoren Arbeit, Kapital und Grund und Boden verteilen ('*Verteilungsseite*') und andererseits in unterschiedlicher Weise – als privater Konsum, als private Investitionen, als Staatsausgaben oder als Exporte – verausgabt werden ('*Ausgaben-*' bzw. '*Verwendungsseite*').

Nach der *Einkommensseite* besteht das Bruttoinlandsprodukt aus der *Summe der Faktoreinkommen*, die bei der Produktion des Outputs entstanden sind, sowie den '*Nicht-Faktoreinkommen*' (der Wert der Produktion muss den Forderungen an diese Produktion entsprechen).

---

2 *Ex post* gilt dies immer. Die makroökonomisch interessante Frage ist aber, ob das, was sich tatsächlich ergibt, auch das gewünschte ist. Wenn ja, handelt es sich um ein makroökonomisches Gleichgewicht, wenn nein, liegt ein Ungleichgewicht vor, das Anpassungsprozesse nach sich ziehen wird.

Übersicht 12.3: Zusammenhang zwischen Entstehungs-, Verteilungs- und Verwendungsrechnung

Entstehung	→	Wert des Outputs und seine Herkunft in sektoraler Sicht
		↓ ↓ ↓
Verteilung	→	bestimmte Aufteilung des Einkommens auf die Produktionsfaktoren bzw. den Staat
		↓ ↓ ↓
Verwendung	→	für Konsum, Investitionen, Staats- und Nettoexportnachfrage

Die *Faktoreinkommen* lassen sich in vier wichtige Einkommenskategorien unterteilen:

1. *Löhne und Gehälter* im weitesten Sinne, d. h. verbunden mit allen Zusatzlasten, also einschließlich der direkten Steuern (Einkommenssteuern) und inklusive der Sozialversicherungsbeiträge (auch der Dienstgeberbeiträge);

2. *Mieten und Pachten:* Hier wird das sogenannte ‚*owner-occupied housing*‘ miteinberechnet. Denn das Wohnen in der eigenen Wohnung bzw. im eigenen Haus ist eine Form von Einkommen (de facto werden ja Leistungen produziert, auch wenn sie vom Eigentümer selbst konsumiert werden). Im BIP sind also neben den tatsächlich geleisteten Miet- und Pachtzahlungen auch ‚imputierte‘ Mietzahlungen enthalten;

3. *Zinsen* für Bankeinlagen und Kredite (nicht aber für die Staatsschuld);

4. *Profite:* wobei man ausgeschüttete oder einbehaltene Gewinne unterscheidet.[3]

Das ‚*Nicht-Faktoreinkommen*‘ besteht aus den *indirekten Steuern,*[4] die zu den Faktoreinkommen hinzuzuzählen sind, einerseits und den *Subventionen* andererseits, die es erlauben, dass das Einkommen den Wert des Outputs übersteigt. Deshalb müssen sie vom Faktoreinkommen abgezogen werden.

Das *Bruttoinlandsprodukt BIP* orientiert sich, wie erwähnt, am ‚Inlandskonzept‘ und bezieht sich auf den in einem Land produzierten Finaloutput, unabhängig davon, inwieweit dieser Output ‚Ausländern‘ oder ‚Inländern‘ zusteht (‚Territorialprinzip‘). Das zugrunde liegende Prinzip lautet: ‚*final output produced*‘. Hingegen bezieht sich das am ‚Inländerkonzept‘ orientierte *Bruttonationaleinkommen BNE* auf das von Inländern ‚empfangene Einkommen‘, einerlei, ob dieses im Inland oder im Ausland geschaffen wurde (‚Wohnsitzprinzip‘). Das zugrunde liegende Prinzip lautet: ‚*income received*‘. Der Unterschied zwischen BIP und BNE liegt daher im Saldo der Vermögens- und Erwerbseinkünfte von Inländern im Ausland und von Ausländern im Inland.

---

3 Profite nennt man die Erträge des *eigenen* Kapitals, Zinsen die Erträge des *Fremd*kapitals.
4 Neben den direkten Steuern zählen auch die indirekten Steuern, deren bedeutendste ist die Umsatzsteuer, zum ‚Anspruch‘ des Staates an den Output.

Jede Volkswirtschaft ist zum einen über *Handelsbeziehungen* in die internationale Arbeitsteilung eingebunden. Aber auch die *Kapitalverflechtungen* sind äußerst vielfältig. So haben Inländer Vermögen im Ausland und Ausländer Vermögen im Inland, aus denen jeweils Vermögenseinkünfte erzielt werden. Nicht zuletzt ist die *internationale Mobilität der Arbeit* zu berücksichtigen: Inländer ‚verkaufen' einen Teil ihrer Arbeitsleistungen ins Ausland und umgekehrt, Ausländer einen Teil ihrer Leistungen ans Inland. Auf diese Weise entsteht bei Inländern Erwerbseinkommen im Ausland und bei Ausländern Erwerbseinkommen im Inland.

Wird nun die Wertschöpfung, die Summe des im Inland erarbeiteten Faktoreinkommens, um die *Erwerbs-* und *Vermögenseinkommen* der Inländer im Ausland und der Ausländer im Inland bereinigt, so kommt man zum *Volkseinkommen.* Nach Abzug der direkten Steuern und Hinzuzählung der Transfers ergibt sich das *verfügbare Einkommen,* das den Haushalten nun für Konsum oder Sparen zur Verfügung steht.

Wofür die gesamtwirtschaftliche Produktion eines Landes insgesamt schließlich verwendet wird, versucht die *Verwendungsrechnung* zu klären, womit sich der Kreis: Entstehung (= Produktion), Verteilung (auf die Produktionsfaktoren und den Staat) und Verwendung (auf unterschiedliche Ausgabenkategorien) schließt. Die *Verwendungs-* bzw. *Ausgabenseite* besteht aus vier zentralen Größen, nämlich

1. dem *privaten Konsum C (‚Consumption'),* aus Gütern und Dienstleistungen, die von den Haushalten für Konsumzwecke nachgefragt werden;
2. den *Investitionen I (‚Investment'),* wobei dazu die *Lagerinvestitionen* und *Ausrüstungs-* und *Bauinvestitionen,* wobei dazu auch die Investitionen in den privaten Hausbau zu zählen sind, unterschieden werden;[5]
3. den *Staatsausgaben G (‚Government Expenditure'),* wobei die Zweckmäßigkeit der Staatsnachfrage nicht geprüft wird.[6] Zum ‚Staat' zählen in der VGR neben den Gebietskörperschaften (Bund, Länder, Gemeinden) auch die Sozialversicherungsträger, *nicht* aber staatliche Unternehmen wie beispielsweise Bahn oder Post (diese zählen zum Unternehmenssektor).

Der ‚Staat' produziert durch den Einsatz von Kapital und Arbeit im wesentlichen Dienstleistungen wie z. B. Rechtspflege, öffentliche Verwaltung, Sozial-, Gesundheits-, Schul- und Hochschulwesen, Polizei, Landesverteidigung etc., für die es aber keinen Markt gibt bzw. die nicht über Märkte abgesetzt werden. Daher gibt es hier auch keine Marktpreise. Die Bewertung erfolgt daher zu ‚Herstellungskosten'. Dass zu Kosten, nicht zu Marktpreisen bewertet wird, hat mitunter

---

5 In das *Brutto*inlandsprodukt fallen alle Investitionen *brutto,* weil sie zum Output gehören, also produziert wurden und Einkommen geschaffen haben. Als Nettoinvestitionen bezeichnet man die um die Abschreibungen, also den Kapitalverzehr bereinigten Bruttoinvestitionen. Dementsprechend bezeichnet das *Nettoinlandsprodukt* das um die Abschreibungen verringerte Bruttoinlandsprodukt.
6 Private Nachfrage ist hingegen nicht zu prüfen, da hier private Akteure über die Verwendung ihres *eigenen* Einkommens entscheiden, der Staat hingegen seine Ausgaben über *Zwangsabgaben* (= Steuern) finanziert.

kuriose Folgen: Wird nämlich ein zusätzlicher Arbeitnehmer im Öffentlichen Sektor beschäftigt, dann steigt das BIP, ohne dass dies reale Folgen haben müsste, d. h. ohne dass sich die Versorgung notwendigerweise verbessert hätte. Wird demgegenüber aber eine Person weniger beschäftigt (z. B. aufgrund von Produktivitätsfortschritten im Öffentlichen Sektor), dann fällt das BIP, ohne dass sich dadurch die Versorgung notwendigerweise verschlechtern müsste.

Zu beachten ist, dass auch *Investitions*ausgaben des Staates (z. B. Bau von Straßen) zu den Staats*ausgaben* zählen. Was zählt, sind Staatsausgaben für gegenwärtig produzierte Güter und Dienstleistungen. *Deshalb sind Transfers nicht Teil des Sozialprodukts*, ebensowenig Zinsen auf die Staatsschuld: Letztere transferieren bloß Einkommen von den Steuerzahlern auf die Halter von Staatspapieren;

4. *Netto-Exporte NX (= Ex – Im):* Die Exporte und Importe werden zu den Netto-Exporten zusammengefasst, was auch *Außenbeitrag* genannt wird.

Zusammengefasst stellt sich aus Sicht der Verwendungsseite die gesamtwirtschaftliche Endnachfrage Y_D einer Volkswirtschaft in Gleichungsform so dar:

$$Y_D = C + I + G + (Ex - Im) = C + I + G + NX$$

Exkurs: Mängel des Bruttoinlandsprodukts

Kein Ökonom hat je behauptet, dass das Bruttoinlandsprodukt die Wohlfahrt einer Volkswirtschaft perfekt abbildet. Gänzlich unberücksichtigt bleiben in diesem Konzept beispielsweise so bedeutsame Wohlfahrtselemente wie *Konsumenten-* und *Produzentenrenten*.[7] Zwar gilt im Allgemeinen das *Bruttoinlandsprodukt pro Kopf* als eine gute Näherung für das durchschnittliche Wohlstandsniveau der Bürger einer Ökonomie. Doch sind dabei stets mehrere Einschränkungen zu beachten:

– Im BIP erscheint zunächst nur das, was ,*offiziell über den Markt geht‘* und damit statistisch erfasst wird, nicht aber der sogenannte ,informelle Sektor‘, der Bereich der ,*Schwarzarbeit‘*, der z. B. in Deutschland und in Österreich auf nahezu 8 % des BIP geschätzt wird. Große Vorsicht ist daher bei Vergleichen mit Entwicklungsländern bzw. auch bei ,Stadt-Land-Vergleichen‘ am Platz. Große Bereiche wirtschaftlicher Aktivitäten wie Haus-, Gartenarbeit, Kinderobsorge etc., aber auch illegale Aktivitäten wie Drogenhandel, Prostitution sowie alle ,traditionellen‘ Schwarzmarktaktivitäten – vor allem im Bereich der Bauwirtschaft – werden nicht bzw. nur unzureichend oder äußerst ungenau erfasst.[8]

---

7 Siehe dazu Genaueres in Kapitel 8.

8 So führten Revisionen bzw. Anpassungen der Datenerfassung an internationale Standards, konkret: die Schätzung der Umsätze bei Prostitution und Drogenhandel, 2014 zu einer Erhöhung des BIPs

- Ebenso wenig werden der Umfang an *Freizeit* und der mit ihr verbundene Nutzen erfasst. Entscheidet jemand, nur mehr die Hälfte zu arbeiten, dann fällt sein Einkommen und damit ceteris paribus das der Volkswirtschaft. Trotzdem hat sein Nutzen und damit auch der Wohlstand der Gesellschaft zugenommen. Ein beachtlicher Teil des höheren Wohlstandes der vergangenen Dekaden ging in den verstärkten Konsum von Freizeit, Stichwort: Arbeitszeitverkürzung. Heute werden nicht mehr 60 Wochenstunden wie in den 1950er Jahren, sondern 38 Wochenstunden und weniger bei gleichzeitig viel höherem Output und damit Einkommen gearbeitet. Diese enorm gestiegene *Freizeit* wird aber nicht im BIP erfasst. Deshalb müsste das BIP eigentlich um die Verkürzung der Arbeitszeit bereinigt werden. Im Vergleich zu früher ist nicht nur der Konsum beträchtlich gestiegen, man verfügt heute auch über wesentlich *mehr* Freizeit.
- Auch die *Qualität* bzw. die *Qualitätsverbesserung* der Produkte wird nur unzureichend erfasst. Man denke bloß an ein Durchschnittsauto der 1970er Jahre und eines von heute, an die Annehmlichkeiten und Sicherheitsvorkehrungen und den wesentlich günstigeren Treibstoffverbrauch.
- Im BIP werden *negative Externalitäten* wie beispielsweise Umweltverschmutzung oder Staus nicht als Negativum berücksichtigt. Maßnahmen zur ‚Reparatur‘ von Umweltschäden oder zur Emissionsvermeidung gehen als Output positiv in das BIP ein.
- Im BIP wird nicht näher berücksichtigt, *was* eigentlich produziert wird, z. B. Waffen oder Möbel. Daher war auch der extreme Fall der Outputs in den ehemaligen Ostblockstaaten nicht mit einer Katastrophe in Bezug auf die Versorgung der dortigen Bevölkerungen gleichzusetzen. Nicht nur, weil die Statistiken in diesen Staaten bekanntermaßen geschönt wurden, sondern vor allem auch, weil das, was produziert wurde, überwiegend nicht auf individuellen Entscheidungen beruhte (dieses Argument betrifft freilich den Öffentlichen Sektor im ‚Westen‘ gleichermaßen), sondern vieles produziert wurde, was niemand wollte (z. B. militärische Güter). Ähnlich gelagert ist auch das Problem der sogenannten ‚*regrettable necessities*‘, also beispielsweise all jener Ausgaben, die im Zusammenhang mit einer Unfallnachsorge notwendig werden (‚jeder Unfall erhöht das BIP‘).
- Schließlich bleiben beim BIP wie auch beim BIP pro Kopf *Verteilungsaspekte* ausgeblendet, also die nicht unerheblichen Fragen: Wer bekommt das Erwirtschaftete, den Output? Wie verteilt sich das Erarbeitete auf die Besitzer von Arbeit, Kapital und Grund und Boden? In der öffentlichen Diskussion spielt diesbezüglich die *Lohnquote* eine besondere Rolle: Sie gibt den Anteil der Löhne und Gehälter (brutto inkl. Sozialabgaben) am gesamten Volkseinkommen an. Typischerweise

---

von Großbritannien um stolze 5 %, die Erweiterung der Definition von Investitionen in den USA erhöhte deren BIP 2013 um 3,6 % (im Vergleich zum Vorjahr). Das ist freilich alles nichts gegen Griechenland, das im Jahr 2006 sein BIP neu berechnete und dabei auf eine Erhöhung um fast 25 % kam.

sinkt die Lohnquote im Wachstumsprozess. Nicht weil die Verteilung notwendigerweise ungleicher würde, sondern weil breite Bevölkerungsschichten nicht nur Finanzvermögen haben bilden können, sondern in der Regel auch Eigentümer von Wohnungen und Häusern (Realvermögen) sind, deren Erträge aber als Kapitaleinkünfte nicht dem Produktionsfaktor Arbeit, sondern dem Produktionsfaktor Kapital zugerechnet werden.

12.3 Internationale Verflechtungen: Zahlungs- und Leistungsbilanz

Bei den ökonomischen Transaktionen zwischen Inländern und Ausländern können – wie bei allen ökonomischen Transaktionen – einerseits *Leistungstransaktionen* und andererseits *Finanztransaktionen* unterschieden werden.

Eine Leistungstransaktion zeichnet eine Leistung aus, der im Regelfall *eine Gegenleistung* gegenübersteht. Dazu zählen in erster Linie Käufe und Verkäufe von Gütern und Dienstleistungen. Doch zählen zu den Leistungstransaktionen auch *unentgeltliche Leistungen (Transfers)*, z. B. Schenkungen, Gastarbeiterüberweisungen, EU-Zahlungen. Leistungstransaktionen verändern Einkommen und Vermögen. Demgegenüber lassen *Finanztransaktionen* das Einkommen (vorerst) unverändert. Es handelt sich bloß um einen *Aktiv-* bzw. einen *Passivtausch*, d. h. Finanztransaktionen ändern nicht das Vermögen, wohl aber dessen Zusammensetzung bzw. Struktur.

In Bezug auf die außenwirtschaftlichen Verflechtungen führen nun *Leistungstransaktionen* zu Änderungen des Geldvermögens bzw. *der Nettoauslandsposition der Gesamtheit der Inländer*, während *Finanztransaktionen* die Nettoauslandsposition unverändert lassen. Erwirtschaftet eine Ökonomie einen Handelsbilanzüberschuss, übersteigen die Exporte also die Importe, so steigen ceteris paribus die Forderungen an das Ausland, das Nettogeldvermögen dieser Ökonomie bzw. die Nettoauslandsposition erhöht sich. Im umgekehrten Fall eines Handelsbilanzdefizits übersteigen die Importe eines Landes seine Exporte, erfolgt die Finanzierung entweder über eine Zunahme der Auslandsverpflichtungen, die Auslandsschulden steigen, die Nettoauslandsposition verschlechtert sich. Ceteris paribus sinkt damit das Nettogeldvermögen dieser Ökonomie oder der Anteil des von Ausländern gehaltenen Realvermögens im Inland steigt.

Alle außenwirtschaftlichen Transaktionen werden in der *Zahlungsbilanz ('balance of payments')* erfasst, die in Übersicht 12.4 schematisch dargestellt ist.

Handels-, Dienstleistungs- und Übertragungs/Transferbilanz zusammengenommen ergeben die *Leistungsbilanz* oder auch *Bilanz der laufenden Posten ('current account')*. Der Saldo aus Handels- und Dienstleistungsbilanz (ohne Übertragungsbilanz) ergibt den sogenannten *Außenbeitrag*.[9] Ein positiver Außenbeitrag bedeutet, dass der Wert der an das Ausland gelieferten Waren und Dienstleistungen größer ist als der Wert der erhaltenen Güter, es liegt also ein *Netto-Güterexport* vor, oder mit anderen Worten, das Inland hat im betreffenden Jahr weniger Güter ge- und verbraucht (= konsumiert) als es selbst hergestellt (= produziert) hat.

Die Zahlungsbilanz zeigt in systematischer Weise alle ökonomischen Transaktionen zwischen Inländern und Ausländern innerhalb eines Jahres (ex post) nach dem System der doppelten Buchführung.[10]

Übersicht 12.4: Zahlungsbilanz und ihre Teilbilanzen

Transaktion	Teilbilanz
Warenimporte und -exporte	Handelsbilanz
Dienstleistungsimporte und -exporte*	Dienstleistungsbilanz
Unentgeltliche Transaktionen**	Übertragungsbilanz
Zinszahlungen und -erträge	Kapitalertragsbilanz
Veränderungen von Forderungen und Verbindlichkeiten der Privaten gegenüber dem Ausland	Kapitalbilanz
Veränderung der Auslandsposition der Notenbank	Devisenbilanz

* z. B. Fremdenverkehr
** z. B. Entwicklungshilfe, Überweisungen der Gastarbeiter

Ob permanent positive Außenbeiträge ökonomisch überhaupt erstrebenswert sind, ist mehr als zweifelhaft.[11] Persistente Handelsbilanzüberschüsse bedeuten zum Einen den Abfluss realer Güter ins Ausland, sodass das im *Inland verfügbare Güter- und Dienstleistungsvolumen sinkt.* Erfolgen keine entsprechenden Kapitalexporte, so steigen die Devisenreserven, also die Forderungen an das Ausland. Es ist keineswegs

---

9 In der Gleichung für die gesamtwirtschaftliche Nachfrage geht der Außenbeitrag als ‚Export – Import' (*NX*) ein und beeinflusst damit Bildung und Verwendung des Volkseinkommens.

10 Die Bezeichnung ‚Bilanz' ist irreführend, denn es werden in ihr nicht Bestände abgebildet, sondern Stromgrößen bzw. Bestandsveränderungen.

11 Deutschland als jahrelang erfolgreicher Verteidiger des zweifelhaften Titels ‚*Exportweltmeister'* hat damit nicht nur entsprechende reale Auslandsaktiva aufgebaut, sondern auch enorme Forderungen in ausländischer Währung, deren Einbringlichkeit gerade auch im Zuge der Eurokrise in Frage gestellt ist.

sicher, ob diese Devisenreserven jederzeit in ‚entsprechende Realimporte' überführt werden können.[12]

Die Gegenbuchung der Exporte erfolgt in der Kapitalbilanz i.w.S., die die Devisenbilanz mit umfasst. Ein Nettowarenabfluss entspricht einem Nettoforderungs- bzw. Nettokapitalzufluss. Ein Leistungsbilanzüberschuss entspricht einem Kapitalbilanzdefizit. Weist die Leistungsbilanz nämlich einen Überschuss auf, d. h. wurden mehr Leistungen an das Ausland abgegeben als von diesem erhalten, so erwirbt das Inland Forderungen gegenüber dem Ausland, die in der Kapitalbilanz vermerkt werden.[13]

Schließlich ist in der Logik der Zahlungsbilanz die *Devisenbilanz der Saldo der Gesamttransaktionen.* Übersteigen beispielsweise die Importe die Exporte (= Defizit in der Handelsbilanz), so muss ceteris paribus, d. h. bei gleichbleibender Kapitalbilanz, eine Verminderung der Auslandsaktiva der Zentralbank eintreten. Die Devisenbilanz gibt die *Veränderung der Währungsreserven der Zentralbank eines Landes* an, die eben als Ergebnis aller autonomen Transaktionen der Wirtschaftssubjekte innerhalb eines Jahres resultiert.[14]

Währungsreserven bestehen in Gold und fremden konvertiblen Währungen (Devisen) oder allgemein, in allen Mitteln, mit denen man Verpflichtungen gegenüber dem Ausland abdecken kann, wie beispielsweise *Sonderziehungsrechte* beim *Internationalen Währungsfonds (IWF).*[15]

Da die Zahlungsbilanz selbst *stets ausgeglichen* ist, spricht man von *formellem Zahlungsbilanzausgleich.* Wenn also von einer unausgeglichenen Zahlungsbilanz die Rede ist, dann kann sich das nur auf eine der drei Teilbilanzen, also Leistungs-, Kapital- oder Devisenbilanz beziehen. Der *materielle Zahlungsbilanzausgleich,* also die Fähigkeit, seinen Auslandsverbindlichkeiten nachzukommen, kann dagegen mitunter ein großes Problem darstellen.

---

12 So hat China infolge seiner seit Jahrzehnten erwirtschafteten Leistungsbilanzüberschüsse enorme Devisenreserven aufgebaut, die vornehmlich in US-Dollar denominiert sind. In dem Maße, in dem die chinesische Währung, der Renminbi, gegenüber dem US-Dollar aufwertet, was angesichts derartiger Leistungsbilanzüberschüsse letztlich unausweichlich ist, vermindert sich der Wert, die Kaufkraft dieser Devisenreserven.

13 Kapitalbilanz ebenso wie Devisenbilanz zeigen nur die *Veränderungen* der Forderungen und Verbindlichkeiten auf. Sie sind – ebenso wie die Zahlungsbilanz – *Bewegungsbilanzen* und keine Bestandsbilanzen, weil die Gesamtverbindlichkeiten und -forderungen nicht kumuliert ausgewiesen werden.

14 Wichtig ist, dass die Devisenbilanz zwar ebenso wie die Kapitalbilanz eine Bewegungsbilanz darstellt, jedoch im Unterschied zu dieser nur die Veränderungen der Devisenreserven der Zentralbank, nicht aber der Privaten erfasst. Die Gesamthöhe der Devisenreserven wird in der Zentralbankbilanz ausgewiesen.

15 Ein Sonderziehungsrecht ist ein vom Internationalen Währungsfonds (IWF) geschaffenes spezielles Vermögensgut, das als eine Art ‚Reserve' die offiziellen Währungsreserven der IWF-Mitgliedsländer ergänzt. Diese Sonderziehungsrechte werden im Verhältnis zu den IWF-Quoten der Mitgliedsländer diesen zugeteilt und stellen Liquiditätsreserven im internationalen Zahlungsverkehr dar.

12.4 Country Profile: Zentrale makroökonomische Indikatoren einer Volkswirtschaft

Um sich ein Bild einer Volkswirtschaft zu machen, betrachte man zunächst geographische Eckdaten (Größe des Landes, Lage, Nachbarstaaten, Grenzen, Klima, Bodenschätze etc.) sowie insbesondere Daten und Fakten zur Demographie (Bevölkerungsstand und -wachstum, Alters- und Bildungsstruktur, Säuglingssterblichkeit, Lebenserwartung bei Geburt etc.) sowie zum politischen System (z. B. parlamentarische Demokratie, Gewicht der politischen Parteien, politische Stabilität, Mitgliedschaft in internationalen Organisationen wie z. B. der UNO, der EU oder der NAFTA) und zum Rechtssystem. Die zentrale Bedeutung von Letzterem wurde schon wiederholt erwähnt und argumentiert. Bei der Beurteilung des Rechtssystems geht es um den Schutz von Persönlichkeits- und Eigentumsrechten, also um die Sicherstellung der persönlichen Freiheit einerseits und um das Ausmaß an Korruption andererseits.[16]

Nach diesem allgemeinen, aber unverzichtbaren Blick auf ein Staatswesen, das einer Volkswirtschaft den politischen und rechtlichen Rahmen verleiht, geht es um die ökonomischen Eckdaten, die ihrerseits durch geographische, politische und demographische Faktoren wesentlich beeinflusst werden. Dazu bietet sich, wie schon in Kapitel 2 erläutert, an, eine Volkswirtschaft in drei große Bereiche zu untergliedern, in einen *realen*, einen *monetären* bzw. *finanziellen* und in einen *fiskalischen* Bereich bzw. Sektor. Nun sollen einige zentrale ökonomische Größen und Indikatoren zur Charakterisierung einer Volkswirtschaft und ihrer Performance kurz angeführt werden, wobei versucht wird, die Kennzahlen diesen drei volkswirtschaftlichen Sektoren zuzuordnen (was aber nicht immer eindeutig möglich ist).

12.4.1 Realer Sektor

Den *realen* Sektor einer Volkswirtschaft, in dem die Produktion von Gütern und Dienstleistungen erfolgt, kennzeichnet zunächst das in seiner Zusammensetzung schon erläuterte *Bruttoinlandsprodukt (BIP)*. Dabei ist die Unterscheidung zwischen *nominellem* BIP und *realem* BIP zentral. Die Aussagekraft des nominellen BIP, das zu *laufenden Preisen*, also zu Preisen der aktuellen Periode berechnet wird, ist deshalb äußerst beschränkt, weil die Höhe des BIP vom Preisniveau abhängt. Ein *höheres BIP* kann auch durch ein *höheres Preisniveau*, also durch *Inflation*, zustande kommen. Damit wird aber nichts über die Wirtschaftskraft einer Ökonomie bzw. deren Veränderung ausgesagt. Das *reale* BIP hingegen wird zu *konstanten Preisen*, d. h. zu Preisen einer Basisperiode, berechnet und seine Veränderung zeigt damit die Ver-

---

16 Letztere wird z. B. durch den *Korruptionsindex* von *Transparancy International* näherungsweise gemessen.

änderung der realen Produktion – also das, worauf es in der Wirtschaft wirklich ankommt. Schließlich ist auch das reale BIP ‚nur' eine Outputgröße. Stellt man diese der Bevölkerung gegenüber, so ergibt sich das *BIP pro Kopf*, stellt man das BIP den geleisteten Arbeitsstunden gegenüber, so hat man mit dem *BIP pro Arbeitsstunde* eine der wichtigsten Kennzahlen einer Ökonomie, nämlich deren *gesamtwirtschaftliche Produktivität*. Der internationale Vergleich dieser Kennzahl ist eine gute Näherung für das Wohlstandsniveau bzw. die Leistungskraft einer Ökonomie.

Bruttoinlandsprodukt und BIP pro Kopf oder Arbeitsstunde eignen sich für internationale Vergleiche von Volkswirtschaften bezogen auf ein bestimmtes Jahr. Oft möchte man aber wissen, wie sich eine Volkswirtschaft in einem längeren Zeitraum entwickelt hat. Dazu berechnet man *Veränderungsraten*, in diesem Fall *Wachstumsraten*. Auch hier ist der wichtigste Indikator die Veränderung des BIP pro Arbeitsstunde über die Zeit.[17]

Output und Input und das Verhältnis von Output zu Input charakterisieren den realen Sektor einer Volkswirtschaft. Die Abbildung der *gesamtwirtschaftlichen Beschäftigungssituation* erfolgt einerseits durch die *Zahl der selbständig und unselbständig Beschäftigten* und deren Veränderung sowie andererseits anhand der *Arbeitslosenrate u* (steht für ‚*unemployment rate*') und ihrer Veränderung. Die Arbeitslosenrate ergibt sich generell aus dem *Verhältnis der Anzahl der Arbeitslosen zum Arbeitskräftepotenzial* insgesamt. Darunter versteht man die *Gesamtheit der Erwerbsfähigen einer Volkswirtschaft im Alter zwischen 15 und 64* (selbständig und unselbständig Beschäftigte und Arbeitslose). Die Arbeitslosenrate sagt also aus, welcher Teil des Arbeitskräftepotenzials ohne Beschäftigung ist:

$$\text{Arbeitslosenrate } u = \frac{\text{Anzahl der Arbeitslosen}}{\text{Arbeitskräftepotenzial}} \times 100$$

Da die Arbeitslosenrate von besonderer politischer Relevanz ist und die Definition von Arbeitslosigkeit wie auch des Arbeitskräftepotenzials einigen Spielraum lässt, ist bei den veröffentlichten Arbeitslosenraten jedenfalls auf deren genauen Erfassungs- und Berechnungsmodus zu achten. Die Arbeitslosenrate ist schließlich als das zu nehmen, was sie ist: Ein *Hinweis* auf die Beschäftigungssituation, nicht deren exaktes Abbild.

Vor allem die *Erwerbs-* bzw. *Beschäftigungsquote* sollte bei der Beurteilung der Beschäftigungssituation einer Ökonomie nicht fehlen. Darunter versteht man das Verhältnis der Anzahl der tatsächlich (selbständig oder unselbständig) Beschäftigten zum Arbeitskräftepotenzial. Die Erwerbsquote schwankt nicht nur von Ökonomie zu

---

17 Man sieht hier deutlich, worauf schon hingewiesen wurde: Es zählen immer *relative Zahlen*, weniger die absoluten Werte. Denn es mag auf den ersten Blick positiv erscheinen, wenn das BIP wächst. Wenn aber die Anzahl der Arbeitsstunden wesentlich stärker zugenommen hat als der Output, das BIP, dann ist die Produktivität gefallen. Die Produktivität und ihr Ansteigen sind aber die zentralen Faktoren für die Leistungskraft und das Wohlstandsniveau einer Ökonomie.

Ökonomie, sondern ist auch geschlechts- und altersspezifisch ganz unterschiedlich ausgeprägt.[18] Vor allem die USA weisen eine wesentlich höhere Erwerbsquote auf als die Staaten der Europäischen Union. Von daher ist das deutlich höhere BIP *pro Kopf* in den USA nicht auf höhere Stundenproduktivität, als vielmehr durch wesentlich höheren Arbeitseinsatz zu erklären, der freilich nicht zuletzt durch eine wesentlich höhere Jahresarbeitszeit (infolge von geringerem Urlaub) bedingt ist.

Schließlich ist die *Dependency Ratio* ein wichtiger Indikator zur Beschreibung einer Ökonomie. Diese Quote gibt an, wie viele Passive, d. h. nicht Arbeitende, dazu zählen neben den Arbeitslosen auch die Kinder und die Pensionisten, auf einen Aktiven kommen. Die Dependency Ratio sagt also aus, wie viele Passive ein Aktiver zu erhalten hat. Je höher der Anteil der Pensionisten, je höher der Anteil der Kinder und Minderjährigen, je höher der Anteil der Arbeitslosen, desto höher die Dependency Ratio. Aufgrund der in der nahen Zukunft weiter zunehmenden Überalterung der Bevölkerung, vor allem in einigen Staaten der Europäischen Union, ist mit einem Anstieg der Dependency Ratio zu rechnen, aufgrund der weiterhin als niedrig anzunehmenden Geburtenrate mit einem Fallen der Dependency Ratio.

Zur ökonomischen Charakterisierung einer ,realen' Ökonomie sind schließlich *Spar-* und die *Investitionsquote* wichtig. Die *Sparquote* gibt an, welchen Anteil ihres Einkommens die privaten Akteure nicht konsumieren, sondern sparen.[19] Die *Investitionsquote* wiederum ist das Verhältnis der gesamtwirtschaftlichen Investitionen zum Output, also zum BIP.[20]

Über die *internationale Wettbewerbsfähigkeit* einer Ökonomie – ein unter Ökonomen durchaus umstrittenes Konzept – geben die *Lohnstückkosten* am besten Auskunft. Diese schon im Kapitel 4 hergeleitete Größe sagt aus, wie viel eine durch Arbeitseinsatz produzierte Outputeiheit kostet. Dabei kommt es auf *zwei* Einflussfaktoren an, nämlich auf die Arbeitskosten, also die Höhe der Löhne *und* die Arbeitsproduktivität. Hohe Lohnkosten und damit ein hohes Lohnniveau in einer Volkswirtschaft sind in aller Regel kein Grund für Irritationen betreffend die internationale Wettbewerbsfähigkeit. Ein hohes Lohnniveau ist regelmäßig Ausdruck eines hohen Entwicklungsstandes einer Ökonomie, der wiederum durch entsprechend hohe Produktivitäten abgesichert ist. In der Ökonomie dreht sich eben alles um die Produkti-

---

18 Was vor allem auch die sozial-, arbeits- und pensionsrechtlichen Bedingungen eines Landes widerspiegelt.

19 Ob die Sparquote hoch oder niedrig ist, hängt vor allem auch vom Entwicklungsstand einer Ökonomie ab. Denn die (private) gesamtwirtschaftliche Ersparnis (S_P) ist nicht nur eine Funktion des verfügbaren Einkommens Y_V, sondern vor allem auch des (bereits vorhandenen) Vermögens W (steht für ,wealth') und des Zinssatzes i (steht für ,interest rate').

20 Die gesamtwirtschaftlichen Investitionen (I) sind insofern äußerst relevant, als sie kurzfristig mit einem *Einkommens-* und langfristig mit einem *Kapazitätseffekt* verbunden sind. Durch ersteren steigt die gesamtwirtschaftliche Nachfrage und damit das Einkommen, durch letzteren die gesamtwirtschaftliche Produktionskapazität. Investition bedeutet ja die *Schaffung von neuem Kapital*.

vität. Die internationale Wettbewerbsfähigkeit verringert sich freilich ceteris paribus, wenn die Lohnstückkosten im Inland im Vergleich stärker steigen als im Ausland.

Das Ausmaß der Integration einer Ökonomie in die internationale Arbeitsteilung kann durch *Export- (Exporte/BIP)* und *Importquoten (Importe/BIP)*, durch den *Offenheitsgrad (Summe der Exporte und Importe relativ zum BIP)* sowie durch das Verhältnis des *Leistungsbilanzsaldos zum BIP* erfasst werden. Weist der Leistungsbilanzsaldo relativ zum BIP ein größeres Minus auf (ab ca. −5 % des BIP), so lohnt ein genauerer Blick, um zu klären, wodurch dieses Leistungsbilanzdefizit entsteht und ob dadurch Zahlungsbilanzprobleme in der Zukunft drohen könnten. Entsteht das Leistungsbilanzdefizit infolge von Importen von Konsumgütern, so ist dies bedenklich. Entsteht es infolge von Importen von Investitionsgütern, so kann damit der inländische Kapitalstock aufgebaut werden, was die künftige Bedienung der Auslandsschulden erleichtert. Schließlich ist die Finanzierung des Leistungsbilanzdefizits ebenso wie das Wechselkursregime zu beachten. Ist das Leistungsbilanzdefizit primär kurzfristig finanziert, so kann das ebenso zu Problemen führen wie eine Finanzierung in Auslandswährung: Bei einer Abwertung der Inlandswährung steigt damit die Schuldenlast stark an.

12.4.2 Monetärer Sektor

Im *monetären* bzw. *finanziellen* Bereich kennzeichnen eine Volkswirtschaft neben *Geldmengen M* (für ‚money supply') in unterschiedlichen Abgrenzungen und *Preisniveau, Geldmengen-* und *Preisniveauveränderungen*, also *Inflation*, vor allem der (nominelle) *Zins* und (nominelle) *Wechselkurs*. Hinzu kommen Indikatoren für die *Finanzmarktstabilität* und die Performance von großen Finanzmarktakteuren.[21]

Einer der wohl wichtigsten Indikatoren im monetären Bereich ist die *Wachstumsrate der Geldmenge*. Die *Geldmenge M* ist, etwas vereinfacht, als Summe aus Bargeld und kurzfristigen Bankeinlagen der privaten Nicht-Banken definiert.[22] Die Geldmenge ist eine Bestandsgröße. Die Zentralbank versucht die Geldmenge im Rahmen der Geldpolitik zu steuern, und zwar in erster Linie, um *Preisstabilität*, also eine geringe und relativ stabile Inflationsrate, sicherzustellen. Steigt die Geldmenge nämlich über einen längeren Zeitraum stärker als die Produktion, der gesamtwirtschaftliche Output, das BIP, so muss dies in (steigender) Inflation resultieren. Auf eine Geldeinheit entfallen dann ceteris paribus weniger Gütereinheiten.

---

21 Das können deren Bilanzdaten ebenso sein wie Marktbewertungen von Aktien und Anleihen, die von Finanzinstituten emittiert werden.

22 Zur Definition von Geld und Geldmenge sowie von deren unterschiedlichen Abgrenzungen siehe Kapitel 16.3.

Mit der *Inflationsrate* versucht man, die *Geldentwertung*, also den Kaufkraftschwund des Geldes, zu erfassen. Einer der gängigsten Inflationsmaßstäbe ist die Entwicklung des *Verbraucherpreisindex (VPI)* über die Zeit. Dieser Index ergibt sich als gewogenes Mittel der Preise der Güter eines repräsentativen Warenkorbes, der von einer ‚durchschnittlichen Städterfamilie' gekauft wird.[23]

Zieht man vom nominellen Zinssatz die Inflationsrate ab, so kommt man zum *realen Zinssatz*. Dieser ist deshalb so bedeutsam, weil er die *realen Kosten der Kreditaufnahme* bzw. den *realen Ertrag des Sparens* angibt und es auf reale und nicht auf monetäre bzw. nominelle Größen ankommt. Ist der reale Zinssatz negativ, weil die Inflationsrate größer ist als der nominelle Zinssatz, dann besteht ein starker Anreiz, sich zu verschulden: Kreditnehmer gewinnen und Kreditgeber (Sparer) verlieren. Zumal die Sparer das verständlicherweise nicht längere Zeit hinnehmen wollen, werden sie entweder das Kapitalangebot reduzieren, also weniger sparen, was erhöhten Konsum und damit, ceteris paribus, höheren Druck auf die Preise nach oben bedeutet, oder sie werden in andere Währungen gehen. Dies aber bedeutet erhöhtes Angebot der eigenen Währung und damit, ceteris paribus, eine Abwertung. Da eine Abwertung die Importe verteuert, steigt die Inflation.[24]

Unter dem *nominellen Wechselkurs ER$_n$* (*ER* steht für *exchange rate*) versteht man den Preis einer Einheit einer ausländischen Geldeinheit ausgedrückt in inländischen Geldeinheiten.[25] Der nominelle Wechselkurs wird, wenn er ein freier/flexibler/ frei floatender Wechselkurs ist, am *Devisenmarkt* durch Angebot von und Nachfrage nach einer Währung bestimmt. In einem sogenannten *Festkurssystem* hingegen wird er von den beteiligten Ländern (zumeist den Zentralbanken) festgelegt, was indes Interventionen am Devisenmarkt notwendig macht, wenn der Wechselkurs von der festgesetzten Parität abzuweichen droht.[26]

Während die *kurzfristigen Zinsen* von der Zentralbank in Abhängigkeit vom Grad der Erreichung des Ziels der Preisstabilität und der allgemeinen Wirtschaftslage gesetzt und verändert werden und die Mitgliedsländer der Europäischen Wirtschafts- und Währungsunion darauf gar keinen direkten Einfluss nehmen können, sind die

---

23 Der *harmonisierte Verbraucherpreisindex*, kurz *HVPI*, ist ein für alle Ökonomien der Europäischen Union (EU) vereinheitlichter Preisindex, um die Preisentwicklung in allen Mitgliedsländern besser vergleichen zu können.

24 Eine infolge von verteuerten Importen steigende Inflation nennt man dementsprechend *importierte Inflation*. Das kann nicht nur aufgrund eines fallenden Wechselkurses eintreten, sondern z. B. auch aufgrund von Rohstoffpreissteigerungen.

25 Dies ist die im deutschsprachigen Raum übliche Definition, man spricht auch von *Preisnotierung*. Insbesondere im angloamerikanischen Raum wird der Wechselkurs umgekehrt – also als Kehrwert – definiert als die Menge ausländischer Währungseinheiten, die man für eine inländische Währungseinheit bekommt, man spricht auch von *Mengennotierung*.

26 Kommt eine Währung unter Druck, wird sie also stärker angeboten als nachgefragt, so müssen die Zentralbanken im Festkurssystem intervenieren, indem sie diese Währung entsprechend nachfragen.

langfristigen Zinsen das Ergebnis von Angebot und Nachfrage auf den (internationalen) Kreditmärkten. Und hier gilt: *Je besser die Bonität eines Schuldners, desto geringer der Zinssatz*, der für die aufgenommenen Kredite zu bezahlen ist. Zum internationalen Zinssatz kommt also im Falle einer Volkswirtschaft noch das individuelle *Länderrisiko*, das in einer *Risikoprämie*, in einem Aufschlag zu einem Benchmarkzinssatz seinen Ausdruck findet. Die diesbezüglichen Länderzinsen, die Risikoprämien bzw. Spreads zum Benchmark geben in knappster Weise prägnant Auskunft über die internationale Kreditwürdigkeit einer Volkswirtschaft. Diese internationale Kreditwürdigkeit wird schließlich auch durch das Urteil von Rating-Agenturen wesentlich beeinflusst und der Entzug der Bestnote (des berühmten ‚triple-A') kommt für die betroffene Ökonomie einem ‚finanziellen Erdbeben' gleich.

Zum monetären Sektor einer Ökonomie zählen die nationalen Aktien- und Anleihemärkte, die Kreditwirtschaft und das Bankensystem. Die *Aktienmarktkapitalisierung*, d. i. die Summe der Kurswerte der an den nationalen Börsen gehandelten Aktien, gilt als Indikator für die Entwicklung des Aktienmarktes, insbesondere wenn man die Aktienmarktkapitalisierung in Relation zum BIP setzt. Den Umfang des Bankensystems kann man durch die *Bilanzsummen aller Banken* abschätzen, wobei auch hier wieder die Relation zum BIP zählt. Die internationale Finanzverflechtung einer Ökonomie kommt unter anderem sowohl durch das Ausmaß der Forderungen der Banken an ausländische Schuldner wie den Umfang der Schulden inländischer Banken bei ausländischen Gläubigern zum Ausdruck.[27]

Um beurteilen zu können, ob die aktuelle Geldpolitik in einer Volkswirtschaft ‚restriktiv', ‚expansiv' oder ‚neutral' eingestellt ist, reicht ein Blick auf die Höhe der kurzfristigen Zinsen allein nicht aus.[28] Wirkt doch die Geldpolitik auch auf die langfristigen Zinsen, die Aktienkurse bzw. Vermögenspreise generell wie freilich auf den Außenwert der Währung, den Wechselkurs. Der *Monetary Conditions Index (MCI)* versucht nun, wie der Name sagt, die monetäre Lage einer Ökonomie auf möglichst breiter Basis in einer Kennzahl zu erfassen. Neben kurzfristigen Realzinssätzen erfasst

---

27 Eine Folge der in den USA im Jahr 2007 ausgebrochenen Finanzkrise war eine weltweite Rezession, die vor allem auch die ost- und südosteuropäischen Staaten stark ins Trudeln brachte. Zumal viele dieser Staaten, ob EU-Mitgliedsstaaten oder nicht, sehr stark im Ausland verschuldet sind, und sich im Zuge der Wirtschaftskrise deren Bonität verschlechterte, wurden auch ‚Gläubigerstaaten' in Mitleidenschaft gezogen. So sind vor allem auch österreichische Banken sehr stark in diesen Ökonomien präsent. Zumal deren Forderungen an Unternehmen in diesen Staaten das BIP Österreichs weit übersteigen und der österreichische Staat für diese als systemrelevant einzustufenden Banken gewissermaßen garantiert, sank auch die Kreditwürdigkeit des österreichischen Staates am internationalen Kapitalmarkt deutlich. Die Risikoprämie für die österreichische Staatsschuld stieg deutlich an, die Bonität Österreichs am internationalen Kapitalmarkt hatte sich markant verschlechtert.
28 *Zinserhöhungen* durch die Zentralbank wirken *restriktiv, Zinssenkungen expansiv* auf die gesamtwirtschaftliche Nachfrage. Besonders problematisch ist die Beurteilung einer ‚neutralen Geldpolitik'.

der MCI auch den *realen Wechselkurs ER$_r$*[29] der heimischen Währung, die langfristigen Zinssätze und wichtige Aktienindizes. Dem Vorteil des MCI, in einer Kennzahl die monetären Bedingungen einer Ökonomie insgesamt einzufangen, steht der Nachteil gegenüber, dass es noch keinen einheitlichen Standard für seine Berechnung gibt. Hinsichtlich der Gewichtung der einzelnen in den Index eingehenden Werte besteht damit großer Ermessensspielraum. Da auch der Ausgangswert des Index problematisch ist, sollten nicht das Niveau, sondern nur Veränderungen des MCI beachtet werden. Dies lässt dann zumindest den Schluss zu, ob die monetären Bedingungen expansiver oder restriktiver geworden sind.

12.4.3 Öffentlicher Sektor

Umfang und ‚Bedeutung‘ des *Öffentlichen Sektors* einer Ökonomie beschreiben die *Steuer-* und *Abgabenquote* wie auch die *Sozialquote*. Die Steuerquote gibt den Anteil aller Steuern am BIP an, die Abgabenquote zusätzlich noch die Abgaben. Setzt man die Summe der öffentlichen Ausgaben für soziale Belange (Gesundheits-, Altersversorgung, etc.) in Relation zum BIP, so erhält man die Sozialquote. Auch die Anzahl der Beschäftigten im Öffentlichen Sektor und ihre Relation zur Gesamtbeschäftigung sind aussagekräftige Indikatoren zum Öffentlichen Sektor. In Bezug auf seine Bedeutung in einer Ökonomie und seine Performance fällt der Blick aber vor allem auf das *Staatsbudget* und die *Staatsschulden* – und, wie stets, – auf die Veränderung dieser Größen im Zeitablauf.

Das *staatliche Budgetdefizit* bzw. der *staatliche Budgetüberschuss*[30] ergibt sich aus der Gegenüberstellung von Staatsausgaben *G* (für ‚government expenditure‘) und Staatseinnahmen *T* (für ‚taxes‘) einer Periode, im Regelfall eines Kalenderjahrs:[31]

$$G = T(+ \Delta B)$$

Ist das Budget ausgeglichen, so gilt: $G = T$. Liegt ein Budgetdefizit vor, gilt also: $G > T$, so muss diese Lücke, eben das Defizit, durch Kreditaufnahme finanziert wer-

---

29 Der *reale Wechselkurs* ist der um die Relation der Preisniveaus im Inland und im Ausland bereinigte nominelle Wechselkurs: $ER_r = ER_n \times \frac{P_{Aus}}{P_{In}}$. Denn bei konstantem nominellen Wechselkurs ER_n fällt (steigt) der reale, wenn das Preisniveau im Ausland relativ zum Inland fällt (steigt): Dann wird es günstiger (teurer), im Ausland zu kaufen, auch wenn der nominelle Wechselkurs konstant geblieben ist.

30 Betrachtet man den *Öffentlichen Sektor* insgesamt, also Bund, Länder und Gemeinden sowie die Parafisci (d.s. z. B. die Sozialversicherungsträger), so spricht man vom *öffentlichen Finanzierungssaldo* bzw. im Falle der öffentlichen Kreditaufnahme insgesamt vom *Public Sector Borrowing Requirement (PSBR)*.

31 ΔB steht für die Veränderung der Staatsverschuldung, *B* steht für ‚Bonds‘ (engl. für Schuldverschreibung), Δ bezeichnet die Veränderung (spricht: delta).

den. In diesem Zusammenhang ist der Unterschied zwischen *strukturellem* und *konjunkturellem* Budgetsaldo von grundsätzlicher Relevanz. Das *strukturelle* Budget ist jene staatliche Einnahmen-Ausgabenstruktur, die sich bei *Vollbeschäftigung*, also einer Situation, in der die Ökonomie am *Potenzialoutput* arbeitet, ergäbe: Zeigt der Staatshaushalt beim Potenzialoutput ein Defizit, überwiegen also bei Vollbeschäftigung die Staatsausgaben die Steuern, dann spricht man von einem *strukturellen Defizit*. In diesem Fall hat man ein strukturelles Problem, das es durch strukturelle Maßnahmen zu beseitigen gilt. Der *konjunkturelle Budgetsaldo* hingegen ergibt sich aufgrund der Auswirkungen der allgemeinen Konjunkturlage (des Konjunkturzyklus) auf die Staatsfinanzen. In Rezessionszeiten und in Depressionsphasen werden die Steuern fallen und die staatlichen Transferleistungen (z. B. Arbeitslosengeld, Sozialhilfe) zunehmen: Es entsteht ein *konjunkturelles* Defizit. Dieses ist indes kein ernstzunehmendes Problem. Im Gegenteil: Wie noch zu zeigen sein wird, stützt es die Wirtschaft, die gesamtwirtschaftliche Nachfrage, weshalb man das *konjunkturelle* Budget auch als *automatischen Stabilisator* ansieht.

Die Zusammenfassung von strukturellem und konjunkturellem Budget ergibt das *aktuelle Budgetdefizit* oder den *aktuellen Budgetüberschuss*. Die Differenzierung in konjunkturelles und strukturelles Budget macht insbesondere deshalb Sinn, weil sich damit die Frage beantworten lässt, ob ein Budgetdefizit *konjunktur-* oder *strukturbedingt* ist. Im Falle eines ausgeglichenen strukturellen Budgets ist eine Aufschwungphase nämlich automatisch mit einem Überschuss, eine Abschwungphase automatisch mit einem Defizit im konjunkturellem Budget und damit auch im aktuellen Budget verbunden. So würde über den Konjunkturzyklus hinweg das Budget ausgeglichen sein und (langfristig) keine steigende Staatsverschuldung bewirken.

Im Gegensatz zu den Defiziten oder Überschüssen im Staatshaushalt ist die *Staatsschuld B* eine Bestandsgröße. (Zu einem bestimmten Zeitpunkt machen die Staatsschulden einen bestimmten Betrag aus.) Ein Budgetdefizit erhöht die Staatsschuld, ein Budgetüberschuss reduziert sie. Die Staatsschuld bezieht sich regelmäßig ‚nur' auf den Bund, die Verschuldung der Länder und Gemeinden ist separat zu erfassen. Die offiziell bekannt gegebene (und regelmäßig auch im Internet abrufbare) Höhe der Staatsschulden ist mit Vorsicht zu genießen. Denn zusätzlich haftet der Bund für Schulden von vielen Großunternehmen, die ehemals im Öffentlichen Sektor angesiedelt waren (z. B. Bahn und Post). Zumal die Öffentliche Hand keine doppelte Buchführung betreibt, also keine Bilanz aufstellt, in der Aktiva *und* Passiva einander gegenübergestellt werden, ist die Beurteilung der öffentlichen Verschuldungssituation hoch problematisch. Denn es bestehen ja nur Daten zur Staatsverschuldung, kaum aber vergleichbare zum Staatsvermögen. Um das Problem der Staatsverschuldung einordnen zu können, behilft man sich damit, die Staatsschulden (wie auch das jeweilige Budgetdefizit) in Relation zur Wirtschaftsleistung eines Jahres, also zum BIP, zu setzen. Das ergibt die *Staatsschuldenquote* bzw. die *Defizitquote*. Beträgt z. B. die

Staatsschuldenquote 1, dann würde es der Wirtschaftsleistung eines ganzen Jahres bedürfen, wollte man die Schulden komplett tilgen.[32]

Neuerdings haben zur schnellen und überblickshaften Beurteilung der gesamtwirtschaftlichen Situation zwei Indikatoren an Popularität gewonnen: Der sogenannte *,Misery-Index'*, der sich aus der *Addition von Arbeitslosen- und Inflationsrate* ergibt: Je höher dieser Index, desto ,elender' ist es um eine Ökonomie bestellt. Ein ähnlich plakativer Indikator für die Abgabenbelastung in einem Land ist der sogenannte *,Tax Freedom Day'*. Hier wird die in einer Ökonomie bestehende *Abgabenquote,* d. i. die Summe aus Steuern und Abgaben in Relation zum BIP, auf das Jahr umgelegt und damit jener Tag im Jahresverlauf bestimmt, ab dem man für sich selbst arbeitet. Bei einer Abgabenquote in Höhe von 50 % wäre der ,Tax Freedom Day' Anfang Juli zu feiern.

---

32 Es gibt also nicht ausreichende Informationen, um die Verschuldungssituation der Öffentlichen Hand beurteilen zu können. Was man freilich bedenken sollte ist, dass den Schulden des Staates gleich hohe Forderungen an den Staat gegenüberstehen müssen. Irgendjemand muss im Besitz der Staatsschuldverschreibungen sein: Sind diese überwiegend in den Händen von *Inländern,* so kommt es durch die Staatsverschuldung *nicht zu einer Belastung künftiger Generationen,* weil diese ja die Forderungen im selben Umfang erben. Allerdings kommt es zu Umverteilungseffekten *in der kommenden Generation,* nämlich von denjenigen Personen, die keine Staatsschuldverschreibungen erben, zu denen, die derartige Papiere geerbt haben.

Übersicht 12.5: Zentrale makroökonomische Variable und deren Relevanz

Makroökonomische Größe	Wichtigste Relevanzaspekte
Gesamtwirtschaftliche Produktion = BIP/BNE	bestimmt, was eine Gesellschaft konsumieren kann (= ‚Wohlstand')
Wachstum (BIP/BNE-Wachstumsrate)	zeigt die *Veränderung* an Output (Kann *mehr* konsumiert werden?)
BIP/Kopf	international gebräuchlicher Indikator für das Wohlstandsniveau einer Volkswirtschaft
BIP/Personenstunde	*der* ökonomisch richtige Indikator für internationale Wohlstandsvergleiche
Arbeitslosigkeit (Arbeitslosenrate)	ökonomische Verschwendung (verlorener Output) und menschliches Leid
Beschäftigungsquote/ Erwerbsquote	Entwicklungsstand einer Ökonomie Vergleichsmaßstab, Produktivität
Lohnstückkosten	zentral für die internationale Wettbewerbsfähigkeit und für die Standortentscheidung von international agierenden Unternehmen
Inflation (= kontinuierliche Preissteigerung) (Inflationsrate)	‚Sicherheit' für Entscheidungsbildung (‚Erwartungsstabilisierung'), zentral für intertemporale Allokationsentscheidungen
Zinsen	mitentscheidend für Investitionsvolumen, das kurzfristig die Beschäftigung, langfristig das Wachstum bestimmt
Geldmenge(nwachstum)	Auswirkung auf Inflation, Zinssatz, und Wechselkurs
Budgetdefizit	Auswirkung auf gesamtwirtschaftliche Nachfrage und langfristige Stabilität
Staatsschuld	Kreditwürdigkeit eines Landes, konjunkturpolitischer Handlungsspielraum, langfristige Stabilität, Inflation
Wechselkurs (nomineller)	Kaufkraft im Ausland, Inflation, internationale Wettbewerbsfähigkeit, ‚*Terms-of-trade'*, Handels- und Kapitalströme
Leistungsbilanz	Erwartungsstabilisierung, Vermeidung von abrupten Kapitalbewegungen außenwirtschaftliches Gleichgewicht
Terms of Trade	bestimmen die internationale Kaufkraft einer Ökonomie: wie viel an inländischer Produktion aufgegeben werden muss, um sich eine bestimmte Menge an Importen leisten zu können

13 Konjunktur und Krise

Auch in der Makroökonomik wird immer wieder ein Konflikt zwischen *kurzfristiger* und *langfristiger Perspektive* bzw. *Orientierung* manifest. Zwar fokussiert die Makroökonomik primär kurz- bis mittelfristige Phänomene wie eben den *Konjunkturzyklus*, untersucht also die *Bestimmungsgründe für den Auslastungsgrad des bestehenden gesamtwirtschaftlichen Produktionspotenzials*. Doch treten neben diese aktuelle wirtschaftspolitische Frage zentrale langfristige Aspekte, wie die Frage nach dem *Entwicklungs-* bzw. *Wachstumstrend*, also *dem Wachstum des gesamtwirtschaftlichen Produktionspotenzials* einer Volkswirtschaft.

Die aus den makroökonomischen Theorien abgeleiteten *Politikempfehlungen* kreisen um zwei Hauptfragen:

1. Was kann getan werden, um *kurzfristige Schwankungen der makroökonomischen Aktivität* bzw. *Konjunkturzyklen* abzuschwächen? Es geht hier um eine *möglichst hohe und gleichmäßige Ausnutzung des bestehenden Produktionspotenzials,* insbesondere freilich um *Vollbeschäftigung,* was mittels ,*makroökonomischem Nachfragemanagement'* (,*Stabilisierungspolitik'*) zu erreichen versucht wird. Unter Vollbeschäftigung ist dabei nicht ein Zustand einer Ökonomie zu verstehen, bei dem die Arbeitslosenrate null wäre, sondern ein *geräumter Arbeitsmarkt*. Das bedeutet, dass diejenigen, die zum Marktlohnsatz arbeiten wollen, auch eine Beschäftigung finden, es keine unfreiwillige, *sondern nur freiwillige Arbeitslosigkeit* gibt.[1]

2. Was ist für ein möglichst hohes, gleichzeitig umweltverträgliches und preisstabiles *langfristiges Wachstum* zu tun, also dafür, dass die *Pro-Kopf-Einkommen* nachhaltig steigen? Hier geht es um ein möglichst hohes, gleichmäßiges und nachhaltiges Wachstum des *Produktionspotenzials,* was mittels ,*makroökonomischem Angebotsmanagement'* (,*Wachstumspolitik'*) zu erreichen versucht wird.

Geht es bei der zweiten Frage um die *Bestimmungsgründe für Wirtschaftswachstum,* so sind die *Ursachen und Bekämpfungsmöglichkeiten für konjunkturelle Instabilitäten* und der damit verbundenen *unfreiwilligen Arbeitslosigkeit* Gegenstand des in der ersten Frage aufgeworfenen Problems.

Was nun die Schwankungen der gesamtwirtschaftlichen Kapazitätsauslastung, also die Konjunkturen, betrifft, so wäre zu fragen, ob diese rein zufällig auftreten oder ein systematisches Muster zeigen wie in Abb. 13.1 dargestellt. Dort ist neben dem *langfristigen Wachstumstrend* einer Ökonomie – beschrieben durch die *langfristige Wachstumsrate* – ein *idealtypischer Konjunkturzyklus* dargestellt, der durch unter-

---

1 Als ,freiwillig arbeitslos' bezeichnet man jene Personen, die zum herrschenden Marktlohnsatz nicht arbeiten wollen, weil er ihnen offenbar zu gering ist. Siehe dazu auch Kapitel 10.3.

schiedliche *jährliche Wachstumsraten* bzw. unterschiedliche ‚*Outputlücken*' (‚*output gaps*') gekennzeichnet ist.

Daraus erkennt man leicht die makroökonomischen Hauptfragestellungen wieder: ‚was bestimmt den *langfristigen Wachstumstrend* (also den Anstieg der Trendlinie)?' und: ‚was bestimmt die gesamtwirtschaftliche Aktivität *in einzelnen Perioden*' – also *kurzfristig* –, ‚was bestimmt damit den Konjunkturzyklus, dessen Dauer (Periode) und Amplitude?'

13.1 Der idealtypische Konjunkturzyklus

Zur Beschreibung und Erläuterung von Schwankungen der gesamtwirtschaftlichen Aktivität bzw. des Konjunkturzyklus empfiehlt sich zunächst die Unterscheidung von *Potenzialoutput* bzw. auch *natürlichem* oder *Vollbeschäftigungsoutput* einerseits und *aktuellem Output* andererseits.

> Unter dem *Potenzialoutput* Y_{POT} versteht man jenen gesamtwirtschaftlichen Output, der in einer Ökonomie bei ‚*natürlicher*' Auslastung aller Ressourcen, insbesondere bei *Räumung des Arbeitsmarktes*,[2] also ohne ‚Überhitzungsgefahr', d. h. *ohne steigende Inflationsrate*, produziert werden kann. Der *aktuelle* Output Y_{AKT} hingegen zeigt, was tatsächlich produziert wird. Ist die Volkswirtschaft im Gleichgewicht, entspricht der aktuelle dem potentiellen Output. Ist das nicht der Fall, so tut sich eine sogenannte *Outputlücke*, ein ‚output-gap', auf. Die Outputlücke kann
> – *inflationär* sein: dann gilt: $Y_{POT} < Y_{AKT}$, oder
> – *rezessiv* sein: dann gilt: $Y_{POT} > Y_{AKT}$.

Ein idealtypischer Konjunkturzyklus besteht aus *zwei charakteristischen Abschnitten*, nämlich dem Abschwung und dem Aufschwung und *vier Phasen*:[3]
– *Abschwächung (‚Rezession'):*
  Unter einer *Rezession* versteht man einen Rückgang des gesamtwirtschaftlichen Outputs, des BIP, über zumindest zwei Quartale. Die Wachstumsrate des BIP ist *negativ*.[4] Insoweit eine Rezession auf eine Hochkonjunkturphase folgt, handelt es sich um eine Abschwächung einer ohnedies überdurchschnittlich hohen und Überhitzungserscheinungen aufweisenden Ökonomie, keinesfalls bereits um eine Krise. Es entsteht also noch keine *rezessive* Outputlücke. Verbunden mit einer Rezession ist freilich eine Reduktion der Beschäftigung. Der Preisauftrieb schwächt sich deutlich ab, die Profite fallen, die Investitionen gehen stark zurück,

---

2 Der Arbeitsmarkt befindet sich also im Gleichgewicht, die hier bestehende Arbeitslosigkeit ist damit *freiwillig*.

3 Dieses ‚Vier-Phasen-Schema', also die traditionelle Konjunkturbeschreibung, wird dem österreichischen Nationalökonomen *Gottfried von Haberler* (1900–1995) zugeschrieben.

4 Mitunter wird unter einer Rezession auch bloß der *Rückgang der Wachstumsrate* selbst verstanden.

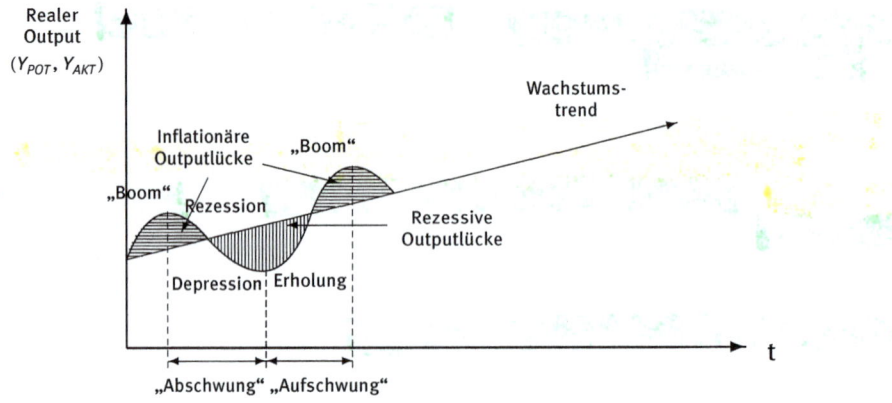

Abb. 13.1: Konjunkturzyklus vs. Entwicklungstrend

obwohl die Zinsen wie auch die Rohstoffpreise im Laufe der Rezession zu fallen beginnen.

– *Krise ('Depression'):*

Ist die *Rezession markant und dauert länger an,* so spricht man von einer *Depression.* Diese ist durch einen starken und andauernden Rückgang der gesamtwirtschaftlichen Nachfrage und damit durch eine geringe Kapazitätsauslastung und hohe Arbeitslosigkeit gekennzeichnet. Es herrscht eine *deutliche rezessive Outputlücke.* Der Gewinneinbruch der Rezession setzt sich fort, die Rohstoffpreise sind im Keller. Auch weil die Erwartungen sehr gedrückt sind, bewegen sich die Investitionen – hauptsächlich Rationalisierungsinvestitionen – auf sehr niedrigem Niveau. In einer Depression tritt zumeist auch eine *Deflation* auf, also ein Fallen des Preisniveaus infolge der ausgeprägten Nachfrageschwäche. Damit fallen nicht nur die Umsätze der Unternehmen nominell noch stärker, der Reallohn und die realen Zinsen steigen (obwohl die nominellen Zinsen sehr gering sind). Fallende Umsätze bei real steigender Schuldenbelastung sind für alle Schuldner, damit in erster Linie für die Unternehmen, ein großes Problem. Sie kommen in immer größere Schwierigkeiten, ihre Kredite bedienen zu können. Die sich in der Depression häufenden Unternehmenspleiten sind auch eine ernsthafte Gefährdung für die Banken bzw. die Kreditwirtschaft generell. In dem Maße, in dem Schuldner Pleite gehen, erleiden auch die Gläubiger Verluste, die auch sie zu Nachfrageeinschränkungen veranlassen. Die Spirale nach unten droht sich zu verschlimmern, weil sich die Erwartungen nicht verbessern.

– *Erholung ('Recovery'):*

Vor der *Erholungsphase* kommt die Abwärtsspirale der Wirtschaft zum Stillstand. Die geleerten Lagerbestände müssen aufgefüllt und unabwendbare Investitionen getätigt werden. Die Produktivität steigt zunächst stark an und es wird nun aufgrund verbesserter Erwartungen wieder mehr investiert, der alte Kapitalstock wird verstärkt ersetzt und erweitert. Die nunmehr Wirkung zeigenden Rationalisierungen führen zu deutlichen Kostensenkungen und erlauben damit markante Profitsteigerungen ohne steigende Preise. Die gesamtwirtschaftliche Nachfrage steigt damit wieder ebenso wie die Beschäftigung. Die rezessive Outputlücke verringert sich. Die Zinsen bleiben niedrig, die Profite steigen stark an, obwohl die Rohstoffpreise deutlich anziehen.

– *Hochkonjunktur (‚Boom'/‚Prosperität'):*
Jetzt übersteigt der tatsächliche Output wieder den Potenzialoutput. Die Produktion überschreitet damit die Kapazitätsgrenzen, gemeint ist damit jenes gesamtwirtschaftliche Produktionsniveau, das ohne steigende Stückkosten erreicht werden kann. Eine *inflationäre* Outputlücke tut sich auf und weitet sich aus. Die Arbeitslosigkeit sinkt jetzt unter das Niveau der sogenannten ‚natürlichen' Arbeitslosigkeit (das ist jene, die bei geräumten Arbeitsmärkten und bei Konstanz der Inflation besteht). Arbeitskraft wird also sehr rar, insbesondere in bestimmten Branchen. Die Rohstoffpreise sind auf einem sehr hohen Niveau, Löhne und Zinsen steigen stark an. Damit steigen die Produktionskosten generell, was die Profite drückt. Aufgrund der steigenden Kosten wie der starken Nachfrage steigt auch die Inflationsrate stark an.

Konjunkturzyklus	Schwankung des Auslastungsgrades des gesamtwirtschaftlichen Produktionspotenzials
Wachstumstrend/ Entwicklungstrend	Wachstum des gesamtwirtschaftlichen Produktionspotenzials

Konjunktur gemessen durch:	*kurzfristige* Betrachtung (‚Zyklus')
	‚Outputlücke': $Y_{POT} - Y_{AKT}$ bzw. *jährliche* Veränderung des Outputs (schwankende) *jährliche Wachstumsrate:* $$\dot{Y}_t = \frac{Y_t - Y_{t-1}}{Y_{t-1}} \times 100 = \frac{\Delta Y_t}{Y_{t-1}} \times 100$$
Wirtschaftswachstum	*langfristige* Betrachtung (‚Trend') (z. B. für einige Jahre, z. B. ein Dezennium)
gemessen durch:	*langfristige Wachstumsrate:* $g = \sqrt[T]{\dot{Y}_t \times \dot{Y}_{t+1} \times \dot{Y}_{t+2} \times \cdots \times \dot{Y}_T}$

‚Konjunkturproblem':	möglichst hohe und gleichmäßige Ausnutzung des bestehenden Produktionspotenzials **‚makroökonomisches Nachfragemanagement'**
‚Wachstumsproblem':	möglichst hohes, gleichmäßiges und nachhaltiges Wachstum des Produktionspotenzials **‚makroökonomisches Angebotsmanagement'**

13.2 Krisen und Krisenursachen

Die Schwankungen der gesamtwirtschaftlichen Aktivität müssen nun keineswegs dem oben dargestellten ‚lehrbuchmäßigen' Schema des Konjunkturzyklus folgen. Auch andere Konjunkturverläufe sind beobachtbar: Zum Beispiel, dass auf eine länger andauernde Stagnation ein wirtschaftlicher Einbruch folgt, oder eine Rezession sehr kurz, aber intensiv (‚V-Form') ausfällt und das vielleicht gar zweimal hintereinander (‚W-Form'). Schließlich ist auch eine ‚L-förmige' Entwicklung möglich: Hier folgt auf eine scharfe Kontraktion des BIP eine lang andauernde Phase wirtschaftlicher Stagnation.[5]

Als die wesentlichsten Ursachen für die in der Realität zu beobachtenden makroökonomischen Einbrüche, Krisen bzw. Instabilitäten können folgende Faktoren ausgemacht werden:

1. *‚naturbedingte'* Instabilitätsfaktoren: dazu zählen Wetterkapriolen (wie z. B. der besonders harte Winter zu Beginn des Jahres 2014 in den USA), große Naturkatastrophen wie Erdbeben, Missernten, Überschwemmungen, Seuchen bzw. Epidemien großen Ausmaßes (wie z. B. SARS, H5N1 oder AIDS im südlichen Afrika etc.) können makroökonomische Konsequenzen nach sich ziehen: Die Unsicherheit steigt stark an, Lieferketten werden unterbrochen, Produktionen können nicht aufrechterhalten werden, Investitionen werden zurückgestellt;

2. *‚politikbedingte'* Instabilitätsfaktoren: politische Krisen, Umstürze, Kriege etc., die oft mit starken Ausschlägen bei Rohstoffpreisen und Lieferunterbrechungen bei Rohstoffen verbunden sind. So führten die beiden Erdölpreisschocks der 1970er- und 1980er-Jahre zu einem starken Anstieg der Erdölpreise und damit zu einem plötzlichen Kaufkrafttransfer in die Erdöl-exportierenden Länder, die zunächst die enormen Gewinne nicht in die Weltwirtschaft zurückführen konnten.[6] Der Kaufkraftentzug in den Industrieländern war so stark, dass es zu schweren globalen Rezessionen kam. Der Irak-Krieg, der ‚Arabische Frühling', der Bürgerkrieg in Syrien wie die Krise in der Ukraine sind Beispiele aus der jüngeren Vergangenheit.

   Zu den politikbedingten Instabilitäten zählt auch die aus wahltaktischen Gründen erfolgende Beeinflussung der Konjunktur durch die Regierung, also der schon erwähnte *Politische Konjunkturzyklus*. Schließlich fallen in diesen Ursachenbereich viele makroökonomische Aktivitäten von Regierungen und Politikern, auch wenn diese die besten Absichten verfolgen. So kann die Ankurbelung einer Ökonomie durch ein staatliches Ausgabenprogramm zu spät wirken und tritt damit in einer konjunkturellen Aufschwungphase in Kraft. Dieser Verzögerungseffekt wirkt

---

5 Dies war vor allem in Japan im Anschluss an das Platzen großer Vermögenspreisblasen Ende der 1980er-Jahre zu beobachten und wurde mit der Bezeichnung *‚lost decade'* bedacht.

6 Man nennt das das Problem des *Recyclings von Petro-Dollars*.

kontraproduktiv, weil die Konjunktur verstärkende Effekte auslöst, die dann wiederum mit wirtschaftspolitischen Mitteln bekämpft werden müssen;

3. *,systembedingte'*, d. h. dem marktwirtschaftlichen System *inhärente* Instabilitätsfaktoren. Wie in Kapitel 5 beschrieben, kann der marktwirtschaftliche Prozess im Sinne von *Joseph Alois Schumpeter* als *schöpferische Zerstörung* interpretiert werden. Entsprechend dem Prinzip: ,das Bessere ist der Feind des Guten' können erfolgreiche Innovationen, *neue* Technologien zum Zusammenbruch alter Industrien und zum Verschwinden ganzer Branchen führen. Dies kann mit makroökonomisch relevanten Effekten bzw. sogar Krisen verbunden sein, die wiederum das politische System destabilisieren können. Diese dem marktwirtschaftlichen System inhärente Innovationsdynamik und die damit einhergehenden ,Brüche' erhöhen nicht nur die Unsicherheit. Sie verstärken auch die Ablehnung vieler Menschen gegenüber der Marktwirtschaft und und bereiten den Boden für eine primär strukturkonservierende Politik. Diese wirkt wachstumshemmend und erhöht letztlich die Arbeitslosigkeit.

4. Krisen können in modernen Marktwirtschaften schließlich insbesondere *monetär*, d. h. durch ,geld-' bzw. ,*kreditwirtschaftliche Umstände'*, kurz: durch das *Geld-* bzw. *Finanzsystem*, bedingt sein. Gerade das staatliche Geldmonopol ist immer wieder missbraucht worden. Viel zu starke (und oft auch verheimlichte) Ausweitungen der Geldmengen (zumeist um öffentliche Defizite zu finanzieren) führen zu (Überraschungs-)Inflation und Abwertungen. Das führt zu schweren realwirtschaftlichen Verwerfungen. Auch kann die Stabilität der öffentlichen Haushalte plötzlich in Frage gestellt werden.

In diese Kategorie fällt schließlich auch die Problematik der *Prozyklizität des Finanzsystems*, also seine Tendenz, realwirtschaftliche Entwicklungen zu verstärken. In einer Aufschwungphase sind die Erwartungen positiv und die wirtschaftlichen Eckdaten bekräftigen diese Einstellung. Aufgrund der verbesserten Bonität wird die Kreditvergabe der Banken stark ausgeweitet, sodass tendenziell zu viele Investitionen finanziert und durchgeführt werden. Kippt die Wirtschaftslage aber in eine Rezession, dann sind die in der Aufschwungphase entwickelten Erwartungen zunächst enttäuscht und in weiterer Folge übermäßig pessimistisch. Die Banken schränken ihre Kreditvergabe, nicht zuletzt in Folge der nunmehr eintretenden zunehmenden Verluste der Unternehmen wie ihrer stark gefallenen Bonität ein. Gerade in schlechten Zeiten schränken die Banken ihre Kreditvergabe besonders stark ein und beschränken damit Investitionen und Wachstum.[7] Indem sie ihre Kreditvergabe einschränken, dämpfen sie die Nachfrage und verschlechtern damit die Wirtschaftslage. Sie provozieren damit gewissermaßen selbst die

---

[7] Wird diese Einschränkung der Kreditvergabe seitens der Banken zu einem ernsten Finanzierungsproblem für Unternehmen, so bezeichnet man dies als *Kreditklemme* bzw. als *Credit crunch*.

nunmehr verstärkt auftretenden Unternehmenszusammenbrüche, die wiederum negativ auf die Banken zurückwirken.

Auch das Platzen von *Vermögenspreisblasen* (‚*asset price bubbles'*) – wie jüngst, beginnend im Jahr 2007 am Immobilienmarkt in den USA – ist in aller Regel ein schwerer Schock für eine Volkswirtschaft und Auslöser von Wirtschaftskrisen. Dabei darf nicht übersehen werden, dass ein markanter Einbruch von Preisen von Vermögensgütern, z. B. von Aktienkursen oder Immobilienpreisen, der Auslöser, nicht die Ursache der Krise ist. Die Ursache der Krise liegt in viel zu stark gestiegenen und damit viel zu hohen Vermögenspreisen. Der Grund dafür liegt wiederum zumeist in viel *zu günstigen Finanzierungsbedingungen*, also einer falschen, weil *viel zu expansiven Geldpolitik.* Aufgrund reichhaltiger Finanzierungsmöglichkeiten und günstiger Finanzierungskonditionen beginnen viele Akteure, sich mehr und mehr zu verschulden und mit den aufgenommenen Krediten Vermögensgüter, also z. B. Aktien und Immobilien, zu kaufen. Das wiederum treibt deren Preise nach oben, was derartige Transaktionen immer profitabler macht und die Akteure ermuntert, ihre diesbezüglichen Transaktionen auszuweiten. Getrieben durch starkes Kreditwachstum – der Kauf der Vermögensgüter wird in immer größerem Umfang mit Krediten finanziert – steigen und steigen die Preise. Eine Vermögenspreisblase entwickelt sich. Die gestiegenen Vermögenspreise interpretieren die Akteure als gestiegenes Vermögen. Aufgrund dieses *Vermögenseffekts* weiten sie ihren Konsum stark aus.

Doch kleine Stockungen und erste Kreditausfälle bei völlig überschuldeten Akteuren können einen abrupten Umschlag, einen drastischen Verfall der Vermögenspreise einleiten. Da viele ihre Kredite mit derartigen Assets besichert haben, deren Wert nun dramatisch fällt, werden mehr und mehr Schuldner *insolvent.* Ihre Bemühungen, die Schulden durch den Verkauf von Vermögensgütern zu reduzieren – man spricht hier von *Deleveraging* –, beschleunigen nur deren Preisverfall (Aggregationsparadoxon). Die steigende Anzahl von Insolvenzen kann schließlich auch Banken in Bedrängnis bringen. Bankzusammenbrüche können die Folge sein, was die Wirtschaftskrise weiter verschärft. Die vormals übertriebenen Erwartungen (Euphorie) und damit verbundenen Preisausschläge nach oben gehen jetzt in die Gegenrichtung. Es drohen tatsächlich Paniken und maßlose Übertreibungen nach unten – und damit dramatisch fallende Preise von Vermögensgütern, was wiederum auch an sich solide Banken wie Unternehmen mitreißen kann.[8]

---

8 In etwa nach diesem Muster entwickelte sich auch die im Jahr 2007 in den USA ausgebrochene *Finanzkrise.* Allerdings waren nicht nur Immobilienpreisblasen und deren Platzen für die Schwere der Krise verantwortlich, sondern vor allem viele Banken selbst, die in besorgniserregendem Umfang selbst (zum Teil mit dem Geld der Sparer) zu spekulieren begonnen hatten. Sie hatten ihre Bilanzen enorm aufgebläht und sich selbst in hochriskanter Weise verschuldet. Und das, um mit dem geliehenen Geld bestimmte Finanzprodukte zu kaufen, deren Risiken sie nicht richtig eingeschätzt haben.

Ausgehend z. B. von Zusammenbrüchen von Großunternehmen oder Banken kann in weiterer Folge die Stabilität des Finanzwesens ernsthaft untergraben werden, wenn die Masse der Einleger das Vertrauen in das Bankensystem verliert und ein sogenannter *Bank Run* droht. In diesem Fall wollen sehr viele Einleger aus Angst, ihre Ersparnisse zu verlieren, ihre Einlagen abheben. Dies ist aber deshalb nicht möglich, weil Banken nur einen geringen Teil der Einlagen als Liquiditätsreserve halten und den Großteil an Schuldner verliehen haben. Von daher sind Banken besonders für Liquiditätsprobleme anfällig und in allen Staaten strengen Regulierungen unterworfen, die aber die Finanzkrise der Jahre 2007ff. eher verursacht als verhindert haben.[9] Infolge des hohen Grades der Finanzmarktglobalisierung übertragen sich Krisen im Finanzsystem besonders leicht über nationale Grenzen hinweg. Man spricht dann von sogenannten *Ansteckungseffekten* oder von *Contagion*.

Als weitere geld- bzw. finanzwirtschaftliche Krisenursachen kommen abrupte und starke Preisniveauveränderungen oder Wechselkursschwankungen (Auf- und Abwertungen) in Frage. Auch hier sind derartige Phänomene zumeist Auslöser für Krisen, nicht deren tiefer liegende Ursache. Derartige Schocks haben zumeist schwere Krisen im Bank- bzw. Finanzwesen einer Volkswirtschaft zur Folge und erfassen schließlich auch die Realwirtschaft. Dies insbesondere dann, wenn die Auslandsverschuldung bzw. die Verschuldung in ausländischer Währung sehr hoch ist. Kommt es zu einer Abwertung, so steigen die Schulden der Haushalte und Unternehmen, aber auch des Staates stark an. Als Folge bricht die gesamtwirtschaftliche Nachfrage ein. Es kommt zu schweren Depressionen und stark steigender Arbeitslosigkeit.

13.3 Stabilisierungs- und Wachstumspolitik

Ein wesentliches Ziel der Makroökonomik ist die *theoretische Fundierung einer Wirtschaftspolitik*, die bestimmte gesellschaftlich als wünschenswert angesehene *gesamtwirtschaftliche Ziele* erreichen möchte. Zu diesen Zielen – man spricht in diesem Zusammenhang von *Stabilitätszielen* und bei der Bemühung, sie zu erreichen von *Stabilitätspolitik* – zählen vor allem:[10]

---

9 Siehe dazu Genaueres in Kapitel 16.4.

10 Dagegen versteht man unter *Allokationspolitik* den Versuch, eine *effiziente Verteilung der Ressourcen* zu gewährleisten (*mikroökonomisch* fundiert), im Zusammenhang mit den Maßnahmen, die auf eine ‚gerechte‘ Einkommensverteilung abzielen, spricht man schließlich von *Distributionspolitik* (Umverteilungspolitik).

- ein möglichst *hohes Beschäftigungsniveau*, oder, anders herum, eine möglichst *niedrige Arbeitslosigkeit*,[11]
- ein möglichst hohes und nachhaltiges *(qualitatives) Wirtschaftswachstum*,
- eine möglichst *niedrige* und *konstante Inflationsrate,* d. h. ein möglichst *stabiles Preisniveau,*
- ein *außenwirtschaftliches Gleichgewicht*, also eine ausgeglichene Leistungsbilanz und einen stabilen Wechselkurs, um für die internationale Einbindung der Ökonomie stabile Rahmenbedingungen zu schaffen.

Abgesehen von der Frage, inwiefern diese Ziele miteinander harmonieren oder zueinander in einem neutralen oder konfliktären Verhältnis stehen – man spricht hier von der Problematik der *‚magischen Vielecke'* –, geht es vor diesem Hintergrund eines wirtschaftspolitischen Zielkatalogs um die Möglichkeiten der Realisierung dieser Ziele, also die Frage, *was zu tun ist, welche Politik zu verfolgen ist, um eine möglichst große Annäherung an diese Ziele zu gewährleisten?*

Im Kontext der Makroökonomik stehen dafür vor allem zwei zentrale Politiken zur Verfügung:

- Die *Fiskalpolitik*, die durch die Beeinflussung von Staatsausgaben und Steuern, also durch das Staatsbudget, versucht, auf den Konjunkturzyklus bzw. auf das Wirtschaftswachstum einzuwirken. Akteur dieser Politik ist die Regierung.
- Die *Geldpolitik*, die durch die Beeinflussung von Geldmenge und Zinssatz ebenfalls versucht, einerseits via gesamtwirtschaftliche Nachfrage auf den Konjunkturzyklus und andererseits durch stabile monetäre Rahmenbedingungen auf das Wirtschaftswachstum einzuwirken. Akteur dieser Politik ist die Zentralbank, in der Europäischen Wirtschafts- und Währungsunion (EWWU) die *Europäische Zentralbank (EZB)*.

---

[11] Hier ist insofern Vorsicht geboten, als man gut tut, sich in Erinnerung zu rufen, dass das Ziel des Wirtschaftens primär in möglichst hohem Konsum und nicht in viel Arbeit liegt!

14 Makroökonomische Standpunkte

Bevor in den nächsten Kapiteln die makroökonomischen Zusammenhänge in ihren Grundzügen dargestellt und erläutert werden, soll zunächst der ‚multiparadigmatische' Charakter der Makroökonomik dadurch hervorgehoben werden, dass die Standpunkte der beiden wesentlichen makroökonomischen Schulen vorgestellt werden. Stark vereinfacht kann man sagen, dass in der Makroökonomik einander *zwei* ‚*Schulen*' bzw. ‚*Denkrichtungen*' gegenüberstehen: Die Klassiker bzw. Neoklassiker und Monetaristen auf der einen Seite, die ein starkes Vertrauen in die Wirkkräfte von Marktwirtschaften eint und die Keynesianer, Neokeynesianer oder allgemein: *Interventionisten* auf der anderen Seite, die der Marktwirtschaft grundsätzlich skeptisch gegenüberstehen und bezweifeln, dass die Marktkräfte automatisch und stets auf ein gesamtwirtschaftliches Gleichgewicht hinarbeiten, bei dem Vollbeschäftigung herrscht.

Diese *eingriffsfreundlich* gesinnten Ökonomen – daher *Interventionisten* – berufen sich auf die vom berühmten britischen Ökonomen *John Maynard Keynes* (1883–1946) in den Zeiten der *Großen Depression* der 1930er-Jahre vorgestellte Theorie. Keynes' Hauptwerk mit dem Titel: ‚*Eine allgemeine Theorie der Beschäftigung, des Zinses und des Geldes*' (‚A General Theory of Employment, Interest, and Money') erschien im Jahre 1936 und kann zurecht als die Geburtsstunde der Makroökonomik angesehen werden. Was bis zum Ausbruch der Finanz-, Wirtschafts- und Staatsschuldenkrise weitgehend vergessen wurde, ist, dass die Makroökonomik von ihrer Entstehung wie ihren eigentlichen Hauptfragestellungen her in erster Linie eine Krisentheorie ist. Keynes wollte nicht nur zeigen, wie es zu lang anhaltenden Wirtschaftskrisen kommen kann, sondern vor allem auch, was man gegen Wirtschaftskrisen und damit gegen Arbeitslosigkeit, die seiner Ansicht nach immer durch zu geringe gesamtwirtschaftliche Nachfrage bedingt sind, wirtschaftspolitisch tun kann.

Zufolge Keynes' Theorie ist das automatische Erreichen eines Vollbeschäftigungsgleichgewichts in einer Marktwirtschaft – wie es die klassischen Ökonomen nach ihrer Gleichgewichtsidee postulieren – reiner Zufall. Viel wahrscheinlicher hingegen ist – nach keynesianischen Vorstellungen – ein sogenanntes gesamtwirtschaftliches Gleichgewicht, bei dem *Unterbeschäftigung am Arbeitsmarkt* herrscht. Deshalb spricht man von einem ‚*Unterbeschäftigungsgleichgewicht*'.

Die Erklärung für ein derartiges Unterbeschäftigungsgleichgewicht sehen die Keynesianer weniger in nicht ausreichend flexiblen Preisen (‚Preisrigiditäten'), insbesondere in nach unten inflexiblen Löhnen, sondern vor allem einer nicht ausreichenden gesamtwirtschaftlichen Nachfrage (‚*deficient demand*') sowie in der *Geldwirtschaft* begründet. Wie schon ausgeführt, erleichtert Geld durch seine Rechen- und Zahlungsmittelfunktion das Tauschen und Wirtschaften generell enorm. Da Geld aber auch die sogenannte *Wertaufbewahrungsfunktion* übernimmt, kann es durch erhöhte Geldhaltung zu Nachfrageausfällen kommen. In einer Geldwirtschaft muss nämlich das, was man am Markt durch einen Verkauf von Gütern und Dienstleistungen erlöst hat, nicht sofort wieder ausgegeben werden. Durch Geldhaltung kann Konsum sehr leicht in die Zukunft verlagert werden und damit in der Gegenwart als Nachfrage fehlen.

Zum einen kann das schon erwähnte *Sparparadoxon* zu Problemen führen: Erhöhtes Sparen führt nach keynesianischer Überzeugung zu Nachfrageausfällen, woraufhin die Unternehmen die Produktion zurückfahren und Arbeitskräfte entlassen. Daraufhin sinkt das Einkommen, was die Nachfrage noch einmal dämpft. Senkungen des Zinssatzes können in bestimmen Fällen, nämlich bei besonders schlechten Erwartungen, den Ausgleich zwischen Sparen und Investieren nicht bewerkstelligen.

Zum anderen verschärft sich die Situation, wenn das erhöhte Sparen in Form von *verstärkter Bargeldhaltung* erfolgt. Gerade in Zeiten hoher Unsicherheit steigt die Bargeldhaltung, wodurch dem Wirtschaftskreislauf Mittel entzogen werden (wobei bei schlechten Erwartungen auch gar nicht oder sehr wenig investiert wird). Je nach Umfang der erhöhten Geldhaltung kann es damit zu makroökonomisch relevanten *Nachfrageausfällen* und damit zu Produktionsrücknahmen und Beschäftigungsabbau kommen. Die mit der fallenden Beschäftigung einhergehende Reduktion des Einkommens kann zu weiteren Nachfragerückgängen und damit erneuten Produktionsrücknahmen führen.

Erhöhte Bargeldhaltung in Zeiten erhöhter Unsicherheit kann schließlich zu ernsten Problemen bei den Banken führen. Eine der Hauptaufgaben der Banken ist die Kanalisierung des Sparens der Haushalte in produktive Investitionen der Unternehmen. Während die Spareinlagen aber in der Regel kurzfristige Kredite an die Banken darstellen (die freilich in der Regel immer wieder und automatisch verlängert werden), sind die Kredite, die die Banken begeben, langfristig gebunden. Wenn nun – aus welchen Gründen immer – mehr und mehr Einleger Bargeldhaltung bevorzugen, es also zu einem Bank run kommt, droht den Banken Illiquidität. Bankzusammenbrüche aber lähmen die Zahlungsmittelfunktion des Geldes, sodass die Realwirtschaft (jeder Tausch erfolgt ja mit Geld!) zum Erliegen kommt.[1]

14.1 Das Say'sche Gesetz

Ein zentraler Punkt der makroökonomischen Auseinandersetzung ist das sogenannte *Say'sche Theorem*. Es geht auf den berühmten französischen Ökonomen *Jean Baptiste Say* (1767–1832) zurück und stellt einen Grundpfeiler der ‚*klassischen Ökonomik*' dar. Dieses Theorem lautet in seiner (scheinbar) einfachsten und zugleich populärsten For-

---

1 Dass eine Versicherung für die Banken, ob in Form der Einlagensicherung, ob explizit oder implizit, gerade keine Lösung dieses Problems darstellt, hat die Finanzkrise deutlich gemacht. Siehe dazu Kap. 16.4.

mulierung: *‚Jedes Angebot schafft sich seine Nachfrage!'* und negiert damit die Möglichkeit *gesamtwirtschaftlicher Absatzkrisen,* also ungenügender gesamtwirtschaftlicher Nachfrage und – damit verbunden – einer unfreiwilligen Arbeitslosigkeit. Das Say'sche Gesetz trifft für eine *Naturaltauschwirtschaft* zweifellos zu. Gibt es nämlich kein Geld, dann wird unmittelbar klar, was mit einem Tausch am Markt bezweckt wird: Nämlich die Beschaffung bestimmter Güter und Dienstleistungen, also *Nachfrage,* die durch ein Angebot bzw. den erfolgreichen Verkauf der eigenen Güter und Dienstleistungen notwendigerweise finanziert werden muss. Wie schon erwähnt, kann in einer *Geldwirtschaft* der Akt des Verkaufens vom Akt des Kaufens getrennt werden: Der (mit dem Verkauf beabsichtigte) Konsum kann in die Zukunft verlegt werden und damit in der Gegenwart zu Nachfrageausfällen mit den bekannten negativen Folgen führen.

‚Stringentere' Versionen des Say'schen Gesetzes lauten:

1. *‚Die Produktion findet nicht der Produktion wegen statt, sondern um damit Einkommen zu schaffen, das anderweitig wieder verausgabt wird.'*
   Warum wird etwas produziert und angeboten? Doch wohl, um damit Einkommen zu schaffen und es auszugeben! Letztlich also, um damit konsumieren zu können. Es gilt ja: *‚Consumption is the sole end and purpose of all production'* wie *Adam Smith* meinte. Generell wird man versuchen, das verdiente Geld der besten Verwendung zuzuführen, also es entweder für Konsum oder für Sparen bzw. Investieren zu verwenden. Konsum und Investition sind unmittelbar nachfragewirksam, Sparen mittelbar. Denn warum akzeptiert eine Bank eine Spareinlage (und zahlt dafür Zinsen)? Weil sie die Absicht hat, diese Spareinlagen als Kredite (gegen höhere Zinsen) zu vergeben. Der Kreditnehmer verwendet den Kredit aber, um damit eine Beschaffung zu finanzieren, also eine Nachfrage tätigen zu können. Sparen wird also ebenfalls zu einer Ausgabe, nämlich der des Kreditnehmers. *Abgesehen von Horten* ist damit *alles,* auch das Sparen eine Ausgabe, wird nachfragewirksam und ist damit dem Wirtschaftskreislauf *nicht* entzogen.
2. *‚Wenn Löhne und Preise vollständig flexibel sind, dann wird sich die Wirtschaft langfristig beim Vollbeschäftigungsoutput einpendeln.'*
   Tatsächlich wird von den Interventionisten oft übersehen, dass ausreichend flexible Preise und Löhne imstande sind, rasch ein Vollbeschäftigungsgleichgewicht herzustellen. Fällt nämlich – aus irgendwelchen Gründen – die gesamtwirtschaftliche Nachfrage plötzlich, so fallen auch die Preise. Fallende Preise bedeuten aber steigende Kaufkraft und damit wieder steigende Nachfrage. Fallen auch die Löhne, dann wird es für die Unternehmen günstiger mehr Arbeitskräfte einzustellen. Und angesichts fallender Preise müssen damit die Arbeitskräfte keineswegs schlechter gestellt sein.[2] Unbeachtet bleibt bei dieser Überlegung allerdings,

---

2 Allerdings kann es sein, dass die Akteure nicht durchschauen, dass infolge von fallenden Preisen ihr *Reallohn* gestiegen ist. Kann man reale und nominelle Größen und deren Veränderung nicht voneinander unterscheiden, so spricht man von *Geldillusion.*

dass es im Zuge des Sinkens des Preisniveaus zu großen Problemen finanzwirtschaftlicher Natur kommen kann. Fallen nämlich die Preise – es herrscht somit *Deflation* –, so steigt die Reallast der Schulden an, was zu vermehrten Zusammenbrüchen von Unternehmen führen kann, die bei fallenden Umsätzen real steigende Schuldenlasten zu tragen haben. Unternehmenszusammenbrüche wiederum könnten zu Problemen im Bankensektor führen, Bank runs auslösen und damit das Finanzsystem ernsthaft gefährden.

Auch ist zu bedenken, dass dieser automatische Anpassungsprozess infolge von Preisänderungen zu einem neuen Vollbeschäftigungsgleichgewicht *Zeit*, vielleicht *zu viel Zeit* braucht, um ihn politisch durchstehen zu können. Man denke bloß an die ökonomischen Auswirkungen von politischen Schocks (z. B. Zusammenbruch des Ostblocks) oder von Kriegen. Nach Kriegsende herrschte oft Massenarbeitslosigkeit. Es braucht vielleicht bis zu zehn Jahren, bis sich die Dinge wieder einpendeln. Ist das aber politisch durchzustehen? Keynes meinte, dass die langfristige (klassische) Sichtweise für die Formulierung wirtschaftspolitischer Vorschläge zur Lösung aktueller Probleme irreführend sei: ,*In the long run we're all dead!*' Was nützt es, wenn die Ökonomie langfristig in ein Gleichgewicht bei Vollbeschäftigung zurückfindet, wenn sie sich durch die kurzfristig hohe Arbeitslosigkeit politisch zu destabilieren droht?

Das Say'sche Gesetz beruht im Wesentlichen auf der Übereinstimmung von Spar- und Investitionsplänen[3]: Wenn man spart, so wird man das Ersparte aus Ertragsgründen gleich *anlegen, nicht aber horten*! Es wäre irrational, Mittel brach liegen zu lassen. Deshalb legt es der Sparer in der Regel auf die Bank. Der ,Empfänger des Ersparten', der Kreditnehmer, wird das Geld aber aus dem gleichen Grund sofort investieren. So folgen nach klassischer Ansicht aus Sparplänen *notwendigerweise* Investitionspläne. Sparen ist daher – wie erläutert – letztlich ebenso eine Ausgabe wie Konsum. Deshalb tendiert die Wirtschaft nach klassischer Vorstellung immer zum Vollbeschäftigungsoutput. ,Praktisch' bewältigen diesen Ausgleich entsprechende Veränderungen des Zinssatzes.

14.2 Die Rolle des Geldes

Keynes bezweifelt nun den ständigen automatischen Ausgleich von Sparen (= Abflüsse aus dem Wirtschaftskreislauf) und Investieren (= Zuflüsse in den Wirtschaftskreislauf) durch entsprechende Zinssatzänderungen. Denn die *Unsicherheit* bezüglich

---

3 Die ,klassische Identität' von S_P und I ist natürlich auch zeitgeschichtlich begründet. Wer konnte denn im 19. Jahrhundert sparen? Die ,Reichen', die ,Kapitalisten'! Und bei ihnen war natürlich Sparen gleichzeitig schon Investieren, z. B. der Bau einer neuen Fabrik.

künftiger Entwicklungen kann aufgrund bestimmter Erwartungen die *Veranlagung* von Ersparnissen hemmen bzw. verhindern. Die Ersparnis erfolgt insbesondere dann in Form *erhöhter Bargeldhaltung*, also in Form von *Horten*, wenn die Angst vor Vermögenswertverlusten eine augenblickliche Veranlagung als nicht ratsam erscheinen lässt und damit die Bargeldhaltung (stark) zunimmt. Erwartet man also z. B. Kursverluste bei Wertpapieren, besteht die Gefahr der Pleite eines Schuldners oder die Erwartung von Bankzusammenbrüchen, so wird Bargeldhaltung zur bevorzugten, weil ertragreichsten und zugleich sichersten Art der Vermögenshaltung. Der Zinssatz, der in solchen Situationen für eine Veranlagung lukriert werden kann, kann dann unter Umständen nicht für diese (erwarteten) Verluste entschädigen und selbst wenn er sehr hoch ist, dem Risiko in der Einschätzung der Anleger nicht gerecht werden.[4] Zusätzlich könnte der Zinssatz infolge erhöhten Hortens steigen, was fallende Investitionen zur Folge hat und so einen Rückgang des Volkseinkommens bewirkt.

Desaströs wirkt die kollektive Erwartung fallender Preise bei Gütern und Dienstleistungen, man spricht von *deflatorischen Erwartungen*. Die ‚Hoffnung‘ auf günstigere Preise in der Zukunft lässt individuell das Aufschieben des Konsums als rational erscheinen. Die gegenwärtige Nachfrage bricht damit ein, die Produktion muss drastisch zurückgefahren, Arbeitskräfte müssen entlassen werden. Eine Spirale nach unten setzt ein.

Es ist von daher wenig verwunderlich, dass nach keynesianischer Ansicht der Gütermarkt als ‚*strategischer Markt*‘ fungiert. Es ist die *effektive Nachfrage*, also die tatsächlich am Markt auftretende, kaufkräftige Nachfrage, die die Produktion und damit auch die Beschäftigung in einer Ökonomie determiniert. In der keynesianischen Welt gilt also: *Die Nachfrage schafft sich ihr Angebot!*

Reicht diese effektive Nachfrage nun nicht aus, um Vollbeschäftigung herzustellen – etwa aufgrund pessimistischer Ertragserwartungen – und verharrt die Wirtschaft in einem *Unterbeschäftigungsgleichgewicht*, so sollte – nach keynesianischer Vorstellung – die Regierung durch *expansive Fiskalpolitik*, durch das gezielte Eingehen eines Budgetdefizits, also durch ‚*Deficit Spending*‘, die Wirtschaft ankurbeln. Über den sogenannten *Multiplikatoreffekt* wird die Veränderung des Volkseinkommens um ein Vielfaches stärker ausfallen als die sie bewirkenden zusätzlichen Staatsausgaben.[5]

---

4 Aufgrund von *asymmetrischer Informationsverteilung* am Kreditmarkt tritt sogar der gegenteilige Effekt ein: Aus dem Umstand, dass ein potenzieller Kreditnehmer sehr hohe Zinsen zu zahlen bereit ist, schließt der potenzielle Gläubiger auf die besondere Gefährdung des Schuldners – das kann auch eine Bank sein! ‚Was bringen mir‘ – so denkt der Gläubiger – 15 % Zinsen, wenn der Schuldner pleite geht und ich den ausgeliehenen Betrag verliere?‘ In diesen extremen Situationen gilt dann aus Sicht der Geldhalter: ‚*Better save than sorry!*‘ und Bargeldhaltung wird zur bevorzugten Form der Vermögenshaltung. Was das für das Bankensystem bedeutet, wurde bereits erwähnt!

5 Der *Multiplikator* ist ein Kernelement der keynesianischen Theorie. Im einfachsten Fall funktioniert der Multiplikator so: Erhöht die Regierung z. B. die Staatsausgaben um 100 Einheiten, so erhöht sich das BIP in der *ersten* Ausgabenrunde ebenfalls um 100 Einheiten. Diese Ausgaben der Regierung – z. B.

Denn zusätzliche Staatsausgaben (mehr Zuflüsse in den Wirtschaftskreislauf) oder geringere Steuern (weniger Abflüsse aus dem Wirtschaftskreislauf) erhöhen die effektive Nachfrage, was die Unternehmen zur Ausweitung der Produktion veranlasst. Die Ausweitung der Produktion ist aber nur mithilfe erhöhten Arbeitseinsatzes möglich. Mehr gesamtwirtschaftlicher Arbeitseinsatz wiederum schafft zusätzliches Einkommen, das wieder ausgegeben wird. Damit steigt die Nachfrage erneut, was zu weiterer Produktion Anlass gibt usf.[6] Bei der Politik des Deficit Spending ergeben sich indes mehrere Probleme:

– Einerseits ist die Wirkkraft der Fiskalpolitik grundsätzlich umstritten, insbesondere unter Berücksichtigung der *Finanzierungsseite:* Die Staatsausgaben müssen ja finanziert werden. Die Kreditaufnahme führt zu höheren Zinsen. Höhere Zinsen wiederum führen zu höherem Sparen, also geringerem Konsum und zu geringeren Investitionen, also ebenfalls reduzierter Nachfrage. Die erhöhte Staatsnachfrage verdrängt also die private Nachfrage: Das nennt man *Verdrängungseffekt* oder *Crowding-out.*

– Angesichts der heute bestehenden sehr hohen *internationalen Wirtschaftsverflechtungen* fließt ein besonders hoher Anteil der Staatsausgaben in Form von Importen ins Ausland und wird damit erst gar nicht im Inland nachfragewirksam. Das dämpft die Multiplikatorwirkung beträchtlich.

– Hinzu kommt, dass die mit Deficit Spending verbundene Zunahme der Staatsverschuldung die Risikoprämie eines Landes (i.e. der Zuschlag auf den Zinssatz für das erhöhte Risiko) erhöht. Die nunmehr höheren Zinsen belasten aber die Ökonomie insgesamt.

– Darüber hinaus ist eine sogenannte *diskretionäre* Fiskalpolitik, d. h. eine auf die aktuelle Konjunkturlage ausgerichtete Veränderung von Steuern und Staatsausgaben, mit *Verzögerungen* hinsichtlich Wahrnehmung des Handlungsbedarfs, der

---

für zusätzliche Lehrer oder Polizisten – werden bei den Empfängern zu *zusätzlichem Einkommen.* Dieses zusätzliche Einkommen in Höhe von 100 Einheiten wird von diesen *zum überwiegenden Teil wieder ausgegeben.* Und zwar entsprechend ihrer *marginalen Konsumneigung,* d.i. der Anteil des zusätzlichen Einkommens, der für Konsum verausgabt wird. Ist diese marginale Konsumneigung z. B. 0,9, so geben die Empfänger der Staatsausgaben 90 % ihres zusätzlichen Einkommens für Konsum aus. Und damit beginnt die *zweite* Ausgabenrunde: 90 Einheiten zusätzlicher Konsum bedeuten für die Empfänger dieser Ausgaben 90 Einheiten zusätzliches Einkommen, das diese entsprechend ihrer marginalen Konsumquote, also zu 90 % wiederum ausgeben. Es kommt zur *dritten* Ausgabenrunde usw. usf. In diesem einfachen und stark vereinfachten Beispiel folgt aus einer Erhöhung der Staatsausgaben um 100 Einheiten letztlich eine des Volkseinkommens um 1000 Einheiten. Der Multiplikator ist in diesem Beispiel somit 10.

6 Das Volkseinkommen steigt, damit aber auch die Bemessungsgrundlage für Steuern. Nach keynesianischer Überzeugung gibt es hier im Optimalfall sogar einen sogenannten *,free lunch':* Expansive Fiskalpolitik finanziert sich selbst, weil sich durch das über den Multiplikator erhöhte Volkseinkommen auch das Steueraufkommen erhöht, gleichzeitig die Wirtschaft aber die Unterbeschäftigungssituation überwindet.

Maßnahmendurchsetzung wie der Wirkung der beschlossenen Maßnahmen verbunden. Man spricht hier von der *Verzögerungsproblematik*. Diese Maßnahmen wirken möglicherweise erst dann, wenn sie gar nicht mehr nötig sind, die Wirtschaft also von selbst bereits die Krise überwunden hat. Die diskretionäre Fiskalpolitik würde damit zum Verstärker bzw. gar Auslöser konjunktureller Auf- und Abschwünge. Konjunkturen wären somit weniger Kennzeichen von marktwirtschaftlichen Systemen als vielmehr die Folge politischer Einmischung in den gesamtwirtschaftlichen Prozess.

Aus diesen Gründen stehen auf der anderen Seite die *Monetaristen,* deren Hauptvertreter *Milton Friedman* (1912–2006) seine Theorie in den 1960er-Jahren primär als Antwort auf die zunehmende Inflationsproblematik entwickelte. Die Monetaristen sind stark in der klassisch-neoklassischen Tradition der Nationalökonomie verwurzelt („neoklassische Mikrotheorie'), die um eine ‚neuartige' *Geldtheorie* erweitert wird.

14.3 Stabilität oder Instabilität des privaten Sektors?

Die Monetaristen vertreten grundsätzlich eine *interventionsfeindliche* Haltung. Ihre Überlegungen basieren auf der mikroökonomischen Einsicht, dass einerseits funktionierende Märkte automatisch Vollbeschäftigung bewirken.[7] Andererseits ist, wie in Kapitel 10 näher ausgeführt wurde, gerade der politische Prozess Ursache für zahlreiche Ineffizienzen. Diese mikroökonomische bzw. polit-ökonomische Einsicht wird durch die makroökonomische ergänzt, derzufolge *berechenbare monetäre Rahmenbedingungen* die beste Voraussetzung für eine *Stabilisierung der Erwartungen* der Wirtschaftsakteure darstellen.

Ein Kernbestandteil der monetaristischen Theorie, der die Stabilität der Marktwirtschaft untermauert, ist die sogenannte *permanente Einkommenshypothese*. Diese besagt, dass der private Konsum nicht eine Funktion des *aktuellen* (Perioden-)Einkommens ist – wie das von den Keynesianern angenommen wird. Vielmehr orientiert sich der aktuelle Konsum am *erwarteten permanenten Einkommen*. Dieses permanente Einkommen ist der maximale Betrag, den ein Individuum kontinuierlich konsumieren kann, ohne sein Vermögen zu erhöhen oder zu vermindern. Demgegenüber ist das *transitorische* Einkommen eine temporäre Abweichung des aktuellen vom permanenten Einkommen. Dieses transitorische Einkommen hat auf den privaten Konsum kaum Auswirkungen. Liegt nämlich das aktuelle Einkommen über dem permanenten, so wird gespart, liegt es darunter, wird entspart. Der Konsum der Haushalte unterliegt damit *keinen* erratischen Schwankungen. Der private Konsum als bedeutsamste

---

7 Was keinesfalls mit einer Arbeitslosenrate von null gleichgesetzt werden darf: Denn im Gleichgewicht des Arbeitsmarktes besteht in der Regel ein bestimmtes Ausmaß an *freiwilliger Arbeitslosigkeit*.

Nachfragekomponente ist damit stabil bzw. kontinuierlich wachsend, ein Umstand, der auch empirisch bestätigt werden kann.[8]

Einerseits scheidet damit der private Konsum als Quelle von Instabilitäten aus, andererseits wird das keynesianische Remedium bei (vermeintlicher) Unterbeschäftigung, nämlich ‚Deficit Spending', weitgehend wirkungslos, weil das durch erhöhte Staatsausgaben – wenn überhaupt bewirkte – zusätzliche Einkommen nicht weiter ausgegeben wird – es wird ja von den Akteuren als transitorisch betrachtet: Der Multiplikator setzt erst gar nicht ein.

Empirisch eindeutig nachweisbar und damit unbestritten ist das mitunter starke Schwanken der Investitionen. Keynes führt das auf starke Stimmungsschwankungen bei den Unternehmern zurück, für die er den Begriff *,animal spirits'* verwendet. Diese Stimmungsschwankungen können mitunter sehr stark ausfallen und von einer unbegründeten Euphorie bis zur Panik in relativ rascher Abfolge reichen. Damit sind einmal die Investitionen sehr hoch (Euphorie), ein anderes Mal brechen sie stark ein (Panik). In beiden Fällen lösen diese Investitionsschwankungen durch den Multiplikator starke Veränderungen der gesamtwirtschaftlichen Nachfrage, damit der Produktion und der Beschäftigung aus. Auch nach Ansicht der Monetaristen sind die Investitionen eine stark erwartungsbestimmte Komponente der gesamtwirtschaftlichen Nachfrage. Die Investitionen schwanken ihrer Ansicht nach aber vor allem deshalb, weil Staatseingriffe die Erwartungen der Investoren beeinflussen und immer wieder ändern. *Erwartungsstabilisierung* ist von daher eine zentrale Aufgabe der Wirtschaftspolitik im Allgemeinen wie der Makropolitik im Besonderen.

Überhaupt sehen die Monetaristen die Ursachen für konjunkturelle Auf- und Abschwünge in den Eingriffen der Regierung, primär durch *diskretionäre* Staatsausgaben- und Steuerpolitik, also in der *Fiskalpolitik á la Keynes*. Diese ist zwar nach Ansicht der Monetaristen an und für sich wirkungslos in Bezug auf die Höhe des gesamtwirtschaftlichen Outputs – es kommt zum *Crowding-out*. Allerdings bewirken die mit den staatlichen Ausgabenprogrammen verbundenen Änderungen der *Geldmenge* Störungen eines ansonsten schwankungsminimalen Wirtschaftsablaufs. Nach monetaristischer Auffassung ist es also insbesondere eine staatlich verursachte *diskontinuierliche Entwicklung der Geldmenge*, die zu konjunkturellen Auf- und Abschwüngen Anlass gibt. Daher auch der Titel des Programms: *Monetarismus: Money matters!*

Nicht zuletzt deshalb plädieren die Monetaristen für eine *regelgebundene* Geldpolitik, im Speziellen für die sogenannte *monetaristische Geldmengenregel*. Diese sieht ein *kontinuierliches und in etwa dem langfristigen Wachstum des Produktionspotenzials der Volkswirtschaft entsprechendes Geldmengenwachstum* vor, was von einer unabhängigen Zentralbank im Rahmen ihrer Geldpolitik zu erreichen versucht wird. Wenn

---

8 Über die Zeit wächst nämlich das Vermögen, die Haushalte werden – langfristig – reicher und konsumieren damit mehr.

eine jährliche Inflationsrate von 2 % als ‚Preisstabilität' gelte und das langfristige Wachstum der Ökonomie auf 2,5 % geschätzt wird, so wäre eine jährliche Wachstumsrate der Geldmenge um ca. 4,5 % anzustreben. Eine derartig langfristig orientierte und regelgebundene Geldpolitik wirkt nicht nur als *automatischer Stabilisator.*[9] Die Geldmengenregel ist vor allem auch ein zentrales Mittel zur *Erwartungsstabilisierung.*

Nach Ansicht der Monetaristen besteht die Hauptaufgabe des Staates bzw. der Regierung in der Schaffung und Sicherung *stabiler wirtschaftlicher und politischer Rahmenbedingungen,* wozu insbesondere auch *monetäre Stabilität* gehört. Innerhalb eines stabilen und abschätzbaren Umfeldes können die privaten Entscheidungsträger ihre wirtschaftlichen Aktivitäten – insbesondere die langfristig bindenden Investitions- und Veranlagungs- bzw. Sparentscheidungen – *verlässlich* planen und auch entsprechend durchführen und damit Fehler minimieren. Den Monetaristen geht es mithin zentral um die *Stabilisierung der Erwartungen der Wirtschaftssubjekte,* was am besten durch einen hohen Grad an Berechenbarkeit und Stetigkeit der Wirtschaftspolitik zu erreichen ist.

Zu den *Rahmenbedingungen,* innerhalb derer sich Wirtschaften abspielt, zählen, wie schon mehrfach erwähnt, ein entsprechendes *Rechtssystem,* das Privateigentum und freie Verfügungsmacht über (möglichst alle) Güter und Ressourcen sicherstellt (Rechtssicherheit und Vertragsfreiheit) sowie eine stabile *monetäre Ordnung,* also eine Geldverfassung, die den inneren und äußeren Wert der Währung ‚sicherstellt'. Man spricht in diesem Zusammenhang auch von *Ordnungspolitik im weitesten Sinne.*[10]

Die Monetaristen vertreten also eine Stabilisierungspolitik, die man kurz und bündig mit *‚hands off!'* betiteln könnte, während die keynesianische Stabilisierungspolitik durch *‚step in!'* sehr treffend zu bezeichnen ist.

---

9 Wächst die Wirtschaft in einer Abschwungphase langsamer, damit aber auch die Geldnachfrage, wohingegen die Geldmenge, also das Geldangebot, konstant wächst, dann fallen die Zinsen *automatisch,* was die Konjunktur ankurbelt.

10 Dagegen spricht man von *Ablaufpolitik,* wenn der Staat direkt in das Marktgeschehen eingreift, beispielsweise auf der *Makroebene* versucht, Staatsausgaben und Steuern gezielt zur Konjunkturstabilisierung einzusetzen (‚diskretionäre Fiskalpolitik'), die eben aufgrund der nicht überwindbaren Informationsmängel und Wirkungsverzögerungen (‚*lag-Problematik'*) mehr schaden als nützen können.

Übersicht 14.1: Zentrale Positionen von ‚Keynesianern‘ und ‚Monetaristen‘ im Überblick

‚Problembereich‘	‚Keynesianische Position‘	‚Monetaristische Position‘
Privater Sektor	inhärent instabil aufgrund der Unsicherheit und der damit verbundenen Erwartungsbildung (‚self-fulfilling prophecy‘); stark schwankende Investitionen lösen via *Multiplikator* starke Konjunkturschwankungen aus.	inhärent stabil, wegen stabilen Konsums: ‚*Permanente-Einkommens-Hypothese‘*. Wenn es Schwankungen der privaten Investitionen gibt, so sind diese durch *externe* Einflüsse, insbesondere auch durch politische Maßnahmen bedingt.
Gesamtwirtschaftliches Beschäftigungsniveau	primär *kurzfristige* Sicht: tendiert eher zu einem *Unterbeschäftigungsgleichgewicht*, weil Preise und Löhne inflexibel sind.	primär *langfristige* Sicht: tendiert *von selbst* zu einem *Vollbeschäftigungsgleichgewicht*, weil Preise und Löhne flexibel sind.
‚Rolle des Geldes‘	zentral als Problemursache, unbedeutend als Problemlösung: Geldpolitik wirkt in Krise nicht expansiv	zentrale Ursachen- wie Politikvariable, weil Geldmengenänderungen zentralen Einfluss auf die Wirtschaftsaktivität haben
Staatseingriff in den Wirtschaftsablauf	primär in Form diskretionärer *Fiskalpolitik*, um die gesamtwirtschaftliche Nachfrage zu steuern. Stabilisierungspolitik in Form von *antizyklischer Konjunkturpolitik* (*Deficit-Spending*) bzw. mit einem über den Konjunkturzyklus ‚ausgeglichenen Budget‘.	nicht nötig, weil die Wirtschaft ohnehin am *natürlichen Outputniveau* arbeitet und weil Eingriffe jedenfalls destabilisierend wirken. Wichtig ist dagegen die Verstetigung des Geldmengenwachstums (*Geldmengenregel*) zur Stabilisierung der Erwartungsbildung der Privaten.
Resümee	*Nachfrageseitig-fiskalischer Ansatz: ‚interventionistisch‘*: für ‚Step-in‘: *Diskretionäres* ‚Demand Management‘; ‚free lunch‘-These in Depressionsphasen.	*Nachfrageseitig-monetärer Ansatz: ‚anti-interventionistisch‘*: für ‚Hands-off‘: verlässliche, *regelgebundene* Geldpolitik im Speziellen und ‚Ordnungspolitik‘ im Allgemeinen.

15 Das Kreislaufmodell

Es wurde wiederholt darauf hingewiesen, dass das Kreislaufmodell für die Volkswirtschaftslehre im Allgemeinen wie gerade auch für die Makroökonomik im Besonderen von zentraler Relevanz ist. In Kapitel 2 wurde der einfache Wirtschaftskreislauf zwischen dem Haushalts- und dem Unternehmenssektor um den Staatssektor erweitert. Nachfolgend wird dieses Modell um die außenwirtschaftlichen Beziehungen, also um Exporte und Importe, ergänzt.

Die Bedingung für ein gesamtwirtschaftliches Gleichgewicht der Realwirtschaft ist, dass die Zuflüsse den Abflüssen entsprechen. Im einfachsten Fall (ohne Staatsaktivität und ohne Außenhandel) muss gelten, dass das, was als Sparen aus dem Kreislauf abfließt, in Form von Investitionen wieder in den Kreislauf zurückkommt. Es muss also $S_P = I$ gelten. Wird dieses einfache Modell um die Staatsaktivität erweitert, so kommen als Zuflüsse die Staatsausgaben G und als Abflüsse die Steuern T hinzu und es muss gelten: $S_P + T = I + G$.

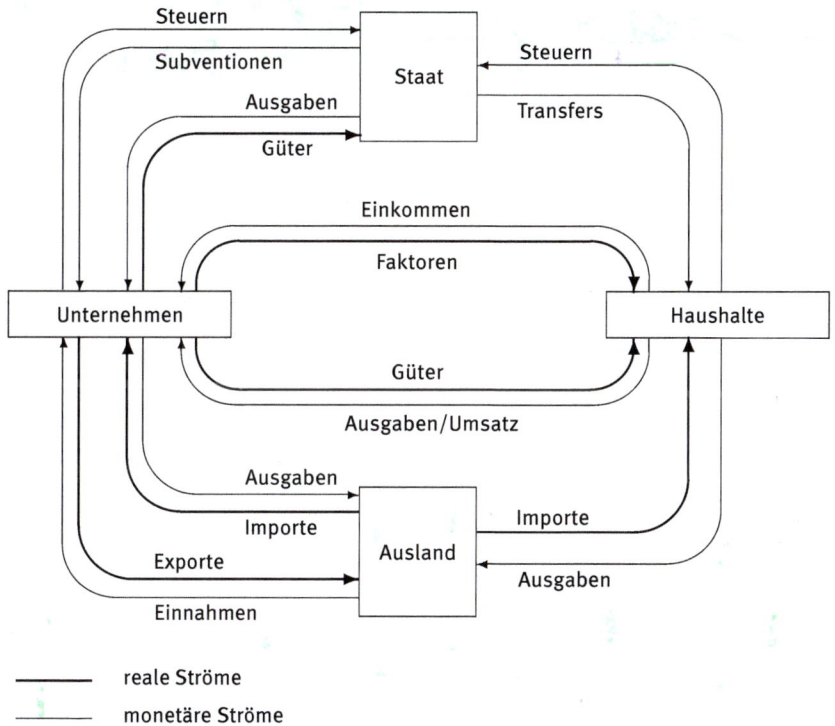

reale Ströme

monetäre Ströme

Abb. 15.1: Wirtschaftskreislauf mit Staat und Außenhandel

Die letzte Erweiterung ist die um den Außenhandel, wobei Importe *Im* als Abflüsse aus dem Wirtschaftskreislauf und Exporte *Ex* als Zuflüsse in den Wirtschaftskreislauf gelten. Die gesamtwirtschaftliche Gleichgewichtsbedingung für eine Ökonomie mit Staat und Außenhandel stellt sich dann wie folgt dar:

$$S_P + T + Im = I + G + Ex$$

15.1 Die klassische Sicht

Nach klassischer Vorstellung kommt es nun durch das Wirken der Marktkräfte, also das Zusammenspiel von Angebot und Nachfrage und die dadurch ausgelöste Änderung von Preisen zu einem *automatischen Ausgleich* von Abflüssen und Zuflüssen, damit automatisch zu einem makroökonomischen Gleichgewicht. Im Speziellen sorgen Anpassungen des *Zinssatzes am Kapitalmarkt* für den Ausgleich von Sparen und Investieren, damit auch von Güterangebot und Güternachfrage. Anpassungen der *Wechselkurse auf den Devisenmärkten* stellen eine ausgeglichene Leistungsbilanz, also die Übereinstimmung von Exporten und Importen i. w. S. sicher. Schließlich sorgt *Staatshaushaltsdisziplin für ein ausgeglichenes Budget,* d. h.: *T = G* (was nicht notwendigerweise für jede Periode gelten muss, aber über den Konjunkturzyklus hinweg gelten sollte).

Übersicht 15.1: ,Die Klassische Lösung': Automatischer Ausgleich von Abflüssen und Zuflüssen durch flexible Preise und ausgeglichenes Budget

$S_P = I$	→	über den Zinssatz am Kapitalmarkt
$G = T$	→	durch die Forderung nach einem ausgeglichenen Budget
$Ex = Im$	→	über einen flexiblen Wechselkurs am Devisenmarkt

Der Ausgleich von Sparen und Investieren erfolgt durch die entsprechende Anpassung des Zinssatzes: Steigt das Sparen (= Rechtsverschiebung der Kapitalangebotskurve), so wird der Zinssatz sinken und damit zusätzliche Investitionen anregen (siehe Abb. 15.1). Die höheren Abflüsse durch das zusätzliche Sparen werden durch die höheren Investitionen (= mehr Zuflüsse) kompensiert.

Wie aber erfolgt der Ausgleich von Exporten und Importen? Auch dieser wird bei *flexiblen Wechselkursen* automatisch hergestellt. Flexible Wechselkurse sind solche, die frei schwanken können und sich auf den Devisenmärkten frei nach den Gesetzen von Angebot und Nachfrage bilden.

Einem Handelsbilanzdefizit (*Ex < Im*) entspricht nämlich eine Überschussnachfrage am Devisenmarkt. Denn für Importe muss in ausländischer Währung bezahlt

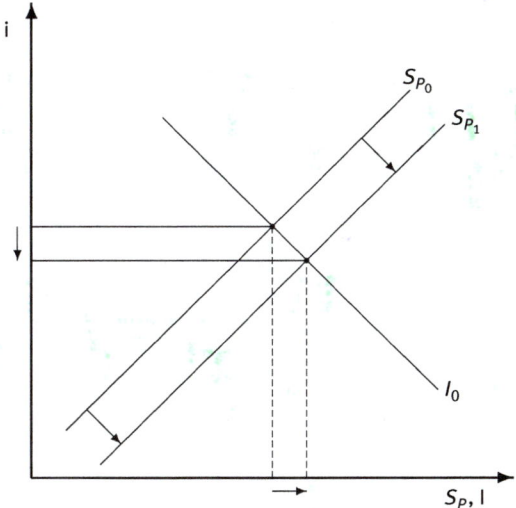

Abb. 15.2: Ausgleich von Sparen und Investieren am Kapitalmarkt

werden. Da annahmegemäß nicht genug Exporterlöse dafür zur Verfügung stehen (es herrscht ja ein Handelsbilanzdefizit: *Ex < Im*), wird inländische Währung angeboten, um die ausländischen Währungen (die Devisen) kaufen zu können. Infolgedessen steigt der Devisenkurs, der Preis der ausländischen Währung. Es kommt zu einer *Aufwertung der ausländischen und damit pari passu zu einer Abwertung der heimischen Währung.* Dies aber *verteuert die Importe und macht die Exporte günstiger*, was letztlich zum Ausgleich der Handelsbilanz führt. Freilich braucht dieser Prozess Zeit. Auch ist es keineswegs erforderlich, dass die Handelsbilanz in jeder Periode ausgeglichen ist.

Umgekehrt führt ein Handelsbilanzüberschuss (*Ex > Im*) zu einer *Aufwertung der heimischen Währung*, was die Exporte verteuert und die Importe verbilligt. Wiederum wird durch die Wechselkursanpassungen – *langfristig und automatisch* – eine ausgeglichene Handelsbilanz hergestellt.

Diese Argumentationskette lässt sich so zusammenfassen:

Übersicht 15.2: Automatischer Handelsbilanzausgleich bei freien Wechselkursen

$Ex < Im$ →	$WK\uparrow$ →	$Ex\uparrow$ und $Im\downarrow$ →	$Ex = Im$
$Ex > Im$ →	$WK\downarrow$ →	$Ex\downarrow$ und $Im\uparrow$ →	$Ex = Im$

15.2 Die keynesianische Sicht

Keynes und die Keynesianer bezweifeln nun einerseits diesen marktwirtschaftlichen Automatismus. Andererseits wenden sie ein, dass selbst die *Übereinstimmung* von Zuflüssen und Abflüssen, also das Gütermarktgleichgewicht, nicht notwendigerweise zugleich Vollbeschäftigung bedeuten muss. Als Erläuterung dienen die Geschehnisse auf dem Kapitalmarkt, wobei zu bedenken ist, dass Sparer und Investoren nicht dieselben Personen sind. Ein *verstärktes* Sparen der Haushalte (Rechtsverschiebung der Kapitalangebotskurve von S_0 zu S_1) kann über die damit verbundene Nachfragereduktion am Gütermarkt zu *geringeren* Investitionen seitens der Unternehmer (einer Linksverschiebung der Investitionskurve von I_0 zu I_1) und damit zu einem *Gleichgewicht ($I = S$) unterhalb* des anfänglichen Gleichgewichts führen (siehe Abb. 15.3b). Dieses Gleichgewicht wäre dann eines bei Unterbeschäftigung: Es fehlt an ausreichender gesamtwirtschaftlicher Nachfrage, um Vollbeschäftigung zu erreichen. Auch am Arbeitsmarkt könnten ähnliche Probleme auftreten. Wie schon beim Lohnsenkungsparadoxon erwähnt, können Lohnsenkungen aufgrund der damit verbundenen Nachfragereduktion am Gütermarkt die Nachfrage nach Arbeitskräften reduzieren.[1]

Kommt es also zunächst zu einem Ungleichgewicht, sind also die Zuflüsse nicht gleich den Abflüssen, so wird das neue Gleichgewicht nach Ansicht der Keynesianer nicht durch Preisanpassungen, *sondern durch Anpassungen des Outputs und der Beschäftigung via Multiplikator* wiederhergestellt.

Sind die Zuflüsse größer als die Abflüsse, beispielsweise *Ex > Im* wie es bei einem Handelsbilanzüberschuss der Fall ist, so steigt das Volkseinkommen. Damit aber werden auch die Abflüsse größer – es wird bei steigendem Volkseinkommen auch mehr gespart und mehr importiert –, bis wiederum via Multiplikator ein Gleichgewicht erreicht wird, mit höherem Volkseinkommen und höherer Beschäftigung.

Sind demgegenüber die Abflüsse größer als die Zuflüsse, z. B. bei einem Handelsbilanzdefizit, so fällt das Volkseinkommen. Damit fallen aber auch die Abflüsse, denn bei fallendem Volkseinkommen kann weniger gespart und weniger importiert werden. Wiederum ist via Multiplikator ein neues Gleichgewicht erst erreicht, wenn bei einem niedrigeren Volkseinkommen und niedrigerer Beschäftigung die Abflüsse wieder so groß sind wie die Zuflüsse:[2]

---

1 Außerdem bringt Keynes noch ein Argument gegen flexible Löhne vor: Löhne sind der größte Kostenbestandteil: Wären sie tatsächlich völlig flexibel, wie sollte man dann noch ‚verlässlich' kalkulieren können?

2 Es wundert daher kaum, dass den Keynesianern der Vorwurf gemacht wird, in der Tradition der *Merkantilisten*, einer ökonomischen Schule des Absolutismus des 18. Jahrhunderts, zu stehen. Diese befürworteten eine Politik der positiven Handelsbilanz, weil sie meinten, dass infolge von Geldzufluss die inländische Wirtschaft belebt würde.

Im keynesianischen Modell reagieren die Mengen anstatt der Preise.

Besondere Skepsis zeigen die Keynesianer gegenüber der ,Logik des klassischen Kapitalmarkts', auf dem durch Zinssatzanpassungen der Ausgleich zwischen gesamtwirtschaftlichem Sparen und Investieren hergestellt werden soll.

Im Detail wird eingewendet:

– ob dieser Ausgleich grundsätzlich (immer) hergestellt werden kann. So kann z. B. auf dem Kapitalmarkt in einer *Depressionsphase* aufgrund der besonders schlechten Erwartungen das Sparen bei jedem Zinssatz größer sein als das Investieren. Aufgrund des Konjunkturpessimismus liegt die Investitionskurve (= Kapitalnachfragekurve) weit links, die Sparkurve (= Kapitalangebotskurve) weit rechts (siehe Abb. 15.3a). Es gibt also keinen Schnittpunkt dieser Kurven im positiven Bereich;

– dass selbst wenn dieser Ausgleich doch ,geschafft' wird, der Prozess dahin *zu lange dauern* kann und die damit verbundene hohe Arbeitslosigkeit in der Übergangsphase (mehrere Jahre?) politisch nicht durchzustehen ist.

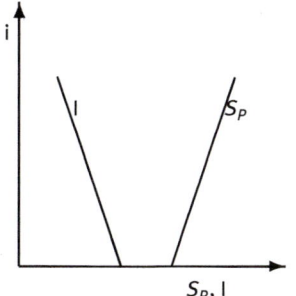 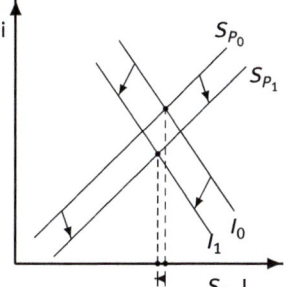

Abb. 15.3: ,Kapitalmarktprobleme'

Dass tatsächlich Vollbeschäftigung erreicht wird, ist ja für die Klassiker durch die Gültigkeit des *Say'schen Gesetzes* sichergestellt, demzufolge sich das Angebot seine Nachfrage schafft. Keynes hingegen stellt diesen Zusammenhang auf den Kopf: Für ihn ist – jedenfalls in der kurzen Frist und die ist für die Akteure relevant – die effektive gesamtwirtschaftliche Nachfrage für die Höhe der Beschäftigung bestimmend. Daher schlagen die Keynesianer eine aktive Steuerung der gesamtwirtschaftlichen Nachfrage durch *expansive Fiskalpolitik,* also durch *Deficit Spending,* vor. In der Logik des Kreislaufmodells bedeutet dies zusätzliche Zuflüsse, nämlich die zusätzlichen Staatsausgaben, die den Wirtschaftskreislauf beleben sollen.

Allerdings ergeben sich infolge von Deficit Spending unerwünschte und unbeabsichtigte Folgewirkungen.[3] Da das Staatsdefizit über Kredite finanziert werden muss, kommt es zum sogenannten *Zins-Crowding-Out*. Durch die zusätzliche staatliche Kapitalnachfrage (Rechtsverschiebung der Kapitalnachfragekurve im Umfang des Defizits) steigen die Zinsen. Damit steigt das private Sparen. Es gibt also weniger Konsumnachfrage bei gleichzeitiger Reduktion der privaten Investitionen. Und das ist *das* Problem! Kurzfristig gibt es dann gar keinen bzw. nur einen sehr geringen Nachfrageeffekt. Doch reduziert sich aufgrund der gesunkenen privaten Investitionen das *Wirtschaftswachstum*: Der Kapitalstock wächst nun ja langsamer. Damit aber kommt es zu sich verschärfenden Problemen am Arbeitsmarkt. Denn Kapital ist ein *komplementärer Faktor* zu Arbeit. Wächst der Kapitalstock infolge von Crowding-out langsamer, so trifft dasselbe auch auf die Nachfrage nach Arbeit zu.[4]

Zu beachten ist allerdings, ,was' mit dem Defizit geschieht, *wofür* die Staatsausgaben verwendet werden? Werden sie *investiv* verwendet, kann es unter Umständen, d. h. in Depressionsphasen, in denen ausreichende Freikapazitäten zur Verfügung stehen und kein Zinsanstieg zu befürchten ist, sogar zu einem sogenannten ,*Crowding-in*' kommen: Staatliche Investitionen, z. B. im Infrastruktur- oder im Bildungsbereich, können über die dann sich entwickelnde Multiplikatorwirkung einerseits und die bessere volkswirtschaftliche Kapitalausstattung andererseits private Investitionen nach sich ziehen. Wird das Defizit jedoch *konsumtiv* verwendet, so ist das in der Regel mit den oben beschriebenen negativen Effekten verbunden.

15.3 Erweiterungen des einfachen Modells

Ausgehend von

$$S_P + T + Im = I + G + Ex$$

kann diese Gleichung reformuliert werden zu:

$$(S_P - I) + (T - G) = (Ex - Im)$$

---

3 Siehe dazu die detaillierten Ausführungen in Kap. 17.5.

4 Investitionen – positive Veränderungen des Kapitalstocks einer Volkswirtschaft – machen ja die Arbeit *produktiver*, erhöhen also deren Grenzprodukt. Mathematisch gesehen ist die *Kreuzableitung* der Produktionsfunktion *positiv*:

$$\frac{\partial^2 Q}{\partial A \partial K} > 0$$

Graphisch gesehen verschiebt sich bei steigendem Kapitalstock die Produktionsfunktion nach oben und damit die Grenzertragsfunktion der Arbeit nach rechts. *Damit steigen Reallohn bzw. Beschäftigung.* Fallen die Investitionen – eben aufgrund des Crowding-out, dann schwächt sich diese für die Arbeit positive Entwicklung ab oder kommt sogar gänzlich zum Erliegen.

wobei $(S_P - I)$ den private Sparüberschuss, $(T - G)$ das Staatsbudget und $(Ex - Im)$ die Leistungsbilanz abbildet. Diese Gleichung kann nun wie folgt interpretiert werden: Wenn das private Sparen das private Investieren übersteigt, also $(S_P - I) > 0$ gilt, so liegt ein Sparüberschuss seitens der Privaten vor. Angenommen, das Staatsbudget $(T - G)$ ist ausgeglichen, dann folgt daraus, dass diese Ökonomie mehr exportiert als importiert, denn dann muss auch die rechte Seite der Gleichung positiv sein, also gelten $(Ex - Im) > 0$.[5]

Aber auch folgende Interpretation ist möglich: Wenn das Staatsbudget ein Defizit aufweist, also $(T - G) < 0$ gilt und das private Sparen dem privaten Investieren entspricht, also $(S_P - I) = 0$ gilt, dann folgt aus dem Staatsdefizit ein Leistungsbilanzdefizit. In diesem Fall spricht man von einem *Zwillingsdefizit (Twin Deficit)*. Das staatliche Budgetdefizit führt also zu einem Handelsbilanzdefizit bzw. verschärft dieses.

Und schließlich: Ist die Leistungsbilanz ausgeglichen, gilt also $(Ex - Im) = 0$ und liegt ein Staatsdefizit vor, so geht das nur mit einem privaten Sparüberschuss, also $(S_P - I) < 0$. Ein Teil des privaten Sparens wird zur Finanzierung des Staatsdefizits benötigt, was die privaten Investitionen verdrängt (Crowding out).

---

5 Hier zeigt sich klar, welche Formen das inländische Sparen annehmen kann: Einerseits geht es in die inländischen Investitionen, zum Anderen in Forderungen an das Ausland. Eine weitere Möglichkeit besteht im Erwerb von ausländischen Anlagen, von Vermögensgütern im Ausland. Man spricht dann von *ausländischen Direktinvestitionen („foreign direct investments')*.

16 Geld und Geldpolitik, Banken und Finanzmarktstabilität

16.1 Geld: Definition und Funktionen

Unter *Geld* versteht man ein Vermögensobjekt, mit dem man unmittelbar bezahlen kann. In modernen Gesellschaften ist Geld *gesetzliches Zahlungsmittel*, d. h. es *muss* zur Tilgung von Verbindlichkeiten akzeptiert werden.

Geld wird nicht primär des Geldes selbst wegen gehalten, sondern aufgrund der ‚Möglichkeiten‘, der Annehmlichkeiten, die es eröffnet. Die Verwendung, damit die Haltung, die *Nachfrage von Geld* – wie die Ökonomen zu sagen pflegen – ist vor allem deshalb mit erheblicher Nutzenstiftung verbunden, weil die Notwendigkeit der *doppelten Koinzidenz* für Tauschgeschäfte überflüssig wird. Die *Transaktionskosten* werden damit drastisch gesenkt (Ersparnis von Informations- und Suchkosten). Knappe Ressourcen und Zeit werden damit frei für Konsum- und Produktionsaktivitäten.[1] Andererseits ist die Geldhaltung nicht kostenlos, denn sie bedeutet *Verzicht* auf den Nutzen, der durch das ‚Halten‘ anderer Vermögensgüter, sogenannter ‚assets‘, erzielt werden könnte. Geldhaltung verursacht also ebenfalls Opportunitätskosten.

Die *wichtigsten Funktionen* des Geldes sind:

1. *Zahlungs-* und *Schuldentilgungsfunktion:* Dies ist wohl die zentrale Funktion des Geldes, wobei *jedes Objekt, das als allgemeines Zahlungsmittel benutzt wird, als Geld* anzusehen ist.[2]

2. Die Verwendung von Geld als *Recheneinheit* bringt erhebliche *Erleichterungen des Wirtschaftsverkehrs,* indem es als einheitlicher Wertmaßstab fungiert und damit die Vergleichbarkeit und das Erkennen der Vorteilhaftigkeit der einzelnen Handlungsalternativen erleichtert. Auch hier ergibt sich also eine enorme Ersparnis von Mühe. Denn in einer Naturaltauschwirtschaft (‚barter economy‘) ohne Geld gäbe es – ohne Reziprokwerte! – nicht weniger als $\frac{(n^2-n)}{2}$ Austauschrelationen. Bei nur 100 000 Gütern wären dies ca. 5 Mrd. *relative Preise* im Vergleich zu nur 100 000 Geldpreisen.

3. Geld als *Wertaufbewahrungsmittel* ermöglicht die Erhaltung bzw. die Verlagerung von Vermögen bzw. Kaufkraft in die Zukunft. Als Vermögensaufbewahrungsmittel werden grundsätzlich solche Dinge bevorzugt, deren *realer* Wert erhalten bleibt

---

1 Vgl. dazu die Ausführungen in Kapitel 9.2.1.

2 Verliert das offizielle Geld das Vertrauen der Akteure, z. B. in Zeiten von Hyperinflation, d. i. eine besonders starke Geldentwertung mit Inflationsraten von über 10 % pro Monat, so werden andere Güter, z. B. Zigaretten, als Geld, als Zahlungsmittel, verwendet.

bzw. steigt. Gerade durch die Wertaufbewahrungsfunktion des Geldes können, wie schon mehrfach erwähnt, makroökonomische Probleme entstehen.[3]

16.2 Geldnachfrage und spekulative Geldhaltung

Die Analyse der Geldnachfrage geht von der Frage aus, *warum die Wirtschaftssubjekte wie viel Geld halten.* Grundsätzlich ergibt sich die Notwendigkeit zur Geldhaltung aus dem Umstand, dass Einzahlungen und Auszahlungen *nicht synchron* verlaufen und man damit zur ‚Lagerhaltung von Geld' gezwungen ist.

Das Halten von Geld ist – wie erwähnt – mit Opportunitätskosten verbunden (Zinsentgang), aber freilich auch mit Vorteilen: Geldhaltung bedeutet Liquidität und vermeidet Kosten: Man ist jederzeit zahlungsfähig, kann ‚günstige' Käufe wahrnehmen, vermeidet unter Umständen teure Umwandlungskosten anderer Vermögensgüter in Geld im Falle drohender Illiquidität. Aus dem Abwägen der Vor- und Nachteile der Geldhaltung resultiert ein *optimaler* Zahlungsmittelbestand. Um das zu verstehen, muss man die drei zentralen *Determinanten* bzw. *Motive der Geldhaltung* kennen:

16.2.1 Transaktionsmotiv

Hier ist die Geldhaltung zur Abwicklung der mit ‚*Sicherheit*' erwarteten Transaktionen angesprochen. Die deshalb gehaltene Kasse nennt man *Transaktionskasse.* Die Transaktionskasse ist positiv vom Einkommen und negativ vom Zinssatz abhängig. Mit steigendem Einkommen wird mehr Geld nachgefragt (gehalten), mit steigendem Zins (steigenden Opportunitätskosten der Kassenhaltung) weniger. Preisniveau und Inflation beeinflussen die Geldhaltung ebenfalls: Je höher das Preisniveau, desto höher die Geldhaltung, je höher die Inflation, desto geringer die Geldhaltung.[4]

---

3 In diesem Zusammenhang ist das sogenannte ‚*near money*' zu erwähnen. Darunter versteht man all das, was die Wertaufbewahrungsfunktion gut erfüllt und sehr leicht in Geld umgewandelt werden kann (Beispiel: zinstragende Wertpapiere). Davon zu unterscheiden sind sogenannte ‚*money substitutes*' *(Geldsubstitute).* Diese erfüllen die Zahlungsmittelfunktion des Geldes, eignen sich aber nicht als Wertaufbewahrungsmittel (z. B. Kreditkarten).

4 Das Preisniveau bestimmt bei gegebener nomineller Geldhaltung den *Realwert der Kassenhaltung,* des gehaltenen Geldbestandes. Geld wird – wie erwähnt – nicht des Geldes selbst wegen gehalten, sondern der Kaufkraft wegen, die es verkörpert. Weil die Wirtschaftssubjekte bestrebt sind, eine *bestimmte Realkasse* zu halten – man hält Geld im Umfang eines bestimmten nominellen Geldbetrags, um damit ein bestimmtes Güterbündel kaufen zu können – entspricht einem höheren Preisniveau eine proportional höhere *nominelle* Geldnachfrage. *Unterschiedliche Preisniveaus* sind jedoch von *Preisniveausteigerungen,* also von *Inflation,* zu trennen. Inflation $\dot{P}$, also eine allgemeine Preisniveausteigerung, reduziert den Realwert des Geldbestandes um $\dot{P}$ und stellt damit Kosten der Kassenhaltung dar – das gehaltene Geld verliert an Kaufkraft. Weil man das zu vermeiden bestrebt ist, reduziert man

16.2.2 Vorsichtsmotiv

Da der Umfang der zukünftigen Zahlungen *nicht* mit Sicherheit vorherzusehen ist – es kann zu unerwarteten Zahlungsverpflichtungen kommen –, hält man einen bestimmten Geldbestand quasi *zur Vorsicht*. Andernfalls droht die Gefahr der *Illiquidität* und damit hoher Kosten der Umwandlung anderer Vermögensgegenstände in Bargeld ('Kasse'). Der Nutzen der Vorsichtskasse besteht also in der Vermeidung von Kosten in bestimmen Fällen. Hat man beispielsweise einen Autounfall, aber das für eine dringende Hilfeleistung notwendige Geld nicht bei sich, so muss man unter Umständen wertvolle Vermögensgegenstände schnell 'versilbern'.

Die Höhe dieser Vorsichtskasse ist abhängig vom Umfang der möglichen Zahlungsverpflichtungen und den zugehörigen Eintrittswahrscheinlichkeiten. Erstere sind in der Regel positiv vom Einkommen abhängig. Die Kosten der Vorsichtskasse bestehen natürlich wiederum im *Zinsentgang*. Deshalb gilt in Analogie zur Transaktionsgeldnachfrage: Die Vorsichtskasse ist positiv vom Einkommen und negativ vom Zinssatz abhängig.

16.2.3 Spekulationsmotiv

Selten, aber doch, können Situationen eintreten, in denen die Geldhaltung selbst zur sichersten und ertragreichsten Art der Vermögenshaltung wird. Bei dem von Keynes eingeführten Spekulationsmotiv steht die *Wertaufbewahrungsfunktion* des Geldes im Mittelpunkt. Vermögen kann in verschiedenen Formen gehalten werden, wobei Geld den Vorteil bietet, *bestimmte Verluste*, insbesondere *Kursverluste,* aber auch andere Risiken – wie beispielsweise das *Konkursrisiko des Schuldners,* das kann auch eine Bank sein, bei der man Einlagen hält – zu vermeiden.

Man nehme aus Gründen der Vereinfachung an, dass Vermögen entweder in Form von Bargeldhaltung oder aber in Form eines Wertpapiers mit unendlicher Laufzeit ('consol') und fixen jährlichen Zinszahlungen gehalten werden kann. Erwirbt man ein solches Wertpapier bei seiner Begebung zum Nominalwert (oder auch Nominale), so entspricht die Nominalverzinsung (Kuponverzinsung) der aktuellen Rendite, also dem Marktzinsatz für derartige Veranlagungen:

$$i_a = \frac{i_n \times N}{K}$$

---

die Kassenhaltung bei steigender Inflation. Deshalb werden die Individuen ihre Geldnachfrage reduzieren, wenn sie erwarten, dass sich das Preisniveau erhöht, also Inflation eintritt. Da Preisniveausteigerungen Alternativkosten der Geldhaltung sind, nimmt bei erwartetem Anstieg des Preisniveaus die reale Geldhaltung ab und umgekehrt.

wobei:

i_a ... der aktuelle Marktzinssatz bzw. die Rendite,

i_n ... der (feste) nominale Zinssatz, die Nominalverzinsung,

N ... der Nennwert des Wertpapiers (Nominale),

K ... der Marktpreis des Wertpapiers: der Kurswert

sind.

Da dieses Wertpapier auf dem Wertpapiermarkt gehandelt wird, bildet sich dafür ein Preis, wobei der Marktpreis eines Wertpapiers *Kurs* genannt wird. Und hier gilt folgende Gesetzmäßigkeit:

Steigt der aktuelle Marktzinssatz, dann sinken die Kurse der im Umlauf befindlichen Wertpapiere mit fixer Nominalverzinsung. Bei einem Zinsanstieg kommt es also zu Kursverlusten:

$$i_a \uparrow \quad \rightarrow \quad K \downarrow$$

und vice versa, bei einem Sinken des aktuellen Marktzinssatzes kommt es zu einem Anstieg des Kurses von festverzinslichen Wertpapieren, zu einem Kursgewinn:

$$i_a \downarrow \quad \rightarrow \quad K \uparrow$$

Die *Rendite* (der tatsächliche Ertrag) bei Erwerb des Papiers auf dem Sekundärmarkt ist das Verhältnis der Nominalverzinsung zum ‚eingesetzten Kapital', dem Marktpreis (Kurs K) des Wertpapiers. Im auf dem Wertpapiermarkt de facto sofort hergestellten Marktgleichgewicht muss nun diese Wertpapierrendite dem Marktzinssatz i_a entsprechen. Die obige Gleichung *muss* damit stets erfüllt sein.

Zahlt beispielsweise eine unendlich laufende Obligation 5 % Zinsen jährlich (= Nominalverzinsung) und ist auch der aktuelle Marktzinssatz 5 %, so beläuft sich der Marktwert, der Kurs dieser Obligation, auf 100. *Fällt* der Marktzinssatz aber auf 1 %, so *steigt* der Kurs dieses Wertpapiers auf 500. Warum? Jeder würde zum unveränderten Kurs von 100 natürlich sofort dieses Papier kaufen wollen, weil es eine deutlich über dem Marktzinssatz liegende Rendite aufweist (nämlich 5 % anstatt des nunmehrigen Marktzinssatzes von 1 %). Der Versuch aller, dieses Papier zu erwerben, wird zu einem *Kursanstieg* führen und zwar solange, bis der Erwerb dieses Papiers keinen Gewinn mehr bringt. Dies ist bei einem Kurs von 500 der Fall. Dann entspricht aber die Rendite des Papiers der aktuellen Marktverzinsung: Es herrscht Gleichgewicht.

Wenn dagegen der Marktzinssatz auf 10 % *ansteigt*, so *fällt* der Kurs des Wertpapiers auf 50. Denn nur dann ergibt sich durch die Haltung dieses Wertpapiers eine Rendite, die wiederum der aktuellen Marktverzinsung entspricht.

Diese Logik erklärt den Nutzen der Spekulationskasse: Er besteht eben gerade darin, dass solche möglichen Kursverluste in *Erwartung von Zinssatzsteigerungen durch die Haltung von Geld* ‚in der Spekulationskasse' vermieden werden können. Auch wenn sich die Risikoeinschätzung in Bezug auf ein Vermögensgut ändert, wenn man erwartet bzw. befürchtet, dass ein Schuldner ausfällt, die Erwartung hat, dass eine Bank zusammenbricht, dann wird man die Geldhaltung erhöhen – oder das zumindest versuchen.

Geld wird in solchen Situationen *gehalten, aber nicht ausgegeben, nicht veranlagt und so dem Wirtschaftskreislauf entzogen!* Erhöhungen der Spekulationskasse bedeuten damit eine allgemeine Liquiditätsverknappung und in weiterer Folge einen Nachfrageausfall.

> Erwartete Kurs- und Veranlagungsverluste wie auch mangelndes Wissen und die erhöhte Unsicherheit betreffend Veranlagungsmöglichkeiten können dazu führen, dass Geld verstärkt gehalten wird, es also in der Spekulationskasse ,versickert'. Dann kommt es zu allgemeinen Liquiditätsproblemen und Nachfrageausfällen.[5]

Diesem Nutzen der Spekulationskasse (Liquidität und Sicherheit) stehen freilich Kosten gegenüber. Die Kosten der Spekulationskasse bestehen natürlich einmal mehr in den entgangenen Zinsen, den Opportunitätskosten der Geldhaltung.

> Der Umfang der aus dem Spekulationsmotiv gehaltenen Geldbestände hängt hauptsächlich ab von den Erwartungen über die zukünftige Zinsentwicklung. Ist der gegenwärtige Zinssatz im Vergleich zum erwarteten niedrig, rechnet man also mit Zinssatzsteigerungen, so wird viel Spekulationskasse gehalten. Ist der gegenwärtige Zinssatz im Vergleich zum erwarteten hoch, rechnet man also mit Zinssatzsenkungen, so wird wenig – wenn überhaupt – Spekulationskasse gehalten.

16.3 Geldangebot und Geldschöpfung

16.3.1 Geldmengenaggregate

Wenn Ökonomen von ,Geld' sprechen, so meinen sie damit immer die *Geldmenge,* eine Bestandsgröße, die unterschiedlich abgegrenzt werden kann. Eine bestimmte Geldmenge ist nur im Hinblick auf eine Funktion sinnvoll zu definieren. Je nachdem, wie leicht sich unterschiedliche ,Geldmengen' unmittelbar als Transaktionsgeld verwenden lassen, mithin nach dem Grad ihrer Liquidität, gibt es unterschiedliche *Geldmengenaggregate* bzw. *-konzepte:*

1. Geldmenge M_0: Dazu zählen die Bargeldbestände (Cash) der privaten Nichtbanken in Form von Banknoten und Münzen. Die unmittelbare ,traditionelle' *Zahlungsmittelfunktion* steht hier im Vordergrund.

---

5 Die Spekulationskasse ist *das* Gegenargument Keynes' zum Say'schen Theorem: In einer Geldwirtschaft führen bestimmte Erwartungen zu ,monetären Abflüssen' aus dem Wirtschaftskreislauf, zum Entzug von Liquidität. Die gesamtwirtschaftliche Nachfrage fällt, Produktionseinschränkungen und Arbeitslosigkeit sind die Folge.

2. Geldmenge M_1: Dazu zählen die Bargeldhaltung und die Sichteinlagen inländischer Nichtbanken bei den Banken (ohne die Zentralbankeinlagen öffentlicher Haushalte). Auch hier wird auf die unmittelbare Zahlungsmittelfunktion des Geldes abgestellt.

3. Geldmenge M_2: Sie ergibt sich aus der Summe von M_1 und der Einlagen inländischer Nichtbanken mit einer Bindungsfrist bis zu zwei Jahren oder mit einer Kündigungsfrist von bis zu drei Monaten.

4. Geldmenge M_3: Sie ergibt sich aus der Summe von M_2, begebenen Geldmarktpapieren und Geldmarktfonds-Anteilen sowie begebenen Wertpapieren mit einer Laufzeit bis zu zwei Jahren.

Die Geldmenge, in welcher Abgrenzung auch immer, ist von der sogenannten *Geldbasis* zu unterscheiden. Die Geldbasis ist aus der Passivseite der Zentralbank abzulesen und besteht aus dem *Bargeld der Nichtbanken und den Einlagen der Geschäftsbanken* bei der Zentralbank. Die Geldbasis kann von der Zentralbank unmittelbar beeinflusst werden, die Geldmenge nur mittelbar.

16.3.2 Bargeld, Giralgeld und Kredit

Der Geldmenge, die die privaten Nichtbanken halten wollen, der *Geldnachfrage* – Keynes führt dafür den Begriff der *Liquiditätspräferenz* ein – steht nun ein *Geldangebot* gegenüber. Dieses wird in einer modernen Geldwirtschaft durch ein zweistufiges Bankensystem, bestehend aus der Zentralbank und den Geschäftsbanken zur Verfügung gestellt. *Bargeld* ist bilanztechnisch eine Forderung an die Zentralbank, damit für diese eine Verbindlichkeit.[6] Die Zentralbank kann mehr Geld zur Verfügung stellen, also ‚anbieten‘, indem sie etwas kauft, das nicht Geld ist, z. B. Wertpapiere und dafür mit einer Verpflichtung auf sich selbst, also mit Geld, bezahlt. Auf diese Weise kommt durch die Zentralbank neues Geld in Umlauf.[7] Dieses zusätzliche Geld wird – in aller Regel zum überwiegenden Teil – auf ein Bankkonto eingezahlt bzw. einem

---

6 Dementsprechend wird der Bargeldumlauf in der Bilanz der Zentralbank als Passivposition ausgewiesen.

7 Und die Bilanz der Zentralbank verlängert sich: Auf der Aktivseite steht das von der Zentralbank erworbene Wertpapier, auf der Passivseite der zusätzlich in Umlauf gebrachte Geldbetrag. Bei diesem Prozess erkennt man Zweierlei: Zum Einen das Geschäftsmodell der Zentralbank: Nur sie hat das Privileg, zinslose Kredite zu bekommen. In dem Maße, in dem die Wirtschaftsakteure bereit sind, Geld zu halten, erhält die Zentralbank zinslosen Kredit. Mit diesen Mitteln erwirbt sie aber überwiegend zinstragende Forderungen (Wertpapiere). Daraus resultiert der Gewinn der Zentralbank. Zum Anderen erkennt man, wodurch das Geld (hier das Bargeld) ‚gedeckt ist‘: Nämlich durch die von der Zentralbank erworbenen bzw. gehaltenen Aktiva. Das sind in Relation zu ihren Verbindlichkeiten nur im relativ geringen Umfang Goldreserven (freilich spielt hier der Bewertungsansatz eine große Rolle). Überwiegend handelt es sich um Wertpapiere (hauptsächlich erstklassige Schuldverschreibungen) und um

Bankkonto gutgeschrieben. Wirtschaftsakteure halten also Geld in zwei Formen: In Form von Bargeld (Forderung an die Zentralbank) und in Form von *Buch-* oder *Giralgeld*, das bilanztechnisch eine Forderung an Geschäftsbanken darstellt – demgemäß bei diesen als gleich große Verbindlichkeit auf der Passivseite ihrer Bilanz auftauchen muss. Beide Geldformen sind Forderungen an Geldinstitute, aus Sicht der Geldinstitute betrachtet, Verbindlichkeiten, also Kredite – im Fall von Bargeld zinslose, im Fall von Buchgeld verzinsliche Kredite.

> Modernes Geld, Bar- wie Buchgeld, ist also seinem Wesen nach Kredit. Jeder Kreditbeziehung liegt entsprechendes Vertrauen zugrunde: Damit ergibt sich eine zentrale ‚Verständnisgleichung': ‚Geld = Kredit = Vertrauen'. Geht das Vertrauen verloren, so entstehen, wie schon gezeigt, enorme Risiken in einer modernen Geldwirtschaft.

Mit dem bei einer Geschäftsbank eingelegten Betrag (für den Erlös aus dem Verkauf eines Wertpapiers an die Zentralbank) hat die Geschäftsbank eine zusätzliche Möglichkeit, Kredite zu vergeben. Neben der Zentralbank sind also die Geschäftsbanken die zweiten ‚Anbieter' von Geld. Zusätzlich erfolgt hier der Prozess der *Giralgeldschöpfung*, der nun in seinen Grundzügen erläutert wird.

16.3.3 Giralgeldschöpfung

In einem Geschäftsbankensystem kann aus einer zusätzlichen Einlage ein Vielfaches an zusätzlichem Geld geschaffen werden. Dies kann am besten anhand eines Beispiels gezeigt werden. Ausgangspunkt sei eine Einlage von Frau K. in Höhe von 100 Euro. Frau K. hat also ihre Bargeldhaltung um 100 Euro reduziert und ihr Giralgeld um 100 Euro erhöht. Die Geldmenge hat sich dadurch nicht verändert. Nun nimmt die Bank eine Einlage entgegen in der Hoffnung, diese als Kredit vergeben bzw. verleihen zu können. Sie kann aber nicht 100 % ihrer Einlagen als Kredite vergeben, sondern muss entsprechend der Vorschriften der Zentralbank *Mindestreserven* halten. Angenommen, diese belaufen sich auf 10 %, so kann die Bank von diesen zusätzlichen Einlagen in Höhe von 100 Euro 90 Euro als zusätzlichen Kredit vergeben. Taucht also ein neuer Kreditnehmer auf und bekommt den Kredit in Höhe von 90 Euro, so passiert in Bezug auf die Geldmenge immer noch nichts. Die Bank hat, sobald der Kredit in Anspruch genommen wird, anstatt des zusätzlichen Kassenbestands, der Einlage in Höhe von 100 Euro durch Frau K. nur mehr einen Kassenbestand in Höhe von 10 Euro und Forderungen an den Kreditnehmer in Höhe von 90 Euro (Aktivtausch in der Bankbilanz). Doch nun passiert der entscheidende Schritt zur Erweiterung der Geldmenge:

Devisenreserven sowie Kredite an Geschäftsbanken. Diesen Krediten liegt aber als Sicherheit letztlich Realkapital zugrunde.

Der Kreditnehmer hat den Kredit ja genommen, um damit etwas zu finanzieren, zu bezahlen. D. h. der Kreditbetrag in Höhe von 90 Euro ist bei ‚irgendjemanden' eine Einnahme und diese Einnahme wird der Verkäufer wohl auf sein Bankkonto einzahlen. Jetzt aber hat eine andere Bank eine zusätzliche Einlage in Höhe von 90 Euro und kann diese nach Abzug der Mindestreserve, also in Höhe von 81 Euro als Kredit vergeben. Wenn aber dieser Kredit vergeben und abgerufen wird, so tauchen diese 81 Euro wieder bei einer anderen Geschäftsbank als zusätzliche Einlage auf, die diese wiederum nach Abzug der Mindestreserve als Kredit vergeben kann usw. usf.

Und so könnten in diesem Beispiel aus einer anfänglichen zusätzlichen Einlage in Höhe von 100 Euro bis zu 1000 Euro, also das Zehnfache, an zusätzlichem Giralgeld geschaffen werden. Das ist die Wirkung des *Giralgeldschöpfungsmultiplikators*.[8]

Der Giralgeldschöpfungsmultiplikator wirkt in aller Regel asymmetrisch, d. h. eher expansiv als restriktiv. Die expansive Wirkung wurde oben beschrieben. Hebt aber nun Frau K. ihre Einlage in Höhe von 100 Euro ab, dann geht der Giralgeldschöpfungsmultiplikator in der Regel nicht in die Gegenrichtung los. Er ist vielmehr neutral. Denn: Warum hebt man – und das gilt nun auch für Frau K. – in der Regel Geld von seinem Konto ab? Wohl um damit etwas zu bezahlen. Damit taucht in aller Regel der abgehobene Betrag als Einlage des Verkäufers wieder im Bankensystem auf. Und damit geht der Giralgeldschöpfungsmultiplikator nicht in die Gegenrichtung los.

Wohl zeigt sich, wie gefährlich dieses Giralgeldsystem ist. Zum Einen vergeben die Banken die Einlagen als Kredite – das ist ja ihr Geschäftsmodell. Sie halten nur einen geringen Bruchteil der Einlagen als Liquiditätsreserve – was in normalen Zeiten nichts macht. Wollen aber mehr und mehr Sparer von einer Bank oder gar aus dem Bankensystem insgesamt Einlagen abziehen, dann gibt es ernsthafte Liquiditätsprobleme, die, wenn sich erst einmal diesbezügliche Befürchtungen herumgesprochen haben, infolge einer self-fulfilling prophecy zu einer Liquiditätskrise einer Bank bzw. des Bankensystems insgesamt führen können. Darauf wird im Kapitel 6.4 noch näher eingegangen.

16.3.4 Geldpolitik und geldpolitische Instrumente

Die *Geldpolitik* versucht, durch *Beeinflussung des Geldangebots, i. e. der Geldmenge* und die *Veränderung der kurzfristigen Zinssätze Preisstabilität zu gewährleisten* sowie, insoweit das Ziel der Preisstabilität nicht gefährdet wird, die *gesamtwirtschaftliche Nachfrage zu stabilisieren*. Je nach konjektureller Lage versucht die Zentralbank ihre geldpolitischen Instrumente *expansiv*, also die Konjunktur stimulierend, oder *kontrak-*

---

[8] Die Höhe des Giralgeldschöpfungsmultiplikators ist neben der *Mindestreservenquote* auch davon abhängig, welcher Anteil des zusätzlichen Geldes als Bargeld gehalten wird: Das ist die *Bargeldhaltungsquote*.

tiv, also die Konjunktur bremsend einzusetzen. Was die Zinspolitik betrifft, würde das im expansiven Fall eine Senkung der Zinsen bedeuten, womit die zinsabhängigen Nachfragekomponenten (Konsum und Investitionen) angekurbelt würden. Arbeitet die Wirtschaft über dem Produktionspotenzial, entsteht also eine inflationäre Outputlücke, so würde die Zentralbank durch eine kontraktive Politik, durch eine Erhöhung der Zinsen versuchen, Konsum- und Investitionsausgaben und damit die gesamtwirtschaftliche Nachfrage zu dämpfen.

Die Geldpolitik fällt in die Verantwortung der Zentralbank. Die Zentralbanken sind in nahezu allen wichtigen bzw. hochentwickelten Staaten dem direkten Einfluss der Politik weitestgehend entzogen, genießen also *Unabhängigkeit*. Das soll ihre *Glaubwürdigkeit* bei den Wirtschaftsakteuren erhöhen und durch *Stabilisierung der Erwartungen* helfen, ihre Ziele zu erreichen.

Hauptzielsetzung der Zentralbank ist, wie erwähnt, die Sicherung der Preisstabilität. Was die Zentralbank unter Preisstabilität versteht, kann sie zumeist selbst bestimmen. Die *Europäische Zentralbank (EZB)* definiert Preisstabilität als einen Anstieg des *Harmonisierten Verbraucherpreisindex (HVPI)* von nicht mehr als 2 % pro Jahr. Mit unterschiedlichen geldpolitischen Instrumenten wird nun versucht, dieses Inflationsziel zu erreichen. Dabei spielen, wie erwähnt, wiederum die Erwartungen der Wirtschaftsakteure die zentrale Rolle. Die Zentralbank versucht, diese Erwartungen zu stabilisieren und bei diesem Ziel ‚zu verankern‘.[9] Droht dieses Ziel überschritten zu werden, so wird die EZB ihre Instrumente restriktiv einsetzen, droht Deflation, also ein deutliches Unterschießen dieses Inflationsziels, so wird die EZB einen expansiven Kurs fahren.

Der Zentralbank stehen die folgenden bedeutenden *Instrumente der Geldpolitik* zur Verfügung, wobei dabei vor allem das *Wechselkursregime*, dem die eigene Währung angehört – also fixe oder flexible Wechselkurse – mit zu bedenken ist:

1. *Zinspolitik:*

   Die Zentralbank bestimmt vor allem die Höhe der *kurzfristigen Zinssätze,* zu denen sich Geschäftsbanken bei der Zentralbank Liquidität verschaffen bzw. Einlagen halten können. Man spricht hier von *Einlagenfazilität* und von *Refinanzierungsfazilität*. Die Zinspolitik hat eine besonders hohe Publizitätswirkung. Die Zentralbank versucht, ‚Überraschungen‘ zu vermeiden, d. h. sie kommuniziert in der Regel Veränderungen der Zinssätze schon vorher, um die Erwartungen der Marktteilnehmer entsprechend zu steuern.

---

9 Gelingt der EZB eine derartige Erwartungsstabilisierung, dann erwarten die Akteure eine jährliche Inflation in Höhe von ca. 2 % und richten sich in ihren Entscheidungen danach aus. D. h. sie werden ihre Preise um nicht mehr als 2 % erhöhen. Tun dies aber alle Akteure, so wird, ceteris paribus, diese Inflationsrate eintreten. Gelingt es der EZB indes nicht, die Inflationserwartungen der Akteure bei 2 % ‚zu verankern‘ und erwarten diese z. B. eine Inflation von 5 %, so werden sie ihre Preise um 5 % erhöhen, was dann auch zu einer Inflationsrate in Höhe von 5 % führt.

2. *Diskont- und Lombardpolitik:*
   Diese wird auch *Refinanzierungspolitik* genannt. Durch die von der Zentralbank festgesetzten Rediskontierungskontingente haben die Banken Liquiditätsspielräume. Im Rahmen dieser Rediskontierungskontingente kauft die Zentralbank einerseits *Wechsel* (Diskontpolitik) und beleiht andererseits Wertpapiere entsprechender Qualität (Lombardpolitik).

3. *Devisenpolitik:*
   Hier kauft und verkauft die Zentralbank Devisen, wobei es – wie bei anderen Käufen und Verkäufen von Vermögensgütern – zu einer Bilanzverlängerung oder zu einer Bilanzverkürzung kommt. Bei *flexiblen Wechselkursen* hat die Notenbank mehr Freiheit, die Geldmenge zu steuern, denn sie muss nicht einen bestimmten Wechselkurs halten wie im Falle *fixer* bzw. *fester Wechselkurse*. Im letzteren Fall muss die Zentralbank intervenieren, um den Wechselkurs auf dem vereinbarten Niveau zu halten. Kommt die inländische Währung unter Abwertungsdruck, so muss die Zentralbank die inländische Währung kaufen – um sie so zu stützen –, damit fällt die Geldmenge. Kommt die inländische Währung indes unter Aufwertungsdruck, so muss die Zentralbank die Währung verkaufen, womit die Geldmenge steigt. Bei festen Wechselkursen ist die Geldpolitik also dem Wechselkursziel untergeordnet. Devisenpolitik kann sie nur insofern und damit im eingeschränkten Umfang betreiben, als das Wechselkursziel dadurch nicht beeinträchtigt wird.[10]

4. *Offenmarktpolitik:*
   Hier handelt es sich um Kauf und Verkauf von Wertpapieren, wobei dieser Handel vornehmlich zwischen der Zentralbank und den Geschäftsbanken stattfindet. Auch damit versucht die Zentralbank, die Geldmenge zu steuern. Bei einem Wertpapierkauf kommt es zu einer Bilanzverlängerung, bei einem Wertpapierverkauf zu einer Bilanzverkürzung der Zentralbank. Üblich sind vor allem sogenannte *Wertpapierpensionsgeschäfte,* d.s. Offenmarktgeschäfte mit festgelegter Rückkaufsvereinbarung.[11]

5. *Mindestreservepolitik:*
   Eine Änderung des Mindestreservesatzes bewirkt eine Änderung der Fähigkeit der Geschäftsbanken, Giralgeld zu schöpfen, beeinflusst also den Geldschöpfungsmultiplikator. Eine Erhöhung des Mindestreservesatzes führt zu einer Reduktion der Geldmenge und vice versa. Die Mindestreservepolitik ist eine der wirkkräf-

---

10 Daneben ist die Zentralbank auch in Devisentermingeschäfte involviert, wo über den Swapsatz Geldimporte und -exporte zu steuern versucht werden. Der Swapsatz ist die Differenz zwischen Ankaufs- und Verkaufskurs von Devisen.

11 Aufgrund der Zurückhaltung vieler Banken bei der Kreditvergabe in Zuge der Finanzkrise und der damit drohenden Kreditklemme hat die US-Zentralbank 2008 als erste die Politik des sogenannten *Quantitative Easing* eingesetzt. Dabei kauft die Zentralbank direkt am Wertpapiermarkt Wertpapiere im enormen Umfang und bringt so Geld in Umlauf.

tigsten, aber am seltensten eingesetzten Politiken der Zentralbank zur Steuerung der Geldmenge. Erfolgt beispielsweise eine restriktive Geldpolitik über eine Erhöhung des Mindestreservensatzes, so steht den Banken weniger Kreditvolumen zur Verfügung, sodass es neben Zinssatzsteigerungen auch zu Kreditrationierungen kommen kann. Dies trifft dann insbesondere kleine und mittlere Unternehmen wie auch die privaten Haushalte, die die Fremdfinanzierung ausschließlich über Bankkredite abwickeln können und nicht – wie Großunternehmen – direkten Zugang zum Kapitalmarkt besitzen.

Während die Geschäftsbanken von den hier erwähnten Maßnahmen sofort und unmittelbar betroffen sind, stellt sich in diesem Zusammenhang die entscheidende Frage, *wie lange* diese Maßnahmen der Zentralbank brauchen, um einmal direkt die ökonomischen Akteure, also die Nichtbanken, zu erreichen und schließlich, wie lange es dauert, um diese zu Verhaltensänderungen zu bewegen. Wie schnell werden z. B. die Veränderungen der Geldmarktsätze und der Refinanzierungskonditionen der Zentralbank von den Geschäftsbanken an ihre Kunden weitergegeben werden? Dies kann von Land zu Land aufgrund unterschiedlicher Finanzierungsstrukturen und -usancen ganz unterschiedlich sein.

16.4 Banken und Finanzmarktstabilität

Neben der Sicherung der Preisstabilität haben gerade die Ereignisse im Zusammenhang mit der im Jahr 2007 von den USA ausgehenden Finanzkrise deutlich gemacht, dass gerade auch die *Finanzmarktstabilität* von zentraler makroökonomischer Bedeutung ist und die Sicherstellung der Finanzmarktstabilität auch zu den Kernaufgaben der Zentralbanken gehört.[12]

Dazu ist es erforderlich, das nicht ungefährliche Geschäftsmodell der Geschäftsbanken zu erläutern. Die Hauptaufgabe der Geschäftsbanken besteht neben der Abwicklung des Zahlungsverkehrs darin, die Ersparnisse (das Kapitalangebot) dorthin zu kanalisieren, wo sie als Investitionen den höchsten Ertrag bringen (die Kapitalnachfrage). Gerade die Banken spielen also eine zentrale Rolle, soll der Wirtschaftskreislauf funktionieren, sollen die Abflüsse in Form von Sparen als Zuflüsse in Form von Investitionen, die ja finanziert werden müssen und gerade in Europa sehr stark über das Bankensystem finanziert werden, wieder in den Kreislauf zurückfinden.

Banken nehmen die Einlagen der Sparer an und zahlen darauf Zinsen. Dies in der Erwartung, dass sie diese Einlagen zu höheren Zinsen verleihen, also Kredite vergeben können (das ist die *Zinsspanne*). Die Zinsen, die die Kreditnehmer bezahlen müssen, sollten aus den Erträgen der Investitionen erwirtschaftet werden können.

---

12 Siehe dazu auch die Ausführungen in Kap. 9.2.1.

Die Banken übernehmen diesbezüglich eine wichtige Aufgabe, indem sie genau prüfen sollten, welcher Kreditnehmer wie viel und wofür bekommt. Auch verlangen sie entsprechende Sicherheiten. Diese Sicherheit kann, zumindest teilweise, erst im Zuge des Projekts entstehen: z. B. ein Hauskredit, eine Hypothek, wird zum Teil durch die Immobilie besichert, die mit dem Kredit finanziert wird. Ohne den Kredit könnte das Haus sehr wahrscheinlich gar nicht gebaut werden. Auf diese Weise ermöglicht und verstärkt das Finanz- bzw. Bankensystem das reale Wirtschaftswachstum.

> Durch die Kreditvergabe ermöglicht und verstärkt das Finanz- bzw. Bankensystem das reale Wirtschaftswachstum. Das Finanzsystem bzw. der Finanzmarkt insgesamt stellt gewissermaßen die Schmiermittel zur Verfügung, damit sich die Räder der Realwirtschaft weitgehend reibungslos drehen. Von daher ist klar, wie zentral die Stabilität des Finanzsystems ist und wie wichtig diesbezügliche Regelungen sind.

Diese wichtige Funktion des Bankensystems, die *Allokation von Kapital*, ist aber auch risikoreich. Denn dabei werden überwiegend *kurzfristige Gelder* (Spareinlagen) *langfristig verliehen*. Das ist indes das Gegenteil dessen, was als ‚*Goldene Bilanzregel*‘ bekannt ist. Dabei geht es um die möglichst *fristenkongruente Finanzierung von Investitionen*. Langfristig im Unternehmen gebundene *Anlagegüter* sollten auch langfristig finanziert werden, d. h. entweder bzw. vorzugsweise durch Eigenkapital oder durch langfristige Kredite. Kurzfristig im Unternehmen gebundene Güter, Güter, die sich also relativ rasch umschlagen – das ist das *Umlaufvermögen* – und die damit auch relativ rasch zu Geld gemacht werden können, können kurzfristig finanziert sein. Durch die Einhaltung dieser Regel sollte ein Unternehmen relativ stabil sein, d. h. vor allem auch in schwierigen Zeiten und Krisen nicht in Liquiditätsprobleme kommen.

Die Verletzung der Goldenen Bilanzregel gewissermaßen als Geschäftsmodell macht so lange nichts, solange die einzelnen Ereignisse (Geschäftsfälle), vor allem Abhebungen von Sparguthaben bzw. von Einlagen, *unabhängig voneinander* sind. Jemand hebt etwas von seinem Konto ab, ein anderer zahlt etwas ein. Möglicherweise just derjenige, dem der Abhebende das Geld gegeben hat: Als Zahlung für ein Gut oder eine Dienstleistung. Denn warum hebt man in der Regel einen Geldbetrag von seinem Konto oder seinem Sparbuch ab? Weil man etwas kaufen möchte und dann bezahlen muss. Schlussendlich bekommt der Verkäufer das Geld, das er ja nicht in der Kassa liegen lässt, sondern nach Geschäftsschluss auf sein Konto einzahlt. So geht sich in aller Regel aus, dass das, was einige abheben, andere wieder einzahlen.

Gerade beim Bankgeschäft bleibt aber aufgrund von *unvollständiger* wie *asymmetrischer Information* stets ein bestimmtes Risiko bestehen, dass Ereignisse, z. B. Verkäufe von Vermögensgütern oder Abhebungen – mitunter aus absurden Gründen, wie z. B. wegen reiner Gerüchte – *nicht mehr unabhängig voneinander* erfolgen. Jemand, von dem man glaubt, dass er besser informiert sei als man selbst, tätigt eine Abhebung von einer Bank und andere in Folge tun das Gleiche. Bei einer Bank, die vielleicht nur ganz kurzfristig das Problem hat, eine Einlage auszuzahlen, kann das zum falschen Eindruck führen, die Bank sei in Schwierigkeiten oder gar dabei, Pleite zu gehen. Dieser Eindruck kann infolge der dann ausgelösten Reaktionen der Einleger schnell Realität werden: Wenn zu viele oder gar alle Einleger ihre Ersparnisse gleichzeitig abheben wollen, es also zu einem ‚Bank Run' kommt, stürzen sie damit die Bank in die Pleite.

Da die Banken den Großteil der Einlagen langfristig verliehen haben, sind sie gar nicht in der Lage, alle – gerade auch die täglich fälligen Einlagen – sofort auszuzahlen. Sie halten zwar einen Teil der Einlagen als *Liquiditätsreserve*. Die *Fristentransformation,* dass nämlich viele kurzfristige Einlagen in langfristig laufende Kredite übergeführt werden, ist ja das Geschäftsmodell der Banken. Und es basiert auf der Überlegung, dass die vielen kleinen Geldgeber, die kleinen Sparer, einerlei, ob sie bei der Bank täglich fällige Einlagen oder gebundene Einlagen haben, diese in aller Regel laufend verlängern. Und – wie oben schon erwähnt –, dass *normalerweise* die von den Banken geleisteten Auszahlungen an die Einleger voneinander unabhängig sind und in der Regel noch am selben Tag wieder in die Bank bzw. in das Bankensystem zurückkommen.

Es ist zwar höchst unwahrscheinlich aber eben nicht ausgeschlossen, dass aus irgendwelchen Gründen diese Überlegung einmal nicht mehr aufgeht. So kommt es immer wieder einmal vor, dass ein großer Schuldner einer Bank Pleite macht und damit die Bank selbst in Schwierigkeiten bringt. Wenn aber die Einleger dann an der Solidität der Bank zu zweifeln beginnen, wenn die Bank ‚ins Gerede kommt', und infolge dessen mehr und mehr Einleger ihr Geld zurückhaben wollen, dann droht der Bank, die zwar durch die Pleite eines Großschuldners einen Verlust erlitten hat, den sie aber hätte bewältigen können, das Ende. Wie erläutert, hat die Bank ja die Spareinlagen als überwiegend langfristige Kredite verliehen und hält nur einen kleinen Teil der Einlagen als Liquidität.

Aus einem relativ unbedeutenden auslösenden Moment kann es also im worst case zu einer finanziellen Kernschmelze kommen. Daher stehen in aller Regel hinter einzelnen Banken Notfallsysteme, ein (z. T. sektorspezifisches) Versicherungssystem auf der einen und die jeweilige Zentralbank auf der anderen Seite. Die Zentralbank kann im worst case die Rolle des *Lenders of last resort* übernehmen: Sie springt ein, stellt der in einen Liquiditätsengpass gekommenen Bank die notwendige Liquidität zur Verfügung, allerdings zu entsprechend hohen Zinsen (*penal rates*) und gegen entsprechende Sicherheiten (in der Regel erstklassige Wertpapiere).[13]

---

13 Man nennt die Regel, derzufolge in Liquiditätsschwierigkeiten gekommenen Banken gegen gute Sicherheiten und Strafzinsen seitens der Zentralbank Kredite gewährt werden, also Liquidität zur Verfügung gestellt wird, nach *Walter Bagehot*, einem britischen Ökonom des 19. Jahrhunderts, auch *Bagehot-Regel*. Eine andere Bezeichnung dafür ist die Nutzung oder Öffnung des *Diskontfensters* der Zentralbank, durch das sich Banken jederzeit – wiederum gegen gute Sicherheiten – Liquidität beschaffen können. Wie diese Regel bzw. diese Möglichkeit des Diskontfensters zeigt, sind Liquiditäts-

Allerdings führt dieses Versicherungssystem, wie nahezu jede Versicherung, zu einem Verhalten der Versicherten, das die ökonomische Theorie als *moralische Wagnisse (moral hazard)* bezeichnet.[14] Aufgrund der Tatsache, dass man versichert ist, dass also der Schaden von Dritten, von der Versicherung, gedeckt wird, wird man weniger vorsichtig, manchmal gar fahrlässig. Man trägt ja nicht mehr die gesamten Kosten seines Handelns.

Viele Banken sind gerade in den beiden Jahrzehnten vor dem Ausbruch der Finanzkrise im Jahr 2008 sehr groß geworden und aufgrund ihrer Vernetzung mit anderen Banken *systemisch bedeutend*, sodass sich die Bankmanager de facto in der Sicherheit des *'too big to fail'* wiegen können. Sie konnten davon ausgehen, dass im Falle, dass etwas schief geht, der Staat einspringt und die Bank rettet. Denn lässt der Staat eine systemisch bedeutende Finanzinstitution tatsächlich Pleite gehen, dann ist der Schaden für die Volkswirtschaft enorm, viel größer als der diese Krise auslösende Bankzusammenbruch isoliert betrachtet. In diesem Wissen, dass sie im worst case aufgefangen werden, besteht für die Bankmanager die Verlockung, besonders riskante Geschäftsstrategien zu verfolgen. So diese Strategien aufgehen, führen sie zu großen Gewinnen und ebensolchen Bonifikationen für die Manager. So die riskanten Geschäftsstrategien nicht aufgehen und tatsächlich eine ernsthafte Bedrohung der Bank eintreten sollte, kann man damit rechnen, dass sie der Staat als letzte Versicherungsinstanz auffängt. Gerade dieses Verhalten untergräbt die Stabilität des Finanzmarkts und war auch für die Finanzkrise der Jahre 2007ff. ursächlich.

Zur Sicherstellung der Finanzmarktstabilität und ihrer Akteure ist es daher zentral, dass für die Finanzinstitutionen – wie bereits erwähnt – im Grunde dieselben marktwirtschaftlichen Anreizstrukturen gelten wie für andere Unternehmen auch. Auch Banken müssen der Bedrohung ausgesetzt sein, Konkurs gehen zu können, auch für Banken muss die Marktdisziplin gelten. Nur dann werden Eigentümer und Gläubiger Risiken sorgfältig abwägen und das Management entsprechend überwachen. Das Ausmaß der sogenannten *Leverage,* des *Verhältnisses von Fremdkapital zu Eigenkapital,* das viele Banken im Vorfeld der Finanzkrise enorm ausgeweitet hatten, ist deutlich einzuschränken. Auch die Geschäftätigkeit der Geschäftsbanken muss auf das oben dargelegte Finanzierungsmodell beschränkt werden.[15] Diese Maßnahmen können in Verbindung mit einem Einlagenschutzsystem für Sparguthaben dazu führen, dass ein derartiges Versicherungssystem erst gar nicht in Anspruch genommen werden muss.

---

probleme bei Banken wie auch Möglichkeiten, darauf zu reagieren und Bank Runs bzw. Krisen abzuwenden, seit Jahrhunderten bekannt.

14 Siehe dazu Kap. 8.3.1.

15 Im Vorfeld der Finanzkrise hatten viele Geschäftsbanken begonnen, im enormen Umfang mit den Geldern der Einleger und anderen Krediten, also mit dem Geld anderer, zu spekulieren. Sie sind ‚auf eigene Rechnung' immer größere Risiken eingegangen, haben den sogenannten *Eigenhandel* extrem ausgeweitet.

Allerdings ist dabei stets darauf zu achten, dass mit derartigen Regelungen nicht das Gegenteil dessen erreicht wird, was damit beabsichtigt ist. So haben gerade auch die von der *Bank für Internationalen Zahlungsausgleich (BIZ)* entwickelten sogenannten *Eigenkapitalunterlegungsvorschriften* – besser bekannt unter den Begriffen *,Basel I', ,Basel II'* und jüngst auch *,Basel III',* – die Finanzkrise wesentlich mit verursacht. Wenn nämlich – wie ,Basel II' es verlangt – Banken in Abhängigkeit von der Bonität des Kreditnehmers Eigenkapital unterlegen, d. h. als Reserve halten müssen,[16] dann kommt das für die Banken teuer. Sie haben unter diesen Bedingungen einen starken *Anreiz*, diese Kredite, insbesondere die risikoreicheren, aus ihrer Bilanz zu bekommen. Sie haben mehr und mehr begonnen, diese Kredite zu verkaufen. Und weil man schon bei der Kreditvergabe weiß, dass man den Kredit verkaufen wird, war man bei der Bonitätsprüfung des Kreditnehmers nicht mehr sorgfältig genug. So haben sich immer mehr faule Kredite gebildet, die einerseits von den Banken verkauft wurden, andererseits in gebündelter Form als sogenannte *,strukturierte Wertpapiere',* deren Bonität von den Ratingagenturen als hoch eingestuft wurde, wieder in den Bankbilanzen auftauchten. Für diese vermeintlich ,guten Papiere' war indes nur ein geringes Kapitalunterlegungserfordernis notwendig, was den *Leverage-Faktor*, das Verhältnis von Fremdkapital zu Eigenkapital der Banken deutlich erhöhte. Als die schlechten Schuldner in den USA mehr und mehr umzufallen begannen, stürzten die Preise der Wertpapiere ins Bodenlose. Die Aktivseite vieler Bankbilanzen implodierte. Damit drohte ihnen die Überschuldung, die Insolvenz.

---

16 ,Erstaunlicherweise' legen gerade auch diese Regeln fest, dass Staatsanleihen aus OECD-Ländern ,risikolos' seien. Und weil diese Staatsanleihen ,risikolos' sind, brauchen die Banken dafür gar keine Eigenmittel unterlegen. Was natürlich die Attraktivität von Staatsanleihen für die Banken deutlich erhöht. Das freilich ist keine unbeabsichtigte Wirkung. Gerade auch diese Regel von Basel hat dazu geführt, dass sich viele Staaten viel zu leicht finanzieren konnten und damit viel zu hohe Schulden aufgetürmt haben.

17 Stabilisierungspolitik: Das AS-AD-Modell

Bei dem nachfolgend dargestellten Modell wird der *aggregierte Gütermarkt in der kurzen Frist* analysiert. Im Gegensatz zu mikroökonomischen bzw. partialanalytischen Angebots- und Nachfragekurven ist im Modell der aggregierten Angebots- und Nachfragekurven, dem AS-AD-Modell, dem Standardmodell der Makroökonomik, deren *Interdependenz*, also Abhängigkeit voneinander, zu beachten.

17.1 Die gesamtwirtschaftliche Nachfrage

17.1.1 Die Komponenten der gesamtwirtschaftlichen Nachfrage

Ehe auf die aggregierte Nachfragekurve, die AD-Kurve, eingegangen wird, muss aufgrund der Bedeutung der gesamtwirtschaftlichen Nachfrage für die Bestimmung von Output und Beschäftigung nochmals auf ihre Komponenten und deren Bestimmungsgründe eingegangen werden.

Wie erläutert besteht die *gesamtwirtschaftliche Nachfrage* Y_D aus der privaten Konsumnachfrage C, der privaten Investitionsnachfrage I, der Staatsnachfrage G und den Nettoexporten NX ($= Ex - Im$). Eine zentrale makroökonomische Grundgleichung bzw. Identität lautet somit:

$$Y_D = C + I + G + (Ex - Im) = C + I + G + NX$$

Der *gesamtwirtschaftliche Konsum* C ist der bei weitem wichtigste Bestandteil der gesamtwirtschaftlichen Nachfrage und, wie ebenfalls schon erwähnt, relativ konstant (wachsend). Er hängt primär vom Volkseinkommen und vom Vermögen, von den Zinsen i und den Steuern t (t steht für den Steuersatz) ab (wobei Zinsen und Steuern Volkseinkommen und Vermögen beeinflussen):

$$C = C(Y, W, i, t)$$

Die *gesamtwirtschaftlichen Investitionen* I sind stark erwartungsabhängig (Ertragserwartungen E). Auch sie hängen vom Volkseinkommen/Umsatz und vom Vermögen/Kapitalstock K, von den Zinsen i und den Steuern t ab, die zusammengenommen die Rentabilität der Investitionen determinieren:[1]

---

[1] Da auch nach Keynes der Umfang der Investitionen durch ihre Rentabilität, durch den *internen Zinsfuß* der Investitionsprojekte, bestimmt ist – Keynes verwendet dafür den Begriff ,*Grenzleistungsfähigkeit des Kapitals*' – scheint es hier auf den ersten Blick keinen Unterschied zu anderen Schulen zu geben. Doch betont Keynes subjektive Faktoren, die auf die Grenzleistungsfähigkeit des Kapitals seiner Meinung nach sehr stark einwirken. Dabei meint er die *Erwartungen* der Unternehmer, die *animal spirits*. Diese schwanken stark, verstärken sich über den Multiplikator und sind nach keynesianischer Überzeugung *die* Quelle für makroökonomische Instabilitäten.

$$I = I(E, Y, K, i, t)$$

Die *Nettoexportnachfrage NX* ist eine Funktion der Konjunktur im Ausland, damit der Auslandsnachfrage D_{Aus}, des verfügbaren Einkommens Y_V, also der Inlandsnachfrage, und des realen Wechselkurses ER_r.

$$NX = NX(D_{Aus}, Y_V, ER_r)$$

Die gesamtwirtschaftliche Nachfrage kann nun graphisch durch die aggregierte Nachfragekurve (AD-Kurve) dargestellt werden.

17.1.2 Die aggregierte Nachfragekurve

Die ‚aggregierte Nachfragekurve' (AD-Kurve) zeigt den Zusammenhang zwischen Güternachfrage und Preisniveau, also das, was alle Akteure bei unterschiedlichem Preisniveau nachfragen möchten.

Die AD (‚aggregate demand')-Kurve hat einen negativen Verlauf. Ein niedrigeres Preisniveau bedeutet eine höhere aggregierte Nachfrage: *Preisniveau und Volkseinkommen korrelieren invers!*

Für den *fallenden Verlauf* der AD-Kurve lassen sich vier Ursachen angeben:

1. Der *‚Zinseffekt'* (*‚Keynes-Effekt'*): Durch die Preissenkung erhöht sich die *reale ‚Kassenhaltung'*, die *reale Geldmenge*. Die reale Geldmenge ergibt sich aus Division der nominellen Geldhaltung durch das Preisniveau (M/P). Diese erhöhte Realkasse versuchen die Akteure abzubauen, indem sie verstärkt Wertpapiere nachfragen. Dies erhöht deren Kurs und *senkt* die *Zinsen*. Niedrigere Zinsen stimulieren die Investitionen, die über den Multiplikator zu einer höheren aggregierten Nachfrage führen.

2. Der *‚Exporteffekt'*: Ein niedrigeres inländisches Preisniveau erhöht ceteris paribus die Exportnachfrage, weil die inländischen Waren für die Ausländer billiger geworden sind.

3. Der *‚intertemporale Substitutionseffekt'*: Fällt das aktuelle Preisniveau im Vergleich zum künftigen, so ist es sinnvoll, den Konsum von der Zukunft in die Gegenwart zu verlagern, also jetzt mehr zu konsumieren.

4. Der *‚Vermögenseffekt'* (*‚Pigou-Effekt'*): Ein niedrigeres Preisniveau bedeutet eine höhere *reale Geldmenge*, höhere *reale Kassenbestände* der Akteure. Fällt das Preisniveau, so sind die Individuen reicher, sie verfügen über mehr Kaufkraft und geben dann auch mehr aus.[2]

---

2 Allerdings lassen sich hierzu überzeugende Gegenargumente finden: Bei Preisniveausenkungen werden freilich jene reicher, die Geldforderungen besitzen, also die Gläubiger, doch gleichzeitig auch

17.2 Die aggregierte Angebotskurve

Diese AD-Kurve trifft nun in der betrachteten Periode auf eine *aggregierte Angebots-kurve* (*AS-Kurve, ‚aggregate supply curve'*, siehe Abb. 17.1):

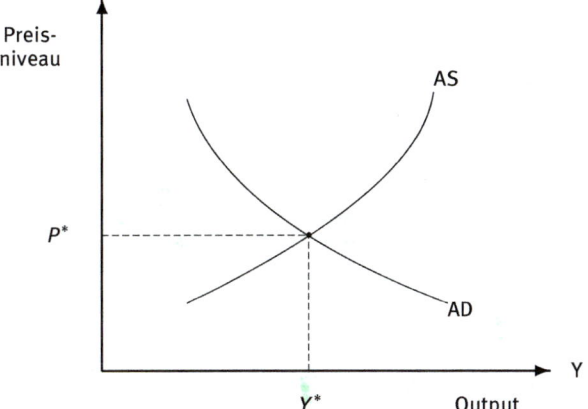

Abb. 17.1: Das ‚AS-AD-Modell'

> Die ‚aggregierte Angebotskurve' (AS-Kurve) zeigt den Zusammenhang zwischen Güterangebot und Preisniveau, also das, was alle Unternehmen bei unterschiedlichen Preisniveaus anbieten möchten, wobei entlang einer AS-Kurve gegebene Nominallohnsätze unterstellt werden.

Für ihre *positive* Steigung lassen sich *zwei* Gründe anführen:
1. Da für jede AS-Kurve ein bestimmter nominaler Lohnsatz gilt, wird es lukrativer, mehr anzubieten, wenn die Güterpreise steigen. Die Nominallöhne bleiben gleich, aber die *Reallöhne* sinken.
2. Je mehr produziert wird, desto schneller steigen die *Stückkosten*, insbesondere nach dem Erreichen der Kapazitätsgrenzen. Daher nimmt der positive Anstieg der AS-Kurve zu, je weiter man nach rechts kommt. Irgendwann ist es in der kurzen Frist mit den gegebenen Ressourcen nicht mehr möglich, mehr zu produzieren: Die AS-Kurve wird schließlich vertikal.

---

jene *ärmer*, die Geldverbindlichkeiten haben, also die *Schuldner*. Da anzunehmen ist, dass die Schuldner eine höhere Ausgabenneigung haben als die Gläubiger (wären sie sonst Schuldner?), könnte vermutet werden, dass der Effekt einer Preisniveausenkung nicht nur nicht ‚nachfrageneutral', sondern sogar *nachfragedämpfend* ist. Hinzu kommt, dass bei Preisniveausenkungen die *Realzinsen früher begebener Obligationen* steigen, was höhere Kosten für die Unternehmen bedeutet, und ebenfalls nachfragedämpfend wirkt. Schließlich spielen auch hier wieder die *Erwartungen* eine zentrale Rolle: Erwarten die Akteure weitere Preisniveausenkungen, dann werden sie ihren Konsum aufschieben, womit die gegenwärtige Nachfrage weiter sinken wird.

Im Zusammenhang mit der AS-Kurve kommt es in der Regel zu einer ‚*Anpassungs-asymmetrie*‘. In Boomzeiten steigen die Stückkosten infolge von Lohnerhöhungen stark an. Die AS-Kurve *verschiebt* sich (relativ) *schnell* nach oben. In Rezessions-phasen hingegen sind nominelle Lohnsenkungen nahezu unbekannt, sodass die AS-Kurve sich kaum nach unten verschiebt.

17.3 Gleichgewichte im AS-AD-Modell

Führt man nun die aggregierte Nachfrage- und die aggregierte Angebotskurve in ein Preisniveau-Output-Diagramm zusammen, so bestimmt sich das Gleichgewichts-volkseinkommen und das Gleichgewichtspreisniveau einer Volkswirtschaft durch den Schnittpunkt beider Kurven. Im AS-AD-Diagramm können nun die Auswirkungen von Nachfrage- wie auch Angebotsänderungen auf das Gleichgewichtsvolkseinkommen und das Preisniveau analysiert werden.

Man sieht sofort, dass *Lage und Verlauf der aggregierten Angebotskurve* für das Ergebnis von Nachfrageänderungen ausschlaggebend sind. In der folgenden Abb. 17.2 sind drei mögliche Verläufe der AS-Kurve dargestellt. Dies zeigt auch die makroöko-nomische Auseinandersetzung zwischen Interventionisten und Klassikern trefflich:

1. Wird nämlich eine *horizontale* AS-Kurve angenommen, so ist allein die Nachfrage für den Gleichgewichtsoutput und die Gleichgewichtsbeschäftigung ausschlag-gebend. Dies ist die *keynesianische Sichtweise,* die besagt, dass die gesamtwirt-schaftliche Nachfrage der Bestimmungsfaktor für Output und Beschäftigung ist. Wie im mittleren Teil der Abb. 17.2 dargestellt, führt in diesem Fall ein Nach-frageeinbruch (Linksverschiebung der AD-Kurve) zu einem Fallen des Gleichge-wichtsoutputs. Diese rezessive Outputlücke könnte durch expansive Fiskal- oder Geldpolitik, die die AD-Kurve wieder nach rechts verschiebt, erfolgreich bekämpft werden.

2. Wird hingegen eine *vertikale* AS-Kurve angenommen, so ist allein das gesamt-wirtschaftliche Angebot für den Gleichgewichtsoutput und die Gleichgewichtsbe-schäftigung ausschlaggebend. Dies ist die *klassische* bzw. *monetaristische Sicht-weise* und gleichermaßen der graphische Spiegel des *Say'schen Gesetzes: Das An-gebot schafft sich seine Nachfrage!* Wie im oberen Teil von Abb. 17.2 dargestellt, führt in diesem Fall ein Nachfrageeinbruch (Linksverschiebung der AD-Kurve) le-diglich zu einem Fallen des Preisniveaus. Der Gleichgewichtsoutput und damit die Beschäftigung bleiben unverändert auf dem Niveau des Potenzialoutputs. Es gibt in diesem Fall keine Notwendigkeit für eine expansive Makropolitik. Flexible Löhne und Preise halten die Ökonomie im Vollbeschäftigungsgleichgewicht.

3. Der untere Teil von Abb. 17.2 zeigt den ‚*mainstream*‘ oder ‚*consensus-view*‘, eine anfänglich ziemlich flache AS-Kurve, die allerdings einen positiven Anstieg auf-weist. Befindet man sich im ‚flachen Teil‘ der AS-Kurve, so stehen noch ausrei-chend Produktionskapazitäten frei, sodass Outputerhöhungen ohne nennens-

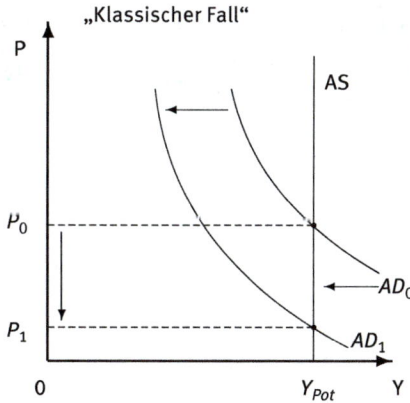

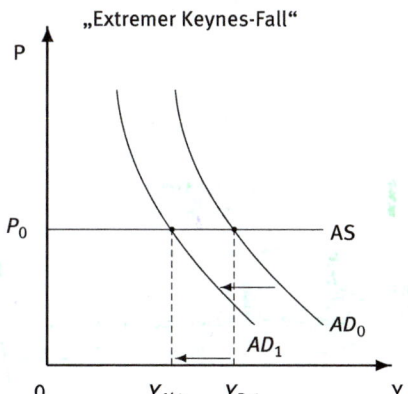

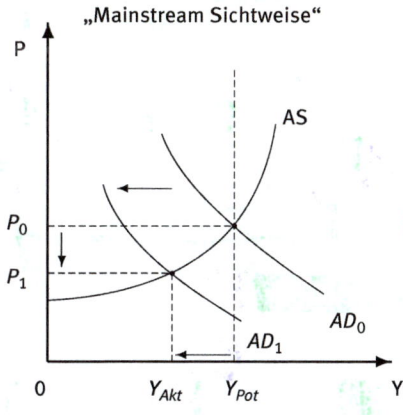

Abb. 17.2: ‚Drei AS-AD-Modellvarianten'

werte Preisniveausteigerungen erfolgen können. Im stark ansteigenden Teil der AS-Kurve (nahe des Potenzialoutputs Y_{POT}) würden Nachfrageerhöhungen primär zu Preisniveauerhöhungen führen, die Beschäftigung also kaum mehr erhöhen können.

Zentrale Bedingung für die Wirksamkeit der Fiskal- wie der Geldpolitik, die hier die Lage der aggregierten Nachfragekurve mitbestimmen, ist also die Form der aggregierten Angebotskurve bzw. die Bestimmung des Abschnitts der AS-Kurve, ,in dem man sich gerade befindet'. Verfügt eine Ökonomie über große Kapazitätsreserven, so befindet man sich im flachen Teil der AS-Kurve. Durch Fiskal- oder Geldpolitik bewirkte AD-Kurvenverschiebungen haben hier eine reale Wirkung. Befindet man sich aber an der Kapazitätsgrenze, so werden Rechtsverschiebungen der AD-Kurve, z. B. durch expansive Geld- oder Fiskalpolitik, primär Erhöhungen des Preisniveaus bewirken. Ein großes Problem besteht daher darin festzustellen, in welchem Teil der AS-Kurve sich eine Ökonomie gerade befindet.

17.4 Expansive Fiskal- und Geldpolitik im AS-AD-Modell

Nachfolgend sollen nun die Auswirkungen einer expansiven Fiskal- sowie einer expansiven Geldpolitik im AS-AD-Modell untersucht werden. Eine expansive Fiskalpolitik, auch Deficit Spending genannt, führt über eine Erhöhung der Staatsausgaben direkt zu einer Erhöhung der gesamtwirtschaftlichen Nachfrage. Eine expansive Geldpolitik, also eine Zinssenkung oder eine direkte Ausweitung der Geldmenge durch die Zentralbank, hat denselben Effekt, wirkt aber indirekt auf die gesamtwirtschaftlichen Nachfrage: Durch die günstigeren Finanzierungsbedingungen werden die zinsabhängigen Nachfragekomponenten, die Konsum- und die Investitionsnachfrage angeregt. Beide Politiken bewirken aber gleichermaßen eine Rechtsverschiebung der aggregierten Nachfragekurve.

Im Folgenden werden die Auswirkungen von Deficit Spending im AS-AD-Modell dargelegt. Infolge erhöhter Staatsausgaben verschiebt sich die AD-Kurve also nach rechts, von AD_0 auf AD_1. Bei konstantem Preisniveau stiege das Volkseinkommen um das Multiplikatorfache auf E_1'. Jedoch ist dem nicht so, *wenn die AS-Kurve positiven Anstieg hat*. In der betrachteten Ökonomie stehen also nicht ausreichend Freikapazitäten zur Verfügung, als dass man den in Folge der zusätzlichen Staatsausgaben erhöhten Output zu konstanten Stückkosten produzieren könnte: *Damit aber steigt nun das Preisniveau* von P_0 auf P_1.

Es kommt damit zu einem sogenannten *Preis-Crowding-Out (Preis-Verdrängungs-Effekt)*. Denn aufgrund der nunmehr gestiegenen Preise müssen die privaten Akteure ihre Nachfrage reduzieren. Im Schnittpunkt der AS-Kurve mit der AD_1-Kurve stellt sich damit das neue Gleichgewicht E_1 ein. (Graphisch ist das Preis-Crowding-Out die Differenz zwischen E_1' und E_1.)

Aber auch das wird noch nicht das ‚Ende der Geschichte' sein, denn im Gleichgewicht E_1 sind die *Reaktionen der Arbeitsanbieter* noch nicht berücksichtigt. Bei erhöhtem Preisniveau werden diese höhere Lohnforderungen stellen, um für die Reduktion ihrer Reallöhne infolge des Preisanstiegs entschädigt zu werden. Höhere Nominallöhne aber *verschieben die AS-Kurve nach oben,* was zu einer weiteren Reduktion des Gleichgewichtseinkommens und zu einer weiteren Erhöhung des Preisniveaus führt (wobei höhere Nominallöhne die AD-Kurve wiederum nach rechts verschieben könnten).

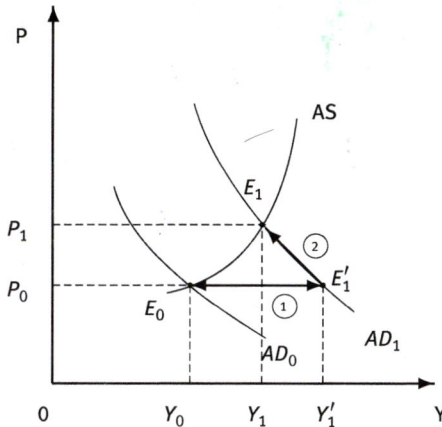

Abb. 17.3: Expansive Fiskalpolitik und Preis-Crowding-out

Und wieder wird die zentrale Bedeutung der *Erwartungen* evident. Denn um den Output überhaupt über das ursprüngliche Niveau, das angenommenermaßen das Produktionspotenzial der Ökonomie darstellt, zu erhöhen, ist es notwendig, dass zumindest eine Zeit lang die Arbeitsanbieter der *Geldillusion* unterliegen, also zwischen monetären und realen Veränderungen nicht unterscheiden können. Denn die Arbeitsanbieter sind im Gleichgewicht E_1 offenbar bereit, zu einem geringeren Reallohn mehr zu arbeiten.[3] Sobald die Arbeitsanbieter aber ihren Irrtum erkannt haben, sobald also die Geldillusion vorbei ist, passen sie ihre Nominallöhne an, erhöhen sie also, was die AS-Kurve nach oben verschiebt und die Ökonomie wieder ins ursprüngliche Gleichgewicht bringt, nunmehr aber bei einem *höheren Preisniveau.* Die Akteure werden aufgrund dieses Fehlers möglicherweise ihr Verhalten und ihre *Erwartungsbildung* ändern. Das zumindest unterstellen die *Monetaristen* und die *Schule der Rationalen Erwartungen,* nämlich dass Akteure aus ihren Fehlern lernen und ihr Verhalten in Zukunft ändern.

---

3 Entlang einer AS-Kurve bleibt, wie erwähnt, der Nominallohn konstant. Das ist ja der Grund, warum die Unternehmen bereit sind, bei steigendem Preisniveau mehr zu produzieren: Weil der Reallohn fällt. Warum aber sollten die Arbeitsanbieter eine Reduktion ihres Reallohns akzeptieren?

Lernen die Akteure aus ihren Erfahrungen in der Vergangenheit und bilden sie auf der Grundlage von theoretischen Überlegungen und konkreter Information *rationale Erwartungen,* dann werden sie die Regierung und auch die Zentralbank genau beobachten, deren Politik und ihre künftigen Auswirkungen bewerten. Und in dem Moment, in dem die Akteure erkennen, dass entweder die Regierung eine expansive Fiskalpolitik oder die Zentralbank eine expansive Geldpolitik betreibt, werden sie sofort den damit verbundenen Anstieg des Preisniveaus *antizipieren.* Diese *Antizipation,* diese Vorwegnahme steigender Preise, bedeutet, dass die Arbeitsanbieter sofort ihre Nominallöhne erhöhen. Graphisch bedeutet das, dass in dem Moment, in dem sich durch expansive Fiskal- oder expansive Geldpolitik die AD-Kurve nach oben verschiebt, auch die AS-Kurve nach oben verschieben wird. In diesem Fall gibt es überhaupt *keinen realen Effekt* der expansiven Fiskal- oder Geldpolitik mehr, weder Output noch Beschäftigung erhöhen sich. *Die Geld- und Fiskalpolitik bleibt real wirkungslos.* Diese Überlegungen werden als das *Irrelevanztheorem* bezeichnet. Allerdings: Ganz wirkungslos bleibt diese Politik nach monetaristsicher Auffassung bzw. der der Schule der Rationalen Erwartungen nicht: Denn es erhöht sich das Preisniveau und das immer schneller, was im worst case zu einer gänzlichen Destabilisierung der Wirtschaft führen kann.

> Man erkennt: Der Ausgang dieses Prozesses, der durch eine expansive Fiskalpolitik oder durch eine expansive Geldpolitik ausgelöst wurde, ist ungewiss. Es können zwar kurzfristig Output und Beschäftigung steigen. Doch wenn sich die Arbeitsanbieter an die neue Situation, i.e. ein höheres Preisniveau, angepasst haben, dann fallen Output und Beschäftigung wieder. Allerdings bleibt ein höheres Preisniveau zurück, das im schlimmsten Fall eine *Lohnsatz-Preis-Spirale,* also eine laufende und sich aufschaukelnde Erhöhung von Preisen und Löhnen, auslösen und damit eine Destabilisierung der Wirtschaft bewirken kann.

17.5 Fiskalische Austerität und staatliche Budgetlogik

Die obigen Überlegungen nähren die Skepsis, ob mit ‚traditioneller' Makropolitik tatsächlich eine höhere Beschäftigung erreicht werden kann. Es bedarf aber noch der Ergänzung um die Finanzierungsseite. Auch im Zusammenhang mit der Problematik der öffentlichen Budgetdefizite und der damit steigenden Staatsschulden spielen *Erwartungen* eine zentrale Rolle.

Ausgangspunkt der Überlegungen ist, dass (auch) Staatsausgaben jedenfalls finanziert werden *müssen.* Und für dieses Finanzierungserfordernis gibt es *grundsätzlich nur drei Alternativen:* Entweder hebt der Staat *Steuern* (T) ein oder er verschuldet sich, nimmt also zusätzliche *Kredite* ΔB auf. Zwar ist die dritte Möglichkeit der Finanzierung von Staatsausgaben, nämlich ‚das Anwerfen der Geldpresse', also die direkte *Erhöhung der Geldmenge* + ΔM heute aufgrund der *Unabhängigkeit der Zentralbank* direkt nicht mehr möglich, theoretisch und – wie die jüngsten Politiken der Zentralbanken in den USA und in Großbritannien sowie die Ankündigungen der Europäischen Zentralbank – darf diese Alternative aber nicht ausgeschlossen werden.

Jedenfalls muss die nachfolgende Finanzierungsgleichung gelten:

$$G = T + \Delta B + \Delta M$$

Und bei Berücksichtigung der Finanzierungsseite bzw. -effekte wird die beabsichtigte *expansive Wirkung* der Staatsausgaben weiter vermindert bzw. möglicherweise vollständig konterkariert. Denn:

Bei Finanzierung der Staatsausgaben über *Steuern* reduzieren sich die private Nachfrage (Konsum und Investitionen) und der Multiplikator, dies aber immer noch unter Vernachlässigung der mit jeder Steuer verbundenen negativen Anreiz- und Allokationseffekte.

Bei Finanzierung der Staatsausgaben über *Kredite* ist die *Crowding-out-Problematik* zu bedenken. Dieser Verdrängungseffekt tritt in Form des *Ressourcen-* bzw. *Preis-Crowding-out* einerseits und des *finanziellen* bzw. *Zins-Crowding-out* andererseits auf. Im ersteren Falle ist für die Privaten das nicht mehr verfügbar, was der Staat kauft bzw. nachfragt – was allerdings Vollbeschäftigung voraussetzt. Im zweiten Fall muss der Staat, um die Anleger zum Kauf von Staatsanleihen zu bewegen, die Zinsen erhöhen. Dies veranlasst die privaten Akteure, die nunmehr einen höheren Zinssatz zahlen müssen, zur Rücknahme ihrer Investitions- und Konsumtätigkeit. Fazit: *Staatliche Ausgaben verdrängen private: Der Nettonachfrageeffekt der Staatsausgaben ist ungewiss.*

Der Fall eines *vollständigen Crowding-out* kann im *klassischen Kapitalmarkt* deutlich gemacht werden (siehe Abb. 17.4). Die hier über Aufnahme von Anleihen finanzierte Staatsausgabenerhöhung verschiebt die Kapitalnachfragekurve (= Investitionsnachfragekurve I) parallel um den Betrag ΔG (die Staatsausgaben, die es durch Kreditaufnahme zu finanzieren gilt) nach rechts. Dies führt ceteris paribus zu einem Anstieg des Zinssatzes: Beim nunmehr höherem Gleichgewichtszinssatz i^{**} verringert sich die private Investitionsnachfrage um ΔI, während sich das private Sparen um ΔS erhöht. Das erhöhte Sparen bedeutet geringeren Konsum: $\Delta S = -\Delta C$, die zinsabhängige private Konsumnachfrage verringert sich also. Da hier gilt: $\Delta G = -\Delta I + \Delta S = -\Delta I - \Delta C$ hat die zusätzliche Staatsnachfrage über den damit verbundenen Zinsanstieg die private Nachfrage *vollständig* verdrängt. Es kommt damit *nicht* zu einer Erhöhung des Sozialprodukts, sondern lediglich zu einer *Veränderung der Struktur* desselben: Der Staatsanteil nimmt zu, der private Sektor schrumpft, mit den bereits erwähnten negativen Konsequenzen.

Wird das staatliche Budgetdefizit über die Ausweitung der Geldmenge finanziert $\Delta M > 0$ – der Staat bezahlte in diesem Fall mit ‚frisch gedruckten' Banknoten und man spricht hier von der Finanzierung der Staatsausgaben über die Geldpresse bzw. vom ‚*Monetizing of Government Debt* –, so können zwar die *kurzfristigen Zinssätze* zu-

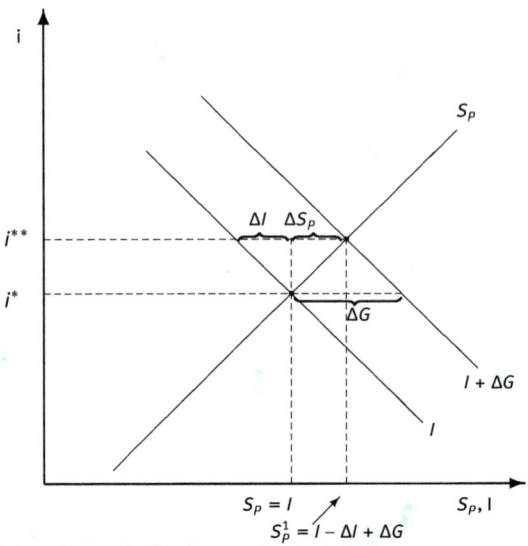

Abb. 17.4: Vollständiges Crowding-out am ‚klassischen Kapitalmarkt'

nächst sogar fallen, weil ja mehr Geld in Umlauf ist. Verbinden sich mit dieser Finanzierungsvariante aber entsprechende *Inflationserwartungen* – und dazu gibt es allen Grund, weil eine steigende Geldmenge ceteris paribus zu einem Anstieg des Preisniveaus führen muss –, so werden die Kreditgeber eine entsprechende *Inflationsprämie* als Zuschlag zum Zinssatz fordern. Insbesondere die *langfristigen Zinsen werden damit steigen.* Dies ist freilich auch in Abhängigkeit von der Höhe der bereits bestehenden Staatsschuld zu sehen. Hat diese bereits eine bestimmte Höhe erreicht, so steigt damit der Anreiz für die Politiker, durch Inflationierung die *reale* Schuldenlast zu senken. Diese Gefahr – sowie jene der Abwertung der Währung – werden die Kreditgeber durch einen entsprechenden Risikozuschlag, also durch einen höheren Zinssatz, abgegolten haben wollen.

Bei Finanzierung der Staatsausgaben über die Erhöhung der Geldmenge müssen letztlich Preisniveau bzw. Inflation steigen. Dies bedeutet eine *Besteuerung für alle Geldhalter. Nominell* verfügen sie zwar noch über denselben Geldbetrag bzw. dieselbe Geldforderung. *Real* indes ist durch das höhere Preisniveau bzw. die höhere Inflation die Kaufkraft dieser Geldforderungen gefallen. Diese Inflationssteuer nennt man *Seigniorage.* Inflation ist also eine Steuer, deren Bemessungsgrundlage die Geldhaltung und alle auf Geld lautenden und nicht inflationsindexierten Forderungen der privaten Akteure ist. Diese Art der Besteuerung unterliegt allerdings nicht dem parlamentarischen Prozess, was sie besonders gefährlich macht. *Milton Friedman* bemerkte in diesem Zusammenhang: ‚*Inflation is the only form of taxation that can be imposed without legislation.*'

Weil gerade mit dieser Finanzierungsvariante von Staatsausgaben in der Vergangenheit besonders schlechte Erfahrungen gemacht wurden,[4] hat man in vielen Staaten die Zentralbanken dem politischen Einfluss weitgehend entzogen. Man spricht hier von der *Unabhängigkeit der Zentralbanken*. Zudem sind sie strikt auf die Erhaltung der Preisstabilität verpflichtet. Dennoch werden die zentralen Positionen in den Zentralbanken politisch besetzt, was berechtigte Zweifel an der Unabhängigkeit der Zentralbanken aufkommen lässt. Die Unabhängigkeit der Zentralbanken wird jüngst zudem vor allem auch durch ihre Rolle im Zusammenhang mit den Ursachen für die Finanz- und Staatsschuldenkrisen auf der einen und ihren Maßnahmen der Krisenbekämpfung auf der anderen Seite äußerst kritisch gesehen. Der Vorwurf an die Zentralbanken lautet, in den Jahren vor dem Ausbruch der Krise eine viel zu expansive Geldpolitik betrieben zu haben. Infolge geringer Zinsen wurde die Kreditnachfrage, die öffentliche wie die private, beflügelt. Im Zusammenhang mit der Krisenbekämpfung wird den Zentralbanken vorgehalten, dass ihre Maßnahmen einerseits die Preisstabilität gefährden, andererseits zu dramatischen Umverteilungseffekten zugunsten der begüterten Schichten führen.[5] All diese Kritikpunkte richten sich auch an die Adresse der Europäische Zentralbank (EZB), deren rechtliche Grundlage der Vertrag von Maastricht darstellt, mit dem die Europäische Wirtschafts- und Währungsunion 1999 eingerichtet wurde.

Ob Staatsausgaben nun durch Steuern, durch Kreditaufnahme oder durch die Notenpresse finanziert werden, stets ist – vor allem ceteris paribus, das bedeutet hier ohne das Mitwirken der Zentralbank – mit Auswirkungen auf den Zinssatz zu rechnen. Der Zinssatz aber wiederum ist zentral für die Bewertung von Aktiva bzw. der Vorteilhaftigkeit von Investitionsprojekten (weil er ja zur Diskontierung künftiger Erträge herangezogen wird). Deshalb beobachten die internationalen Finanzmärkte – man spricht hier von den *Bond Vigilantes,* den Wächtern des Anleihemarktes – die Staatshaushaltsgebarung sehr genau und reagieren dementsprechend. Steigt der langfristige Zinssatz aufgrund von Inflationserwartungen, so ist damit eine *Entwertung von Aktiva mit fixer nomineller Rendite* verbunden ebenso wie eine *generelle Erhöhung der Investitionskosten.*[6]

---

4 Insbesondere Deutschland und Österreich erlebten im 20. Jahrhundert zwei Phasen der Hyperinflation – im Anschluss an die beiden Weltkriege – und damit eine Entwertung ihrer Sparguthaben.

5 Letzteres bezieht sich zum Einen auf die extremen Zinssenkungen der Zentralbanken, die zu einer schleichenden Teilenteignung der Sparer führen, zum Anderen auf die Politik der *Quantitativen Lockerung (Quantitative Easing),* bei der die Zentralbank Anleihen, in erster Linie Staatsanleihen, kauft. Sie bewirkt damit eine Erhöhung der Preise aller Vermögensgüter, was diejenigen besserstellt, die diese schon besitzen.

6 Steigt die Inflation tatsächlich und mit ihr auch der nominelle Zinssatz, so werden all jene Investitionsprojekte ausscheiden, die erst nach einigen Jahren beginnen, Einnahmen zu generieren (denn bis dorthin sammeln sich durch den Zinseszinsmechanismus enorme Zinskosten an).

Fiskalische Austerität, also *‚öffentliche Sparsamkeit'* im Sinne eines *über den Konjunkturzyklus ausgeglichenen Budgets*, das allerdings primär über Kürzungen der Staatsausgaben als durch Steuererhöhungen erzielt wird, macht sich bezahlt. Gerade angesichts der heute bestehenden engen *internationalen Verknüpfungen* der Volkswirtschaften.

Übersicht 17.1: Budgetfinanzierung und Zinssatz

$\Delta B > 0$	$\rightarrow$	$i\uparrow$	‚crowding-out' der zinsabhängigen privaten Nachfrage
$\Delta M > 0$	$\rightarrow$	$i\uparrow$	‚crowding-out' durch steigende Inflationserwartungen

Denn bei internationaler Kapitalmobilität wird der Zinssatz nicht in erster Linie auf den heimischen, sondern auf den internationalen Kapitalmärkten bestimmt. Die nationalen Zinssätze beinhalten eine *Risikoprämie* für die jeweilige Ökonomie (gerade auch für solche, die unter Abwertungs- bzw. Inflationsverdacht stehen). Je ‚besser' die Staatsfinanzen, desto niedriger ist der Zinssatz, den ein Land bezahlen muss. Dieser nationale Zinssatz betrifft aber nicht nur die Öffentliche Hand, sondern insbesondere auch die privaten Akteure, die über eine laxe Fiskalpolitik zweimal Schaden nehmen: Einmal über zu hohe Zinsen, zum anderen durch steigende Steuern, die für die Bedienung der Staatsschuld unumgänglich werden. Damit leidet die *internationale Wettbewerbsfähigkeit* der Volkswirtschaft. Die Arbeitslosigkeit steigt, die man wiederum nicht selten mittels expansiver Fiskalpolitik zu bekämpfen vorgibt.

Darüber hinaus ist zu bedenken, dass ein Anstieg der nationalen Zinsen auch zu einem Kapitalzustrom und einem Ansteigen des eigenen Wechselkurses führen kann. Der damit bewirkte verstärkte Importsog führt zu einem Defizit in der Handelsbilanz, die inländische Produktion kommt unter zusätzlichen Druck.

Durch eine ‚solide' Fiskalpolitik und den damit verbundenen ‚guten Ruf' kann also ein vergleichsweise niedrigeres Zinsniveau erreicht werden, was den Staatshaushalt massiv entlastet.[7] Je stärker eine Ökonomie in die Weltwirtschaft integriert ist, desto effektiver ist die Disziplinierung der nationalen Politik durch die Finanzmärkte.

---

[7] Bloß *ein halber Prozentpunkt* niedrigere Zinsen erspart dem deutschen Steuerzahler bei einer gesamtstaatlichen Verschuldung (Bund, Länder, Kommunen, Sozialversicherungsträger) in Höhe von ca. 2 Billionen Euro (Stand: April 2014) an die zehn Mrd. Euro *jährlich!* In Österreich ist die Situation ganz ähnlich: Allein die Schulden des Bundes belaufen sich mit Mitte 2014 auf ca. 200 Mrd. Euro. *Ein halber Prozentpunkt* niedrigere Zinsen erspart dem österreichischen Finanzminister jährlich eine Mrd. Euro an Zinsendienst. Diese Ersparnis ist zu lukrieren, *ohne* auf irgendwelche politischen Widerstände zu stoßen, die sich beim ‚Sparen' bei Staatsausgaben sofort ergeben.

Diese muss zur Erhaltung der internationalen Wettbewerbsfähigkeit und der Standortsicherung stets bemüht sein, das Vertrauen nicht nur der nationalen, sondern vor allem der internationalen Märkte zu erhalten. Aufgrund der hohen internationalen Kapitalmobilität nutzen die Investoren ihre Möglichkeiten weltweit und bewerten damit die Performance eines Landes nicht nur absolut, sondern relativ zu der anderer Länder. Wie immer wieder hervorgehoben, spielen also auch hier die *Erwartungen* eine zentrale Rolle. Gerade die Makropolitik, Geld- wie Fiskalpolitik, ist also gut beraten, stets mit Blick auf die Auswirkungen von Politikmaßnahmen auf die Erwartungen der Akteure zu agieren und Aktionen zu verhindern, die einer *Erwartungsstabilisierung* entgegenlaufen.

> Kurzfristig ist die expansive Wirkung eines Staatsdefizits bei hohen Grenzsteuersätzen und hoher Außenhandelsverflechtung ohnedies gering. Wird dieses Defizit jedoch zum Auslöser eines Zinsanstiegs, dann entstehen hohe zusätzliche Zinskosten mit entsprechend kontraktiven Effekten. Da sich die Risikoprämie auf eine Ökonomie insgesamt bezieht, sind davon auch private Investoren betroffen. Die Kosten für alle Unternehmen steigen, die internationale Konkurrenzfähigkeit ist beeinträchtigt.

Zusammenfassend gilt also:

Übersicht 17.2: Finanzierungskonsequenzen von Staatsausgaben

Steuer-finanzierung	→	weniger verfügbares Einkommen: geringerer Konsum, geringeres Sparen, geringerer Multiplikator
Kredit-finanzierung	→	höhere Zinsen: weniger private Konsum- und Investitionsnachfrage geringeres Wachstum
Geldmengen-erhöhung	→	Inflation und höhere Zinsen Inflationssteuer und erhöhte Unsicherheit Gefahr einer Lohnsatz-Preis-Spirale

17.6 Tragfähigkeit der öffentlichen Finanzen und Staatspleite

Wie wiederholt betont, ist expansive Fiskalpolitik, also Deficit Spending, mit einer Vielzahl von negativen Nebenwirkungen verbunden. Eine davon, nämlich der Verlust der *Tragfähigkeit der öffentlichen Finanzen* bzw., einfach formuliert, die Staatspleite, ist ein langfristiger Effekt, der infolge von über viele Jahrzehnte angehäufte Defizite, damit steigenden Schulden und steigenden Schuldenquote droht. Und zwar vor allem dann droht, wenn es zu einem Wachstumseinbruch, zu einer Reduktion des Wirtschaftswachstums kommt.

Fällt nämlich das Wirtschaftswachstum, so verringert sich die Fähigkeit, die Schulden ordnungsgemäß zu bedienen. Wir treffen hier auf einen zentralen makroökonomischen Zusammenhang, auf das Verhältnis zwischen der Wachstumsrate einer Volkswirtschaft und dem Zinssatz. Solange die Wachstumsrate einer Volkswirtschaft über dem Zinssatz liegt, solange erscheint die Solidität des Staatshaushalts auch bei fortlaufenden Defiziten und damit bei steigenden (absoluten) Schulden gegeben.[8]

Doch wenn das Wachstum fällt, die Wachstumsrate geringer wird als der Zinssatz, dann steht die Nachhaltigkeit der Staatsfinanzen bzw. die Bonität eines Staates am Spiel. Denn geht das Wachstum zurück oder fällt es gar, dann kommen die öffentlichen Haushalte in der Regel stark unter Druck: Denn mit steigender Arbeitslosigkeit steigen die Sozialausgaben. Zugleich fallen die Steuereinnahmen. Im Ergebnis explodiert das Defizit, wie dies in der Wirtschaftskrise 2009ff. besonders dramatisch zu beobachten war.

Diese sich verschärfenden ökonomische Probleme des Staates und sein zusätzlicher Finanzbedarf bedeuten aber fallende Bonität. Bei fallender Bonität aber steigen die Zinsen. Auf Dauer ist eine solche Situation der explodierenden Ausgaben (was durch steigende Zinszahlungen weiter verschärft wird) und fallenden Einnahmen nicht durchzustehen. Doch auch bei einem nur vorübergehenden Wachstumseinbruch, der die Wachstumsrate unter den Zinssatz drückt, droht die Staatspleite. Denn wenn die Gläubiger aufgrund der verschlechterten Bonität eine Staates eine Staatsinsolvenz antizipieren, dann sind sie bei der nächsten Verlängerung der Staatsschulden dazu entweder gar nicht mehr oder nur zu sehr hohen Zinsen bereit. Jetzt hat die sogenannte *Schuldenfalle* zugeschnappt! Das war die Situation Griechenlands im Frühjahr 2010. Das wurde die Situation vieler anderer Eurostaaten seither.

Unbestreitbar ist, dass die Krise, wie wir sie in vielen hoch entwickelten Ökonomien seit 2009 erleben, eine Schuldenkrise ist, dass sie durch viel zu hohe Schulden und vor allem viel zu hohe Staatsschuldenquoten in den meisten Industriestaaten wie

---

8 Das Maastricht-Kriterium für die Neuverschuldung – also dass das Budgetdefizit des Staates 3 % des BIP nicht übersteigen sollte – beruht auf folgender Überlegung: In den Jahren vor der Etablierung der Europäischen Währungsunion war das nominelle Wirtschaftswachstum in den prospektiven Euroländern im Durchschnitt 5 % pro Jahr. Die Staatsschuldenquote lag im Durchschnitt bei 60 % des BIP. Wenn man dieses jährliche Wirtschaftswachstum von 5 % sowie die Staatsschuldenquote von 60 % des BIP fortschreibt, so erlaubt dies ein jährliches Budgetdefizit von 3 % des BIP (5 % von 60 %). Zwar steigen die Staatsschulden in absoluter Höhe, relativ zum BIP bleiben sie allerdings auch dann konstant, wenn sich die Staaten bei einem 5 %-igen nominellen Wachstum um nicht mehr als 3 % pro Jahr zusätzlich verschulden. So kam es zur 3 %-igen Defizitgrenze, die sich in den Köpfen festgesetzt hat. Und damit die (falsche) Ansicht, solange das Haushaltsdefizit nicht größer als 3 % vom BIP ist, sei ohnedies alles in Ordnung. Doch die Zeiten eines 5 %igen Wachstums des BIP sind schon lange vorbei. Zusätzlich wurde die 3 %-Defizitgrenze vielfach überschritten! Das Ergebnis kann niemanden überraschen: Die Staatsschulden sind nicht nur absolut, sondern auch relativ zum BIP stark gestiegen.

auch durch zu hohe Schulden bei vielen privaten Akteuren bedingt ist. Und unbestritten ist auch, dass diese zu hohen Schulden und Schuldenquoten das Resultat einer Geldpolitik sind, die viel zu expansiv war, und einer Fiskalpolitik, die in guten Zeiten viel zu wenig für die schlechten Zeiten zurückgelegt hat. Gute Zeiten bedeuten dabei Jahre mit gutem Wirtschaftswachstum und mit nominellen Wachstumsraten des BIP, die über den Zinsen liegen. In guten Zeiten ist man seit jeher gut beraten, für schlechte vorzusorgen. Fatal ist es hingegen, die guten Zeiten immer fortzuschreiben und nicht daran zu denken, dass es auch wieder einmal schlechter bzw. bergab gehen kann.

17.7 Nachfrage- und Angebotsschocks

Abschließend können mit dem hier vorgestellten ‚AS-AD-Modell' sowohl Nachfrage- als auch Angebotsschocks dargestellt werden, die *in Abhängigkeit von der Reaktion der Geldpolitik* auf diese Störungen zu Inflation bzw. zu Änderungen in den Inflationsraten führen. Ausgangspunkt der Überlegungen stelle dabei ein Gleichgewicht Y^* beim Potenzialoutput dar. Nachfrage- wie auch Angebotsschocks verschieben nun entweder die aggregierte Nachfrage- oder die aggregierte Angebotskurve.

Bei einem *positiven Nachfrageschock* verschiebt sich die aggregierte Nachfragekurve nach rechts. Das neue kurzfristige Gleichgewicht stellt sich *über* dem Potenzialoutput ein. Eine solche *inflatorische Lücke* könnte beispielsweise infolge zusätzlicher Exportnachfrage oder erhöhter Staatsnachfrage entstehen. Infolgedessen steigt das Preisniveau. Da sich schließlich die Löhne nach oben anpassen, verschiebt sich ceteris paribus die aggregierte Angebotskurve nach oben. Resultat: Das neue Gleichgewicht liegt wieder am Potenzialoutput Y^*, jedoch herrscht nunmehr ein höheres Preisniveau (siehe Abb. 17.5).

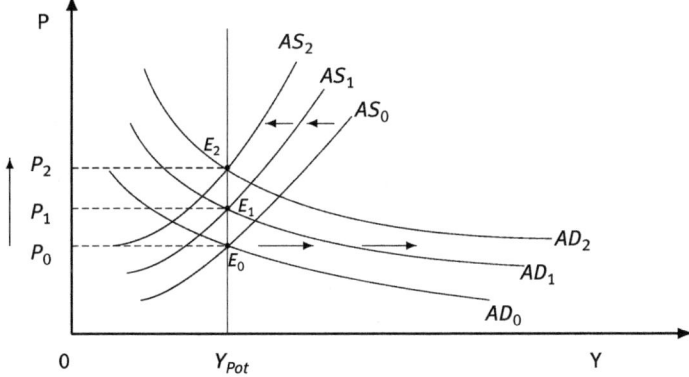

Abb. 17.5: Nachfrageschock

Ein *Angebotsschock* resultiert aus einer Erhöhung der Kosten, die ihre Ursache jedoch *nicht* in einer gestiegenen Nachfrage haben. Steigen beispielsweise die Preise von importierten Rohstoffen (z.B. Rohöl) oder die Lohnstückkosten, dann verschiebt sich die aggregierte Angebotskurve nach oben. Als Folge der nach oben verschobenen Angebotskurve steigt das Preisniveau, doch fällt der Output, es entsteht eine *deflatorische Lücke*, damit also Arbeitslosigkeit. Entscheidend wird nun, wie die *Geldpolitik* darauf reagiert.

Wird dieser einmalige Schock nicht durch eine ‚*akkommodierende Geldpolitik*', also durch eine Geldmengenausweitung abgefangen, dann verschiebt sich letztlich die aggregierte Angebotskurve wieder in ihre Ausgangslage zurück. Denn hier baut sich durch die Rezession ein Druck auf die Geldlöhne auf, sodass diese im Lauf der Zeit *relativ zur Produktivität fallen*. In den Folgeperioden steigen die Geldlöhne langsamer als die Produktivität. Das Problem ist hier jedoch einmal mehr die *Geschwindigkeit*, mit der diese Anpassung von statten geht, m.a.W. wie lange die rezessive Lücke und damit die Arbeitslosigkeit bestehen bleibt. Fallen die Lohnstückkosten nicht schnell genug, dann kann die Arbeitslosigkeit lange bestehen bleiben.

Das Problem länger andauernder Arbeitslosigkeit – man spricht von Langzeitarbeitslosigkeit – sollte nach Möglichkeit verhindert bzw. zumindest gering gehalten werden. Denn je länger eine Nichtbeschäftigung andauert, desto eher gehen die Qualifikationen der Arbeitsanbieter verloren und können auch nicht verbessert werden: Es entfällt der Erfahrungs-, der ‚learning by doing-Effekt'. Die Dequalifikation ist also in der Regel umso ausgeprägter, je länger die Arbeitslosigkeit dauert. Wenn dann wieder ein Wirtschaftsaufschwung einsetzt, dann fehlt es oft an entsprechend qualifizierten Mitarbeitern, sodass der Aufschwung von der Angebotsseite gebremst wird. Die sogenannte *Sockelarbeitslosigkeit* droht mit jeder Rezessionsphase anzusteigen.[9]

Führt beispielsweise der Angebotsschock zunächst zu einer Erhöhung der Lohnstückkosten um 8 %, während der jährliche Produktivitätsfortschritt 2 % beträgt und die Geldlöhne in den Folgeperioden konstant bleiben, dann dauert es fast vier Jahre, bis das Problem beseitigt ist. Denn erst nach ca. vier Jahren hat die aggregierte Angebotskurve wieder ihre ursprüngliche Lage erreicht.

Weil dieser Prozess hin zum ursprünglichen Gleichgewicht, zum Potenzialoutput also wahrscheinlich zu lange dauert, ist der Druck auf die Zentralbank groß, die Geldpolitik *akkommodierend* einzusetzen. Durch eine Ausweitung der Geldmenge wird die aggregierte Nachfragekurve kontinuierlich nach oben verschoben, mit der Folge weiter steigender Preise, jedoch der Schließung der rezessiven Outputlücke (siehe Abb. 17.6).

---

9 Auf der anderen Seite kann aufgrund von *asymmetrischer Informationsverteilung* am Arbeitsmarkt sehr rasch der Eindruck entstehen, es handle sich bei einem längerfristig Arbeitslosen um eine sowohl minder qualifizierte wie auch minder leistungsbereite Person. Das muss aber keineswegs der Fall sein.

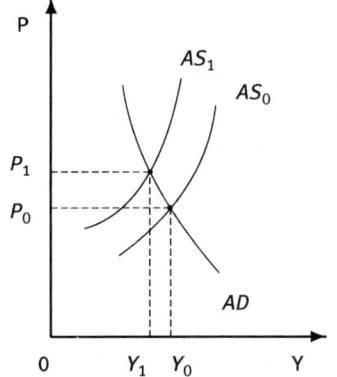 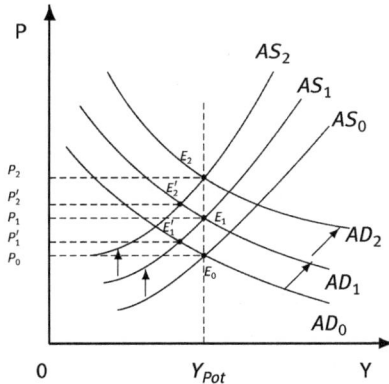

Abb. 17.6: Angebotsschock: Nicht-akkommodiert und akkommodiert

Bei nicht-akkomodierender Geldpolitik kommt es hingegen im Falle eines Angebotsschocks zum *Stagflationsphänomen: Die Preise steigen und der Output fällt.* Da sich die Löhne an das steigende Preisniveau anpassen, verschiebt sich nämlich die aggregierte Angebotskurve immer weiter nach oben. Allerdings ist der Fall des Outputs, eine Vergrößerung der rezessiven Lücke, nach unten begrenzt, denn je untragbarer die Situation aufgrund der steigenden Arbeitslosigkeit wird, desto unwahrscheinlicher werden weitere Lohnerhöhungen.

Das Zwischenergebnis eines ‚nicht-validierten' Angebotsschocks ist stets ein höheres Preisniveau und ein geringerer Output. Wenn dieser Prozess zum Stillstand kommt, dann fällt die aggregierte Angebotskurve wieder auf ihr ursprüngliches Niveau zurück und der Potenzialoutput wird wieder erreicht. Doch braucht dieser Prozess Zeit, Zeit, in der hohe Arbeitslosigkeit besteht. Und dabei droht sich – wie erwähnt – aufgrund von Dequalifikationseffekten infolge von Arbeitslosigkeit, diese zu verfestigen, was Auswirkungen auf den Potenzialoutput hat. Wenn nämlich das Humankapital fällt, so reduziert sich auch der Potenzialoutput. Auf diese Weise wirkt der tatsächliche Output negativ auf den Potenzialoutput. Rezessionen können sich damit nachhaltig negativ auf den Potenzialoutput wie das Wachstum einer Volkswirtschaft auswirken, ein besonders bedenkliches Phänomen, das *Hysterese* genannt wird.

Die Validierung eines negativen Angebotsschocks durch die Notenbank ist von daher durchaus verständlich. Doch sie läuft Gefahr, die *Inflationserwartungen* zu beeinflussen: Je länger sie den Prozess monetär alimentiert, desto länger bleiben die Inflationserwartungen hoch bzw. steigen sogar. Daher raten viele Ökonomen von einer Validierung konsequent und strikt ab.

Diese Analyse zeigt, dass in Bezug auf die aggregierte Angebotskurve eine ‚zweifache Asymmetrie' besteht: Zum einen in Bezug auf die Form der AS-Kurve: Je näher sie dem Potenzialoutput kommt, desto steiler wird sie. Zum zweiten erfolgen Verschiebungen der AS-Kurve nach oben (links) viel schneller, als Verschiebungen der

AS-Kurve nach unten (rechts). Die Löhne sind also ziemlich ‚starr‘ nach unten: Im Falle einer Rezession fallen die Nominallöhne nicht, dagegen steigt die Arbeitslosigkeit. Einerseits bleibt daher Arbeitslosigkeit im Falle eines Angebotsschocks länger und hartnäckiger bestehen, weil die Stückkosten nicht schnell genug fallen, andererseits müssen Boomphasen, also Outputniveaus jenseits des Potenzialoutputs, vorübergehender Natur sein, weil in dieser Situation die Lohn- und damit Stückkosten sehr schnell steigen werden.

18 Volkswirtschaft und Weltwirtschaft: Makropolitik bei Globalisierung

Jede Volkswirtschaft – mit den evidenten Ausnahmen von Nordkorea und Kuba – ist heute im besonderen Maße und in vielfältiger Weise in die globale Ökonomie eingebunden. Die weltweiten Liberalisierungen seit dem Ende des 2. Weltkriegs (im Rahmen des *General Agreement on Tariffs and Trade, GATT*) bereitete dafür den Boden. Die Integration von ehemals nach planwirtschaftlichen Grundsätzen organisierten Volkswirtschaften (Ostblock wie Ostasien: vor allem China und Indien) nach dem Zusammenbruch der Sowjetunion im Jahr 1991 bedeuteten einen globalen positiven Angebotsschock.

Die *Globalisierung*, die immer intensivere Vernetzung und immer stärkere Einbindung der nationalen Ökonomien in die Weltwirtschaft ist allgegenwärtig. Getrieben einerseits durch die modernen Informations-, Kommunikations- und Transporttechnologien und andererseits den konsequenten Abbau von internationalen Handelsbeschränkungen erscheint die heutige Welt in einem noch nie dagewesenen Umfang vernetzt und ihre einzelnen Teile, die Volkswirtschaften bzw. Staaten, in vielerlei Beziehung voneinander abhängig.

Dies gilt für die Wirtschaft der Europäischen Union (EU), für die *Eurozone*, die Mitgliedsländer der Europäischen Wirtschafts- und Währungsunion, ganz besonders für Deutschland und Österreich. Deutschland wie Österreich zeichnen sich durch besonders intensive Handelsverflechtungen mit dem – in der Modellsprache – ,*Rest der Welt*' aus: Deutschland wie Österreich haben extrem hohe Exportquoten, d. h. dass die gesamtwirtschaftliche Nachfrage in beiden Ökonomien sehr stark von der Exportnachfrage, damit aber auch von der Konjunktur in den Exportländern, abhängig ist. Die konjunkturbedingte Veränderung der Exporte wirkt als wichtiger internationaler Übertragungskanal. Deutschland ist nicht nur eine der exportstärksten Ökonomien der Welt, Deutschland weist auch seit Jahren einen hohen Leistungsbilanzüberschuss aus, ist also, mit anderen Worten, einer der Welt größten Kapitalexporteure. Auch der internationale Kapitalverkehr verknüpft die Ökonomien eng miteinander. Deutschland hält nicht nur große Devisenreserven und zählt zu den größten Gläubigern der Welt, was auch mit entsprechenden Risiken verbunden ist.[1] Deutschland verfügt auch über ein enormes Auslandsvermögen in Form von Eigentum und Beteiligungen an Unternehmen.

---

1 Neben dem Zahlungsausfall der Schuldner besteht auch ein Wechselkursrisiko, falls die Forderungen in ausländischer Währung denominiert sind.

Neben den extrem hohen Handelsverflechtungen (Exporte und Importe von Gütern und Dienstleistungen) hat im Zuge der jüngeren Globalisierungsphase,[2] vor allem auch eine besonders intensive Verflechtung auf den Finanzmärkten in quantitativer wie qualitativer Hinsicht stattgefunden. Devisen werden 24 Stunden pro Tag, also rund um die Uhr, in den jeweiligen Finanzzentren gehandelt,[3] internationale und sekundenschnelle Mobilität des Finanzkapitals in ungeheuren Mengen ist eines der Charakteristika der modernen Globalisierung. Die internationalen Finanzmärkte evaluieren laufend die Performance der einzelnen Ökonomien, vor allem aber die in diesen betriebene Wirtschaftspolitik im Allgemeinen wie die Makropolitik, die Geld- und die Fiskalpolitik im Besonderen.

Die hohe internationale Verflechtung auf den Güter-, Kapital- und Finanzmärkten ist heute die Rahmenbedingung bzw. Ausgangstatsache jeder nationalen Wirtschaftspolitik. Vor diesem Hintergrund sind auch die traditionellen Makropolitiken, die Geld- wie die Fiskalpolitik, zu betrachten und die sich daraus ergebenden Beschränkungen wie Optionen zu analysieren.

18.1 Fiskalpolitik bei Globalisierung

Insoweit mit einer expansiven Fiskalpolitik, also mit Deficit Spending, Beschäftigungspolitik betrieben werden soll, sind die diesbezüglichen Möglichkeiten für Deutschland wie auch für Österreich als äußerst begrenzt einzustufen. Ob der dafür im *Stabilitäts- und Wachstumspakt* vorgegebene Rahmen eines maximalen Budgetdefizits in Höhe von 3 % des BIP genug Spielraum lässt, mag man unterschiedlich diskutieren, ebenso die grundsätzliche Sinnhaftigkeit wie Effektivität dieses Regelwerks.

Außer Streit steht die Tatsache, dass ein Großteil der für konjunkturelle Maßnahmen gewidmeten zusätzlichen Staatsausgaben aufgrund des hohen Grads an Offenheit der deutschen wie der österreichischen Volkswirtschaft in Form von Importen ins Ausland abfließt und damit im Inland erst gar nicht nachfragewirksam wird. Ein Konjunkturprogramm auf ‚europäischer Ebene‘, also von der Europäischen Union

---

2 Eine ‚erste‘ ähnliche Globalisierungswelle der Weltwirtschaft verzeichnete man im ausgehenden 19. Jahrhundert bis zum Beginn des 1. Weltkriegs. Damals intensivierten sich die Handels- und Finanzbeziehungen besonders stark, allerdings war die Mobilität des Faktors Arbeit, also die weltweite Migration, damals viel größer als heute.

3 Die *Bank für Internationalen Zahlungsausgleich (BIZ)* schätzt das tägliche Volumen der Devisentransaktionen auf ca. 4 Trillionen US-Dollar – das sind um viele Dimensionen mehr als die Devisenreserven aller Zentralbanken zusammengenommen. Diese Fakten zeigen, dass Zentralbanken gar nicht mehr die Möglichkeit haben, ‚Angriffe‘ auf ihre Währungen entsprechend abzuwehren, weil ihnen dazu ausreichende ‚Munition‘, sprich ausreichende Devisenreserven, fehlen. Umso bedeutender ist es, dass es der Makropolitik gelingt, die *Erwartungen der Akteure zu stabilisieren,* was eben nur bei solider und berechenbarer Politik der Fall ist.

und/oder ihren Mitgliedsstaaten gleichzeitig erhöhte Staatsausgaben würden diesen Effekt weitgehend neutralisieren.[4] Expansive Fiskalpolitik zur Konjunkturankurbelung könnte also auf ‚europäischer Ebene' – zumindest kurzfristig – durchaus die gewünschten Nachfrage- und damit auch Beschäftigungseffekte erzielen. Allerdings ist es ebenso unbestritten, dass alle Argumente, die gegen eine expansive Fiskalpolitik vorgebracht wurden, auch auf ‚europäischer Ebene' gelten.[5]

Einerlei, ob als Nationalstaat oder als Wirtschaftsunion werden gerade angesichts des heutigen Standes der Finanzmarktglobalisierung die Öffentlichen Finanzen und deren Entwicklung und damit gerade die Fiskalpolitik einer kontinuierlichen wie minutiösen Evaluierung durch die Finanzmarktakteure unterzogen. Das Ergebnis sollte sich in der Höhe der jeweiligen nationalen Zinssätze und in den dabei zum Ausdruck kommenden *Risikoprämien* manifestieren, wenn nicht die Zentralbanken auch am Kapitalmarkt massiv intervenieren, wie das im Zuge der Finanz-, Wirtschafts- und Staatsschuldenkrise der Fall ist. Angesichts des durchaus nicht unbeträchtlichen Niveaus der Staatsverschuldung muss für kleinste negative Veränderungen der Zinssätze teuer bezahlt werden.[6]

Vor diesem Hintergrund werden *‚solide Staatsfinanzen'*, primär investiv verwendete Staatsausgaben und ein Steuersystem, das negative Allokations- und damit Wachstumseffekte möglichst minimiert, zu einem Primat der Fiskalpolitik. Eine derartige Ausrichtung der Fiskalpolitik schafft durch die damit verbundenen *Vertrauenseffekte* die Grundlage für Wirtschafts- und Beschäftigungswachstum, ist damit weniger kurz-, als mittel- bis langfristig ausgerichtet. Wie auch die zentrale Differenzierung zwischen konjunkturellem und strukturellem Budget gezeigt hat, geht es auch keineswegs um ein in jeder Periode ausgeglichenes Budget, sondern um die Sicherstellung des *Staatsbudgets als automatischer Stabilisator:* Das bedeutet durchaus spürbare Defizite in konjunkturellen Abschwungphasen, aber auch entsprechende Überschüsse in der Hochkonjunktur, sodass langfristig nicht mit einer nachhaltigen Erhöhung der Staatsverschuldung zu rechnen ist. Die Tragfähigkeit der öffentlichen Finanzen und damit die Solvenz des Staates ist damit nicht in Frage gestellt. Was es bedeutet, wenn seitens der Gläubiger Zweifel an der Fähigkeit des Schuldners entstehen, seinen Verpflichtungen vereinbarungsgemäß nachzukommen, zeigte die Eurokrise wohl sehr anschaulich wie abschreckend zugleich.

---

4 Im Unterschied zu Deutschland und Österreich, die beide im Kontext der Weltwirtschaft als sogenannte *kleine, offene Volkswirtschaften* anzusehen sind – von Änderungen in diesen Ökonomien geht kein nennenswerter Effekt auf andere Ökonomien aus –, sind die Europäische Union (EU) ebenso wie die USA als *große, relativ geschlossene Volkswirtschaften* zu betrachten. Nur unter diesen Voraussetzungen ‚funktionieren' Geld- wie Fiskalpolitik in ‚traditioneller' Weise, d. h. zumindest in der kurzen Frist wie oben ausgeführt, wobei allerdings im internationalen Kontext das jeweilige Wechselkurssystem noch zu berücksichtigen ist. Geld- und Fiskalpolitik wirken bei fixen oder flexiblen Wechselkursen unterschiedlich.

5 Siehe dazu insbesondere Kap. 17.4 und 17.5.

6 Siehe dazu Kap. 17.5.

18.2 Geldpolitik bei Globalisierung

Für Deutschland wie für Österreich wird die Geldpolitik – wie für alle anderen Mitgliedsstaaten der Europäischen Wirtschafts- und Währungsunion (EWWU) – durch die Europäische Zentralbank (EZB) in Frankfurt ‚erledigt'. Dabei sollte der Sitz der EZB in Frankfurt ein Symbol sein, das äußere Zeichen der Kontinuität einer *monetären Stabilitätskultur*, die Deutschland seit dem Ende des 2. Weltkriegs entwickelt hat. Über den Zeitraum ihrer Existenz, während der 50 Jahre von 1948–1998, war die legendäre ‚*Deutsche Mark*' (DM) die ‚stabilste Währung' der Welt. Die *Aufwertungen des Außenwerts*, also des Wechselkurses der DM, gegenüber allen wichtigen Weltwährungen, vor allem aber gegenüber dem US-Dollar wie dem Britischen Pfund, zeigen dies freilich wesentlich deutlicher als die vergleichsweise hohe Beständigkeit des *Innenwerts* der DM während dieser 50 Jahre.[7]

Ob es wirklich gelungen ist, diese Stabilitätskultur in der neuen europäischen Währung, dem *Euro*, zu verankern, bleibt offen. Der Vertrag von Maastricht, der auch das Statut der EZB enthält, verpflichtet diese strikt auf Preisstabilität und sollte der EZB die dazu erforderliche *Unabhängigkeit* von politischen Einflussnahmen sichern. Das ist für die *Glaubwürdigkeit* der EZB von zentraler Bedeutung. Durch die Verlautbarung und auch weitgehende Erfüllung eines *Inflationsziels*, nämlich einer jährlichen Inflationsrate von knapp unter 2 %, ist es der EZB zumindest bis zum Jahr 2012 gelungen, die Inflationserwartungen der Akteure entsprechend zu ‚verankern', mithin zu stabilisieren.

Die Bedingungen und Restriktionen, denen sich die EZB bei ihrer primär auf Preisstabilität ausgerichteten Politik ausgesetzt sieht, sind dabei nicht nur interner Natur. Gemeint ist dabei der durchaus hohe Grad der *Heterogenität des gemeinsamen Währungsraums,* nicht nur nach Entwicklungsstand und Finanzierungsstruktur der teilnehmenden Volkswirtschaften, sondern vor allem in konjunktureller Hinsicht. Da es aber nur *eine Geldpolitik* und damit *einheitliche Zinssätze für alle am Euro teilnehmenden Ökonomien* gibt, die Geldpolitik also für einzelne Ökonomien daher unter bestimmten Umständen (z. B. bei unterschiedlicher Konjunkturlage) gar nicht passen kann und Wechselkursanpassungen als ‚Ventile' nicht mehr in Frage kommen, ist es zentral, dass andere Anpassungsmechanismen, vor allem entsprechend flexible Preise und hohe Mobilität der Produktionsfaktoren verbessert werden.

Obwohl die EZB den Wechselkurs des Euro gegenüber den Haupthandelspartnern nicht explizit steuert und also kein diesbezügliches Wechselkursziel im Auge hat, sind bei der Festlegung der Geldpolitik internationale Faktoren mit ausschlag-

---

7 Von 1948 bis 1989 hat die Deutsche Mark im Inneren ca. 50 % ihrer Kaufkraft verloren. Das erscheint viel, ist aber für diese lange Periode wenig. Viel weniger jedenfalls als im Vergleich zu allen anderen Währungen, die in diesen 50 Jahren infolge von deutlich höherer Inflation wesentlich mehr an innerer Kaufkraft verloren haben.

gebend. Vom enormen Umfang der internationalen Finanztransaktionen war schon die Rede und angesichts dessen spielen die relativen Ertragsraten in unterschiedlichen Währungen (bereinigt um Wechselkurserwartungen) und die ‚Stabilitätskultur einer Währung' eine zentrale Rolle. Die Zinspolitik der EZB muss damit stets auch die Zinspolitik der anderen wichtigen Zentralbanken, vor allem der US-Zentralbank, der Bank von England und der Bank von Japan im Auge behalten und abschätzen, wie sich Veränderung der von ihr festgesetzten kurzfristigen Zinsen auf internationale Finanzströme und den Außenwert des Euro auswirken werden.

Der hohe Grad der Integration der Weltfinanzmärkte bedeutet, dass alle anderen als die kurzfristigen Zinssätze von den Finanzmärkten durch Angebot und Nachfrage bestimmt werden, es sei denn, wie erwähnt, die Zentralbanken selbst intervenieren massiv auch auf diesen Märkten. Dort dominieren – wie in der Makroökonomik insgesamt – die Erwartungen der Akteure. Diese Erwartungen gilt es durch eine konsequente und konsistente Geldpolitik zu stabilisieren. ‚Zu expansive' Geldpolitik, ‚zu geringe' Zinsen im Bemühen, die gesamtwirtschaftliche Nachfrage zu stützen, kann nicht nur erhöhte Inflationserwartungen und damit einen Anstieg der langfristigen Zinssätze provozieren.[8] Eine *Politik des billigen Geldes'* kann vor allem auch langfristig nicht tragbare Strukturen schaffen, d. h. zu Überinvestitionen führen und eine Scheinsicherheit vortäuschen, deren Erkennen dann zu abrupten Instabilitäten auf den Finanzmärkten führt – wie dies die Finanzkrise der Jahre 2007ff. in dramatischer Weise gezeigt hat.

Angesichts der (auch für die meisten Ökonomen) ebenso überraschenden wie enormen Dimensionen und Auswirkungen dieser Finanzkrise und der Inkonsistenzen und Risiken, die sie offenbart hat, werden die Zentralbanken in Zukunft neben einer stabilitätsorientierten, d. h. auf eine geringe und konstante Inflation ausgerichteten Geldpolitik auch die *Finanzmarktstabilität* explizit in ihren Zielkatalog aufnehmen und das Bankensystem mit schärferen und konsequent durchgesetzten Regeln überwachen müssen.[9] Angesichts des globalen Charakters der Finanzwelt bedarf es diesbezüglich freilich verstärkter internationaler Abstimmung. Ein *,race to the bottom'*, ein Angleichen der Finanzregelungssysteme an jenes mit den geringsten Ansprüchen, ist aber deshalb nicht zu befürchten, weil gerade im Finanzbereich solide und strenge Regeln die Transparenz erhöhen und damit das Vertrauen der Akteure ‚in einen Finanzplatz' stärken. Dies verweist erneut auf die Bedeutung der Rahmen-

---

8 Was eine ‚zu expansive' Geldpolitik, was ‚zu geringe' Zinsen wirklich sind, darüber gibt es unter Ökonomen einen lebhaften Disput, aber keine allgemein akzeptierte Lehrmeinung. Eine Orientierung bietet die nach dem US-Ökonom *John Taylor* benannte *Taylor-Regel,* die den von der Zentralbank festzulegenden kurzfristigen Zins in Abhängigkeit von der aktuellen Abweichung vom jeweiligen Inflationsziel und der Outputlücke bestimmt. Nach dieser Regel waren in den Jahren vor dem Ausbruch der Finanzkrise die von den Zentralbanken festgesetzten kurzfristigen Zinsen zum Teil deutlich zu niedrig.
9 Siehe dazu die Ausführungen in Kapitel 16.4.

bedingungen des Wirtschaftens, die gerade auch im internationalen Wettbewerb die *Standortattraktivität* einer Ökonomie ausmachen und insbesondere von der *Angebotsökonomik* betont werden.

18.3 Angebotspolitik und Standortwettbewerb

Fiskal- wie Geldpolitik zielen auf die gesamtwirtschaftliche Nachfrage, versuchen diese zu steuern. Die mittel- bis langfristig negativen Konsequenzen expansiver Fiskal- wie Geldpolitik wie die infolge der Globalisierung stark einschränkenden Bedingungen für diese Makropolitiken wurden ausführlich dargelegt. Während Keynesianer wie auch Monetaristen nachfragebezogen argumentieren und – allerdings mit unterschiedlichen Vorschlägen – die Stimulierung bzw. Verstetigung der gesamtwirtschaftlichen Nachfrage vorschlagen, stellen die Vertreter der ,*Supply-Side-Economics*' das gesamtwirtschaftliche Angebot und damit das Produktionspotenzial einer Ökonomie in den Mittelpunkt ihrer Überlegungen. Um dieses zu nutzen, bedarf es vor allem einer entsprechenden marktwirtschaftlichen Anreizstruktur.

Der empirische Hintergrund für die Entwicklung von ,Supply-Side-Economics' ist das in den 1970er-Jahren in den meisten westlichen Industriestaaten persistent aufgetretene Phänomen der *Stagflation*, einer Kombination aus hoher bzw. steigender Inflation *und* hoher bzw. steigender Arbeitslosigkeit. Dies stellte vor allem keynesianische Ökonomen vor Probleme, zumal die Stagflation deutlich die Grenzen der von ihnen propagierten Nachfragesteuerung aufzeigte. Die Keynesianer behelfen sich bei der Erklärung dieses Problems, indem sie auf die negativen Angebotsschocks, die beiden Erdöl-Schocks, verweisen. Durch diese ,Kostenschocks' verschiebt sich die gesamtwirtschaftliche Angebotskurve nach links oben, was zu fallendem Output – damit auch fallender Beschäftigung – und gleichzeitig steigendem Preisniveau führt. Gerade diese Argumentation weist aber auf die Bedeutung der *gesamtwirtschaftliche Angebotskurve* hin, die im Zentrum der angebotstheoretischen Betrachtung steht.

Die theoretischen Wurzeln der Angebotsökonomik liegen in der klassischen Ökonomik bzw. im klassischen Liberalismus mit seiner grundsätzlichen Skepsis gegenüber dem Staat generell und direkten Staatseingriffen in das Wirtschaftsgeschehen im Speziellen. Damit angesprochen sind insbesondere die Lehren von *Adam Smith, David Ricardo* und *Jean-Baptiste Say*.[10]

---

10 Doch lassen sich freilich noch ältere Quellen ausmachen. Insbesondere die im Frankreich des ,ancien regime' beheimatete Schule der *Physiokraten*. Ihr Hauptvertreter, der Leibarzt Ludwigs XV., *Francois Quesnay* (1694–1774), hat grundlegende Beiträge geleistet, indem er als erster das Konzept des Wirtschaftskreislaufs in die Ökonomik einbrachte. Mitunter wird argumentiert, dass – hätte Ludwig XV. mehr auf seinen Leibarzt gehört – er das Reich noch hätte retten können. Viele Wirtschaftshistoriker meinen nämlich, dass die aufgrund des ausufernden Lebenswandels des Königshauses *erdrückende Steuerlast* die Wirtschaft erstickte und zu jenen unhaltbaren Zuständen führte, denen die

Gemäß Angebotsökonomik, als deren prominentester Vertreter der kanadische Ökonom und Nobelpreisträger von 1999 *Robert Mundell* (geb. 1932) gilt, ist der gesamtwirtschaftliche Output durch *'reale' Faktoren der Angebotsseite* bestimmt. Aber nicht allein die *Verfügbarkeit von Produktionsfaktoren* zählt, also das, was in einer Volkswirtschaft an Arbeit, Kapital und Grund und Boden vorhanden ist, sondern vor allem auch das *Bestreben* der Wirtschaftsakteure und der *Anreiz*, die verfügbaren Produktionsfaktoren *effizient* einzusetzen und zu *mehren*. Damit rücken *Spar-* und *Investitionsprozesse* wie die *Anreizstruktur*, der die Wirtschaftsakteure ausgesetzt sind und hier vor allem das *Steuersystem*, in den Mittelpunkt der Überlegungen. Die Besteuerung bestimmt wesentlich die Nettorendite des Sparens, des Arbeits- und Kapitaleinsatzes und ist entsprechend zu berücksichtigen.

Gerade auch das *'regulative Umfeld'* im weitesten Sinne, innert dessen sich das Wirtschaften abspielt und Kapitalbildung und Arbeitseinsatz stattfinden, spielt eine zentrale Rolle. *'Übermäßige'* staatliche Regelungen, wie sie in den meisten 'westlichen Industriestaaten' in nahezu allen Wirtschafts- und Lebensbereichen bestehen, stellen nicht unbedeutende *Kosten* für das Wirtschaften generell, für Einsatzwillen, Leistungsbereitschaft und Unternehmertum, dar.[11] Ein 'regulatorischer Overkill' entspricht einem negativen Angebots-Schock, weil sich dadurch die aggregierte Angebotskurve nach oben verlagert. Nunmehr müssen Arbeitskräfte angestellt werden, die die Einhaltung der geforderten Normen sicherstellen. Weil dadurch aber der Output nicht steigt, fällt die Arbeitsproduktivität (mehr Arbeitskräfte produzieren denselben Output). Die mit diesen Regeln verbundenen höheren Kosten vermindern damit die Rendite, die entscheidende Determinante der Kapitalbildung und damit des Wachstums.[12]

Dies kann und wird nicht selten Effekte zeitigen, die den gewünschten Zielen zuwiderlaufen. Geringe Arbeitsproduktivitäten sowie verschärfter Kündigungsschutz führen dazu, dass Unternehmen bei Neueinstellungen besonders vorsichtig und zurückhaltend sind. In Aufschwungphasen kommt es damit nicht zur gewünschten Reduktion der Arbeitslosigkeit, was den Aufschwung bremst.

Revolution ein Ende bereiten wollte. 128 Jahre später lieferte die untragbare Besteuerung der Kleinbauern in Russland den Hauptgrund zur dortigen Revolution.

11 Das hat freilich nichts damit zu tun, dass Arbeitnehmer- bzw. Umweltschutz durchaus ihre Berechtigung haben. Zu berücksichtigen sind allerdings die vielfältigen und sehr oft nicht bedachten Kosten, die mit den konkreten Regelungen jeweils verbunden sind. Bestimmte Ziele – z. B. Sicherung bestimmter Arbeitsbedingungen bzw. einer 'intakten' Umwelt – *kosteneffizient*, d. h. *zu geringsten Kosten* zu erreichen, ist stets ein Anliegen der Ökonomen gewesen.

12 Auch für die Keynesianer ist, wie erwähnt, die (erwartete) Rendite entscheidend für das Investitionsvolumen. Allerdings sehen sie in der Höhe der gesamtwirtschaftlichen Nachfrage die zentrale Bestimmungsgröße für die Renditeerwartungen. Bei den Keynesianern läuft also die Kausalität in die andere Richtung: Von der Höhe der gesamtwirtschaftlichen Nachfrage und des Volkseinkommens zur Höhe der Investitionen und nicht umgekehrt, wie das von den Klassikern und den Angebotstheoretikern vertreten wird.

Schließlich sehen auch die Angebotstheoretiker in inflationären Tendenzen nicht nur eine Verzerrung der relativen Preise und damit die erhöhte Gefahr von Fehlentscheidungen, sondern vor allem auch eine leistungsfeindliche Besteuerung. Inflation reduziert nämlich den *realen Nettoertrag* und damit den Anreiz für Arbeitseinsatz und Investition. Die Angebotstheorie plädiert daher für monetäre Stabilität und damit eine eher restriktive Geldpolitik.

Die Problematik negativer Anreizwirkungen durch hohe *Grenzsteuersätze* verschärft sich nämlich bei Inflation, weil die nominellen Einkommen mit der Inflation steigen, damit aber in höhere Steuerklassen (höhere Progressionsstufen) fallen. Man spricht hier von der sogenannten *Kalten Progression (bracket-creep)*.[13]

Hinzu kommen auf der anderen Seite – nach Ansicht vieler Angebotsökonomen – zu generöse Wohlfahrtsleistungen (zu hohe und zu lange beziehbare Arbeitslosenunterstützung und andere Sozialleistungen), was insgesamt Arbeitsleistung bzw. Arbeitswille und Leistungsbereitschaft reduziert, demgegenüber Freizeit fördert. Beide Faktoren – Besteuerung von Arbeit wie Subventionierung von Freizeit – führen am Arbeitsmarkt dazu, dass sich die Position der Arbeitsangebotskurve nach *links* verschiebt. Ceteris paribus *reduziert* dies den gleichgewichtigen Arbeitseinsatz, *erhöht also die ‚natürliche' Arbeitslosigkeit.* Der Output ist also jedenfalls geringer als ohne diese Einflüsse, was ceteris paribus, also bei unveränderter gesamtwirtschaftlicher Nachfrage, zu einer *höheren Inflation* führen muss.[14]

Neben den negativen Anreizeffekten hoher Grenzsteuersätze sowie Sozialleistungen und der Verschärfung dieses Problems im Falle von Inflation tritt aber noch ein weiteres Problem auf. Um die bei hohen Grenzsteuersätzen bestehende Steuerlast zu reduzieren, werden verstärkt vielfältige illegale (= Steuerhinterziehung) und legale Maßnahmen ergriffen. Die Angebote ‚dubioser Abschreibungsgesellschaften' werden ebenso gerne wahrgenommen, wie alle möglichen Ausgaben getätigt, die, streng ökonomisch betrachtet, *Verschwendung* bzw. *Ineffizienz* darstellen. Man denke in diesem Zusammenhang beispielsweise an opulente Büroausstattungen, luxuriöse Geschäftsreisen und Geschäftsessen, aber auch an all die Intelligenz, die in die Minimierung der Steuerlast führt anstatt in produktive Aktivitäten.[15]

---

13 Keineswegs zu übersehen ist in diesem Zusammenhang, dass die Steuer grundsätzlich zu einem ‚spread' zwischen dem, was die Arbeitnehmer erhalten und dem, was die Arbeitgeber bezahlen, führt. Damit ergibt sich jedenfalls ein *Nettowohlfahrtsverlust*. Siehe dazu die Ausführungen in Kap. 7.

14 Je höher die Inflation, desto geringer der Reallohn, weshalb sich die Arbeitsangebotskurve nach *links* verschiebt. Wiederum ist eine *Reduktion* des gleichgewichtigen Arbeitseinsatz und eine Erhöhung der ‚natürlichen' Arbeitslosigkeit die Folge.

15 Der Versuch, mit einer Vielzahl von ‚Verordnungen' seitens der Finanzverwaltung wie auch mittels gesetzlicher Maßnahmen diesen ‚Missbrauch' abzustellen, entpuppt sich als *Symptombekämpfung*, bedeutet aber eine immer weiter ausufernde Beschränkung individueller Handlungsfreiheiten und weiteres Wachstum der Bürokratie, zumal der Kontrollaufwand überproportional ansteigt.

Gerade in diesem Zusammenhang ist nun die Debatte um die sogenannte *Laffer-Kurve* zu sehen, benannt nach jenem US-amerikanischen Ökonomen *Arthur B. Laffer* (geb. 1940), der sich als Wirtschaftsberater von Präsident Ronald Reagan besonders für die Verbreitung dieser simplen Idee stark gemacht hat. Es ist einleuchtend, dass mit steigendem Grenzsteuersatz der Arbeitseinsatz zurückgehen wird. *Ab einer bestimmten Höhe des Grenzsteuersatzes fällt damit das Steueraufkommen.*

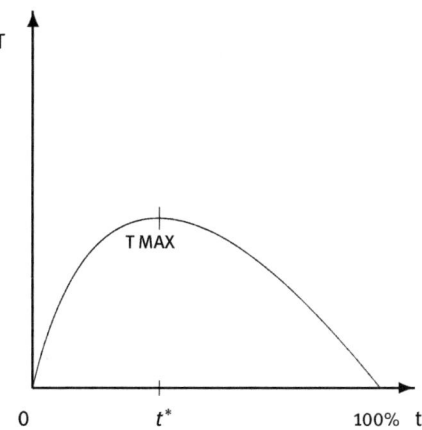

Abb. 18.1: Die ‚Laffer-Kurve'

Dies lässt sich anschaulich in einer Graphik darstellen (siehe Abb. 18.1), in der auf der Abszisse der Steuersatz t (von 0 % bis 100 %), auf der Ordinate das gesamte Steueraufkommen T abgetragen ist. Beträgt, rein hypothetisch, der Grenzsteuersatz 100 %, so lohnt es nicht zu arbeiten, denn alle Früchte der Arbeit kassiert dann der Staat. Infolgedessen wird kein Output erstellt und kein Einkommen erwirtschaftet, sodass auch die Steuerleistung null ist. Bei einem Steuersatz von 0 % gibt es ebenfalls kein Steueraufkommen. Zwischen diesen Minima muss nun irgendwo ein Steuersatz liegen, der das Steueraufkommen maximiert. Damit aber könnte sich die Möglichkeit ergeben, *das Steueraufkommen durch Steuersatzsenkungen zu erhöhen* – falls man sich bereits rechts vom Steuersatz t^* befindet. ‚Zu hohe Besteuerung' bedeutet also ‚*impoverishing the individual without enriching the state'*.[16]

Generell treten damit die Angebotstheoretiker nach guter klassischer Tradition für ‚*mehr Markt und weniger Staat'* und *fiskalische Austerität* ein. Der von ihnen favorisierte ‚*Policy-Mix'*, d. h. die gewünschte bzw. als optimal angesehene Kombination von Geld- und Fiskalpolitik, besteht einerseits aus einer eher *restriktiven Geldpolitik* zwecks Inflationsbekämpfung bzw. Sicherung der monetären Stabilität generell und

---

16 In strikt ökonomischer Diktion geht es hier um die *Aufkommenselastizität des Steuersatzes,* um die Klärung der Frage, wie sich das Steueraufkommen in Abhängigkeit von Veränderungen des Steuersatzes verhält.

andererseits aus einer Fiskalpolitik, die eine *leistungsorientierte Anreizstruktur,* d. h. relativ geringe Grenzsteuersätze, maßvolle bzw. auf Notfälle abgestellte Sozialleistungen und eine effiziente Versorgung mit öffentlichen Gütern sicherstellt.

Durch einen derartigen angebotsorientierten ‚Policy-Mix‘ können *attraktive Standortbedingungen* für eine im ‚internationalen Wettbewerb stehende Ökonomie‘ geschaffen werden, kann die *‚internationale Wettbewerbsfähigkeit eines Landes‘* erhöht werden. Die ‚internationale Wettbewerbsfähigkeit eines Landes‘ ist, wie bereits erwähnt, ein durchaus umstrittenes Konzept. Die Vorstellung von Wettbewerbsfähigkeit kann nämlich nicht einfach von der Unternehmens- auf die volkswirtschaftliche Ebene übertragen werden. Mangelnde Wettbewerbsfähigkeit eines Unternehmens bedeutet, dass dieses Kunden und Marktanteile verliert, Verluste macht und – im schlimmsten Fall – in Konkurs geht. Kann ein Unternehmen seine Ressourcen nicht mehr bezahlen, dann geht es pleite.

Übersicht 18.1: Der angebotsorientierte ‚Policy-Mix‘

Geldpolitik	→	zur Inflationsbekämpfung bzw. für monetäre Stabilität generell durch
	→	eine *restriktive Geldpolitik* bzw. die *monetaristische Geldmengenregel*
Fiskalpolitik	→	*effiziente Versorgung mit öffentlichen Gütern, fiskalische Austerität,* für eine *leistungsorientierte Anreizstruktur,* d. h.
	→	durch geringe Grenzsteuersätze und maßvolle, auf tatsächliche Bedürftigkeit abstellende Sozialleistungen

Länder aber können nicht in Konkurs, können nicht untergehen. Denn es gibt ökonomische Kräfte, die bewirken, dass auch Länder mit einer ‚schwachen Position‘ am Markt bleiben können. Verliert ein Land an Wettbewerbsfähigkeit, steigen also die Lohnstückkosten deutlich stärker als bei den Handelspartnern, so fallen die Exporte.[17] Die Ökonomie gerät in eine Krise, Output und Beschäftigung fallen. Dann aber werden – je nach Wechselkurssystem – entweder die Löhne und Preise im Inland sin-

---

[17] Hier ist Vorsicht geboten: Die ‚Wettbewerbsfähigkeit‘ einer Ökonomie allein an der Exportperformance abzulesen, wäre grundfalsch. Gerade am Beispiel Deutschlands, dem wiederholten Exportweltmeister, kann gezeigt werden, dass die hohen Exportüberschüsse auch auf mangelnde Inlandsnachfrage, auf zu geringen Konsum und viel zu geringe Inlandsinvestitionen zurückzuführen sind. Tatsächlich sind die Investitionen in Deutschland stark gefallen, die Auslandsinvestitionen der deutschen Wirtschaft aber stark gestiegen. Dies aber stellt dem Standort Deutschland kein gutes Zeugnis aus.

ken oder der Wechselkurs, sodass wieder ‚Wettbewerbsfähigkeit' erreicht wird. Diese ‚Wettbewerbsfähigkeit' basiert dann freilich auf *niedrigeren Löhnen,* was ökonomisch nicht erwünscht sein kann. Es zeigt sich damit erneut die Bedeutung des zentralen ökonomischen Faktors schlechthin, der Produktivität und ihres Wachstums. Nur eine entsprechende Produktivität sichert Beschäftigungschancen und hohes Einkommen. Und auf Produktivität und alle Möglichkeiten, sie zu erhöhen, stellt die Angebots-ökonomik und ihre Politik ab, um im internationalen Wettbewerb auch die Standort-attraktivität einer Ökonomie zu sichern:

> Standortwettbewerb ist Wettbewerb um das international mobile Kapital. Er findet nicht zwischen Unternehmen auf Gütermärkten statt, sondern zwischen Ländern um Kapital im weitesten Sinne, um Humankapital wie ausländische Direktinvestitionen, mit denen auch der Know-how-Transfer erfolgt. Ausländische Direktinvestitionen (Foreign Direct Investment, FDI) wirken auch positiv auf den Arbeitsmarkt und dort insbesondere auf den immobilen Teil der Arbeit. Die Nachfrage nach Arbeitskräften wird erhöht und die Beschäftigung steigt.

Anhang

Keynes'sches Modell: Algebraische Herleitung des Gleichgewichts-volkseinkommens bzw. des Multiplikators

1 Einfache Ökonomie ohne Staat und Außenhandel: Elementarer Multiplikator

Die gesamtwirtschaftliche Nachfrage stellt sich im einfachsten Fall, also ohne Staatsaktivität und ohne Ausland, dar als:

$$Y = C + I$$

Dabei ist

$$C = a + cY$$

die *gesamtwirtschaftliche Konsumfunktion* (Verhaltensgleichung), mit a als *autonomem*, d. h. vom Einkommen *unabhängigem* Konsum und c als *marginaler Konsumneigung*:

$$c = \frac{\Delta C}{\Delta Y}$$

Diese *marginale Konsumneigung* gibt an, wie sich die Konsumausgaben verändern, wenn sich das Einkommen marginal erhöht oder verringert, wobei $0 < c < 1$. In diesem Zusammenhang werden von Keynes zwei zentrale Annahmen getroffen:

1. Der aktuelle Konsum C ist vom *aktuellen*, vom *laufenden Periodeneinkommen* abhängig, schwankt also mit diesem.[1]
2. *Mit steigendem Einkommen fällt die marginale Konsumneigung.* Je reicher eine Ökonomie also wird, desto geringere Teile des zusätzlichen Einkommens gehen in den Konsum, ‚fehlen' damit aber in der gesamtwirtschaftlichen Nachfrage.

Aus der Verwendungsseite des Volkseinkommens

$$Y = C + S$$

und der obigen Konsumfunktion ergibt sich die *Sparfunktion*:

$$S = Y - C = Y - [a + cY] = -a + Y - cY = -a + (1 - c)Y$$

---

[1] Diese Annahme ist für die Multiplikatorwirkung zentral und steht im Gegensatz zur monetaristischen Annahme, die, wie erwähnt, den laufenden Konsum als Funktion des *permanenten* Einkommens sieht. Dieses *permanente* Einkommen ist ein gewogener Durchschnitt aus vergangenem und gegenwärtigem Einkommen, aus dem das künftig erwartete Einkommen geschätzt wird.

wobei $(1 - c)$ die *marginale Sparneigung s* ist und aussagt, wie sich das Sparen der Haushalte verändert, wenn sich das Einkommen marginal erhöht oder verringert, also:

$$s = \frac{\Delta S}{\Delta Y}$$

Da die *marginale Sparneigung s* komplementär zur marginalen Konsumneigung ist, muss gelten: $c + s = 1$.

Im einfachen Keynes'schen Modell werden die Investitionen für die betrachtete Periode als gegeben unterstellt, weil für diese sowohl die Erwartungen als auch die Zinsen als in der betrachteten Periode als gegeben bzw. als fix angenommen werden können:

$$I = \bar{I}$$

Das Gleichgewicht am Gütermarkt ist durch Übereinstimmung von gesamtwirtschaftlichem Güterangebot (Y_S) und gesamtwirtschaftlicher Güternachfrage ($Y_D = C + I$) bzw. durch das Übereinstimmen von Spar- und Investitionsplänen bestimmt.[2]

In die *Gleichgewichtsbedingung*

$$Y_S = Y_D$$

setzt man nun für die gesamtwirtschaftliche Nachfrage Y_D ein:

$$Y_S = Y_D = C + I = a + cY + I$$

und löst nach Y auf, womit sich das *Gleichgewichtsvolkseinkommen* ergibt als:

$$Y^* = \frac{1}{1 - c}(a + I) = \frac{1}{s}A$$

wobei A für ,*autonome Nachfragekomponenten*' steht.

Das Gleichgewichtsvolkseinkommen ist also bestimmt durch die *marginale Konsumneigung* – je höher diese, desto höher das Volkseinkommen – und durch die Höhe der *autonomen* Nachfragekomponenten I und a (kurz als Summe: A). Damit zeigt sich deutlich das von Keynes formulierte *Sparparadoxon*: Je größer die Sparneigung s bzw. je geringer der autonome Konsum a, desto größer mithin das geplante Sparen, desto geringer das Gleichgewichtsvolkseinkommen.[3]

---

2 Kreislauftheoretisch sind damit die Abflüsse gleich groß wie die Zuflüsse, womit der Kreislauf im vorangegangenen Umfang wieder aufgenommen werden kann.

3 Alternativ lässt sich dieses Ergebnis auch so herleiten: Der produzierte Output, der aus Konsum- und Investitionsgütern besteht, entspricht ja dem geschaffenen Einkommen, das für Konsum und Sparen verwendet wird:

$$Y_S = C + I = Y = C + S$$

Daraus ergibt sich:

$$C + I = C + S$$

Nach Subtraktion von C ergibt sich die Gleichgewichtsbedingung:

$$S = I$$

Eine *Veränderung der autonomen Nachfragekomponenten* führt über den sogenannten *elementaren Multiplikator* zu einem um ein *Vielfaches* höheren Volkseinkommen. Denn die Ableitung des Gleichgewichtsvolkseinkommens nach den autonomen
Nachfragekomponenten ergibt:

$$\frac{\Delta Y^*}{\Delta A} = \frac{1}{1-c} = \frac{1}{s}$$

Der Multiplikator ist definiert als das Verhältnis der Veränderung des Volkseinkommens zur Veränderung der autonomen Nachfragebestandteile. Er gibt an, um das ‚Wievielfache‘ sich das Volkseinkommen erhöht/verringert, wenn sich die autonomen Bestandteile der gesamtwirtschaftlichen
Nachfrage erhöhen/verringern.

2 Offene Volkswirtschaft mit Staatssektor: Erweiterter Multiplikator

In einer *offenen Wirtschaft mit Staatsaktivität* stellt sich die gesamtwirtschaftliche
Nachfrage wie folgt dar:

$$Y_D = C + I + G + (Ex - Im)$$

Für jede dieser Nachfragekomponenten gibt es nun eine *Verhaltensgleichung*, wobei:
-   $C = a + cY_V$ die gesamtwirtschaftliche Konsumfunktion darstellt und c die mar-
    ginale Konsumneigung ($c = \frac{\Delta C}{\Delta Y_V}$) mit $0 < c < 1$, a der autonome Konsum und Y_V
    das *verfügbare Periodeneinkommen* sind;
-   Investitions-, Staats- und Exportnachfrage *kurzfristig als gegeben* angenommen
    werden, also gilt: $I = \bar{I}, G = \bar{G}$ und $Ex = \overline{Ex}$. Bei all diesen Größen handelt es
    sich also um *autonome* Bestandteile der gesamtwirtschaftlichen Nachfrage, weil
    sie nicht vom Volkseinkommen abhängig sind;
-   dagegen sind die Importe eine Funktion des Volkseinkommens: $Im = mY$, mit m
    als marginaler Importneigung ($m = \frac{\Delta Im}{\Delta Y}$).

Um nun die gesamtwirtschaftliche Nachfrage bestimmen zu können, muss noch die
Besteuerung der Einkommen berücksichtigt werden. Entscheidend ist hier das *verfügbare Einkommen* Y_V, das sich nach Abzug der Steuern vom Einkommen ergibt (und
zwar nach ‚Netto-Steuern‘, i. e. minus Steuern plus Transfers). Steuern können *autonome* Steuern (Pauschalsteuer T) oder *induzierte* Steuern sein, die vom Einkommen
abhängig sind: $T_{IND} = tY$, hier im einfachsten Fall linear oder proportional zum Einkommen.

Damit ergibt sich die *Steuerfunktion*:

$$T = T + tY$$

Die Nettosteuern werden vom Einkommen abgezogen, um das verfügbare Einkommen zu erhalten:

$$Y_V = Y - T - tY = Y(1 - t) - T$$

Wird dieses verfügbare Einkommen nun in die Konsumfunktion eingesetzt, so erhält man die Konsumnachfrage direkt als eine Funktion des Volkseinkommens Y:[4]

$$C = a + cY_V = a + c(Y(1 - t) - T)$$
$$C = a - cT + c(1 - t)Y$$

Nach Einsetzen dieses Ausdrucks für C in der Gleichung für die gesamtwirtschaftliche Nachfrage erhält man:

$$Y_D = a - cT + c(1 - t)Y + \bar{I} + \bar{G} + \overline{Ex} - mY$$

Im Gütermarktgleichgewicht muss das gesamtwirtschaftliche Angebot Y_S der gesamtwirtschaftlichen Nachfrage Y_D entsprechen, die Gleichgewichtsbedingung lautet damit:

$$Y_S = Y_D$$

Also (nach Streichung des Index):

$$Y = a - cT + c(1 - t)Y + \bar{I} + \bar{G} + \overline{Ex} - mY$$

Fasst man zunächst alle Y der rechten Seite zusammen:

$$Y = Y[c(1 - t) - m] + a - c\bar{T} + \bar{I} + \bar{G} + \overline{Ex}$$

bringt sie auf die linke Seite und fasst man alle autonomen Bestandteile der gesamtwirtschaftlichen Nachfrage zu

$$A = a - c\bar{T} + \bar{I} + \bar{G} + \overline{Ex}$$

zusammen, so erhält man:

$$Y - Y[c(1 - t) - m] = A$$
$$Y - Y[c - ct - m] = A$$
$$Y[1 - c + ct + m] = A$$

---

4 Der autonome Konsum hat jetzt zwei Komponenten: a und $-cT$, wobei letztere der Effekt einer Pauschalsteuer auf die Konsumnachfrage ist.

Das *Gleichgewichtsvolkseinkommen* ist damit (mit entsprechendem *Multiplikator*):

$$Y^* = \frac{1}{1 - c + ct + m} A$$

In Worten: Das Gleichgewichtsvolkseinkommen ist bestimmt durch

- die marginale Konsumneigung c – je höher diese, desto höher das Volkseinkommen,
- den Steuersatz t – je höher dieser, desto geringer das Volkseinkommen,
- durch die marginale Importneigung m – je höher diese, desto geringer das Volkseinkommen,
- und durch die Höhe der autonomen Nachfragekomponenten A – je höher diese, desto höher das Volkseinkommen (*Veränderungen* von A verursachen eine *multiplikative Veränderung* des Volkseinkommens).

Es zeigt sich, dass bei Berücksichtigung der Staatsaktivität und von Außenhandel die Multiplikatorwirkung drastisch fällt.

Stichwortverzeichnis

Abfluss 18, 257ff.
Abgabenquote 234
Ablaufpolitik 166, 196
Abschreibung 217
AD-Kurve 280ff.
Adverse Selection (negative Auslese) 159ff.
Aggregationsparadoxa 213ff.
Akerlof, George, A. 161
Aktienmarktkapitalisierung 26, 33
Aktivtausch 8
Allokation von Kapital 275
Allokationsentscheidungen 11f.
Allokationsergebnis 116
Allokationspolitik 245
Angebot (s. a. Marktangebot) 97ff.,
–, Elastizität des A. 114
Angebotskurve
– aggregierte 281f.
– der Wettbewerbsunternehmung 55
Angebotsmenge, optimale 55ff.
Angebots-Nachfrage-Diagramm 100
Angebotsökonomik (Supply Side Economics)
   302ff.
Angebotsregel der
– Wettbewerbsunternehmung 59
Angebotsschock 293f.
animal spirits 254, 279
Anpassungsasymmetrie 282
Anreizstruktur
–, der Marktwirtschaft 43, 77, 121ff.
Ansteckungseffekte (contagion) 245
Arbeitslosenrate 229
Arbeitslosigkeit
–, freiwillige 238, 253
–, natürliche 241
Arbeitsproduktivität 6
Arbitrage 150
Arrow, Kenneth 190
AS-Kurve 281
AS-AD-Modell 279ff.
Assetprice bubble (Vermögenspreisblase) 165
Aufkommenselastizität 305
Auslese, falsche (adverse selection) 159ff.
Ausschließbarkeit 42

Ausschließbarkeitskriterium
– (Ausschlussprinzip) 42f., 174
Außenbeitrag 226
Austerität, fiskalische 286ff., 290
Auszahlungsmatrix 85

Bagehot, Walter 276
Bagehot-Regel 275
Bank für internationalen Zahlungsausgleich
   (BIZ) 308, 328
Bank Run 245, 276
Bargeld 269
Barter Economy 151
Basel I/II/III 278
Becker, Gary S. 12, 27
Bedürfnisse 5
Bertrand-Modell 87
Beschäftigungsquote 229
Bestandsgrößen 7, 216
Bildungspolitik 187
Bond Vigilantes 289
Boom 241
Break-even-Point 56f.
Bruttoinlandsprodukt 219
–, Mängel des 223 ff.
–, nominelles 228
–, reales 228
–, pro Arbeitsstunde 229
–, pro Kopf 229
Bruttonationaleinkommen 221
Bruttoproduktionswert 219
Buchgeld 152, 270
Budget 32f.
–, aktuelles 235
Budgetdefizit 234
–, konjunkturelles 235
–, strukturelles 235
Buchanan, James M. 190f.
Bürokrat 31

ceteris-paribus-Bedingung 105
Chicago-Schule 176
Coase, Ronald, H. 88, 176
command-and-control-approach 179
Common-Property-Ressourcen 180ff.

Constant-cost-Branche 114
Contestable markets 80
Cost-Benefit-Analysis (Kosten-Nutzen-
    Analyse) 208
Country Profile 228ff.
Credence Good 158
Crowding-in 262
Crowding-out 252
–, vollständiges 287f.

Deckungsbeitrag 56
Decreasing-cost-Branche 115
Defizitquote 235
Deficit Spending 251, 284ff., 298
Deflation 240, 250
Deleveraging 214, 244
Denken, ökonomisches 108
Dependency Ratio 230
Depression 240
Dequalifikation 294
Deutsche Mark 169, 300
Devisenbilanz 227
Devisenpolitik 273
Dienstleistungsbilanz 218
Differenzierungswettbewerb 140
Direktinvestitionen,
–, ausländische 263
Diskontfenster 276
Diskontpolitik 273
Distributionsmechanismus 118
Distributionspolitik 245
Diversifikation 35
Downs, Anthony 190
Duopol 85
Durchschnittserlöse 56
Durchschnittskosten (Stückkosten) 55
Durchschnittsprodukt (Durchschnittsertrag)
    49f.

Economies of scale 44
Economies of scope 45
Economies of size 45
Effizienz 25
Effizienzkriterien 127
Effizienzmarkthypothese 164
Eigenhandel 277
Eigentumsrechte 64f., 136f., 171ff., 180f.
Einkommen
–, permanentes 253

–, transitorisches 253
–, verfügbares 222
Einkommenseffekt 91
–, von Investitionen 230
Einkommenshypothese
–, permanente 253
Einkommensteuertarif,
–, progressiver 206
Einlagenfazilität 272
Elastizität
–, Angebotselastizität 114
–, Preiselastizität (direkte) 93
–, Kreuzpreiselastizität 95f.
Enlightened self interest 2, 25, 156
Entdeckungsverfahren 60
Entdeckungswettbewerb 60
Entscheidungen 2
Entrepreneur 60
equimarginale rule (zweites Gossen'sches
    Gesetz) 37
Erfahrungskurve 47
Erhard, Ludwig 206
Erholung 240
Erlös (Umsatz) 72
Erlösfunktion 72
Eroberung
–, der Bürokratie 195
–, der Regierung 194
Ertrag (Output) 48ff.
Ertragsgesetz, klassisches 48, 51
Erwartungen 211ff.
–, deflatorische 251
–, rationale 212, 286
Erwartungsstabilisierung 254
Erwerbs- und Vermögenseinkommen 222
Erwerbsquote 16, 229
Ethik des Tauschens 28
Eucken, Walter 205
Europäische Zentralbank (EZB) 272
Europäischer Binnenmarkt 46
Eurozone 297
Excess capacity 134
Exportquote 231
Exporteffekt 280
Externe Effekte (Externalitäten) 157, 176ff., 184

Faktorangebotsentscheidung 32
Faktoreinkommen 220
Faktormärkte 13

Festkurssystem 232
Finanzierung, fristenkongruente 275
Finanzierungssaldo, öffentlicher (Public
Sector Borrowing Requirement) 234
Finanzkapital 9
Finanzkrise 169, 171, 214, 233, 244f., 277ff. 301
Finanzmarktstabilität 170ff., 274ff.
Finanzmarktstabilitätspolitik 170
Fiskalpolitik 246
–, expansive 251, 284ff., 279ff.
–, diskretionäre 252
Finanztransaktionen 225f.
Fixkosten 46
–, anteilige 46
Fixkostendegression 46
Flussgrößen 7, 216
Freiburger Schule 205
Freifahren, free-riding 174
Friedman, Milton 253, 288
Fristentransformation 276

GATT 297
Geld 151ff., 264ff.
Geldangebot 268ff.
Geldbasis 269
Geldillusion 249, 285
Geldmenge 168, 231, 268ff.
Geldmengenaggregate 268ff.
Geldmengenregel 254
Geldnachfrage 265ff.
Geldpolitik 246, 271ff.
–, akkomodierend 294f.
–, Instrumente der 271ff.
–, regelgebundene 254
–, nicht akkomodierend 294
Geldpreise 152
Geldschöpfung: s. Giralgeldschöpfung
Gesamtnutzen 33
Geschäftsbanken 274f.
Gesetz der fallenden Grenzerträge 48f., 97
Gesetz des abnehmenden Grenznutzens 34
Gesetz des Angebots 97ff.
Gesetz der Nachfrage 39, 91f.
Gesetz des einheitlichen Preises (law of
indifference) 124
Gewinn, ökonomischer 57f., 61, 74
Gewinnmaximierung 15, 30
–, der Wettbewerbsunternehmung 55
–, des Monopolisten 69f.

Giralgeld 270
Giralgeldschöpfung 270
Giralgeldschöpfungsmultiplikator 270
Glaubwürdigkeit
–, der Zentralbank 289, 300
Gleichgewicht, s. a. Marktgleichgewicht 100,
104, 122
–, allgemeines 116
–, langfristiges 74, 78, 115
–, bei monopol. Konkurrenz 75f.
–, partielles 116
Gossen, Hermann H. 34
–, erstes Gossen'sches Gesetz 34
–, zweites Gossen'sches Gesetz 37
Globalisierung 297f.
Goldene Bilanzregel 275
Grenzanbieter 129, 139
Grenzerlös 53ff.
Grenzertrag (Grenzprodukt) 48f.
Grenzertragsfunktion 50f.
Grenzkosten 47f., 52
Grenzkosten, soziale 178
Grenzleistungsfähigkeit
–, des Kapitals 279
Grenznutzen 33ff.
Grenzprodukt (Grenzertrag) 48f.
Grundproblem, ökonomisches 5ff.
Gut 5
–, credence good 158
–, freies 181
–, inferiores 111
–, Komplementärgut 62, 96
–, marktfähiges (privates) 171
–, meritorisches 188
–, öffentliches 43, 65, 137, 174f.
–, privates (marktfähiges) 172f.
–, Substitutionsgut 69, 107
–, superiores (= Luxusgut) 111
Gütermarkt, aggregierter 279ff.

Haberler, Gottfried 239
Haftungsrecht 138
Handelsbilanzdefizit 20, 225
Handelsbilanzüberschuss 20, 225
Haushalt (Konsument) 13, 31f.
Hayek, Friedrich A. von 60
Hebelwirkung (Leverageeffekt) 169
Hochkonjunktur 241
Homo oeconomicus 22, 164

Homogenität 124
Horten 251
Humankapital 9, 32
Hyperinflation 264
Hysterese 295

Ignoranz, rationale 193
incentive-based-approach 182
Illiquidität 266
Importquote 231
Increasing-cost-Branche 114
Individualismus, methodologischer 2
Inflation 167ff.
–, antizipierte 167
–, importierte 232
–, nicht-antizipierte 167
Inflationsprämie 288
Inflationsrate 232
Inflationsziel 300
Informationsverteilung,
–, asymmetrische 153ff.,
–, asy. am Kreditmarkt 251
Inlandskonzept 221
Innenwert 300
Inputkoeffizient 52
Inputregel 48
Insolvenz 215
Interventionsspirale 202
Investition 9f., 19, 262
–, gesamtwirtschaftliche 279ff.
Investitionsgut 5
Investitionsquote 230
Irrelevanztheorem 212, 286
Irrtum, konstruktivistischer 164, 201

Kalte Progression (bracket creep) 304
Kapazität 75
Kapazitätseffekt
von Investitionen 230
Kapital 9
–, Arten von 9
Kapitalakkumulation 82
Kapitalmarkt 19,
–, klassischer 261
Kartell 84, 185
Kaufkraft 142, 168, 264f.
–, internationale 146
Keynes, John Maynard, 247
Keynes-Effekt 280

Keynes'sches Modell 308ff.
Knappheit 5
Knappheitsproblem 4ff.,
Koinzidenz, doppelte 151, 264
Komplementärgüter 62
Konjunkturzyklus 239ff.
Konkurrenz (s. a. Wettbewerb) 29
–, monopolistische 74, 133
–, vollständige 122, 124
Konsum
–, gesamtwirtschaftlicher 279ff.
Konsumentenrente 125ff.
Konsumentensouveränität 31, 117
Kontrakteinkünfte 167
Konsumfunktion
–, gesamtwirtschaftliche 308
Konsumneigung
–, marginale 252
Koordinationsproblem 116
Kosten
–, anteilige fixe 56
–, durchschnittliche totale 55f.
–, durchschnittliche variable 55f.
–, fixe 50
–, Gesamtkosten 56
–, private 177
–, soziale 177
–, Stückkosten 50, 63
–, Suchkosten 55
–, variable 48
Kosteneffizienz 179, 207, 303
Kosten-Nutzen-Analyse (cost-benefit-analysis)
208
Kostentransparenz 184f.
Kostenvorteile
–, absolute 143
–, komparative 143ff.
Kurs 267
Kreditklemme (credit crunch) 243
Kreislaufidee 216
Kreislaufmodell 257ff.
Kreuzpreiselastizität 95
Krise 242ff.
Krisenursachen 242ff.

Laffer, Arthur B. 305
Laffer-Kurve 305
Länderrisiko 233
Langzeitarbeitslosigkeit 294

Leistungsbilanz 225f.
Leistungstransaktionen 225f.
Lender of last resort 170, 276
Lerneffekte 47, 82
Leverage(effekt) (Hebelwirkung) 169, 277
Leveragefaktor 278
Liquiditätspräferenz 269
Limit-Pricing 80
Log-rolling (Stimmentausch) 193
Lohnquote 224
Lohnsatz-Preis-Spirale 286
Lohnsatzparadoxon (Lohnsenkungsfalle) 213f.
Lohnstückkosten 52, 230
Lombardpolitik 273
lost decade 242

Maastrichtkriterium
– , für Neuverschuldung 292
Makroökonomie 18
Makroökonomik 16f.
Market for lemons 161f.
Markt 15, 99
– , bestreitbarer 80
– , segmentierter 150
Marktangebot 97ff.
– , im Zeitablauf 113ff.
Marktangebotskurve 99f.
Marktdisziplin 170, 277
Marktformen 122
Marktgleichgewicht 100, 104
Marktkonformität 207
Marktmacht 53
Marktnachfrage 90ff.
Marktnachfragekurve 99f.
Marktversagen 155ff.
Marktwirtschaftliches System 166
Marktwirtschaft, Soziale 206
Marktzutrittsbeschränkungen 66, 77, 109, 139
Massenproduktionsvorteile 50
Marshall, Alfred 99, 113, 140
Marx, Karl Heinrich 141
Mengenanpasser 70, 92, 142
Mengennotierung 232
Menger, Karl 140
Merkantilisten 260
Mikroökonomik 12f.
Mill, John Stuart 143, 189
Mindestpreis 200f.
Mindestreserve 270

Mindestreservequote 271
Mindestreservepolitik 273
Misery-Index 236
Monetarismus 253
Monetisierung 287
Monetary Conditions Index 233
Money Substitutes 245
Monopol (Monopolist) 61ff.
– , natürliches (technisches) 67f.
Monopolgewinn 69ff.
Monopolrente 61
Moralische Wagnisse 156ff., 277
Morgenstern, Oskar 85
Müller-Armack, Walter 206
Multiplikator 251
Multipreisgleichgewichte 124
Mundell, Robert 302

Nachfrage (s. a. Marktnachfrage)
– , einelastische 95
– , elastische 94
– , isoelastische 95
– , unelastische 95
Nachfrage
– , aggregierte 279ff.
– , effektive 251
– , gesamtwirtschaftliche 279ff.
Nachfrageschock 293ff.
Nash-Gleichgewicht 86
Naturaltauschwirtschaft 151
near money 265
Neoklassische Schule 140
Nettoauslandsposition 225
Nettoexporte 223
Nettoexportnachfrage 280
Nettoinlandsprodukt 220
Nettoinvestition 222
Nettowohlfahrtsverlust 133, 304
Netzwerkmonopol 69
Neue Politische Ökonomie 190 ff.
Neumann, John von 85
Nicht-Faktoreinkommen 220
Nicht-Rivalität 174
Niskanen, William A. 190
Nominaleinkommen 46
Nominalverzinsung 266
Null-Profit-Theorem 58
Null-Summen-Spiel 28, 141
Nutzen 33

Nutzentheorie 38

Offenheitsgrad 231
Offenmarktpolitik 273
Ökonomisches Prinzip 24
Oligopol 79, 84ff.
–, kollusives 79, 86
Olson, Mancur 190, 192
Opportunitätskosten 6, 24
Opportunismus 29
Ordnungspolitik 166, 185, 255
Ordoliberalismus 205
Output 48
Outputlücke 239
–, inflationäre 239
–, rezessive 239
Output, gewinnmaximaler 59
Outputregel 54
owner occupied housing 221

Pareto-Effizienz 130f.
Parkinson, Cyril Northcote 195
Parkinson'sches Gesetz 195
Partikularinteressen 191
Patente 64f.
Paternalismus 188
Physiokraten 302
Pigou, Arthur, C. 178
Pigou-Effekt 280
Pigou-Steuer 179
Pionierunternehmer 14, 62f., 77
Policy Mix
–, angebotsorientierter 306
Politik des billigen Geldes 301
Politiker 31
Politikversagen 209
Politische Ökonomie 17
Politischer Konjunkturzyklus 210
Potentialoutput 239
Positiv-Summen-Spiel 28
Preis-Absatz-Kurve 70
Preis-Crowding-out 284
Preis-Leistungs-Verhältnis 38
Preise 89ff.
–, absolute 111
–, relative 111, 145, 152, 162
Preiselastizität des Angebots 114
Preiselastizität der Nachfrage 93ff.
–, Bestimmungsgründe 99ff.

Preisfunktionen 90
Preisnehmer 92, 124
Preisnotierung 232
Preispolitik 93
Preissetzer 70
Preissetzungsmacht 70
Preissignale 162
Preisstabilität 231, 272
–, nach EZB 255, 272
Preistheorie 13
Primärverteilung 206
Principal-Agent-Beziehung 157ff.
Prinzip, ökonomisches 24
Produkt (s. a. Gut)
–, heterogenes 74, 84, 135
–, homogenes 69, 84, 123f.
Produktdifferenzierung 73
Produktinnovation 40
Produktionsergebnis 48
Produktionsfaktoren (Faktoren, Ressourcen,
    Inputs) 5
–, klassische 5
Produktionsfunktion, klassische bzw.
ertragsgesetzliche 48f.
Produktionskonto
–, gesamtwirtschaftliches 219
Produktivität 6f., 49f.
protective state (Schutzstaat) 27
Protektionismus 136, 204
Produzentenrente 126ff.
Progression, kalte 304
Prozessinnovation 40
Prozess der schöpferischen Zerstörung 42, 77
Prozyklizität des Finanzsystems 243
Public Choice Theorie 214 ff.

Quantitative Easing 273, 289
Quesnay, Francois 302

Rationalitätenfalle 215
Rationalitätspostulat 22
Rationierung 103
Realeinkommen 46, 82
Realkapital 9
Realkasse 265
Reallohn 249
Reallokation 110
Recheneinheit 264
Refinanzierungsfazilität 272

regrettable necessities 224
Rendite 267
Renminbi 227
Rente 6, 115
Rentenbildung 203
Rent-Seeking 61, 84, 192ff.
Reproduktionsbedingung 117
Reservationspreis 39, 70f.
Ressourcen (Produktionsfaktoren, Faktoren, Inputs) 5
Ressourcenallokation
–, effiziente 139, 199
Rest der Welt 297
Rezession 239
–, Formen von 242
Ricardo, David 143ff.
Risikoprämie 233, 290, 299
‚Robin-Hood-Politik' 196

Sättigungsmenge 39, 79
Say, J. Baptiste 248f.
Say'sches Gesetz 248ff.
Schöpferische Zerstörung 43, 77ff.
Schumpeter, Joseph A. 43, 77
Schuldenfalle 292
Schuldenquote 215
Schutzstaat (protective state) 27
Schweigekartell 183
Screening 160
Seigniorage 288
Self-fulfilling Prophecy 211f.
Sektor
–, exponierter 203
–, geschützter 203
–, monetärer 18
–, öffentlicher 18
–, primärer 217
–, realer 18, 228ff.
–, sekundärer 217
–, tertiärer 218
Sekundärverteilung 206
Shut-down-point 57f.
Signalling 154, 160
Situation, strategische 79
Skaleneffekte, Skalenerträge 44, 68
–, steigende 44
Smith, Adam 15
Sockelarbeitslosigkeit 294
Sonderziehungsrechte 227

Sozialkapital 9
Sozialkosten 177
Sozialpolitik 200, 206, 234
Sozialquote 262
Sparen 19, 32
Sparparadoxon 213, 248
Sparquote 230
Spekulationskasse 266f.
Spekulationsmotiv 266ff.
Spence, Michael 161
Spieltheorie 85
Spread 304
Staatsschulden 235
Staatsschuldenquote 235f.
Staatsversagen 192
Stabilisator, automatischer 255
Stabilität, monetäre 167ff.
Stabilitäts- und Wachstumspakt 298
Stabilisierungspolitik 245ff.,
Stagflation 295, 302
Standortattraktivität 307
Standortwettbewerb 302ff., 307
Statik, komparative 105
Steuerinzidenz 179
Steuerquote 234
Stiglitz, Joseph 161
Stromgrößen 7
Stückkosten 44, 55
Subsidiaritätsprinzip 196
Substitute 62, 74, 96, 112
Substitution 62, 110, 112, 174
Substitutionseffekt 91
–, intertemporaler 280
Subvention 198
–, Folgewirkungen von 198ff.
Supply Side Economics 302ff.
Swap Satz 273
System
–, marktwirtschaftliches 166
–, planwirtschaftliches 163

Tausch 141ff.
Tauschverhältnis, (relativer Preis) 111
Tauschwert (Preis) 42
Taylor, John 301
Taylor-Regel 301
Tax Freedom Day 234
Territorialprinzip 219

Theorem der komparativen Kostenvorteile 143ff.

Theorem der unsichtbaren Hand 15, 81, 89, 130

Terms of Trade 146

too big to fail 169, 277

Totalkosten 44

–, durchschnittliche 44, 55

Tragedy of the Commons 137, 181f.

Tragfähigkeit der

–, öffentlichen Finanzen 291ff.

Transaktionskosten 89, 136, 147ff.,

Transaktionskasse 265

Transaktionsmotiv 265

Transfers 225

Tullock, Gordon 190, 192

Überschussangebot 102

Überschusskapazität 134

Überschussnachfrage 102f.

Umverteilungseffekte 167

Umwelt 175ff.

Umweltkapital 9

Unabhängigkeit der Zentralbank 289

Unbundling 69

Unsicherheit 211

Unsichtbare Hand 15, 41, 173f.

Unternehmer 13, 31, 39ff., 60

Unternehmen 31, 39

Unterbeschäftigungsgleichgewicht 247

Venture Capital (Wagniskapital) 44

Verbraucherpreisindex (VPI) 232

–, harmonisierter (HVPI) 232

Verdrängungseffekt 252

Verbundeffekte 45

Vermögenseffekt 244, 280

Vermögenspreisblase (assetprice bubble) 165

Vertrauen 270

Vertrauenseffeke 299

Verwendungsrechnung 222

Verzögerungsproblematik 253

Volkseinkommen 222

Volkswirtschaft 18

–, kleine, offene 299

–, große, geschlossene 299

Vwl. Gesamtrechnung (VGR) 216ff.

Volkswirtschaftslehre 11

Vollbeschäftigung 238

Vollbeschäftigungsgleichgewicht 247, 249, 282

Vorsichtsmotiv 266

Wachstumsdynamik

– der Marktwirtschaft 76ff.

Wachstumspolitik 245ff.

Wagniskapital (venture capital) 44

Währungsreserven 227

Walras, Leon 140

Wechselkurs 20

–, nomineller 232

–, realer 234

Wertaufbewahrungsmittel 152, 264

Wertgrenzprodukt 200

Wertpapierpensionsgeschäfte 273

Wertschöpfung 218f.

Wertschöpfungsprozess 217f.

Wettbewerb (s. a. Konkurrenz) 13, 29, 142

–, funktionsfähiger 131, 135ff.

Wettbewerbsbeschränkungen 66ff.

Wettbewerbsfähigkeit, internationale 230, 306

Wettbewerbspolitik 80, 139, 185

Wettbewerbsunternehmen 53

Wirkungsverzögerungen (lag-Problematik) 253

Wirtschaften 7, 21

Wirtschaftskreislauf 14, 256ff.

Wohlfahrtsökonomik

–, erster Hauptsatz der 130

Wohlstand 9

Wohlstandsverlust 130ff.

Zahlungsbereitschaft 37

Zahlungsbilanz 225f.

Zahlungsmittel 264

Zentralbank 289

–, Geschäftsmodell der 288f.

–, Unabhängigkeit der 289

Zentralbankbilanz 269

Zero-Profit-Theorem 58, 117, 132

Zertifikatslösung 179

Zins-Crowding-out 262, 287

Zinseffekt 280

Zinsen 221

–, kurzfristige 232

–, langfristige 233

Zinspolitik 272

Zinssatz 19

–, nomineller 232

–, realer 232

Zinsspanne 274

Zufluss 8, 257ff.

Zwillingsdefizit (twin deficit) 263